儿童性格涵养教学法

幼儿园大班·教师教案(下)

深圳市乐学乐园儿童性格养正研究中心　编

复旦大学出版社

前　言

儿童的早期教育伴随着人类文明的发展不断演进。从以家庭和村落为中心的农耕社会过渡到以工业文明为主的现代社会，幼儿集体保教的兴起是这种社会巨变最重要的标志之一。幼儿园的出现，为儿童通过模仿和与成人、同伴互动来促进个体能力的发展创造了更为有效的场所及条件。

应该说，全世界范围内幼儿园的兴起，为养育即将创造人类未来文明的孩子们，找到了更为科学的开端。但是，从1840年福禄贝尔(Friedrich Wilhelm August Fröbel)创办幼儿园之后的100多年里，人们对于在幼儿园这个场所里应该进行什么样的教育以及如何进行教育的问题，一直在研究。

无论是家庭教育还是园所集体教育，人们一直纠结于儿童早期的教育是知识的灌输重要还是行为习惯的培养重要，也就是我们所讨论的性格养成是否更重要这一问题。从众多的史料中，我们可以看到若干针对这一问题的现实个案。受到知识灌输的方仲永[1]最终未能成才的失败案例，与孟母教子重视环境影响、重视专注力培养的成功个案，让人们形成了共同的经验认知：童年早期，儿童行为习惯的养正，也就是对外在刺激相对稳定反应能力(性格)的形成，应该远远重于知识的积累。儿童性格涵养教学法正是从人类历史发展的长河当中，以教育的纵向发展视角和对无数个历史个案的观察，得出了这个结论。实际上，脑科学的快速发展、儿童发展心理学和社会学的诸多实证研究数据，也在从不同角度佐证这一结论。这一结论，正是儿童性格涵养教学法对于"学前教育到底培养儿童什么"这一目的性问题的思考，而且，这还并不是它最有价值的地方。它最有价值的地方应该是，在总结了受卢梭(Jean-Jacques Rousseau)的人文主义思想影响而形成的蒙台梭利(Maria Montessori)的教育思想，以及后期的各种流派的演变以后，不仅提出了0—7岁阶段教育的重要目的应该是养正儿童的性格这一鲜明的论点，并且从穿越2 000多年人类历史、对全世界文明产生了深远影响的儒家思想中，找到了培养儿童良好性格的方法。

16世纪意大利传教士利玛窦(Matteo Ricci)在中国传播天主教的时候，对儒家的思想有了深刻的认知和信仰，遂将《论语》翻译并传播到欧洲，从而影响了伏尔泰等人，也影响了17—18世纪的欧洲启蒙运动。"民为贵，君为轻，社稷次之"的思想，以及"己所不欲，勿施于人"的处事原则，甚至成为启蒙运动时期最基本的人文准则。作为医学博士的蒙台梭利女士，恰恰是因为受到了卢梭等的人文主义思想的深刻影响，才产生了对于特殊儿童深入研究的兴趣，并于1907年创立了"儿童之家"；在彼时的中国大地上，童蒙教育也无时无刻不在以儒家文化为基调的氛围之中实现着言传身教的浸润影响。尽管因个体差异，因个体文化氛围及区域(村落或小城)社会历史背景的不同而造就了千差万别的童年，但从二者的共性中，我们是能够看到儒家思想的影子的。

从儿童一生发展和儿童作为人类命运共同体的一员的角度来看，他们应该具备哪些良好的性格特质？教育要如何帮助儿童获得这样的性格特质？这是儿童性格涵养教学法在明确性格的重要性后深入思考的两个核心问题。对春秋时期的儒家思想内涵和对儿童身心发展规律的深入研究，以及近10年来的理论和实践探索，让我们充分认识到涵养式的教育才是养正儿童性格最有效的方法，也是我们认为最适合0—7岁儿童的方法所在。具体说来，就是要充分调动家长、幼儿园和社会

[1] 出自王安石作品《伤仲永》，讲的是天资非凡的方仲永受后天教育环境影响而变得"泯然众人矣"的故事。

共同的力量，创造一个充满爱意的正面环境，让幼儿在环境的刺激和成人适宜的引导下，促进他们大脑中关于仁爱意识和专注能力的神经元搭建模式的稳定建立，获得有益于他们一生发展的最宝贵的性格特质。

不仅如此，儿童性格涵养教学法为从业者在如何涵养性格的具体方法上给出了建设性的策略。通过游戏、绘本和手工活动、音乐律动、戏剧表演等方式，将幼儿发展中必须获得的语言、艺术、社会、科学、健康领域方面的营养有机地编织起来，不仅满足了五大领域的发展要求，更让幼儿在自然浸润的过程中得到性格的涵养。

值得一提的是，儿童性格涵养教学法中特别强调了高低结构不同的游戏对于幼儿产生的不同价值。我们既注重低结构游戏对于幼儿创造力、想象力和专注能力等的作用，也充分利用高结构游戏在培养幼儿规则意识、促进社会情绪情感能力、提升团队协作能力等方面的优势。因此，我们精选了儒家文化当中蕴藏着人类文明最宝贵真理的故事，通过现代化、生活化、童趣化的改编，形成幼儿喜欢的戏剧表演活动，让幼儿在角色扮演中领悟这些思想并内化为相对稳定的行为习惯。

性格涵养教学法体系，不仅包含了供幼儿园教师实践的教案，还包含了供高校学前教育专业学生使用的《儿童性格涵养教学法简明教程》，从理论到实践策略，系统介绍了这套体系的理念和实施办法，它也可以作为教师们了解性格涵养教学法的培训教材。因为，无论理论研究还是保教实践，两者是不能割裂的，前者必须作为后者的指引，才能保证实践的适宜性和变通性。

促进儿童的成长和发展，必须要研究儿童的内在发展规律，才能够找到正确的方式。当我们赞美推动婴儿车的手就是推动世界的手的时候，我们更应该去研究、探讨，如何使这个摇篮里的婴儿能够感知到“这双手”所传递的经验，从而影响“婴儿”的行为习惯，使他们终身受益。

我们应该认识到，在人生的不同阶段开展相匹配的教育才是最为正确的教育，儿童性格涵养教学法当中提供的教育活动案例是可以在其理论的引导下进行拓展、完善和创新的。我也相信大家在完整了解了儿童心理学和教育学的相关理论之后，能够对该教学法提供的方法论进行有辨识性的应用，对提供的具体活动方案更能进行创造性的实践。

早在 30 多年前，聚集在法国巴黎的多位诺贝尔奖获得者，在讨论 21 世纪亟待解决的人类问题时，总结出的一个会议结论就是：要回到 2 500 年前的东方，向中国儒家思想的源头孔子寻找智慧。儿童性格涵养教学法，本着扬弃的原则，对儒家文化进行了反复的筛选，并在近 10 年的实践应用中，于 1 000 例个案里归纳总结了教学实践经验，同时进行了观察和对比实验，相信我们的这些努力和总结，能够造福于人类的基础教育。其基本观点是学龄前儿童的教育最重要的目的是性格养正，特别强调了这一目的涵养式、浸润式的实现。该教学法自 2017 年通过中国教育学会的评审试用后，因既具操作性，又立足本土文化且兼具国际视野的理论支撑，获得广大幼教一线老师的认可，同时在国际性的学术交流会上获得海内外专家的高度评价。

在这套用于帮助教师开展儿童性格涵养教学法实践的“儿童性格涵养教学法幼儿园教师教案”系列成稿的时候，我和参编的所有同人要衷心地感谢在理论创设方面给予我们鼓励的中国教育学会常务副会长杨念鲁先生，美国儿童发展研究会主席马克·伯恩斯坦先生（Mark Bernstein），美国《性格教育》杂志（Journal of Character Education）的创办人之一马尔文博士（Dr. Marvin W. Berkowitz），以及因为研究贫穷和暴力对于儿童性格的影响而获得哈佛大学终身荣誉奖项的琼斯女士（Stephanie M. Jones）等人对这套性格涵养教学法的方法论的肯定。同时要感谢在儒家文化现代化应用上给予了支持和肯定的北京师范大学霍力岩教授、华东师范大学朱家雄教授和周念丽教授，以及所有参与编写的工作人员，最后要感谢复旦大学出版社学前分社编辑部同人们辛勤的劳动和付出。

赵先德

目 录
CONTENTS

课程概述

教案使用说明

一、关于儿童性格涵养教学法

儿童性格涵养教学法（简称"性格涵养教学法"），是在科学认识儿童的基础上，以遵从儿童身心发展规律、尊重儿童成长的文化背景为前提，以儒家文化中符合核心价值观之优秀成分为指导，以涵养儿童仁爱、专注的良好性格为目的，强调涵养的环境营造和自然浸润式引导的系统教育方法。

性格涵养教学法是我国第一部以儒家文化现代化为基点，在科学认识儿童并充分考虑文化背景对于儿童发展影响的基础上，获得国家财政专项资金支持，历经近10年的理论和实践研究形成的系统教学方法。性格涵养教学法的基本观点是：对于学龄前儿童的教育而言，最重要的目的是性格养正，并特别强调这一目的应通过涵养式、浸润式的方法来实现。

该教学法于2017年通过了中国教育学会的专家评审并进行了公示，中央电视台、《中国教育报》等权威媒体也曾多次报道。至今，已经不断发展成为集成了从自身理论到性格涵养系列动画《巧手鲁班》、0—7岁学前儿童课程资源、游戏材料及独具特色的中华智慧感统区角等资源为一体的完整课程体系，并在全国数千家园所进行实践。

为了帮助幼儿园一线工作者们更好地理解并实践性格涵养教学法的理念，我们在《关于实施中华优秀传统文化传承发展工程的意见》《幼儿园教育指导纲要（试行）》《3—6岁儿童学习与发展指南》等权威文件精神的指导下，结合性格涵养教学法的基本理论，将五大领域的发展要求与性格养正进行了有机融合，形成了这套教案。

二、内容设计——突出性格涵养与中国文化要素的结合

（一）性格涵养

儿童性格涵养教学法，十分重视对幼儿性格中"仁爱"和"专注"的两个核心特质的培养。因此整套教案的设计会引导幼儿通过不同形式的活动，从爱自己，到爱他人，再到爱社会，推己及人地感受和体会"亲亲、仁民、爱物"和"己所不欲勿施于人""己欲立而立人，己欲达而达人"等儒家思想精髓，并逐步培养起"他人意识"（相对于"自我意识"），既能够感受爱也能够表达爱。在专注力的培养上，通过环境创设、独具特色的区角游戏和创意手工制作等，给予幼儿专心创作、专注解决问题的机会，逐步培养起坚毅、专注的特质。

在"特定的一日常规与师幼互动"部分，详细介绍了实施性格涵养教学法的过程中教师应该如何开展一日常规活动，包括如何进行"论语诵唱"等特色环节。

绘本活动是培养幼儿社会情绪情感能力的重要途径。在每一个性格涵养教学法原创的"巧手鲁班系列儿童绘本"活动设计中，我们都添加了绘本中需要注意的性格涵养要点，帮助教师更好地理解绘本的教育价值[1]。

---

[1] 教案中的故事均为乐学乐园儿童性格养正研究中心原创，感谢陈嫔、夏竹筠、陈薇荔、王晓佩、郑雯颖、孙维球、于子丽、雷晨、周玲敏、明思欣、汪涵鹭老师的创作和参与修订。

每一个主题的“主题介绍”和“主题分享与展示”部分，明确了在这个主题中幼儿性格引导与成长变化的要点及主题总结分享活动建议，供教师参考。

（二）中华智慧感统区角游戏

性格涵养教学法中有两类亮点突出的特色活动，第一是中华智慧感统区角游戏，第二是《论语》戏剧表演活动。中华智慧感统区角游戏，将中国古代六艺（礼、乐、射、御、书、数）和传统建筑技艺中的榫卯结构等进行了现代化、低幼化的改造，形成了一套具有多种游戏玩法，并能够促进幼儿感觉统合能力发展的游戏支持系统。

教师在实施这套课程的过程中，可以将本书后半部分——“特色活动”中对中华智慧感统区角的具体介绍和游戏玩法，灵活地运用到室内和室外游戏活动、中国文化特色功能室游戏活动和亲子运动会等活动中，让幼儿在操作和体验中，感受中国文化的魅力。

（三）蕴含《论语》智慧的戏剧表演活动

儿童的游戏和戏剧扮演活动之间，有着天然的联系，戏剧活动不仅能够很好地满足幼儿对游戏的渴望和体验，还能够在幼儿对故事、对角色和情节的理解中，把真、善、美的种子根植于幼儿内心。因此，性格涵养教学法特别以戏剧活动为载体，精选了 7 个《论语》中的道理，并根据幼儿发展特点，创编成为幼儿能够理解的 7 个戏剧剧本，同时以五大领域综合的活动形式，引导幼儿开展戏剧游戏和表演活动（见“特色活动”中的“《论语》戏剧活动”部分），深受幼儿的喜爱。

蕴含《论语》智慧的戏剧表演活动

学期	剧目	蕴含的《论语》智慧
小班上	幸福村的舞会	德不孤，必有邻
小班下	香香讲故事	勇者不惧
中班上	骄傲的大公鸡	满则覆
中班下	阳虎问路	礼之用，和为贵
大班上	颜回吃粥	人不知而不愠，不亦君子乎
大班下	子路染布 孔子采灵芝	知之为知之 百善孝为先

大致安排是一个学期一个剧本，围绕这些剧本故事开展的活动，有的以绘本教学和课堂戏剧、科学探索和美工活动的形式已经整合到各个主题之中，有的则是以“四周排演计划”的形式出现，教师可以参考“特色活动”中的戏剧活动导图，结合园所的实际教学安排使用。

三、教学支持——重视实操性和给予教师的支持

（一）主题式结构

1. 贴近幼儿生活，由近及远。

全书采用主题式教学设计，所选择的主题内容均贴近幼儿的认知和生活经验，并包含中国传统节日、节气活动，由近及远，由易到难，循序渐进。引导幼儿从认识自我开始，逐步扩展到对他人和对外部世界的认知，并渗透中国文化意蕴。

2. 层层递进，循环上升。

每一个年龄段同一时间的主题，都有着与之对应的前期经验与下一个学年的经验提升，让幼儿

能够在已有经验的基础上，逐步深化探究，提升能力。例如，以“君子行四方”为线索，小班会有“车来了，嘀嘀嘀”主题，到了中班就会演变为“交通大搜索”主题，到了大班，则会变成更加具有社会性和挑战性的“出发啦”主题。从最初认识“车”，扩展到认识更多的交通工具和相关经验，再到亲身体验的旅行经历和旅行中的趣事，环环相扣，跟随儿童的发展变化不断深入。具体内容详见“教案主题规划表”。

教案主题规划表

小班主题规划			中班主题规划			大班主题规划		
学期	大主题	月主题名称	学期	大主题	月主题名称	学期	大主题	月主题名称
上学期	君子乐学	你好，幼儿园	上学期	君子自知	我自己	上学期	君子自知	我长大了
	君子行四方	车来了，嘀嘀嘀		君子行四方	交通大搜索		君子行四方	出发啦
	君子爱运动	动起来		君子爱运动	运动真快乐		君子爱运动	运动小高手
	君子爱乐	叮咚响		君子爱乐	小小音乐会		君子爱乐	欢动小剧场
	君子迎岁寒	呼，真冷呀		君子迎岁寒	冬天来了		君子迎岁寒	中国年，咚咚锵
下学期	君子爱探索	神奇小世界	下学期	君子爱探索	我是大侦探	下学期	君子爱探索	一起来探索
	君子知四时	树叶发芽啦		君子知四时	春天真美好		君子知四时	四季变变变
	君子爱物	我身边的动物朋友		君子爱物	奇妙的蛋		君子爱物	拥抱大自然
	亲亲仁民	我的心情		亲亲仁民	我爱我家		亲亲仁民	谢谢每一个你
	君子知四时	好热的夏天		君子知四时	夏日派对		君子乐学	再见，幼儿园

（二）教学使用导航

1. 教师如何使用本套教案。

（1）如果幼儿园正在全套使用儿童性格涵养教学法体系安排幼儿在园一日生活。

可以根据小、中、大班三个年龄段的教案，按照目录上的主题先后顺序开展活动。每一本教师教案有 5 个活动主题，可以覆盖一个学期共计 5 个教学月的时间。每个主题约包含 40 个活动，活动时间约为 1 个月。在这些活动中，围绕主题展开的集体教学活动约 20 个，与主题经验关联的区角游戏活动、日常活动和亲子活动约 20 个。充分利用本套课程基本能覆盖园所的日常教学，并兼顾区角游戏和家园合作共育的开展。同时又给教师的实际教学提供了一定的“留白”，鼓励教师能够根据自己班级幼儿的发展水平、实际兴趣和园所时间安排，开展更适合自己班级幼儿、自身园所文化的补充活动。

（2）如果幼儿园同步还在使用其他课程资源。

本套教案也可以作为幼儿园现行教案的补充。可以将它作为教学和游戏活动资源库使用，从中选取契合园所实际的活动教案来开展，穿插到活动安排中。教师可以通过“主题活动一览表”了解各主题不同领域和类型活动的分布情况，按需选用。

2. 教师如何理解本套教案中提供的不同活动类型。

（1）集体活动——用于教师开展集体教学活动时参考。集体活动的教案包括“活动目标”“活动准备”“活动过程”和“小贴士”，涉及“巧手鲁班系列儿童绘本”的集体活动还包括“绘本涵养要点”，详细列出了教学过程中可能涉及的关键提问和总结。“小贴士”中，列出了该活动可能遇到的教学难点提示和活动延伸建议。让新手教师可以快速上手，也给有经验的教师留有发挥空间。

(2) 区角活动——提供给教师围绕主题投放相关区角游戏材料和玩法，教案包括"关键经验""活动材料""游戏玩法""观察要点""小贴士"。

(3) 日常活动——结构相对松散，开放性和灵活度更大，提供给教师作为日常教育活动开展，教案包括"关键经验""活动准备""活动过程""小贴士"。

(4) 亲子活动——教案包括"关键经验""活动准备""活动过程""小贴士"，提供给教师围绕主题或者节日、节气如何开展亲子活动的具体建议。

所有活动类型下的小标题，我们都精心设计。比如，我们将除集体活动之外的其他三类活动都标注"关键经验"而非"活动目标"，目的在于既表达了幼儿在该活动中可以获得的主要经验，又弱化了成人在这些活动中的主导地位。又比如，我们将突出性格涵养的"巧手鲁班系列儿童绘本"用于集体活动，并将故事中涵养幼儿好性格的要点归纳出来，特别设置了"绘本涵养要点"，以便于教师明晰绘本的性格涵养价值。不过，要特别指出的是，教师在实际教学中应当根据自身教学经验、本班幼儿的实际情况进行灵活运用和调整，切忌生搬硬套。

3. 如何进行每月和每周的教学活动安排。

(1) 教师可直接参考"主题活动一览表"来安排月计划和周计划，一个主题持续四周(虚线代表子主题的分隔，子主题可以跨周)。教师在每个月主题活动开展之前，请提前阅读"主题介绍""主题环境创设建议"和"主题分享与展示"，对本主题的设计意图、关键经验和所需准备有所了解，再进行实践。

(2) 整套教案的活动数量安排为：每天 1 个集体教学活动，可持续开展数日的日常活动和每周不少于 2—3 个与主题相关联的区角活动，每个月都有 1—2 个亲子活动。整套教案根据《幼儿园教育指导纲要(试行)》和《3—6 岁儿童学习与发展指南》编写，将幼儿各领域学习与发展的关键经验和能力融入在每一个主题的活动设计中，兼顾了五大领域的平衡。

(3) 建议教师按照活动前面的序号依次开展集体教学活动和区角游戏活动(主题活动一览表已经按次序排列好)，这样更加能够保证主题活动中幼儿的经验逐步递进。教师们也可以根据实际情况(如气候特点、地域特色、本班幼儿的实际能力水平等)，灵活挑选合适的活动。

4. 教师如何进行主题环境创设和区角材料投放。

我们在每个主题前面都具体设计了该主题的"主题环境创设建议"栏目，详细列出了教师可以如何设计主题墙面，每个区角应该投放哪些相关的图书和玩教具，为教师减负。

教案中推荐的绘本有两类，一类是围绕当期主题的"巧手鲁班系列儿童绘本"；另一类是我们依据幼儿的阅读能力发展和主题相关性，精心挑选的一些得到幼儿园一线实践广泛认可的绘本。这部分绘本中，既有中国原创绘本，也有获得了国际大奖的外国绘本，反映了我们兼顾文化传承与多元的理念。

5. 教师如何进行每个月的总结活动。

我们为每个主题准备了"主题分享与展示"建议，教师在每个月主题活动开展之前请先阅读，参考这一建议提前规划本月面向家长的展示活动和需要在过程中收集与呈现的照片、视频资料等，并明晰在本主题中对幼儿的观察和成长记录重点。

6. 教师如何开展节气、节日活动。

(1) 考虑到各年龄段幼儿的身心发展特点和接受程度，主题开展的时间线，传统节日、节气与主题的融合程度，我们在各主题中精心选取了具有代表意义的节日或节气，设计了一系列有代表性的节日节气活动。如在小班年龄段的二、三月份中，考虑到小班幼儿对事物的认识很大程度上仍依赖于行动，我们设计了可以供幼儿直接亲身感知、动手操作的节气活动——"好吃的春饼""惊蛰吃梨"和"春分立蛋"，让幼儿在游戏体验中加深对立春、惊蛰、春分等节气的认识；在中班，则将元宵节作为“我是大侦探”的子主题之一，让幼儿在猜灯谜、学舞龙、做元宵等传统节日活动中萌发对身边事物的好奇心与探索欲望。

（2）从整套教案的传统节日、节气活动设计来看，我们重点突出了与幼儿生活密切相关的四大传统节日——春节、清明节、端午节和中秋节，以及极具中华文化特色的中华母亲节和孔子诞辰日。

（3）突出重点且有一定选择性的节气、节日活动安排，既充分考虑到了中华文化基因的传承，又给予老师灵活的操作空间。老师们可以根据园所的实际情况和地域特点，灵活设计传统节日、节气活动。

7. 教师如何使用教案的其他配套资源。

（1）教案建议配套《儿童性格涵养教学法 · 幼儿园大班 · 活动资源（下）》使用。《儿童性格涵养教学法 · 幼儿园大班 · 活动资源（下）》中的 8 款手工材料包，均在主题活动中配有相应教案。所有的活动资源里的手工材料都可以根据实际课程情况使用，既可以投放到区角活动中，也可以邀请家长和幼儿一起动手完成。

（2）《儿童性格涵养教学法 · 幼儿园大班 · 活动资源（下）》中除 8 款手工材料外，还有一本《家园共育包》。它与主题教学活动相匹配，教师可以在教案的“活动准备”一栏中找到相匹配的活动页，该《家园共育包》可以作为教学辅助资源、家园沟通媒介和幼儿成长档案记录使用。

（3）教案中的“巧手鲁班系列原创绘本”系列，均配有 Flash 动画，教师可以在“儿童性格涵养教学法专用电子资源”中找到；纸质绘本则可以在“巧手鲁班智慧宝盒”中找到。这两种形式，方便幼儿园根据自身情况选择。

（4）教师集体教学中可能会用到的故事 PPT 课件及区角游戏活动中的部分头饰、图卡等，教师可以在“儿童性格涵养教学法专用电子资源”中找到，根据需要自行下载打印制作。

（5）教案中涉及的部分区角玩具玩法，如鲁班树、鲁班锁的拼插方法和戏剧表演示范可以扫描文本中的二维码获取。

（6）更多关于儿童性格涵养教学法的理念与实践培训信息，教师可以参考乐学乐园 APP 及乐学乐园官方微信获取。

文化是民族的血脉，是人们的精神家园。文化自信是一个民族立足于历史和世界更基本、更深层、更持久的力量。希望这样一套立足中国优秀传统文化，面向世界和未来的系统教学法，能够让中国的孔子穿越千年的儒家智慧，以适合幼儿认知发展规律的方式，涵养他们的性格，为他们未来人生的幸福奠定坚实的基础。

特定的一日常规与师幼互动

美国著名社会心理学家亚伯拉罕・马斯洛(Abraham H. Maslow)曾在《动机与人格》一书中说:“心若改变,你的态度跟着改变;态度改变,你的习惯跟着改变;习惯改变,你的性格跟着改变;性格改变,你的人生跟着改变。”英国作家威廉・萨克雷(William M. Thackeray)也曾说:“播种行为,可以收获习惯;播种习惯,可以收获性格;播种性格,可以收获命运。”这两句话充分表达了行为习惯之于性格和性格之于个体一生发展的重要意义,也基本阐明了性格涵养教学法对于行为习惯培养在良好性格养正过程中重要地位的认识。

《幼儿园教育指导纲要(试行)》和《3—6 岁儿童学习与发展指南》中都明确提出,要帮助幼儿“培养健康的生活态度和行为习惯”,其中“习惯”作为个体自然而然对外部事物做出的表现,贯穿在了幼儿每天来园、离园、用餐、盥洗、睡眠等各个环节,在日复一日的积累中不断内化和稳定,并对儿童的性格产生浸润式的影响。因此,在使用本套教师教案的过程中,希望教师能够通过明确一日常规活动中师幼互动的指导原则和了解性格涵养教学法中的一些特定的指导环节,来更好地为幼儿创设涵养良好性格的环境。

一、一日常规活动的指导原则

(一) 明确性格涵养教学法中常规教育的目的

在性格涵养教学法中,常规教育的目的是通过有序的、科学的一日生活规范和流程,帮助幼儿养成良好的生活习惯和学习习惯,通过不同的常规环节和活动,懂得如何自我管理、自我爱护,知道如何友爱地与身边同伴和教师相处,明白规则和礼仪的重要性。

(二) 常规教育应遵循儿童身心发展规律

性格涵养教学法中的常规教育,重点强调要根据幼儿的年龄发展特点进行引导,并重视幼儿的心理感受。通过平时的良好环境浸润和教师的示范、引导、鼓励,帮助幼儿自愿地“拥抱”规范,调节自己的言行,反对制定超乎幼儿实际年龄发展水平的规则。

(三) 强调教师的适宜引导和积极回应

教师作为重要的涵养幼儿性情的“人境”,首先需要处事有序,有条理、有目的地科学安排班级幼儿的一日常规流程和活动。这样的流程与环境,能够帮助幼儿建立起对外部世界的安全感和信任感。同时,教师在每一个常规环节中自己首先要做到:站姿端正、微笑有礼、明确示范和言语引导,积极回应及谦和冷静。

1. 站姿端正与微笑有礼。

站姿端正与微笑有礼代表了积极的心态、健康的体态和饱满的精神状态,这也是让幼儿喜欢上自己的老师,建立良好的师生关系的基本要求。

2. 明确示范和言语引导。

明确示范是指教师能够正确、细致、明确地向幼儿示范每一个常规环节应该如何做的具体做法。这就要求教师要用清晰明了、幼儿能够听得懂的话说明自己的要求，比如对大班的幼儿可以说："果果，请你去帮我看看科学区的沉浮实验材料那里有没有我昨天给你们用的灰色天平，有的话请拿过来给我。"但是对于中班的幼儿，上面的句子信息过多，可以换成"果果请你去科学试验区，帮我拿一下灰色的天平"更加合适。

3. 积极回应。

教师对于幼儿的行为表现应及时地给予适当回应，而不是置之不理或者应付了事。只有积极的回应，才能帮助教师不断巩固与幼儿之间的良好关系，让幼儿对教师产生信任感。这样，教师提出的活动要求、示范的动作流程，也就自然而然有了"被聆听"的可能。

4. 谦和冷静。

谦和冷静意味着教师能够放低自己，尊重幼儿，并能够随时用稳定平和情绪、心态处理问题。哪怕是遇到幼儿一些不良的行为表现，比如发脾气、与同伴争执等，也能够做到不被情绪主导，而能根据观察和了解到的幼儿不良行为表现背后的原因与需要，积极做出调整。

（四）重视中国文化之韵的渗透

在一些具体的常规活动引导中，教师需要把"好礼""仁爱"等儒家文化精神内涵有意识地进行融入，比如问候礼仪、用餐礼仪、做客与待客礼仪、中华智慧感统区角中的游戏礼仪，学会尊重他人、耐心等待等，在潜移默化中帮助幼儿成为有礼有节、专注做事的小君子。

二、特定常规活动环节

性格涵养教学法强调在每一个生活细节和一些带有"仪式感"的环节中，体现儒家文化的意蕴，培养幼儿的良好行为习惯，助力良好性格的养成，以下加以具体说明。

（一）来园环节

来园环节是幼儿在园一日生活的开始，不仅关乎幼儿在园的一日情绪和精神状态，也是引导幼儿学会人与人之间如何亲切有礼地打招呼，了解问候礼仪的好时机。因此，在这一环节，教师要以温和亲切、仪态大方的形象和温暖的互动，表达对幼儿和家长的关注与尊重，突出环境中教师作为重要的"人境"因素的示范作用。

幼儿入园

1. 教师在来园环节做到的事项。

建议教师站立于门口两侧，微笑迎接幼儿，屈膝下蹲挥手问候幼儿，动作要点包括以下七点。

（1）站立：挺胸收腹，正直站立；两脚跟靠拢成小丁字（男士双腿打开自然站立）；双臂自然下垂或双手相叠（女士左手下、右手上，男士则相反）放在胃部或腹部。

（2）微笑：面部肌肉放松，眉心舒展，嘴角轻轻上扬。

（3）屈膝下蹲：左脚在前，右脚在后，左脚完全着地，右脚脚跟提起，上身微前倾。

（4）挥手：左手放在腹部或自然垂于身体旁侧，右手手指分开，手肘弯曲，进行摆动。

（5）拥抱：保持屈膝下蹲姿势，双臂大大张开，双手轻轻交环于幼儿背部而不是紧紧抱住，否则容易引起幼儿的不适。

（6）牵手：一只手轻轻牵着幼儿小手，身体向幼儿一侧微微倾斜。

（7）言语引导："××宝贝，早上好！""××老师，早上好！"

注意，动作规范旨在帮助教师表现出亲切、自信、有爱的面貌，并不在于刻板地要求严格执行。教师应把握的原则是仪态端庄、亲切有礼，如果在条件不允许，譬如到园人数在某个时间段较多的时候，可以稍作简化。

教师站姿示范

教师蹲姿示意

2. 入园及问好礼仪歌曲。

性格涵养教学法体系下的实验园，取名为乐学乐园，并已开展了近十年的教学实践。它的名称源自《论语·雍也》中的“知之者不如好之者，好之者不如乐之者”，同时，“乐学乐园”也是巧手鲁班原创性格养正动画片中巧手鲁班和他的朋友们一起快乐成长和学习的地方。本教学法希望每一个幼儿都能成为拥有乐学精神、仁爱、专注的小君子。因此，本教学法创作了以乐学乐园为主题的儿童歌曲，教师可以将《乐学乐园之歌》作为来园环节的背景音乐，欢迎幼儿入园，或者是在问好环节中引导幼儿进行歌唱和律动。问好歌，则通常安排在一天的集体活动刚刚开始的时候，用来帮助幼儿在一天的伊始以愉悦的心情彼此问候，相互问好。

（1）乐学乐园之歌。

可在开学之初教唱，之后可在主题活动中、外出活动、亲子活动等大型活动或者日常教学中按需使用。

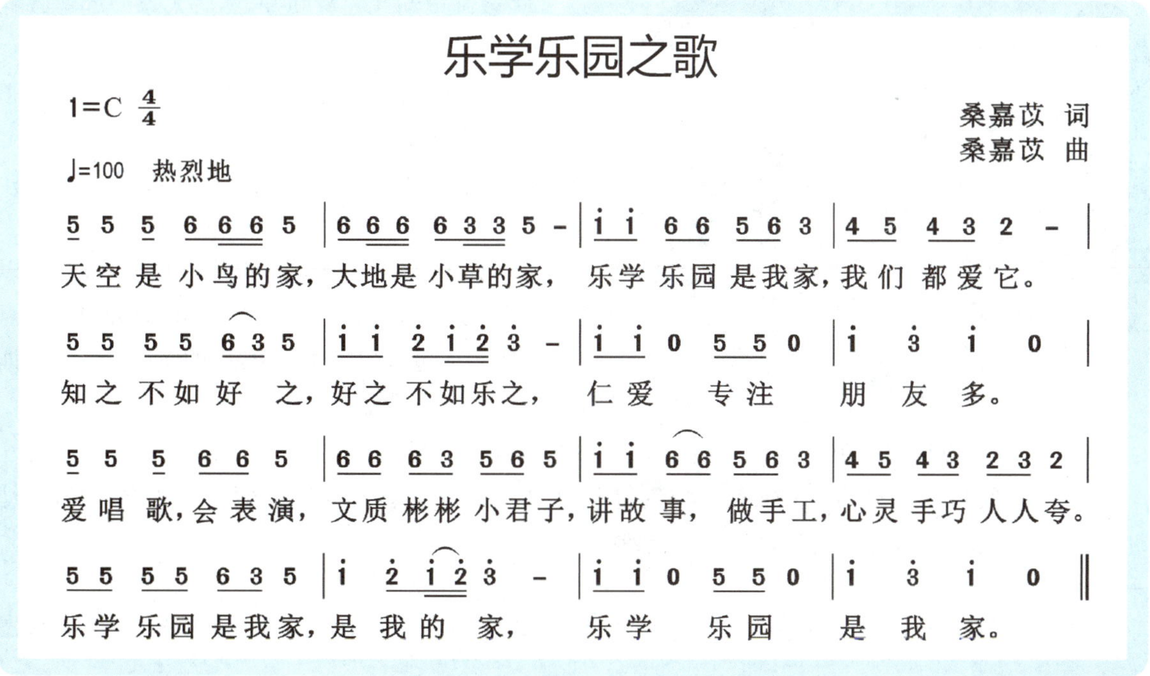

音频：《乐学乐园之歌》

（2）幼儿园问好歌。

适合在来园之后，谈话活动之前使用。

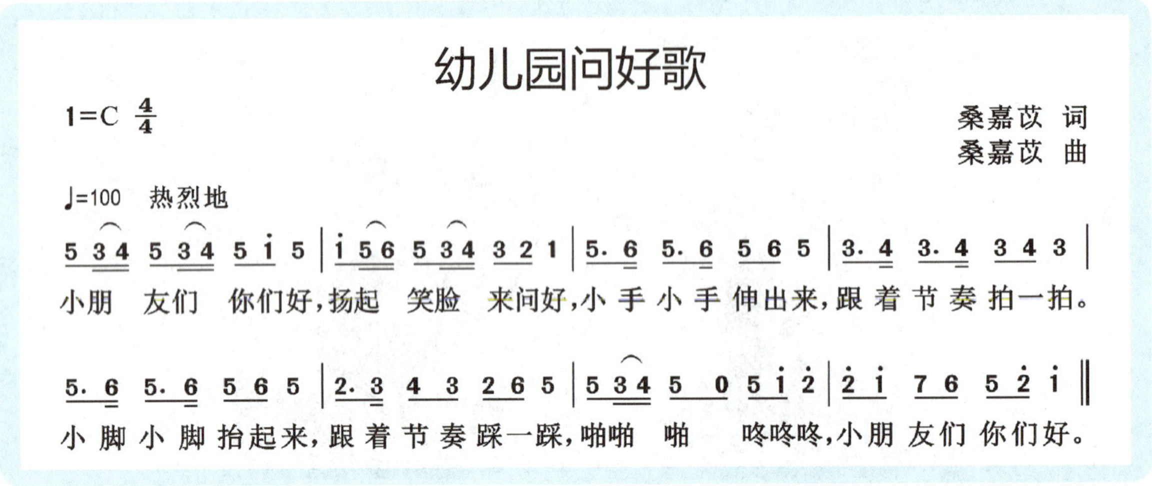
幼儿园问好歌
1=C 4/4
桑嘉苡 词
桑嘉苡 曲
♩=100 热烈地
小朋 友们 你们好，扬起 笑脸 来问好，小 手 小 手 伸出来，跟 着 节 奏 拍一拍。
小 脚 小 脚 抬起来，跟 着 节 奏 踩一踩，啪啪 啪 咚咚咚，小朋 友们 你们好。

音频：《幼儿园问好歌》

（二）《论语》诵唱吟诵环节

《论语》诵唱活动是性格涵养教学法一日流程中的一个特殊环节，但不主张幼儿死记硬背文化典籍，因为这不符合 0—6 岁儿童的学习方式和发展规律。但是，音乐一直是润养人类心灵、激发个体真善美品质的最好形式，所以本教学法将《论语》中适合幼儿理解的句子，经过改编配上音乐，形成了朗朗上口的一系列《论语》歌，并通过音乐律动的方式，让幼儿初步感受《论语》中孔子的经典教诲。在园所实践中，这个环节深受幼儿的喜欢，通常安排在每天幼儿来园之后、集体教学活动开始之前进行。我们还鼓励教师结合每个主题的具体内容，在诵唱环节加入与主题贴合的其他儿歌、童谣。譬如，在 5 月中华母亲节[1]，可以在唱诵完《论语》歌谣之后，加入与母爱、温暖的亲子关系相关的其他童谣，形成一个以充满爱意的音乐涵养幼儿性情的环节。

1. 诵唱流程。

（1）教师组织幼儿围坐成圆圈（可使用蒲团软垫等）。

《论语》诵唱教室

（2）教师请幼儿起身问好，然后大家一起弯腰鞠躬、就坐。

（3）领唱教师组织诵唱《论语》歌，在幼儿不熟悉的时候，可以先进行示范，幼儿逐句跟唱。无法跟上的幼儿，不必强求，随音乐跟随老师做相应的动作即可。

（4）《论语》歌比较短小，如果幼儿感兴趣，可以多唱几遍；在唱完《论语》歌之后，由幼儿共同“点歌”，即提议一起唱更多幼儿熟悉的童谣，整个唱诵环节约 10—15 分钟。

（5）《论语》歌诵唱结束，领唱教师组织起身致谢，再次弯腰鞠躬。

（6）教师引导幼儿将蒲团或者软垫放到特定的位置，另一名教师在回收蒲团的地方等候，当幼儿将蒲团放回的时候，说出幼儿的名字，并感谢。

[1] 中华母亲节为农历四月初二，即孟母生孟子之日，以赞颂以孟母为代表的中华贤母，表达子女爱母、敬母，对母亲的感恩之心。

2. 教师动作要点。

教师在带领诵唱活动的过程中，通过自己的规范大方、亲切自然的身姿动作和积极的、尊重有礼的言语引导，一方面引导幼儿感受一种仪式感，引导幼儿专注认真地对待正在进行的活动；另一方面，通过双手递物、向幼儿致谢等行为举止，为幼儿树立良好的行为榜样。

(1) 起身：挺胸收腹，肩部放松；两脚跟靠拢成小丁字(男教师双腿打开自然站立)；双臂自然下垂或双手相叠(女教师左手下、右手上，男教师则相反)放在胃部或腹部。

(2) 鞠躬：双手交叠放在胃部或腹部，身体 90 度弯曲。

(3) 就坐：双腿屈膝盘坐，双臂自然垂放在双腿上。

3. 教师言语引导指导。

教师："小朋友们请起立，小手放在肚脐上方(如果有的幼儿做不到，可以双手自然下垂放好，能够专注进行活动即可)。小朋友们，早上好！"

《论语》诵唱

幼儿："老师早上好！"

教师："小朋友们请坐下！"

教师(领唱者)："今天我们要来唱《论语》歌啦，第一首《论语》歌你们想唱什么呢？"之后教师根据幼儿的提议，一起唱诵论语歌，可配合相应律动。

教师："接下来是儿歌时间，小朋友们想想，今天我们唱什么儿歌呢？"(教师可以根据幼儿的自由提议，带领幼儿一起唱别的童谣，也可以结合主题和节气、节日来教幼儿唱诵一些其他时令的歌谣)。

教师："今天的《论语》诵唱完毕，小朋友们请起立，谢谢大家！"

幼儿："谢谢老师！"

教师："现在请小朋友们拿起你的小蒲团，把它送到××老师那里吧！"

教师(在收到蒲团后)："××小朋友，谢谢你。"

(三) 性格涵养教学法原创《论语》歌(唱歌环节)

1. 《学而》歌。

《学而》歌的歌词源自《论语·学而篇》，是《学而》的开篇，提出以学习为快乐，传递了快乐学习的良好心态，还提出"人不知而不愠"的朋友相处之道。这也是性格涵养教学法中所倡导的以兴趣为目的，用发现、探索、感受等方式来快乐学习，同时在与同伴的相处中去发现与人交往的乐趣，发展社会性。

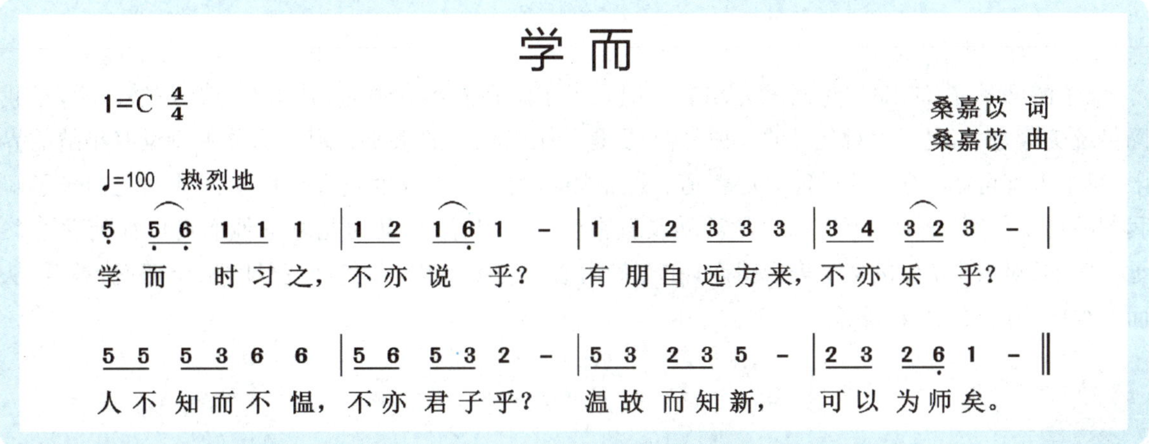
学而
1=C 4/4
桑嘉苡 词
桑嘉苡 曲
♩=100 热烈地
学 而 时 习 之，不 亦 说 乎？ 有 朋 自 远 方 来，不 亦 乐 乎？
人 不 知 而 不 愠，不 亦 君 子 乎？ 温 故 而 知 新， 可 以 为 师 矣。

音频：《学而》

2. 小君子六艺歌。

六艺起源于周王朝的贵族教育，分别指六项技能：礼、乐、书、数、射、御。每一项技能在古代都有着重要的作用。《小君子六艺歌》让幼儿初步了解了六艺的类别，也蕴含着希望幼儿能够全面发展的美好愿望。

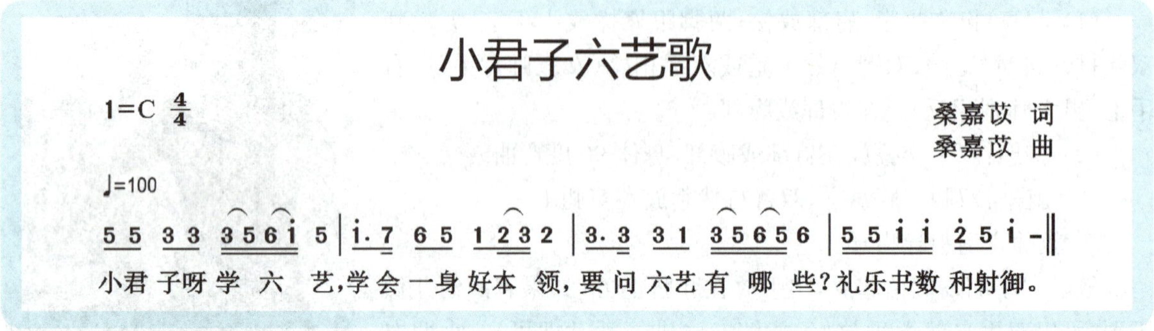

音频：《小君子六艺歌》

3. 小君子学礼歌。

礼，是六艺之一。从《论语》“不学礼，无以立”可看出古代非常重视礼仪教育，且礼仪被广泛地运用于社会生活中。当今的礼仪与古代的礼文化有一定的区别，相比古代的婚嫁、丧娶、入学、拜师、祭祀礼仪，现在的礼仪更是渗透到了人际交往和一日生活中。例如，在进门时的随手关门、出门时的随手关灯、在公共场合的轻声细语等是个人礼仪，与人沟通时的微笑、礼貌用语（“你好”“请问”“谢谢”等）、双手接递物品是人际交往中的礼仪。正是基于此，希望通过《小君子学礼歌》让幼儿初步了解和感受礼仪的重要性。

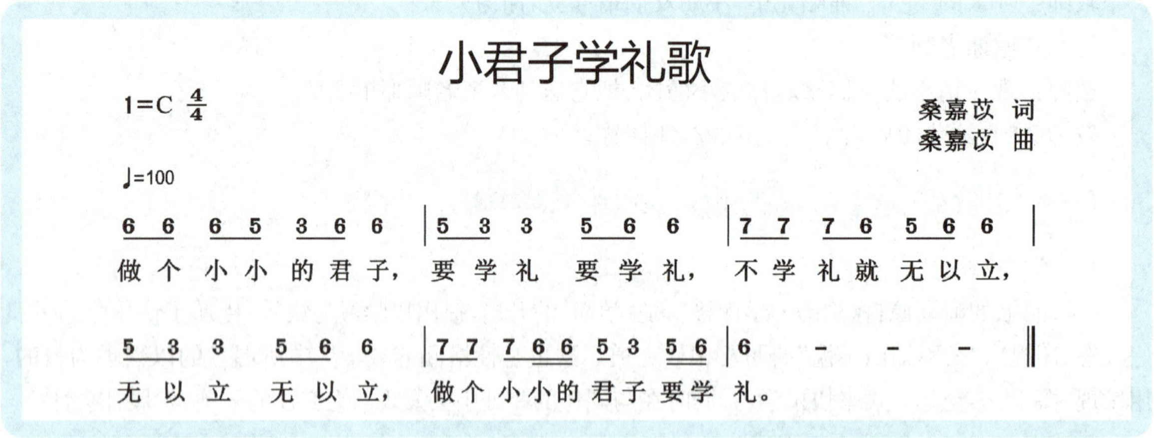

音频：《小君子学礼歌》

4. 子游问孝。

《子游问孝》歌词出自《论语·为政篇》，记录了子游在问到孝道时，孔子对其的解答。孝，是我国传统美德之一，是子女对父母的一种善行，更是一个人仁爱的重要表现。这种善行没有年龄的界限，每个人都可以根据自己的能力尽孝道。性格涵养教学法中先通过歌曲的形式让幼儿初步了解我国的传统美德——孝，再辅以教学活动及日常生活的引导，帮助幼儿思考他们可以如何关心父母。例如，对做出美食的父母表示感谢，和父母沟通时使用敬称，在父母疲惫时给予拥抱，等等，从而习得中华民族的传统美德。

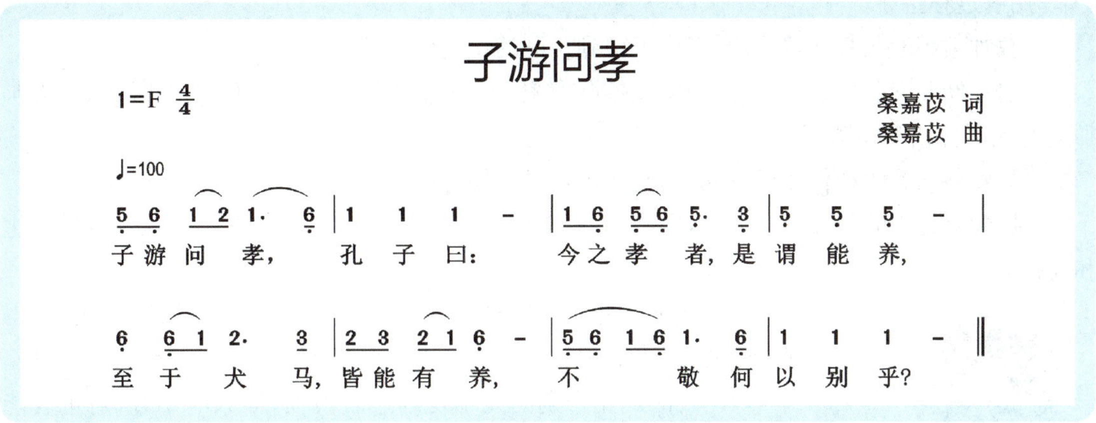
子游问孝
1=F 4/4
桑嘉苡 词
桑嘉苡 曲
♩=100
子游问孝，孔子曰：今之孝者，是谓能养，
至于犬马，皆能有养，不敬何以别乎？

音频：《子游问孝》

(四) 排队环节

幼儿每天都要经历多次的排队，其实这正是帮助他们建立起秩序感、规则意识和懂得礼让的重要环节。儒家文化本身就是“好礼”的，通过对这个要点的现代化、童趣化的转化，我们可以很好地将儒家礼仪文化渗透到幼儿的排队过程中。

教师在带领幼儿排队时，应做到精神饱满、身姿挺拔，以亲切洪亮的声音提醒幼儿排队，并告知排好队之后要转入的下一个活动是什么，帮助幼儿明白每天的活动环节是规律的、可以预测的。这同样有助于他们建立安全感和归属感，尤其是对于 3 岁之前的幼儿。在组织幼儿排队的过程中，可带领幼儿唱《幼儿园排队歌》，使幼儿在唱歌谣的过程中懂得：一个接一个排队，不推挤，要像小君子一样尊重、礼让他人。

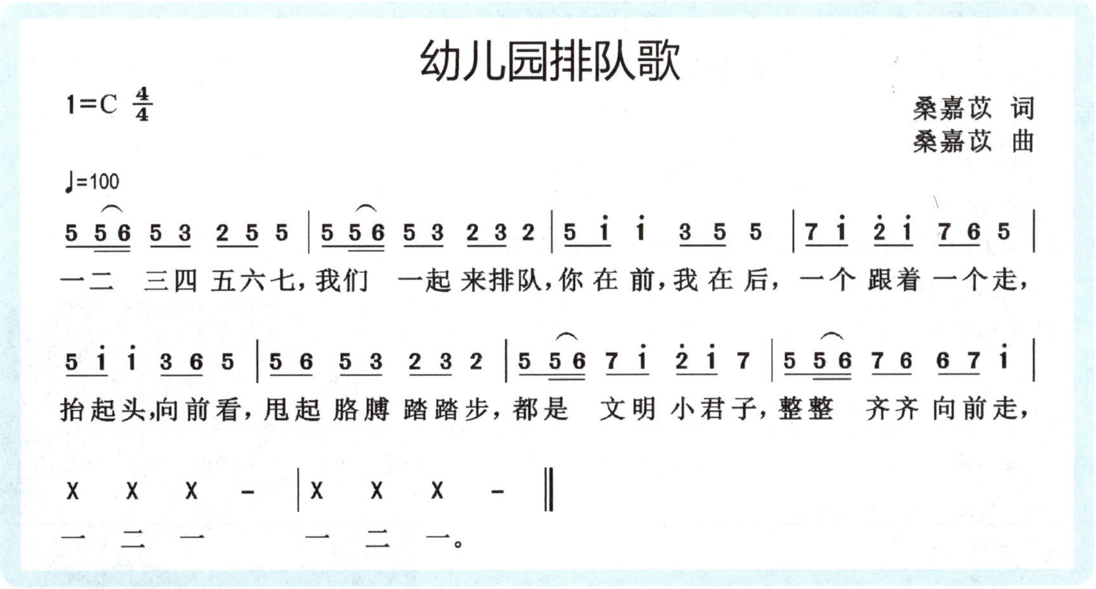
幼儿园排队歌
1=C 4/4
桑嘉苡 词
桑嘉苡 曲
♩=100
一二 三四 五六七，我们 一起 来排队，你 在 前，我 在 后，一个 跟着 一个走，
抬起头，向前看，甩起 胳膊 踏踏步，都是 文明 小君子，整整 齐齐 向前走，
一 二 一 一 二 一。

音频：《幼儿园排队歌》

(五) 用餐环节

在性格涵养教学法中，用餐环节是一个能很好地引导幼儿培养“爱物”“好礼”，甚至也包括“专注”能力的好时机。首先，幼儿的用餐应该要有一定的仪式感，要有先做什么后做什么的特定顺序；其次，性格涵养教学法希望教师引导幼儿爱惜食物并保持一定的敬畏心，对吃饭有愉悦和感恩之心，因此设置了专门介绍每日饭菜的“介绍菜名”环节；同时，用餐应该要安静而专注，吃饭的过程中如果也能做到“用志不分，乃凝于神”，那么幼儿就更加容易细嚼慢咽，享受吃饭的过程，且有助于消化吸收。

1. 用餐过程指导。

（1）教师组织幼儿餐前洗手，并将椅子搬到自己的位置坐好。

（2）引导幼儿安静喝汤，喝完汤的幼儿排队取餐，取餐后向发餐的教师道谢："谢谢××老师。"教师需礼貌回应："不客气。"

（3）教师盛饭菜的动作要轻，根据幼儿的进食量为幼儿盛饭。

（4）提醒盛好饭的幼儿把碗端平，慢慢走，轻拿轻放（教师可提前规划好排队路线，避免发生泼洒和碰撞）。

愉悦进餐

（5）根据幼儿年龄，指导幼儿使用勺子或者筷子安静进餐，懂得不把饭菜放进别人的碗中，鼓励幼儿细嚼慢咽、不挑食、不偏食、不剩饭。

（6）及时纠正个别幼儿不良的进餐习惯，如只嚼不吞，对进餐能力较弱、身体不适的幼儿给予针对性帮助。

（7）关注有食物过敏、忌口等幼儿的进餐情况，适当调整食物搭配。

（8）为有需要的幼儿适当添饭菜，避免浪费。

（9）幼儿进餐全程，教师应保持轻声轻语、小声说话，避免讨论饭菜或其他问题，不催促幼儿进餐，营造安静、愉悦、轻松的就餐环境。

2. 用餐结束。

（1）引导幼儿将掉落在桌上、地上的饭菜收拾干净，倒入垃圾桶。

（2）引导幼儿收拾自己的餐具，对身边的同伴和教师说："我吃完了，请你们慢用。"

（3）引导幼儿将用过的餐具放到固定的回收位置。

（4）引导幼儿将自己的椅子归位摆放整齐。

（5）引导幼儿饭后擦嘴、洗手、漱口，养成餐后整理和盥洗的良好习惯。

（6）组织幼儿餐后进行安静的活动，如看书、玩玩具，避免跑动和喧哗，不打扰其他幼儿进餐。

3. 言语引导。

（1）分餐。

幼儿：谢谢××老师。（教师引导幼儿双手接递碗盘。）

（2）介绍菜名。

教师：小朋友们中午好，今天由××老师为大家介绍美味的午餐。

教师：今天的午餐是红烧黄鱼、番茄炒蛋、白灼青菜、营养鸡汤、白米饭（幼儿跟念）。小朋友们请用餐。

幼儿：谢谢老师，大家请用餐。

（3）用餐完毕。

幼儿：我吃饱了，大家请慢用。（幼儿整理桌面，收拾餐具。）

4. 吃饭歌。

在幼儿用餐之前，教师也可以请幼儿轮流来作为当天介绍菜名的小值日生。报完菜名之后，大家一起唱一首《吃饭歌》，将里面有关具体菜肴的部分直接改为当天的菜肴即可。

一日食谱

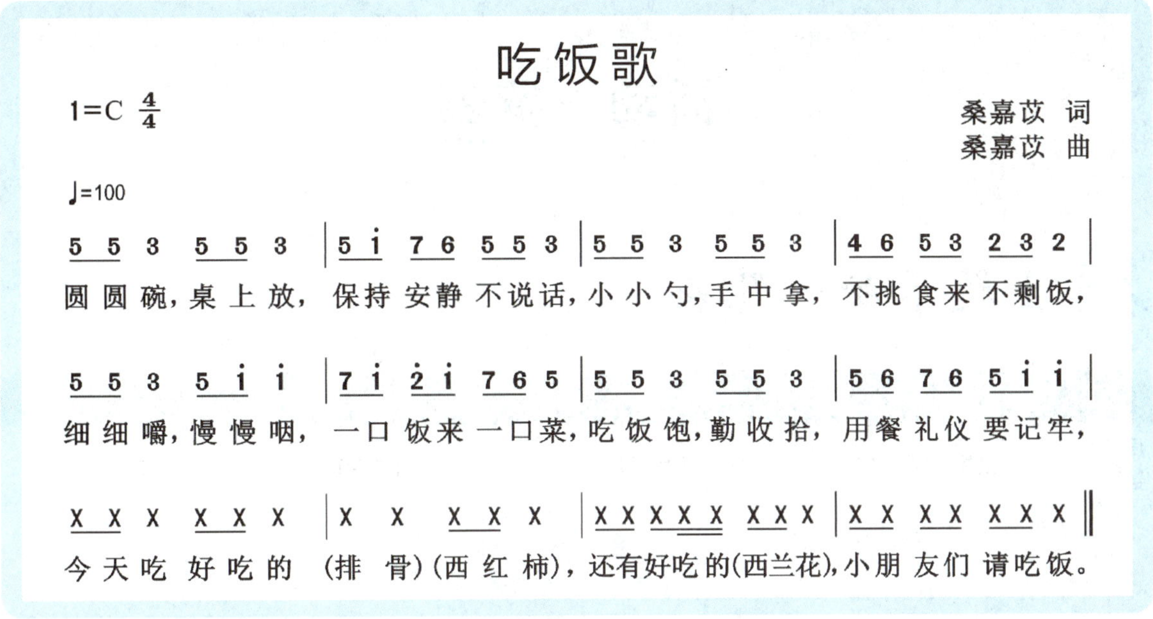
吃饭歌
1=C 4/4
桑嘉苡 词
桑嘉苡 曲
♩=100
圆圆碗，桌上放，保持安静不说话，小小勺，手中拿，不挑食来不剩饭，
细细嚼，慢慢咽，一口饭来一口菜，吃饭饱，勤收拾，用餐礼仪要记牢，
今天吃好吃的（排骨）（西红柿），还有好吃的（西兰花），小朋友们请吃饭。

音频：《吃饭歌》

三、大班幼儿一日常规活动开展的注意事项

在大班幼儿一日常规环节开展的过程中，教师除了掌握上述性格涵养教学法的基本原则和要点之外，还需要重点关注大班幼儿身心发展的阶段性特征和大班这一年承上启下的特点。

1. 重视大班常规中幼小衔接的引导，重点关注行为习惯的培养和时间观念的形成。

（1）教师应关注小学生活与幼儿园一日生活作息安排的不同点，有意识地在大班阶段做出调整。例如，很多地方的小学生是没有午睡时间的，那么进入大班阶段之后，教师就需要家长和幼儿园一起配合来调整幼儿的作息时间，提醒幼儿养成早睡早起的习惯，这样入学后才不会影响幼儿的学习效果。同时可以考虑给予大班幼儿午睡环节一定的选择权利，对于不想入睡、难以入睡的幼儿可以在班级区角中开展一些安静的活动，比如拼图、折纸，阅读绘本等，以不打扰他人为原则。

（2）注意培养幼儿的时间观念，有计划，不拖沓。在大班主题中，我们设计了1分钟能跳多少个绳？课间活动10分钟能做什么？之类的活动，目的在于帮助幼儿通过具体的活动来理解时间的长短。教师在日常的师幼互动和活动安排中，可以有意识地邀请大班幼儿为各种活动“做计划”，可以通过画图的方式列出先做什么，在做什么的计划清单，然后逐一完成。能够帮助幼儿体会如何有效地利用时间。

（3）注意培养记录能力和任务意识。建议教师从大班下学期开始，为幼儿准备一本“任务记录册”，用简单的符号或者绘画的方式，记录下每天需要回家完成的小任务。教师则每天交代1—2件幼儿力所能及的小事，请幼儿回家后完成。例如，请今天回家之后，提醒父母为自己剪指甲；请明天带一个大塑料袋到幼儿园来等。这样，幼儿在进入小学之后，也就能够很好地胜任自己每天记录作业的要求了。

2. 充分发挥幼儿的主动性，鼓励他们自主计划、彼此合作。

大班幼儿无论在语言的表达能力、动手操作能力和与他人协同合作的能力方面都有了较好的发展。因此，在一日生活中，从游戏之后玩具的收纳分类整理、到午饭过程中的餐具摆放、再到户外大型合作建构游戏的设计和实施、又或者是《论语》戏剧表演时的排演和场务，教师都可以试着放手，让幼儿自己来试一试，教师则发挥实施引领和提供帮助的作用。相信在这个过程中，幼儿能够更加深刻地体会到计划的作用、与他人协作可能会遇到的问题和处理办法，也由此加深同伴彼此之间的情谊。

活动一览表

主题活动一览表

主题活动一：一起来探索

周数	集体活动	区角活动	日常活动	亲子活动
第一周	幸福村案件大揭秘【表达交流 科学思考】			
	活动 1：绘本阅读：《谁动了小松鼠的粮仓》（语言）/ P027	活动 2：解锁鲁班球（益智）/ P028	活动 7：故事列车（语言）/ P034	
	活动 3：运榛子（健康、艺术）/ P030	活动 4：迷宫（美工）/ P031		
	活动 5："偷"榛子（健康）/ P032	活动 6：绳编（生活）/ P033		
	活动 8：丢失的榛子（科学）/ P035	活动 9：故事对对碰（益智）/ P037		
	活动 10：课堂戏剧——保护榛子（艺术）/ P038			
第二周	活动 11：坚果大会（语言、科学）/ P039	活动 13：搭建粮仓（建构）/ P041	活动 12：品尝坚果（健康、科学）/ P040	
	活动 15：折纸小鸟（艺术）/ P043	活动 16：绘本阅读：《会钓鱼的小鸟》（语言）/ P045	活动 14：小熊和巧克力（科学）/ P042	
	染布大揭秘【了解传统染布工艺 探索记录】			
	活动 18：子路染布（语言）/ P047		活动 17：不同的布（科学）/ P046	活动 22：扎染（艺术）/ P053
	活动 20：染出大花布（艺术）/ P050		活动 19：采兰草（艺术）/ P048	
	活动 21：染布（艺术）/ P051			

（续表）

主题活动一：一起来探索				
周数	集体活动	区角活动	日常活动	亲子活动
第三周	活动 23：神奇的布（科学）/ P054	活动 25：颜色变变变（科学）/ P057		活动 26：参观染布工厂（社会）/ P059
	活动 24：植物染料（科学）/ P055	活动 28：神奇螺旋线（美工）/ P061		
	活动 27：特别的服装（社会、语言）/ P060			
	活动 29：课堂戏剧——子路染布（艺术）/ P062			
	生活大揭秘 【专注观察 科学探究】			
	活动 30：生活中的视错觉（科学）/ P064	活动 31：魔法留影盘（美工）/ P066		
第四周	活动 32：会跳的袋子（健康）/ P068	活动 38：电器商店（角色）/ P075	活动 39：太阳和月亮（科学）/ P076	活动 34：自制打击乐器（艺术）/ P070
	活动 33：袋子套起来（科学）/ P069			活动 36：生活中的电器（社会、科学）/ P073
	活动 35：乐器声音的秘密（艺术）/ P071			
	活动 37：好用的电器（社会、科学）/ P073			
	活动 40：转呀转呀转（艺术）/ P077			

(续表)

主题活动二:四季变变变				
周数	集体活动	区角活动	日常活动	亲子活动
第一周	天气预报员 【能通过观察、比较与分析,发现天气的特征或各个季节天气情况的不同;能运用各种工具协助自己的探索;能用数字、图画、图标或其他符号记录】			
	活动2:气象书(科学)/P084	活动8:风雨雷电(益智)/P090	活动1:天气的变化(科学)/P083	活动5:寻找"百叶箱"(科学)/P087
	活动3:晴雨统计(科学)/P085		活动4:我是天气预报员(健康)/P087	
	活动7:各种各样的云(艺术)/P089		活动6:漂浮的云(科学)/P088	
	活动9:蚂蚁搬家(语言、科学)/P091		活动10:下雨前与下雨后(科学)/P093	
第二周	活动11:滤水实验(科学)/P094	活动12:小水滴历险记(语言)/P096		活动13:气象博物馆(科学)/P097
	四季的变化 【感知并了解季节变化的周期性,知道变化的顺序】			
	活动14:我心中的一年四季(艺术)/P098	活动16:四季牌(益智)/P101		
	活动15:假如冬天不见了(社会、语言)/P099	活动18:会开的花(科学)/P103		
	活动17:四季的颜色(健康、艺术)/P102	活动19:彩色的春天(美工)/P104		
	活动20:腊梅姐姐的烦恼(语言、科学)/P105			
第三周	活动23:落叶树与常青树(科学)/P110	活动21:四季的花(美工)/P107	活动27:春季写生(艺术、科学)/P117	
	活动24:一朵花(艺术)/P111	活动22:四季花开(益智)/P109	活动28:植物角与动物角(科学)/P118	
	活动25:乐器演奏《一朵花》(艺术)/P114			
	活动26:大雁迁徙(社会、语言)/P115			
	四季与我 【初步了解人们的生活与自然环境的密切关系,知道尊重和珍惜生命,保护环境】			
	活动29:植树节(社会、科学)/P118	活动30:照顾小树(科学、生活)/P120		
第四周	活动31:蒙眼找春天(健康、科学)/P120	活动32:我的小花盆(美工)/P122		活动39:日历、月历与年历(科学)/P131
	活动33:丰收的季节(艺术)/P123	活动35:四季骰子(语言)/P125		活动40:我最喜欢的季节(社会、语言)/P131
	活动34:四季的故事(语言)/P124	活动38:你说我猜(语言)/P130		
	活动36:夏季,冬天住哪里(语言)/P126			
	活动37:一年四季十二个月(科学)/P128			

（续表）

周数	集体活动	区角活动	日常活动	亲子活动
	主题活动三：拥抱大自然			
第一周	动物大世界【科学探究 观察记录】			
第一周	活动 2：动物旅馆（科学）/ P138	活动 5：动物棋（益智）/ P143	活动 3：动物真奇妙（语言）/ P140	活动 1：动物之最（科学）/ P137
第一周	活动 4：动物音乐会（艺术）/ P141	活动 8：这是谁的家（科学）/ P147	活动 7：美丽的大自然（科学）/ P146	
第一周	活动 6：动物们的家（语言、科学）/ P144	活动 9：多彩的地形地貌（美工）/ P148		
第一周	活动 10：鸭子和小鱼（艺术）/ P149	活动 12：小鱼的鳞片（益智）/ P152		
第一周	活动 11：小鸭过桥洞（科学）/ P151			
第二周	活动 15：绘本阅读：《玉米和瓢虫》（语言）/ P156	活动 13：绘本阅读：《吼吼的小鸭子》（语言）/ P153	活动 16：昆虫在哪里（社会、科学）/ P157	
第二周	活动 17：赶走蚜虫（健康）/ P158	活动 14：动物地图（益智）/ P154	活动 23：谷雨贴（艺术、科学）/ P166	
第二周	活动 19：瓢虫的故事（艺术）/ P161	活动 18：昆虫日记（自然角）/ P160		
第二周	活动 20：课堂戏剧——玉米和瓢虫（艺术）/ P162	活动 21：绘本阅读：《好狐狸　坏狐狸》（语言）/ P163		
第二周	活动 22：食物链（科学）/ P165	活动 24：动物集合啦（美工）/ P167		
第三周	环保小卫士【环境保护 垃圾分类 变废为宝】			
第三周	活动 25：地球的秘密花园（科学）/ P168	活动 31：风筝（美工）/ P175	活动 27：生活中的污染（科学）/ P170	
第三周	活动 26：有用的水（健康、科学）/ P169		活动 29：乐音和噪音（社会、艺术）/ P173	
第三周	活动 28：什么不干净了（社会、语言）/ P171			
第三周	活动 30：好听的乐音（艺术）/ P173			
第三周	活动 32：绿色出行大采访（社会）/ P176			
第四周	活动 33：绿色出行我先行（健康）/ P178	活动 37：套指环（益智）/ P183	活动 34：生活中的垃圾（社会、语言）/ P179	活动 36：垃圾分类大调查（科学）/ P182
第四周	活动 35：垃圾分类（社会、科学）/ P180	活动 41：环保纸盒（益智）/ P188	活动 39：世界地球日（社会、语言）/ P186	活动 42：变废为宝（艺术）/ P189
第四周	活动 38：分材料（科学）/ P184	活动 43：未来小区（建构）/ P190		
第四周	活动 40：好玩的报纸（健康）/ P187			
第四周	活动 44：奇妙的房子（艺术）/ P191			

（续表）

周数	集体活动	区角活动	日常活动	亲子活动
主题活动四：谢谢每一个你				
第一周	谢谢我的家人 【感恩家人】			
第一周	活动1：《孔子采灵芝》（社会、语言）/ P197	活动6：刺绣手帕（美工）/ P204	活动2：中华母亲节（社会、语言）/ P198	活动3：折纸萱草（社会、艺术）/ P199
第一周	活动4：登高山（健康）/ P200	活动8：幸福小剧场（表演）/ P207	活动9：我的大家庭（社会、语言）/ P208	
第一周	活动5：采灵芝（艺术）/ P202			
第一周	活动7：课堂戏剧——登泰山，找灵芝（艺术）/ P205			
第一周	活动10：爱的表达（社会）/ P208			
第二周	活动13：一起的时光（语言）/ P212	活动15：绘本阅读：《神秘的生日礼物》（语言）/ P215	活动12：温馨的周末（语言）/ P211	活动11：变成大人的一天（社会）/ P210
第二周	活动14：两人三足（健康）/ P214	活动18：花店（角色）/ P220		
第二周	活动16：日历上的生日（社会、科学）/ P217			
第二周	活动17：今天我当家（科学）/ P218			
第二周	谢谢不同的你 【职业认知 热爱劳动 尊重劳动者】			
第二周	活动21：谁到得最早（社会、语言）/ P223	活动22：忙忙碌碌镇（语言）/ P224	活动20：幼儿园里的早到大王（社会、语言）/ P222	活动19：劳动节街头采访（社会）/ P221
第三周	活动23：猜猜这是谁的包（社会、科学）/ P226	活动30：军事基地（益智）/ P234	活动25：猜猜谁来了（语言、科学）/ P228	活动28：我是小主厨（社会）/ P232
第三周	活动24：有用的医疗用具（社会、健康）/ P227			
第三周	活动26：送外卖（科学）/ P229			
第三周	活动27：快乐的小厨师（艺术）/ P231			
第三周	活动29：了不起的军人（社会、语言）/ P233			
第四周	活动31：驼鹿消防员的一天（社会、语言）/ P235	活动32：小小建筑师（建构）/ P236	活动36：谁是帮助过我的人（社会）/ P242	
第四周	活动33：一寸虫（语言、科学）/ P237	活动35：我会测量（益智）/ P240		
第四周	活动34：小工程师画图纸（艺术、科学）/ P239	活动38：服装设计师（美工）/ P244		
第四周	活动37：听我说，谢谢你（艺术）/ P243	活动40：各种各样的人（角色）/ P247		
第四周	活动39：我要成为……（艺术）/ P246			

（续表）

周数	集体活动	区角活动	日常活动	亲子活动
	主题活动五：再见，幼儿园			
第一周	**向往的小学生活** 【了解小学生活，对小学生活有好奇和向往，能较快融入新的环境或适应新的规则；能按类别整理好自己的物品】			
第一周	活动 2：参观小学（社会）/ P254	活动 1：我心目中的小学（建构）/ P253		
第一周	活动 3：写生小学（艺术）/ P255			
第一周	活动 4：小学与幼儿园不一样（语言）/ P257			
第一周	活动 5：一分钟有多长（科学）/ P258			
第一周	活动 6：下课十分钟（科学）/ P260			
第二周	活动 7：我不担心了（社会、健康）/ P261	活动 8：我的小书包（生活）/ P262 活动 9：我的文具盒（生活）/ P263	活动 12：我的任务记录册（健康、社会）/ P266	活动 11：购买文具（科学）/ P265
第二周	活动 10：我的文具自己买（科学）/ P264	活动 13：闪电刮画（美工）/ P267	活动 14：射礼（社会、健康）/ P268	活动 18：芒种安苗（社会、健康）/ P274
第二周	活动 15：象形文字的故事（艺术、语言）/ P269	活动 19：棉线画（美工）/ P274		
第二周	活动 16：夏至流水拌凉面（社会、健康）/ P271			
第二周	活动 17：有趣的笔先生（艺术）/ P272			
第三周	**再见，好朋友** 【会正确地写自己的名字；经常保持愉快的情绪，知道引起自己某种消极情绪的原因，并努力化解】			
第三周	活动 20：我的名片（艺术）/ P275	活动 25：我的好朋友（美工）/ P282	活动 26：大风吹（健康、科学）/ P282	活动 22：好朋友不再见（社会、健康）/ P278
第三周	活动 21：不同的告别（健康）/ P277	活动 27：送给朋友的礼物（语言）/ P283	活动 28：小队游戏（健康、科学）/ P284	
第三周	活动 23：什么是朋友（语言、艺术）/ P279		活动 29：爸爸妈妈的同学在哪里？（社会）/ P285	
第三周	活动 24：送别（艺术）/ P280			
第四周	**我毕业了** 【了解毕业典礼的形式，能主动发起活动或在活动中出主意、想办法；能主动承担任务，并认真负责地完成自己所接受的任务；活动时能与同伴分工合作，遇到困难能一起克服】			
第四周	活动 31：毕业典礼 1（策划环节）（艺术）/ P286		活动 30：典礼与晚会（社会、艺术）/ P286	
第四周	活动 32：毕业典礼 2（排练节目）（艺术）/ P288	活动 35：挑战鲁班球（益智）/ P292	活动 33：毕业留影（社会、艺术）/ P289	
第四周	活动 34：毕业典礼 3（排练队形）（艺术）/ P290	活动 36：毕业邀请函（美工）/ P293		
第四周	活动 38：毕业典礼 4（毕业海报）（艺术）/ P295	活动 37：绘本阅读：《倾斜的鸟窝》（语言）/ P293		
第四周	活动 39：毕业典礼 5（毕业礼赞）（社会、艺术）/ P296			
第四周	活动 40：毕业照（艺术）/ P298			

特色活动一览表

<table>
<tr><th>特色活动</th><th colspan="2">内容</th></tr>
<tr><td rowspan="4">中华智慧感统区角游戏</td><td colspan="2">中华智慧感统区角创设说明</td></tr>
<tr><td colspan="2">开展中华智慧感统区角游戏活动的基本原则</td></tr>
<tr><td colspan="2">中华智慧感统区角中游戏材料的具体玩法说明</td></tr>
<tr><td colspan="2">大班开展中华智慧感统区角游戏活动的注意事项</td></tr>
<tr><td rowspan="9">《论语》戏剧活动</td><td colspan="2">大班开展《论语》戏剧活动的指导要点</td></tr>
<tr><td rowspan="4">《子路染布》戏剧活动设计及剧本</td><td>戏剧《子路染布》系列活动设计说明</td></tr>
<tr><td>《子路染布》戏剧剧本</td></tr>
<tr><td>戏剧《子路染布》系列活动导图</td></tr>
<tr><td>戏剧《子路染布》四周排演计划</td></tr>
<tr><td rowspan="4">《孔子采灵芝》戏剧活动设计及剧本</td><td>戏剧《孔子采灵芝》系列活动设计说明</td></tr>
<tr><td>《孔子采灵芝》戏剧剧本</td></tr>
<tr><td>戏剧《孔子采灵芝》系列活动导图</td></tr>
<tr><td>戏剧《孔子采灵芝》四周排演计划</td></tr>
</table>

主题活动

主题活动一：一起来探索

主题介绍

大班幼儿对周围世界的一切都有着强烈的好奇心、认识兴趣和探索欲望，而且他们不再满足于仅了解事物外在的现象，而是要探究事物的本质，了解其内在联系。他们会积极专注地参与到观察、探索和交流等活动中，并从中收获无限的快乐与成就感。

“一起来探索”主题包含了三个既贴近幼儿生活、又精彩有趣的子主题。“幸福村案件大揭秘”围绕教学法原创绘本故事《谁动了小松鼠的粮仓》展开，幼儿将跟随故事主角，变身“小侦探”，一同仔细观察、寻找线索，合理推论，最终成功破案。在“染布大揭秘”中，幼儿将通过观察、猜想、操作、验证、记录等方法深入探索布料、染料的神奇奥秘，并参与到“子路染布”的戏剧表演活动中，切身体会中华优秀传统文化中“知之为知之”的人生智慧。“生活大揭秘”则是带领幼儿发现生活中的常见现象、常用器具的秘密，感受到生活中无处不在的探索乐趣。幼儿在该主题活动中将逐步养成仔细观察、专注探究的日常习惯，同时他们的科学思考、表达交流等能力也将得到稳步提升，这对其一生的发展至关重要。

兴趣是最好的老师，是激发幼儿专注参与到各项活动中的重要内在条件。而这个主题活动紧紧围绕大班幼儿的兴趣点，给予幼儿充分的探索空间，相信每一名幼儿都能从中感受到探索的无尽乐趣！

本月教育重点

1. 对周边世界充满好奇心和探索欲，并通过自己的探索去寻找答案。
2. 根据观察到的现象，结合已有的经验进行合理的推论。
3. 用数字、图画、符号等记录自己在探索中的发现，并用准确的语言进行交流分享。
4. 戏剧表演活动“子路染布”，传递小君子谦虚好学、“知之为知之”的人生态度。

本月常规活动重点

1. 关注天气变化，自己根据气温增减衣物。
2. 在活动结束后，能够按类别整理物品。
3. 乐于参与集体劳动，体验为大家服务的乐趣。

给家长的一封信

亲爱的家长：

孩子天生就是探索家！ 大班幼儿对于周围世界中新奇的事物、现象，更加有好奇心和求知欲，会百看不厌，百问不倦，能够通过自己的探索感知了解事物的真相。 我们设计了“一起来探索”的系列主题活动，让孩子能够围绕感兴趣的问题进行观察、思考、探究和记录。

本主题包含的子主题：

◆ 幸福村案件大揭秘、染布大揭秘、生活大揭秘。

在这个主题中，孩子们可以：

◆ 变身“小侦探”，在绘本故事中观察、寻找线索，解开悬疑。

◆ 亲身体验有趣的染布活动，感受传统染布工艺的魅力。

◆ 探究生活中常见的视错觉现象，了解电器，体验“发现”带来的无限乐趣。

◆ 通过有目的的观察实验活动，提升对周围世界科学现象的思考、探究能力。

您可以这样做：

◆ 和孩子一起探索、研究生活中有意思的材料和物品。

◆ 面对孩子的“十万个为什么”，如果无法回答，就和孩子一起查找资料、寻求答案吧！

◆ 多接触传统民间工艺，里面不仅包含着科学小秘密，还蕴藏着优秀的传统文化。

引导孩子探索科学知识，培养孩子的科学素养，相信好的家园互动一定能帮助孩子成为乐学求知的小小科学家。

与您和孩子一起探索世界的老师

主题环境创设建议

一、创设与准备

1. 在美工区的墙面布置出与“小松鼠的粮仓”相关的背景图片，比如草地、大树、动物的家等。在主题开展初期时留白。随着主题的开展，陆续将幼儿的迷宫、折纸小鸟的双菱形折纸图示及小鸟成品、榛子及各种坚果图片等贴上丰富墙面。

2. 师幼共同收集不同材质的布料、植物染料图片、传统染布工艺图片等，合作布置出“染布大揭秘”主题环境。

3. 在角色区，利用商店招牌，购买电器流程、讨价还价、检查电器性能的示意图、图片等营造“电器商店”场景。

4. 在建构区贴上供幼儿欣赏或模仿搭建的粮仓、谷仓图片。

二、生成与展示

1. 将幼儿记录好的各类观察记录表，如“不同的布”记录表、“生活中的视错觉”记录表等，张贴在科学区的墙面，供幼儿交流分享。

2. 将幼儿制作的“魔法留影盘”投放在科学区。

3. 将幼儿制作的“迷宫”投放在益智区。

4. 将幼儿创作的“折纸小鸟”、染布作品、“神奇螺旋线”等作品布置展示在美工作品展示区。

5. 在建构区保留幼儿设计的粮仓、谷仓图，在搭建过程中保留幼儿搭建的粮仓、谷仓，搭建完成后用照片等形式记录下幼儿的搭建过程和成品，布置在建构区墙面。

在“一起来探索”主题下，也可以请幼儿来探索教室的环境。教师可以邀请幼儿来构想自己的作品要在哪里进行展示，和教师一起在每个子主题开始前讨论要布置什么。教师可以将一块墙面留给幼儿，让他们自己思考想要创设的内容是什么，或者用来呈现幼儿在主题过程中即时出现的主题预设之外的内容。

三、区角活动规划

区角活动规划	
阅读区	1. 米吉卡/著，詹伟胜、胡荣环/绘：《谁动了小松鼠的粮仓》，青岛出版社 2. 赵先德/文，童卉/图：《会钓鱼的小鸟》，青岛出版社 3. 林秀穗/文，廖健宏/图：《神探狗汪汪》，明天出版社 4. 郑宗琼/编绘：《生日蛋糕》，二十一世纪出版社 5. 北冈明佳/主编，哥伦布团队/著绘：《不可思议的视错觉》，王维幸/译，长江少年儿童出版社 6. 赖马/文、图：《金太阳银太阳》，河北教育出版社 7. 佐藤哲也/著，网中一弦/绘：《衣服是什么做成的》，肖潇/译，北京科学技术出版社
美工区	1. 活动 4“迷宫”：投放安全剪刀、水彩笔、铅笔等材料。活动资源：迷宫 2. 活动 28“神奇螺旋线”：投放铅笔、油画棒、颜料、颜料刷、安全剪刀、双面胶等材料。活动资源：神奇螺旋线 3. 活动 31“魔法留影盘”：投放安全剪刀、双面胶、水彩笔等材料。活动资源：魔法留影盘
益智区	1. 活动 2“解锁鲁班球”：投放三色鲁班球，原木色鲁班球，鲁班球拆解、拼装步骤图 2. 活动 9“故事对对碰”：投放方格底盘，人物角色、故事中主要道具、场景的局部图片和完整图片 2 套、一次性小纸杯若干、计时器 1 个
科学区	活动 25“颜色变变变”：投放紫薯、紫甘蓝或黑枸杞等富含花青素的植物(教师提前切成小块)、透明杯子或瓶子、小碗、过滤网勺、刷子、彩笔、白醋、苏打水、盐水等酸碱度不同的溶液(教师可提前在瓶子上贴上数字编号，便于幼儿记录)、滴管、“颜色变变变”记录表、新鲜的花瓣或叶子、小木锤、厨房用纸、纸胶带、湿纸巾或抹布等材料
建构区	活动 13“搭建粮仓”：投放积木、乐高、管道、雪花片等建构材料，白纸、水彩笔等用来做设计图纸的材料，仿真榛子、小麦、水稻等辅助材料，供幼儿欣赏或模仿搭建的粮仓、谷仓图片
角色区	活动 38“电器商店”：投放电器商店的招牌，多种电器图片，柜子、桌子、椅子，各类小纸盒、纸板等材料，纸、笔、双面胶、剪刀等美工材料(可共享美工区的材料)
生活区	活动 6“绳编”：投放各种材质的绳子(如毛线、丝带、尼龙绳、麻绳等)，教师利用 KT 板/纸盘/雪糕棒等材料自制的各种造型的编织底板，纸盘、硬纸皮、纸盒等材料，打孔器，安全剪刀，铅笔，塑料儿童针 教师提前在生活区墙面张贴各种不同款式的民族编织工艺品的照片以及编织方法图示

主题活动方案

活动 1 绘本阅读：《谁动了小松鼠的粮仓》

活动形式：■集体
重点领域：■语言

绘本涵养要点

善于观察，能根据观察到的现象，结合已有的经验进行合理的推论。

活动目标

认知： 熟悉绘本故事的内容与情节。
情感： 喜欢听故事，并乐于和同伴讨论故事的相关内容。
能力： 能够仔细观察画面，依据故事线索，大胆猜想故事情节的发展。

活动准备

绘本《谁动了小松鼠的粮仓》或故事 Flash，教师可提前将绘本故事的主要情节画面制作成 PPT。
配套电子资源：故事 Flash。

活动过程

一、观察封面，引起阅读兴趣

➤ （出示绘本封面）今天老师带来了一个有趣的绘本，封面上都有谁呢？它们在干什么？
➤ 你们猜猜这会是一个关于谁的故事呢？

教师引导幼儿观察绘本封面，并与同伴进行交流讨论。

➤ 你们有着各自不同的意见，看来小朋友们对这个绘本故事的内容非常好奇。现在我们就一起来看看这个故事。

二、绘本阅读，理解故事内容

1. 认识小松鼠豆豆，了解故事的开始部分（P1—P6）。

师幼共同阅读绘本的开始部分。

➤ 小松鼠住在哪里，它的粮仓在哪里？
➤ 你觉得小松鼠的粮仓坚固吗，为什么？如果你是小松鼠，你会建造什么样的粮仓？
➤ 小松鼠的榛子不见了，你们觉得会是谁拿走了榛子？你的理由是什么？

教师鼓励幼儿与同伴积极讨论，可仔细观察画面寻找线索；教师可邀请 3—4 名幼儿在集体前发表自己的想法。

➤ 究竟是谁开了小松鼠的粮仓？豆豆能顺利找回它的榛子吗？

2. 幼儿自主阅读绘本故事的第二段（P7—P12）。

幼儿专注地自主阅读绘本的第二段。

➤ 巧手鲁班找到了什么线索？

阅读后，幼儿可与同伴进行分享交流。教师可及时根据幼儿的表述进行追问。引导语可参考：

➤ 你觉得这个线索有用吗，为什么？

➤ 在检查小伙伴们的脚上是否有黄泥时，你觉得谁的表现比较奇怪，为什么？

➤ 除了黄泥之外，你在画面中有找到其他线索吗？你觉得是谁拿走了小松鼠的榛子？

➤ 有了新箱子的保护，再加上小伙伴们的全面站岗，你觉得小松鼠的榛子还会丢失吗？

小结：经过侦查，大家没能找出是谁拿走了小松鼠的榛子。所以巧手鲁班制作了一个更安全的新箱子，而且晚上的时候大家一起站岗保护榛子。

3. 幼儿自主阅读绘本故事的第三段（P13—P16）。

幼儿专注地自主阅读绘本的第三段。

➤ 你觉得是谁又一次拿走了豆豆的榛子，为什么？你是从哪里找到线索的？

阅读后，幼儿可与同伴进行分享交流。教师可及时根据幼儿的表述进行追问。引导语可参考：

➤ 榛子又一次丢失了，小伙伴们是什么样的心情？

➤ 如果你在现场，你会怎么做？

➤ 你觉得后续会发生什么样的故事？

小结：小伙伴们相互怀疑，好朋友变成了敌人，这可怎么办呢？

4. 幼儿自主阅读绘本故事的第四段（P17—P20）。

幼儿专注地自主阅读绘本的第四段。

➤ 为什么说这是一个神奇的夜晚？

阅读后，幼儿可与同伴进行分享交流。教师可及时根据幼儿的表述进行追问。引导语可参考：

➤ 是谁将榛子送了回来？你觉得信里写了什么内容？

➤ 如果你是小松鼠，你会原谅园园吗，为什么？

绘本阅读结束后，教师可邀请幼儿说一说看完绘本后的想法或体会。

三、分享与总结

➤ 土拨鼠园园将榛子送回来，还写了一封道歉信给小松鼠。小松鼠会原谅园园吗？小松鼠的榛子还会再丢失吗？小朋友们可以和好朋友或爸爸妈妈一起讨论，创编出更有趣的故事哟！

小贴士

- 在活动前，教师应仔细解读绘本故事，梳理故事脉络，并根据幼儿的实际情况做好相关的提问预设。在实际活动中，教师无需生硬地套用上述引导语，而是要根据幼儿的具体表述来展开及时的回应、追问。
- 教师可根据幼儿的实际能力水平或兴趣点，适当调整活动内容，如在自主阅读环节中，教师可鼓励幼儿独自阅读或是与同伴共同阅读。教师也可以提前将绘本投放到语言区，让幼儿先初步了解故事内容，再在集体活动中进行经验提升。

活动 2 解锁鲁班球

活动形式：■区角
活动区角：■益智

关键经验

1. 乐于研究、挑战解锁鲁班球，掌握解锁鲁班球的技巧。
2. 感受传统文化中简单但不平凡的智慧。

活动材料

三色鲁班球、原木色鲁班球若干，鲁班球拆解、拼装步骤图。

活动过程

玩法一

1. 幼儿尝试将三色鲁班球拆开，并和同伴说一说：是用了什么方法，将三色鲁班球拆开的。
2. 幼儿尝试将拆开的三色鲁班球拼装成一个完整的球。

玩法二

1. 该活动需要在玩法一的基础上开展。
2. 幼儿尝试将原木鲁班球拆开并拼装复原。

玩法三

1. 该活动需要在玩法二的基础上开展。
2. 教师提前将鲁班球零件拆开并混装在一起。
3. 幼儿在零件中寻找组建尝试拼装出一个完整的鲁班球。

观察要点

- 幼儿能否将鲁班球拆开。
- 幼儿能否拼装出一个完整的鲁班球。
- 幼儿能否在混装的零件中找到适合的零件拼装出一个完整的鲁班球。

小贴士

- 鲁班球，特别是原木鲁班球的挑战性较大，教师可以准备鲁班球拆开和拼装的步骤图，为幼儿提供一定提示和参照。但要注意的是，教师要通过活动前后的经验分享和梳理，和幼儿一起发现拆分、拼装的窍门所在，支持幼儿一步步独立完成鲁班球的解锁。
- 幼儿在拆装鲁班球的过程中，可以切身感受中国木艺榫卯结构的智慧，除此之外，教师还可以引导幼儿欣赏中国榫卯结构的古建筑，进一步了解榫卯结构，了解传统文化。

附 步骤图

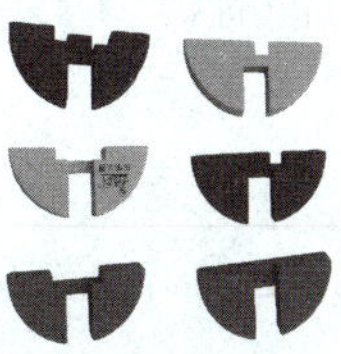

1. 观察鲁班球各个模块。

2. 将一片黄色模块扣在绿色且中间有凸起的模块上。

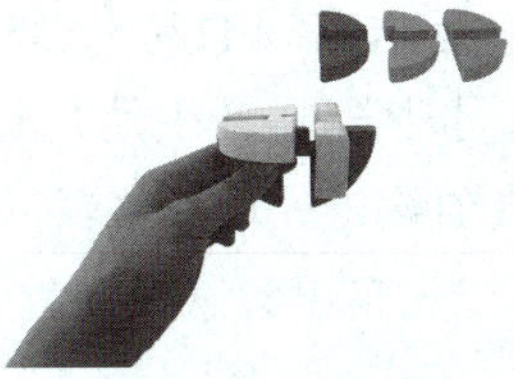

3. 将另一片黄色模块挂在绿色模块上。

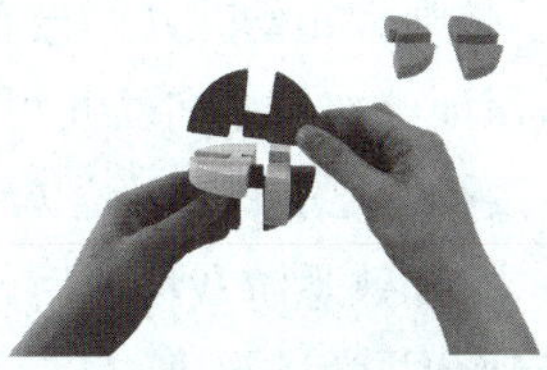

4. 将绿色模块对应相扣。

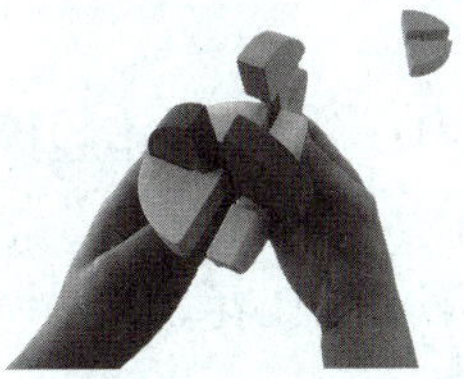

5. 将一片橙色模块插在侧边。

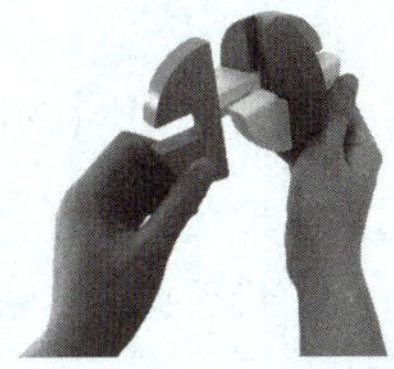

6. 将另一片橙色模块插在另一侧。

7. 掰正黄色模块。

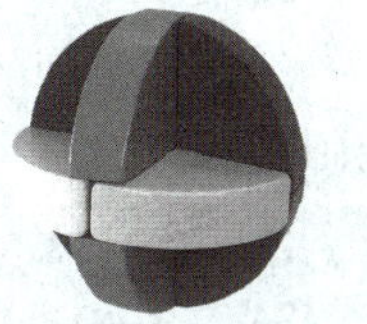

8. 鲁班球拼装完成。

活动3 运棒子

活动形式：■集体
重点领域：■健康 ■艺术

活动目标

认知：了解用筷子夹棒子的方法。
情感：感受成功运送棒子的快乐。
能力：能够用筷子夹住棒子的同时从独木桥上通过，并保持平衡。

活动准备

仿真棒子或和棒子外形、大小类似的球形小积木、串珠积木，儿童筷子（非练习筷），小篮子。

活动过程

一、故事导入，创设情境

教师引导幼儿回顾绘本故事《谁动了小松鼠的粮仓》，创设游戏情境，调动幼儿的游戏兴趣。

➤ 在绘本故事《谁动了小松鼠的粮仓》中，小松鼠在仓库里存放了什么食物呀？

➤ 棒子长在高高的树上，小松鼠把它摘下来还要运回仓库，可是棒子太多了，它搬不动，想请小朋友们帮它一起运棒子。

二、夹棒子

教师请幼儿尝试用筷子夹稳棒子，能力强的幼儿可以试着夹着棒子在平地上行走，能力较弱的幼儿则需要教师进行有针对性的引导。

➤ 原来小松鼠想让我们用筷子来运送棒子，这可是一项有意思的挑战！

➤ 你们可以试一试，怎么才能稳稳地夹住棒子，使棒子不掉落在地上。

幼儿自由探索结束之后，教师引导幼儿进行交流与讨论，总结用筷子夹稳棒子的方法，如：手指一定要用劲，不能中途松懈；棒子圆滚滚的，又有点滑滑的，夹棒子粗糙一点的“头部”会好夹一点；用“挑”的方法可以帮助把棒子夹起来。

三、谁运的棒子多

1. 运送棒子的路线。

教师带领幼儿共同设置好运送路线的起点、终点，明确游戏规则。教师可以同时设置4—5条路，保证一次有多名幼儿可以同时尝试，减少幼儿的等待时间。

➤ 这是小松鼠的仓库，我们要走过这条路，将棒子运送到对面的终点处。

幼儿熟悉游戏场地后，可以先自由尝试根据教师说的路线运送棒子，发现运送过程中可能出现的问题，并尝试解决。

➤ 我们先来试一试如何安全、快速地把棒子运送到目的地吧！

2. 比一比。

幼儿在教师的引导下分为两组，进行运棒子接力赛，在相同的时间之内，哪一队运送的棒子较多则获胜。

第一轮比赛过后，幼儿可进行队内的反思与讨论，调整“战术”，再进行第二轮比赛。

四、分享与总结

教师请获胜队的幼儿分享自己的经验，也请全体幼儿和失利的队伍一起总结原因和可以改进的做法，也谢谢他们帮小松鼠运送了榛子，鼓励他们下次可以再玩一玩。

➤ 我们成功帮小松鼠运完了榛子，它又能依靠这些食物开开心心地过完这个冬天啦！

小贴士

- 在儿童性格涵养教学法中，能够同时将注意力集中在两件事情上被视为一种更为高级的专注。在这一活动中，教师可以依据日常活动中的观察，更多地关注平常性格比较急躁的、注意力容易不集中的幼儿，引导其在游戏中不急不缓、慢慢来，眼观手脚、全心凝神。
- 活动结束后，可以将筷子投放入生活区或角色区，再添加不同大小、不同质地的夹取物（如玻璃弹珠、橡胶小球等），增加幼儿使用筷子的机会、提升幼儿使用筷子的能力。“运榛子”的游戏可以继续在室内外的运动时间多次开展。

活动 4 迷宫

活动形式：■区角
活动区角：■美工

关键经验

1. 了解迷宫的设计和制作方法。
2. 积极参与迷宫创作，感受迷宫活动的乐趣。
3. 能够利用吸管制作迷宫，并学会仔细观察迷宫路线，顺利走出迷宫。

活动材料

水彩笔，铅笔，安全剪刀。

活动资源：迷宫。

游戏玩法

教师在美工区或益智区投放和展示迷宫成品，供幼儿观察和探索。

➤ 仔细看看，小圆珠要走哪条路才能顺利到达终点呢？（幼儿仔细观察和操作）你们觉得这个迷宫好玩吗？你们想动手制作吗？制作完成后，你们还可以和小伙伴交换迷宫进行游戏哟！

1. 幼儿取出材料，观察和探索材料的特点及作用；

2. 和同伴讨论、交流迷宫的制作方法，比如：我们可以设计什么样子的迷宫？什么样的迷宫走起来比较难？它有几个入口和出口？迷宫中有几条正确的路线？想在迷宫中设计哪些障碍？想在迷宫中添画哪些有趣的图案？

3. 参考活动资源中配套的迷宫图，结合自己的想法，自由设计迷宫的造型，利用材料制作迷宫。方法可参考：

（1）用铅笔在底板上设计出迷宫的初稿（也可以直接选用活动资源配套的迷宫图），设计时应随时检查、确保正确路线的存在；

（2）撕下海绵条的背胶，将其粘在画好的线上，重复操作直至粘贴完成；

（3）用不同的方法装饰迷宫，如用水彩笔画出不同的动植物形象、用玉米粒、彩纸团等制作障碍物等，制作完成后，再次检查迷宫的正确路线。

4. 与同伴相互交换迷宫作品，利用小圆珠进行走迷宫游戏，看看谁设计的迷宫最难？谁的最容易？哪位小朋友是走迷宫高手呢？

观察要点

- 幼儿参与迷宫设计活动的积极性如何。
- 幼儿在设计和制作迷宫时表现出的空间概念、方位概念的水平如何。
- 幼儿能否顺利设计和制作出迷宫作品。

小贴士

- 制作完成，可以将成品投放在益智区，鼓励幼儿进行自主游戏和探索，也可以在迷宫成品的基础上不断增加障碍物、升级迷宫的难度和玩法。
- 提供大型积塑材料、纸箱、废弃塑料瓶、纸巾筒等，鼓励幼儿在建构区、走廊或操场进行大型迷宫的搭建，提高迷宫游戏的挑战性。
- 在益智区布置“迷宫作品展台”，用照片、绘画、作品展示等形式展现幼儿的成果，鼓励幼儿多与同伴交流和分享成功制作迷宫的经验，激发幼儿持续探究的热情和积极性。

活动 5 “偷”榛子

活动形式：■集体
重点领域：■健康

活动目标

认知：知道游戏中有不同的角色，每个角色都有自己的任务。
情感：喜欢进行表演游戏。
能力：能够利用多种方法使得铃铛不发出声音；能够尝试听声辨位，指出声音的来源方位。

活动准备

多个小铃铛；多个小置物筐（游戏时铃铛置于置物筐内），一个不透光眼罩，地板胶，一顶帽子（或其他可以区分不同角色的物品，比如分组背心、头巾等），若干石化标签。

教师提前在活动场地用地板胶贴一个大圆和一个小圆，小圆套在大圆之内，大圆的圆周至少能够容纳 30 个幼儿围圆站立，且不拥挤，小圆能够容纳一个幼儿站立即可。

活动过程

一、故事导入，创设情境

教师引导幼儿回顾绘本故事《谁动了小松鼠的粮仓》，依据故事创设情境，激发幼儿的游戏欲望。

- 我们前两天一起看了一本关于小松鼠的绘本，你们还记得绘本的名称是什么吗？
- 在故事中是谁偷了小松鼠的榛子呢？
- 今天我们也来做一次小松鼠和土拨鼠，看这一次小松鼠能不能保护好自己的榛子。

二、会响的榛子

教师引导幼儿熟悉游戏材料和游戏玩法。

➤ 首先我们要找到小松鼠的榛子，你们找找看小松鼠的榛子在哪里。

➤ 这些榛子有什么特别之处？（会响）

➤ 土拨鼠去偷拿榛子的时候，会响的榛子容易把小松鼠吵醒，怎么才能让榛子不发出声音呢？

幼儿在教师处领取小铃铛，探索、讨论能够使铃铛不发出声音或是只发出小小的声音的方法。

➤ 你们发现了好多不同的办法：拿着铃铛的手不动；如果是开口的铃铛可以捏住里面撞击铃铛壁的小锤；如果是闭口铃铛，可以往里面填充棉花，等等。请记住这些好办法，一会儿玩游戏的时候用起来哦！

教师引导幼儿闭眼，而配班教师在不同方向制造声响，幼儿根据声音来源指明声音的方向，练习听声辨位。

➤ 小松鼠的耳朵很厉害，就算很轻微的铃铛声和脚步声都能够听见哦！你们也来学一学小松鼠吧！

三、土拨鼠偷榛子

幼儿熟悉游戏材料和玩法之后，教师引导幼儿进行游戏，第一次游戏由教师扮演小松鼠。幼儿熟悉游戏规则之后，教师可以退出游戏，让幼儿来当小松鼠，进行自主游戏。

1. “土拨鼠”站在大圆之外，1 只“小松鼠”戴着眼罩站在小圆之内，小圆外围一圈用置物筐放置“榛子”。

2. “土拨鼠”从大圆外出发向小圆前进偷“榛子”，过程中“小松鼠”可以随时喊停，然后指明声音的方向，被指中的“土拨鼠”则被“石化”，不可以继续前进（为了防止幼儿违规，石化的“土拨鼠”可以贴上石化标签）。

3. 成功拿到“榛子”并返回大圆之外的“土拨鼠”则视为成功。

4. 未石化的“土拨鼠”利用石化的“土拨鼠”来遮挡自己，从而使自己不被石化。

四、分享与总结

➤ 土拨鼠静悄悄，小松鼠竖起小耳朵，榛子榛子去哪里，游戏里面告诉你！下次我们再一起来玩游戏吧！

小贴士

- 幼儿人数越少、游戏中的外圈越大，对“小松鼠”的难度要求就越高，“土拨鼠”的可操作空间也就越大，教师可以根据幼儿自身能力调整游戏难度。
- 小圆和大圆之间的距离会影响一局游戏所需要的时间，距离越大，所需时间越长。

活动 6 绳编

活动形式：■区角

活动区角：■生活

关键经验

1. 感受民族编织工艺的美，体验绳编活动的乐趣。
2. 能够运用穿编、缠绕、组合等方式创作绳编作品。

活动材料

各种材质的绳子（如毛线、丝带、尼龙绳、麻绳等），教师利用KT板/纸盘/雪糕棒等材料自制的各种造型的编织底板，纸盘、硬纸皮、纸盒等材料，打孔器，安全剪刀，铅笔，塑料儿童针。

教师事先在生活区墙面张贴各种不同款式的民族编织工艺品的照片以及编织方法图示。

游戏玩法

玩法一：缠绕编织

1. 幼儿自由挑选喜欢的缠绕编织底板（如雪糕棒编织架、平面编织板等）。
2. 幼儿观察编织方法图示，了解编织方法。
3. 幼儿自主挑选喜欢颜色的绳线，进行缠绕编织。
4. 编织完成后，幼儿可与同伴分享交流，欣赏不同的编织图案。

缠绕编织

玩法二：穿编

1. 幼儿自由选择穿编底板。
2. 幼儿将绳线穿过儿童针，打结固定。
3. 幼儿利用穿编的方式在底板上创作出独具创意的图案。

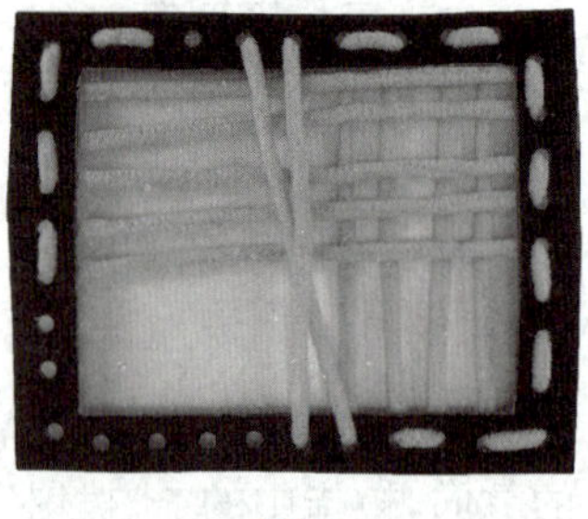

穿编

玩法三：创意编织

1. 幼儿自主选择喜欢的材料，如硬纸皮、纸盘、纸盒等，利用铅笔在材料上画出简单的图案或形状。
2. 幼儿利用打孔器沿着铅笔线稿打孔，自创编织底板。
3. 幼儿利用绳线在自制底板上进行绳编活动，也可以与同伴交换编织底板进行创作。

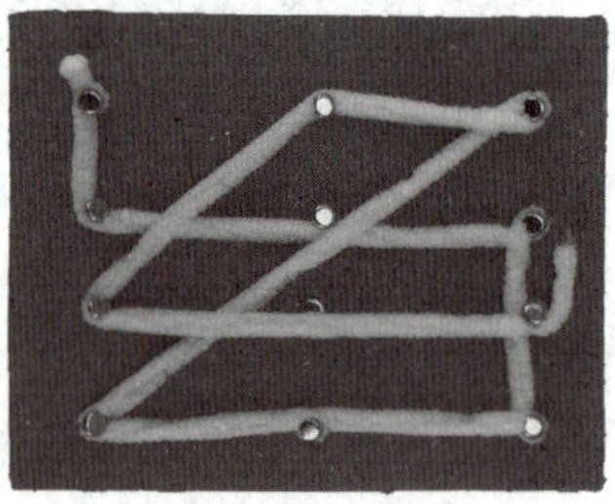

创意编织

观察要点

- 幼儿能否在绳编活动中表现出较强的空间方位感知能力。
- 幼儿能否熟练掌握穿编、缠绕等编织动作技巧。
- 幼儿能否在绳编活动中大胆发挥想象力和创造力，创造出多样化的编织作品。

小贴士

教师应提前在生活区或教室、走廊环创布置中留出一个“绳编展示区”，鼓励幼儿在编织完成后将作品展示出来，或是将作品作为墙面装饰、表演道具等。

活动7 故事列车

活动形式：■日常
重点领域：■语言

关键经验

1. 欣赏了动画片《巧手鲁班》中《谁开了小松鼠的粮仓》的情节，进一步熟悉故事。

2. 在故事列车接龙讲故事的游戏中，提升记忆力、倾听能力和语言表达能力。

活动准备

提前下载动画片《巧手鲁班》第一季第137—141集《谁开了小松鼠的粮仓》。

活动过程

1. 在幼儿熟悉故事情节后，可以在餐前、午睡整理时间为幼儿播放动画片《巧手鲁班》第一季第137—141集，让幼儿通过动画这一生动的表现形式进一步熟悉故事。

2. 在动画欣赏过程中，教师开展“故事列车”游戏。由于幼儿已经欣赏过动画片，教师可以暂停画面（尽量选择信息丰富的画面，比如人物比较多的画面、发生故事情节冲突的画面等），请幼儿以开火车的方式将画面上的故事讲出来，每个幼儿只能说一句话，后一个幼儿要先复述前面幼儿说的话，再加上自己的一句话，直到把这个画面上的情节说完。

比如，幼儿1：小松鼠采了好多好多榛子。

幼儿2：小松鼠采了好多好多榛子，它把这些榛子都存放在了罐子里。

幼儿3：小松鼠采了好多好多榛子，它把这些榛子都存放在了罐子里，这样它就可以美美地过冬了。

小贴士

- 动画片《谁开了小松鼠的粮仓》约为5集的篇幅，教师可分多次播放，合理控制观影时长。
- 故事列车是一个简单、有趣又具有发展挑战性的游戏。教师可以将这个游戏的形式迁移到其他内容的活动中，锻炼幼儿的倾听能力、记忆力、口头语言表达能力。

活动8 丢失的榛子

活动形式：集体
重点领域：科学

活动目标

认知：知道数学中的ABAC模式。
情感：喜欢参加观察推理类游戏。
能力：能找出并用语言说出ABAC模式的路径，同时成功复制模式。

活动准备

6幅故事分幕图片（A6大小），排序材料（根据班级实际情况，推荐使用的排序材料有魔法贴、纽扣、雪花片、石头、乐高积木等，材料至少在同一类型差异里存在三种变式，如：有三种不同的颜色、三种不同型号大小等），5—6张幼儿操作底板，一张大的教师操作底板（与幼儿操作底板相同），磁性白板与磁粒，不同的ABAC模式序列图片。

配套电子资源：故事分幕图片，操作底板图。

活动过程

一、情境导入，激发游戏兴趣

教师出示操作底板与故事图片第1、4、6幅图，将操作底板与故事图片粘贴于磁性白板上，引导幼儿回顾已有经验，观察图片，并在余下的画面中挑选图片填补故事空白，从而串联故事情节，发现小松鼠丢失了榛子。

- 第 1 幅图里面有谁？
- （指向第 4 幅图）这个大粮仓里面装的是什么？你们猜一猜是谁的粮仓？
- （指向第 6 幅图）拥有这么多榛子的小松鼠为什么哭了呢？
- 我们应该插入哪些图片，才能知道小松鼠哭泣的原因呢？请你来试一试。

二、寻找榛子

- 原来小松鼠是因为丢失了榛子才哭的，你们看！下面有一条长长的路，是不是去找榛子的路呢？
- 哎呀！小松鼠尝试着迈出脚，可是发现怎么也走不上这条小路。原来这是一条不一样的小路，只有铺对了石头才能走上去。

1. 不一样的路。

教师利用排序材料在路的起点处排出 ABAC 模式的序列，引导幼儿发现其规律，并根据规律继续排序。如利用不同颜色的磁粒在路的起始处排出“红—蓝—红—绿”的序列（ABAC 模式要重复至少两次），引导幼儿观察并讨论：

- 这是一条有规律的小路，它有几种不同颜色的石子呀？
- 请你们想一想，下一个该铺什么颜色的石子？

若幼儿找 ABAC 的模式序列有困难，则可以在两列相同序列的中间断开一小截，便于幼儿观察。

幼儿第一次尝试成功之后，可以改变颜色的排列顺序（如“蓝—绿—蓝—红”），引导幼儿再一次进行排序，确保幼儿能够找到 ABAC 模式这一规律。

道路铺完后，引导幼儿将剩余的故事图片排序，知道小松鼠找到榛子，又开心了起来。

2. 我会铺路。

教师引导幼儿分桌而坐，同时发放操作底板、排序材料、故事图片和不同 ABAC 模式的序列图片。幼儿根据材料以小组为单位自由讨论与探索。

教师可以准备多样的材料，衍生出 ABAC 模式不同的变式，如：准备三种不同大小的积木，排列的顺序可以为“小—大—小—中”；或者准备不同花纹的纽扣，排列顺序为“波点—条纹—波点—水波纹”。

在幼儿熟练之后，可以加入干扰因素，如在不同图形上以不同颜色为干扰因素，那么幼儿在观察之后可能会出现两种不同的排序方法。

三、分享与总结

- 谢谢你们铺好的小路，让小松鼠顺利找到了它的榛子。一起给自己的小眼睛比一个大拇指吧，夸夸它：“你观察得真仔细。”

小贴士

- 活动结束后，可以在阅读区投放与绘本内容相关的故事情节图片，幼儿可以找寻其中的关系，发现故事线，说出自己心中的故事。若幼儿的能力还不足以自己排列所有图片，则可以由教师先排列 2—3 幅图，再让幼儿在其中填充图片，来补充故事。
- 活动结束后，教师可以将活动中的排序材料投放入益智区，根据幼儿的能力发展水平，引导幼儿以“AABAAC”或“ABACAD”模式进行排序。

活动 9 故事对对碰

活动形式：■区角
活动区角：■益智

关键经验

1. 将人物角色、故事场景的局部图和完整图进行匹配。
2. 能够根据观察记忆，说出对应图片在方格底板上的位置。

活动材料

巧手鲁班、小松鼠、吼吼等故事《谁动了小松鼠的粮仓》中人物角色的局部图片和完整图片 2 套，故事中主要道具、场景的局部图片和完整图片 2 套，方格底盘 3 个（分别为 3×4，12 格；4×4，16 格；5×4，20 格，A3 大小版面为最佳），一次性小纸杯若干，计时器 1 个。

配套电子资源：相关图片。

游戏玩法

玩法一：局部整体对对碰

1. 将局部、整体的图片放在底盘方格内，放满后倒扣上小纸杯。

2. 两名幼儿轮流游戏，幼儿自行商量决定谁先谁后，决定好顺序后开始游戏。1 名幼儿同时翻开 2 个纸杯，如果翻开的是配对的局部图和整体图，在正确说出图片内容后可以赢走 2 张图片。如翻出的不是配对的 2 张图片，则扣上纸杯继续游戏。最终以图片赢得多的一方为胜。

玩法二：记忆对对碰

1. 两名幼儿同向而坐、轮流游戏，幼儿自行商量决定谁先谁后。

2. 观察记忆底盘上的图片（内容、位置），计时 1 分钟，时间到了之后将纸杯全部扣上，开始游戏。

3. 1 名幼儿先翻开 1 个纸杯，根据图片内容，快速说出与其配对的另一张图片的位置（如，××图片在第×排第×个），征得对方同意后打开所说的图片进行验证，配对成功则赢走 2 张图片，配对失败则扣上纸杯换另 1 名幼儿开始游戏。最终以图片赢得多的一方为胜。

观察要点

- 幼儿对人物角色、故事场景、重要道具局部和整体的认识与了解。
- 幼儿在游戏过程中的有意记忆能力。
- 幼儿空间方位概念和方位表述的发展水平。

小贴士

- 该游戏材料可以反复使用，底盘不变，教师根据主题内容和需要更换图片内容即可。
- 3 个方格底盘的难度逐步提升，教师可以根据幼儿的游戏情况进行游戏难度的调整。

活动 10 课堂戏剧——保护榛子

活动形式：■集体
重点领域：■艺术

活动目标

认知： 知道可以用身体表演场景。
情感： 感受与同伴合作参与表演游戏的乐趣。
能力： 能与同伴进行协商与合作，并尝试用肢体动作表现保护榛子的方法。

活动准备

《谁动了小松鼠的粮仓》绘本或故事 Flash，大龙球，宽敞安全的场地。

配套电子资源：故事 Flash。

活动过程

一、回顾故事，激发表演兴趣

- 在故事《谁动了小松鼠的粮仓》中，你觉得最有趣的故事情节是什么？
- 故事中的小伙伴为了保护榛子想出了许多办法，都有哪些呢？
- 你还可以想出哪些保护榛子的方法？
- 我们可以用哪些道具来保护榛子？

教师鼓励幼儿大胆想象，自由表达。

二、热身游戏：保护榛子的大箱子

- 小朋友们想到了很多特别的保护榛子的方法，例如给粮仓安上防盗门，将榛子放在密码箱里，等等。老师觉得你们的想法非常有创意！如果我们用身体动作将它们表演出来，一定会更有趣！
- （出示大龙球）这里有一颗巨大的榛子，我想给它准备一个大大的、坚固的箱子，可以用什么动作来表演呢？

幼儿自由讨论并在原地尝试表演，教师可邀请 1 名幼儿上前，运用肢体动作做出箱子的造型，如张开双臂呈“大”字状。

- 你们觉得这样的箱子可以很好地保护榛子吗？（不能）是的，我也觉得箱子好像有点小，还不能把榛子完全保护起来。这可怎么办呢？
- 怎么样才能让箱子变得更大？你们觉得大箱子需要由多少名小朋友来扮演？

幼儿自由分组，并在原地尝试表演，教师可随机邀请一组幼儿上前，运用肢体动作来做出大箱子的造型，如手牵手包围“榛子”。

- 你们觉得这个大箱子怎么样？还有哪里需要调整的吗？

教师可引导作为观众的幼儿观察和讨论，并为扮演箱子的幼儿提供建议。

- 在和好朋友一起合作表演时，你有什么感受？
- 为了更好地表演，你觉得和好朋友合作时需要注意什么？

教师引导参与表演的幼儿说一说自己的感受。

三、表演游戏：保护榛子

幼儿自由分组（4—6 人一组）。

➢ 除了箱子外，我们还可以表演哪些保护榛子的道具？
➢ 请和好朋友一起仔细想想，你们组想表演什么道具？
➢ 这个道具是什么样的，有什么特点？可以用什么动作来表演？
➢ 表演时需要小伙伴们如何合作？每位小朋友要负责的部分是什么？

教师引导幼儿以小组为单位，分散在活动室的各区域，保证每组有充足的表演空间。幼儿与同伴讨论表演内容，确定组员分工，并尝试表演。

➢ 你们准备好了吗？现在就让我们一起来看看大家都想出了哪些保护榛子的方法。
➢ 为了让小观众们能更好地欣赏大家的精彩演出，在表演时小演员要保持安静。当老师轻轻拍到你的肩膀时，你可以用一句话来介绍你表演的是什么内容。

教师邀请幼儿在集体面前进行表演展示。教师可先引导观众仔细观察演员的动作并大胆猜测，随后教师可依次邀请演员介绍自己的表演内容。

四、分享与总结

➢ 刚才小朋友们表演了各种不同的保护榛子的道具，你觉得哪种道具最牢固安全？你们喜欢这样的表演游戏吗？小朋友们可以在表演区中继续尝试，看看还能不能用身体表演出更多有创意的方法。

小贴士

教师可根据实际情况来适当调整活动的难度，使幼儿能够循序渐进地参与表演活动。如果幼儿在讨论保护榛子的道具时存在困难，教师也可以提前准备好密码箱、锁、铁丝网等相关道具的图片。

活动11 坚果大会

活动形式：■集体
重点领域：■语言 ■科学

活动目标

认知： 认识不同坚果的名称、外形特征、对人体的作用以及多样的食用方法。
情感： 喜欢参与思辨性的活动，感受与教师、同伴思维碰撞的乐趣。
能力： 能够进一步了解坚果和健康的关系；能清晰、完整、有条理地表达自己的观点。

活动准备

各种各样的坚果实物和图片，如：开心果、碧根果、巴旦木、核桃、松子、葵花子等。提供给幼儿的坚果实物可以放在自封透明袋中，可以观察、触摸感受但避免直接接触。

幼儿要知道不能将坚果、种子等放入耳、鼻等地方，具备一定的安全经验。

活动过程

一、从故事中的榛子导入，引出坚果

➢ 小朋友们，小松鼠非常喜欢吃榛子，榛子是坚果的一种，在坚果大家族里有各种各样的坚果，除了榛子你们还知道有哪些坚果吗？

教师引导幼儿自由表达说一说自己认识的坚果。

二、认识各种各样的坚果

➤ 今天老师也带来了一些坚果，有些是你们刚才说到的，有些是你们没有想到的，让我们一起来认识一下吧。

1. 认识坚果外在（名称、外形特征、质感等）。

教师出示葵花子。

➤ 这个是什么？是什么样子的？

教师引导幼儿观察并描述葵花子的外形特征。

➤ 这个是葵花子，它的一端尖尖的，一端大大的，身上有黑色的条纹。

教师用同样的方式引导幼儿认识其他的坚果。

➤ 刚刚我们认识了不同的坚果，开心果的壳是白白的，壳上有一个小开口，透过小开口可以看到里面的果肉是绿色的；碧根果是椭圆形的、深棕色的；巴旦木的形状和瓜子很像，扁扁的；核桃是圆圆的、灰白灰白的；松子小小的，像一个小三角形（根据幼儿的表述一边出示坚果一边进行概括性总结）……他们都是坚果的一种，但是形状、大小却是不一样的，都有着自己独特的外形。

2. 认识坚果内在（对人体的作用、多样的食用方法）。

➤ 你们吃过坚果吗？爱吃坚果吗？最爱吃哪种坚果？

➤ 除了这样完整的坚果，你还在哪些食品中吃到过坚果呢？坚果还能怎么吃？

➤ 为什么爸爸、妈妈、爷爷、奶奶要给你吃坚果呢？

➤ 你觉得人一定要吃坚果吗？/每天都要吃坚果吗？

教师和幼儿一起探讨有关坚果的话题，了解坚果对人体的作用、坚果多样的食用方法，进而开展具有思辨性的讨论，可以将持有不同立场的幼儿分为 2 个阵营（同意、不同意）或 3 个阵营（同意、不同意、说不清），引导幼儿表达自己的立场和观点。

三、分享与总结

➤ 今天我们对坚果的探讨大会真成功！小朋友们不仅认识了各种各样的坚果，了解了坚果对人体的作用，发现了好多的坚果美味！最后还讨论了是不是一定要吃坚果，这个话题小朋友们也可以回家和爸爸妈妈、爷爷奶奶探讨一下哦！

小贴士

在认识坚果环节中，教师需要明确的是，不仅要让幼儿在生活中认识更多种类的坚果，更重要的是要引导幼儿聚焦于思考坚果和人类生活的关系（比如人类如何让坚果成为食物，丰富人们的饮食等），这样也让幼儿可以对生活中司空见惯的现象和事物产生反思。

活动12 品尝坚果

活动形式：■日常

重点领域：■健康 ■科学

关键经验

品尝不同类型的坚果，感受其味道、口感的差别。

活动准备

各种各样的坚果，如：巴旦木、开心果、碧根果；剥坚果用的工具；果壳盘。

活动过程

1. 在上午点或下午点时间为幼儿提供各种各样的坚果果仁，可以将多种果仁混合在一个盘中（种类可以多一点，每个种类的数量少一点，1—2 颗即可），请幼儿观察、辨认有几种坚果，说出坚果的名称。

2. 为幼儿提供带有果壳的坚果，请幼儿尝试使用双手或者工具打开坚果、剥出果仁后自己品尝，说一说自己如何去掉果壳、吃到了什么坚果、口味是如何的。

小贴士

- 提前了解是否有幼儿对坚果过敏，并为其准备其他的食物。
- 尽量选择颗粒较大的坚果品种，同时教师需要提醒幼儿安静品尝并密切关注幼儿动态，防止因大声交谈、大笑而发生堵塞气管的危险情况。

活动 13 搭建粮仓

活动形式：区角
活动区角：建构

关键经验

1. 能有目的地进行主题建构，先进行建构设计，后着手搭建；
2. 能根据需要选择不同的建构材料进行合作建构。

活动材料

积木、乐高、管道、雪花片等建构材料，白纸、水彩笔等用来做设计图纸的材料，仿真榛子、小麦、水稻等辅助材料。

教师提前在建构区贴上供幼儿欣赏或模仿搭建的粮仓、谷仓图片。

游戏玩法

1. 幼儿进入建构区，欣赏和观察不同粮仓、谷仓的图片，并围绕建构内容进行讨论：我们要搭一个什么形状的粮仓？这个粮仓有几层？里面要放一些什么东西？每一层还需不需要分隔开来放置不同的食物？如果要搭两层的话，怎样才能使粮仓更牢固呢？为了防小偷，要不要做栅栏？或者将大门搭得严实一点？

2. 幼儿自主讨论并分工，选出画图纸的“设计师”，画出设计图纸。

3. 幼儿根据分工去选择材料并进行搭建，搭建过程中幼儿需要和同伴保持沟通，一起合作解决建构过程中出现的问题。

4. 组内成员向班级其他成员介绍自己的作品，并可以请教师帮忙与建构作品进行合影留念。

观察要点

- 幼儿能否明晰任务分工，主动参与团队讨论，友好协商建构方案，在产生分歧时自行解决问题。
- 幼儿能否综合运用平铺、垒高、围合、架空等建构技能。
- 幼儿能否根据经验对建构作品进行明确的表征，并用口头语言的方式将其传达给其他幼儿。

小贴士

建构完成之后，教师可以引导幼儿进行建构经验的分享，针对分工与合作、技能的掌握、材料的运用、游戏常规等方面进行交流。如：你们小组的搭建人物完成得怎么样？与同伴合作时遇到了什么困难或者问题？是怎么解决的？你觉得还需要其他材料吗？

活动14 小熊和巧克力

活动形式：■日常
重点领域：■科学

关键经验

1. 欣赏故事，对数有浓厚的兴趣。
2. 感知数学与生活的密切关系，并用数字、图画或符号等进行记录。

活动准备

《小熊和巧克力》Flash，“生活中的数字”记录表，彩笔。

配套电子资源：故事Flash。

活动过程

1. 教师引导幼儿在晨间活动、餐前活动、午睡后的整理环节、离园环节等一日生活环节中，专注地欣赏故事Flash。结束后，教师引导幼儿讨论，并结合Flash画面进行验证：小熊东东一共买了多少块巧克力？你是怎么算出来的？

2. 教师引导幼儿在一日生活各环节中，观察、发现和记录生活中的数学：我们会在哪些时候用到数字？在我们的教室/幼儿园里有数字吗，你在哪里看到的？这些数字有什么用？

“生活中的数字”记录表

我发现的数字	数字的作用

3. 在记录完成后，教师可鼓励幼儿展示记录表，说一说自己的发现。

小贴士

- 该活动可持续开展1—2周，给予幼儿充足的探索与分享时间。除了可以在园所内进行观察记录外，幼儿也可以将记录表带回家，找一找上下园途中或家里的数学。
- 如果幼儿在观察和记录“生活中的数字”时存在一定的难度，教师可先出示时钟、楼层号、身高尺等相关图片，引导幼儿观察和讨论，帮助幼儿开拓思维，随后再进行探索记录，教师也可以鼓励幼儿与同伴合作完成记录。

活动15 折纸小鸟

活动形式：■集体
重点领域：■艺术

活动目标

认知：了解双菱形的折纸方法。
情感：喜欢折纸，感受折纸活动的乐趣和成就感。
能力：能基本看懂折纸步骤图，掌握双菱形折的折纸技法，并折出小鸟形象。

活动准备

正方形彩纸，折纸小鸟步骤图示，提前折好的小鸟范例，白色卡纸，彩笔，胶水，安全剪刀。
教师可提前在美工区粘贴双菱形折的折纸图示，帮助幼儿初步掌握双菱形折的折纸技法。
配套电子资源：折纸步骤图。

活动过程

一、情景导入

- 今天我带来了一位小客人(出示范例小鸟)，你们认识它吗？没错，这是一只可爱的小鸟。
- 仔细看看这只折纸小鸟是什么样的。你能看出小鸟的嘴巴、翅膀是怎么折出来的吗？谁可以为大家介绍一下？
- 小鸟的身体又是怎么样折出来的呢？我们一起来动手试试吧！

二、观察图示，探索用双菱形折的方法折出小鸟

教师出示步骤图图示，引导幼儿仔细观察。

- 折纸小鸟是用什么形状的彩纸制作的？一共有几个步骤？
- 你觉得哪个步骤是最重要的，为什么？

幼儿自主观察步骤图示，理解折法，并尝试折纸。

教师根据幼儿的实际操作情况，鼓励幼儿相互交流经验。如鼓励幼儿说一说在折纸过程中遇到的问题。引导语可参考：

- 在折纸过程中，你遇到了什么困难？你觉得最难的是哪一步？
- 你根据图示顺利折出小鸟了吗？如果没有，你觉得是哪一步出了问题？
- 想要折出漂亮的折纸作品，需要注意什么？

教师与幼儿共同总结折纸过程中需要注意的事项。

➤ 想要折出可爱的小鸟，我们在折纸的时候需要注意角和角、边和边要对齐，而且折痕要压平。

教师可邀请成功折出小鸟的幼儿展示作品和讲述折纸方法，教师适时给予补充和梳理。

➤ 谁可以为大家清楚地介绍一下折小鸟的步骤？

如有需要，教师可再次示范和讲解双菱形折的折纸技法。

幼儿再次尝试。幼儿可自由选择彩纸，并观察步骤图，自由折叠折纸小鸟。教师可巡回观察，必要时提供个别引导。

折纸完成后，幼儿可发挥想象力，自由选择其他材料丰富小鸟作品。如利用彩笔在折纸作品上添画羽毛花纹；将小鸟粘贴在底板上，并添画森林、天空等背景图。

创作完成后，教师引导幼儿将材料和工具整理归位。

三、分享与总结

教师邀请幼儿展示和介绍自己的作品，鼓励幼儿对同伴的作品进行评价。

➤ 我看到小朋友们制作出了漂亮的小鸟折纸作品，每个人的作品都很特别。老师会将美工材料投放到美工区，大家也可以到区角中和好朋友一起合作创作哟！

小贴士

- 教师可根据幼儿的实际折纸水平适当调整活动难度和课时安排。如教师可引导幼儿先学习双菱形折的折纸技法，在幼儿掌握方法后，再以此为起点探索小鸟的折叠方法。
- 为了更好地发挥幼儿的创造性，在投放材料时除了折纸材料外，教师要提供更多不同的美工材料或工具，如彩笔、贴纸、羽毛、亮片等等，让幼儿可以对小鸟作品进行个性化装饰。如果在一个集体学习活动中时间紧张，可以将此部分延伸活动融合入美工区的活动之中。

附 步骤图

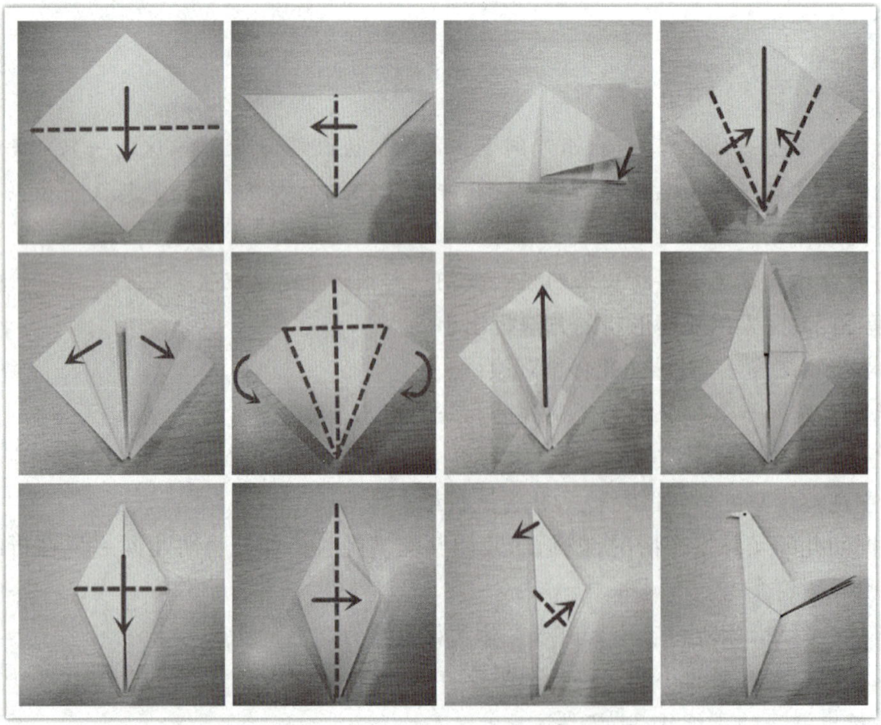

折纸小鸟步骤图

活动16 绘本阅读：《会钓鱼的小鸟》

活动形式：■区角
活动区角：■语言

关键经验

能够专注地阅读绘本，并说出故事的主要内容。

活动材料

绘本《会钓鱼的小鸟》或故事 Flash，白纸，彩笔。
配套电子资源：故事 Flash。

活动提示

一、阅读前

教师引导幼儿围绕“会钓鱼的小鸟”展开大胆想象，积极与同伴讨论交流，幼儿也可以画一画自己心中“会钓鱼的小鸟”。

- 你见过什么样的小鸟？是在哪里见到的？它有什么特点？
- 你觉得小鸟会钓鱼吗？为什么？
- 如果小鸟会钓鱼，你猜猜它是怎么钓鱼的？
- 语言区中有一本绘本也讲了有关会钓鱼的小鸟的故事，这个故事很有趣，你们可以去找找这本绘本，仔细看看哟！

二、区角中的阅读

1. 在幼儿自主阅读绘本前，教师可提出重点问题并将问题用写和画的方式呈现在语言区的墙面上或是做成问题集，提示幼儿在自主阅读的过程中寻找答案，理清故事线索。

- 故事中的小伙伴觉得小鸟是用什么方式来钓鱼的？
- 小伙伴们在路上遇到了哪些鸟儿？它们有什么特点？
- 淘淘发现的会钓鱼的小鸟到底是用什么方法来钓鱼的？

2. 幼儿自主翻阅绘本《会钓鱼的小鸟》，观察画面，了解故事主要情节。

3. 翻阅结束后，幼儿可与同伴分享讨论，说一说故事的主要内容。

三、阅读后

教师可以根据幼儿兴趣点，围绕绘本展开相关的延伸活动。例如，幼儿对“小鸟钓鱼”这个情节很感兴趣，教师则可以鼓励幼儿与家长共同查阅资料，收集相关的图片、音视频等，并在一日生活各环节中引导幼儿进行分享和交流。

观察要点

- 幼儿能否专注、自主地阅读绘本，不轻易受到周围环境的干扰。
- 幼儿能否说出所阅读的绘本的主要内容。
- 幼儿是否愿意与同伴积极交流、分享自己对绘本故事的看法。

小贴士

专注

儿童性格涵养教学法认为专注是现代中国儿童应具备的、最关键的良好性格核心要素之一。为了更好地促进幼儿的专注力发展，教师在布置语言区时应避免过分繁琐的装饰，保持区角的整洁有序；而且教师可以根据实际情况，从幼儿的兴趣点着手，适当调整阅读前的活动内容，使其能够更好地激发幼儿的阅读兴趣，从而促使幼儿专注地参与到绘本阅读活动中。

活动17 不同的布

活动形式：■日常
重点领域：■科学

关键经验

观察、感知和比较不同布料的特点，并用图画或其他符号记录自己的发现。

活动准备

棉布、麻布、灯芯绒、丝绸、仿貂毛等不同类型的布块，“不同的布”记录表（见附表格），彩笔。教师可提前将不同的布粘贴在教室墙面，布置出触摸墙；如果条件不允许，也可以制作成触摸书。

活动过程

1. 教师引导幼儿在晨间活动、餐前活动、过渡环节等一日生活环节中，摸一摸不同的布料，感知其质地特点，并与同伴讨论：你在生活中见过这些布料吗？××布料摸起来有什么感觉？哪种布料摸起来最光滑/粗糙/柔软/硬挺？
2. 教师引导幼儿结合“不同的布”记录表的内容进行观察、探索，并用图画或符号进行记录。
3. 每次活动结束，教师可邀请3—4名幼儿在集体前分享自己的发现。

小贴士

该活动可持续开展1—2周，给予幼儿充分的观察、记录与交流时间。在准备不同种类的布料时，教师可发动家长，鼓励家长与幼儿共同整理、收集家中的废旧衣服，并将其带至园内使用。

附 表格

“不同的布”记录表

布料种类	布的纹理	布的手感	布的用途
棉布			
麻布			
灯芯绒			
……			

活动18 子路染布

活动形式：■集体
重点领域：■语言

活动目标

认知：听懂故事内容，知道要不懂就问、虚心请教。
情感：感受故事人物的动作、神态、语气及其表现出的情绪。
能力：能够围绕故事情节，用完整的语言大胆表达自己的想法。

活动准备

白色布块，《子路染布》Flash，子路、孔子老师等故事角色图片。
配套电子资源：故事 Flash，角色图片。

活动过程

一、活动导入，引起兴趣

➤ （出示布料）这是什么？你们知道怎么给这块布料染色吗？
➤ 你觉得染布的步骤应该是什么样的？
➤ 你了解染布的方法吗？是通过什么方法了解到的？

教师可根据幼儿的表达及时追问，鼓励幼儿发散思维，积极讨论。

➤ 孔子老师有一位学生叫子路。这一天，孔子老师也给子路带来了一块白色布料，想请子路为布料染色。你们猜猜子路能成功染出漂亮的布吗？我们一起来听一听这个故事吧。

二、分段欣赏故事，积极讨论

1. 欣赏第一部分(0:00—1:23)。

播放《子路染布》Flash 的开始片段(0:00—0:51)，引导幼儿专注欣赏，初步了解子路的性格。

➤ 当孔子问到子路是否知道如何染布时，子路是怎么说的？
➤ 你觉得他在说“我知道”时，是什么样的心情？
➤ 小青鸟商羊问了子路什么问题？子路是如何回答的？

教师出示皮休、兰花老师图片。

➤ 皮休和兰花老师也有关于染布的问题想向子路提问。你们猜猜皮休和兰花老师会提出什么样的问题？
➤ 子路会怎样回答这些问题呢？

幼儿自由讨论和表达，教师可邀请 3—4 名幼儿在集体面前表达自己的想法，并提醒幼儿用完整的语言进行表达。

➤ 子路在回答问题时会是什么样的动作或神态？谁可以来学一学子路？
➤ 小朋友们可以两人一组，一人扮演皮休或兰花老师来提问，一人扮演子路来回答。看看哪组小朋友的表演最生动。

幼儿自由分组并进行对话表演，教师可在一旁观察，并根据实际情况适时邀请幼儿上前表演。

➤ 故事中的皮休和兰花老师会不会提出与你们相同的问题呢？子路又会如何回答呢？我们接着看一看。

教师播放 Flash 中皮休、兰花老师向子路提问的片段(0:51—1:23)，引导幼儿专注欣赏。

- 大家向子路提问有关染布的问题时，子路都是非常自信地回答“我知道”。你们猜猜接下来会发生什么事情？
- 看到这里，你觉得子路能成功染布吗，为什么？

教师鼓励幼儿根据故事线索，大胆猜想故事情节的发展。

2. 欣赏第二部分（1:23—2:07）。

播放 Flash 第二部分（1:23—2:07），引导幼儿专注欣赏，感受子路的情绪变化。

- 子路不知道如何将小草制作成染料，这时他的心情有了什么变化？
- 你觉得子路为什么没有去向他人请教？
- 如果你是子路，这时候你会怎么做？

幼儿与同伴自由讨论，教师可邀请 2—3 名幼儿在集体面前说一说自己的想法。

3. 欣赏第三部分（2:07—3:04）。

播放 Flash 第三部分（2:07—3:04），引导幼儿专注欣赏，体会“虚心请教”的重要性。

- 子路最终选择了用什么方法来制作染料？他是怎么做的？
- 子路成功染出漂亮的布了吗？你觉得他染布失败的原因是什么？
- 如果在生活中遇到不懂的问题或不了解的事情，你会怎么做呢？

4. 完整欣赏。

教师再次播放 Flash，引导幼儿完整欣赏故事。

- 听完故事，你喜欢子路吗？为什么？
- 你有什么想对子路说的话？

幼儿自由讨论和表达。

三、分享与总结

- 子路不懂装懂，结果将白布染成了大花布。以后，当我们遇到不懂的问题时，要勇敢地说出来，并且虚心地向他人请教。

小贴士

活动结束后，教师可在语言区中投放《子路染布》绘本或是故事图片，鼓励幼儿结合图画讲述故事，加深对故事的理解。教师也可以在表演区投放故事角色头饰和服装，为幼儿自主自发的戏剧表演提供条件。

活动19 采兰草

活动形式：■日常
重点领域：■艺术

关键经验

喜欢律动活动，能够跟着音乐节奏较准确地做出相应的舞蹈动作。

活动准备

音频《兰花之歌》和《背起背篓采小草》。

教师可提前学习《兰花之歌》和《背起背篓采小草》的律动。

配套电子资源：歌曲音频，律动视频。

活动过程

1. 教师在晨间活动或户外活动等环节，引导幼儿跟随音乐进行律动。幼儿可以模仿教师做相应的舞蹈动作，也可合拍做自己喜欢的动作，在音乐中表达与展现自己。

2. 早晨幼儿来园时间，可以通过幼儿园广播播放《兰花之歌》和《背起背篓采小草》音频，增强幼儿对歌曲的熟悉程度，并逐步学会哼唱。

小贴士

教师可同步将歌曲的音频和律动视频投放进表演区，并将歌曲律动穿插进“子路染布”戏剧表演之中，从而为戏剧表演增添更多表现形式。

附 歌曲

背起背篓采小草

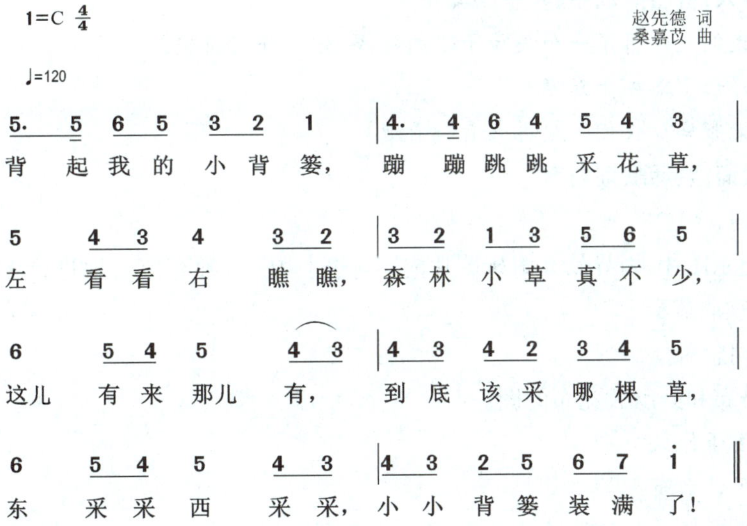
1=C 4/4
赵先德 词
桑嘉苡 曲
♩=120
背起我的小背篓，蹦蹦跳跳采花草，
左看看右瞧瞧，森林小草真不少，
这儿有来那儿有，到底该采哪棵草，
东采采西采采，小小背篓装满了！

兰 花 之 歌

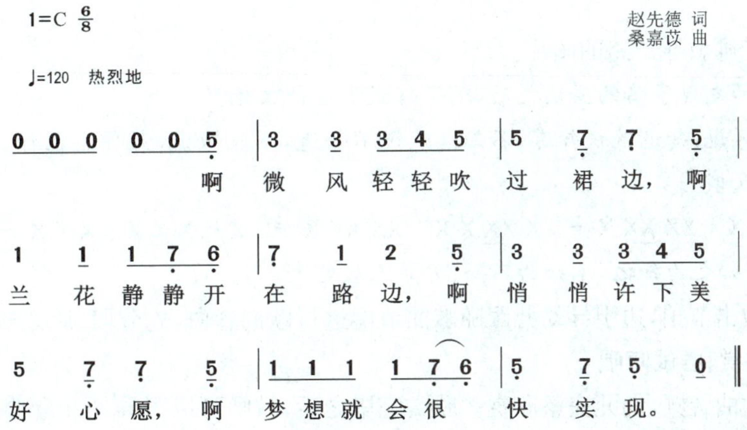
1=C 6/8
赵先德 词
桑嘉苡 曲
♩=120 热烈地
啊 微风轻轻吹过裙边，啊
兰花静静开在路边，啊 悄悄许下美
好心愿，啊 梦想就会很快实现。

活动20 染出大花布

活动形式：■集体
重点领域：■艺术

活动目标

认知：初步理解歌词内容、基本掌握节奏。
情感：喜欢歌唱，敢于大胆地在集体面前进行歌唱表演。
能力：能够跟随音乐进行歌曲哼唱。

活动准备

《子路染布》音频，《子路染布》图片，白色的布。
教师需提前学会《子路染布》的律动。
配套电子资源：歌曲音频，律动视频，相关图片。

活动过程

一、谈话导入，引出活动主题“子路染布”

- 前两天我们一起听了一个关于子路的故事，你们还记得吗？
- 孔子老师让子路去干嘛呢？
- 子路会染布吗？我们一起再来看一看吧！

二、念白歌词，熟悉歌词内容

1. 完整歌词念白。

教师依次出示图片，引导幼儿解析图片内容，同时跟随教师有节奏地进行歌词念白，从而理解、记忆歌词，熟悉歌曲节奏。

2. 分段歌词念白。

出示子路染布和染出大花布的图。

- 子路要去干什么？
- 它染出了什么布？
- 子路不懂却还要装作很懂的样子，所以犯了错误。
- XX X X – | XX X X – | X X X X | XX X X –（子路染布，染成花布，不懂装懂，出了错误）。

出示孔子老师教导子路的图片。

- 孔子老师发现子路的错误之后，跟子路说了些什么呢？
- 孔子老师说：知道就说知道，不知道就说不知道，不能撒谎，装作自己什么都知道，这才是有智慧的人哦。
- X XX X X | XX XX X – | X XX X X | XX XX X – | X· X X X | X X X –（知之为知之，不知为不知；知之为知之，不知为不知；才是人生之大智）。

教师可边敲击节拍，边引导幼儿跟随歌曲节奏进行歌词念白，先分段、后完整。

三、歌曲欣赏，尝试哼唱

教师播放歌曲音频，幼儿完整欣赏。欣赏完毕之后，教师可以引导幼儿参照图片跟教师一起跟随钢琴伴奏慢速哼唱。

➤ 刚刚这首歌唱的就是“子路染布”这个故事，我们一起来唱一唱这个故事吧！

幼儿初步熟悉歌曲旋律之后，教师引导幼儿进入歌曲的重复练习阶段，可以加入手部律动，让幼儿动起来，而不是枯燥无味地坐在椅子上听音乐。可以进行教师与幼儿之间的对唱，一人一句，你来接着我的唱。

四、分享与总结

➤ 小朋友们在生活中也不要不懂装懂哦，这样才能减少犯错，成为一个有大智慧的人呢！

小贴士

- 在幼儿已经能够跟随音乐哼唱之后，教师可以加入白布等道具，引导幼儿跟随歌词进行表演。教师还可以引导幼儿随着音乐变换队形，边演唱歌曲边进行律动。并将这段表演完整穿插进《子路染布》戏剧中，使儿童性格涵养教学法戏剧活动更加丰富。
- 本首歌曲中最需要注意的节奏型为大附点，幼儿比较难以掌握，需要教师通过肢体动作和口头语言提醒幼儿延长半拍。针对节奏感不强的幼儿，教师可以先用手打节拍并配合发出“嗒啊啊嗒”的声音的方式来引导幼儿感受这一节奏型，等幼儿熟悉了这一节奏型之后再加入歌词。

附 歌曲

子 路 染 布

赵先德 词
桑嘉苡 曲

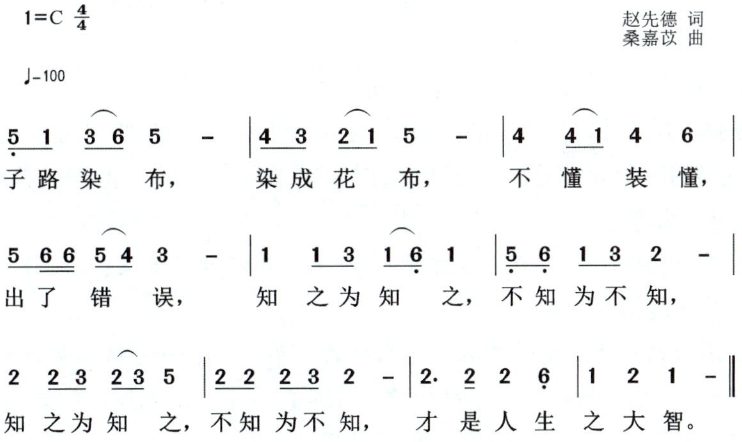

活动21 染布

活动形式：■集体
重点领域：■艺术

活动目标

认知： 知道“扎染”的工艺和染布过程。

情感：对染布感兴趣，愿意积极参与相关活动。

能力：大胆尝试操作扎染；能够染出一些图案。

活动准备

《子路染布》绘本或 Flash，桌布，手套，防水服，餐厅纸或白色手帕，扎染颜料，塑料碗，小刷子，橡皮筋，塑料夹，滴管。

配套电子资源：故事 Flash。

活动过程

一、回顾故事，导入活动

教师利用绘本或 Flash 与幼儿一起简单回顾子路染布的方法。

➤ 你们还记得《子路染布》的故事吗？

➤ 子路是如何染布的呢？

➤ 你会染布吗？你会选择用什么样的方法来染布呢？今天老师带来了很多不同的材料，我想请小朋友们来动手试一试染布。

二、了解扎染方法与步骤

1. 教师出示并介绍材料和工具，幼儿大胆猜测用法。

➤ 这是什么材料/工具？你觉得它有什么作用？怎么用？

2. 教师演示扎染的方法。

➤ 染布有很多不同的方法和技艺。今天老师带来的是扎染的材料和工具。

➤ 从“扎染”这两个字中，你能猜出这种染色方法是怎么样的吗？

➤ 扎染，“扎”的意思是扎起来，“染”的意思是染色。“扎染”就是扎起来的地方不会着色、其他地方被着色的一种染色方法。

教师分两步演示扎染的过程：一是扎结，二是染色。

教师一边演示一边告诉幼儿扎结的地方就是不会染色的地方，所以可以提前想一想希望染出什么图案，最初扎染的时候我们通常会用缠绕的方式在布上扎结出一圈圈的样子，请幼儿猜测一下染色后打开后会是什么样子。

➤ 你们猜猜看，这样子扎结，染色后打开，布料上会出现什么图案？

3. 教师和幼儿一起梳理扎染的步骤。

➤ 我们一起来回顾一下扎染的步骤是怎么样的？第一步，……/第二步，……/第三步，……

教师可以一步一步地呈现扎染的简易步骤图或是直接手写下来展示给幼儿着。

➤ 在染布时，如果你遇到了不懂的问题，可以怎么做？

三、幼儿尝试染布

幼儿分组，尝试染布，教师在一旁观察，并给予一定的支持和引导。

活动结束，教师引导幼儿将作品平铺在桌面上晾干，提醒幼儿收拾材料、整理桌面。

四、作品展示与分享

染布完成后，幼儿展示作品和介绍染布过程，教师引导幼儿观察和比较自己与同伴的染布作品。

➤ 小朋友们染出来的布都是一样的吗？有什么不同的地方？

➤ 染布过程中你遇到了什么问题？你是如何解决的？

教师可以引导幼儿在区角活动中进行更多的尝试和发现。

➤ 染布真是有意思呀！除了今天用到的染料，我们还可以用什么材料来染布呢？如果选用其他质地的布料，我们还可以染出漂亮的颜色吗？如果想在同一块布上染出多种颜色，可以怎么做？我们可以在区角活动中继续探索。老师期待着你们的发现哟！

小贴士

- 活动结束后，教师可以将幼儿的染布作品收集起来，作为《子路染布》戏剧表演的道具材料。教师也可以将其展示在班级的美工展示区。同时教师可以结合当地的地域或民族特色来创新、拓展染布活动，如江苏的蓝印花布、云南大理的白族扎染、贵州的扎染等。
- 教师可在美工区投放更多不同的染料和布料，鼓励幼儿在区角活动中继续探索染布活动的相关内容，如比较不同染料、布料的染布效果等；或是大胆创造"染"的不同方法，如先将布块折叠后再浸染染料，或是利用滴管将染料滴在布上、利用喷壶将染料喷在布上等等。

活动22 扎染

活动形式：■亲子
重点领域：■艺术

关键经验

1. 欣赏扎染作品，了解扎染的方法，加深对中华传统染布工艺的印象。
2. 与家长共同感受扎染的乐趣。

活动准备

白布、颜料、吸管、颜料盘、橡皮筋等扎染材料；湿纸巾。

活动过程

1. 家长带领幼儿欣赏扎染作品，了解扎染的方法，并一起收集扎染的材料，如：家里的废旧白T恤、颜料、橡皮筋等。

2. 家长带领幼儿用准备的材料按步骤进行扎染。

3. 家长和幼儿一起欣赏亲子扎染的作品，并让幼儿将扎染作品带到幼儿园，和同伴一起欣赏。

小贴士

- 在扎染的过程中是否能成功染出预设的花纹，很大一部分原因在于捆绑是否紧实。只有将皮筋绑紧，才能防止串色。在完成捆绑、滴颜料后，需要将布静置一段时间后再打开晾晒，切忌染完立即打开，容易串色。
- 为了更好地感受扎染的工艺，家长可以直接在网上采购扎染的材料包，材料包里的染料更容易固色，且做好的成品如手帕、衣服等后期也可以直接使用。

活动23 神奇的布

活动形式：■集体
重点领域：■科学

活动目标

认知：认识不同的布；感知不同布料的吸水性。
情感：对布料的吸水性有浓厚的探索欲，感受探索的乐趣。
能力：能够通过实验操作来验证自己的猜想，并尝试用数字、图画、符号等进行记录。

活动准备

棉布、麻布、丝绸、塑料布等各种质地的布料（教师提前将其裁剪成相同尺寸的布块），滴管，透明杯子，橡皮筋，教师提前拍摄布料在生活中不同用途的照片（如棉布衣服、塑料布雨棚等），笔。

家园共育包：布的吸水实验。

活动过程

一、认识不同质地的布料，激发幼儿对布的好奇心

1. 教师为幼儿分发不同质地的布块，介绍布料的名称，并鼓励幼儿看一看、摸一摸、揉一揉布块，充分感知布料的特点（薄厚、软硬、粗细等）。

➤ 我们在生活中可以看到各种各样不同的布。今天老师也为大家带来了一些特别的布，我们一起来认识一下。

幼儿与同伴自由讨论、积极交流，教师可邀请3—4名幼儿在集体面前大胆表达。

2. 教师与幼儿共同小结布料的特点（根据实际提供的布料而定）。

➤ 棉布和丝绸都是软软的，但是丝绸摸起来更光滑，而且看起来更有光泽；麻布摸起来有些粗糙，而且是硬硬的；塑料布摸起来也是光滑的，揉搓时可以听到响声。

二、大胆猜想布料的吸水性，并进行实验验证

1. 第一次实验：布料能吸水吗？

教师鼓励幼儿结合自己的生活经验进行大胆猜想。

➤ 如果我们往这些布料上滴水，会发生什么？水滴落在布料上会怎么样？

➤ 这些布料都会吸水吗？你觉得哪些布料会吸水，哪些不会吸水？

幼儿自由猜想，并将自己的猜测记录在家园共育包的表上。

教师可邀请4—5名幼儿展示自己的记录表，说一说自己的想法和理由。

➤ 小朋友们有着不同的想法和意见，到底谁的猜测是对的呢？我们可以通过做实验的方法来验证一下。

幼儿分组操作，用滴管依次在不同的布上滴1滴水，观察水滴在布料上的变化。

➤ 水滴落在布料上，发生了什么变化？水滴是留在了布料的表面上，还是渗透到布料中去了？

幼儿自主操作和观察，并将实验结果记录在表中，教师可在一旁观察。

教师邀请幼儿讲述实验结果，并与幼儿共同小结。

➤ 原来棉布、麻布、丝绸等布料都会吸水，而塑料布不吸水。

2. 第二次实验：哪种布料吸水快？

➤ 虽然棉布、麻布等布料都会吸水，但是它们的吸水速度都是一样的吗？哪种布料吸水更快呢？

教师引导幼儿大胆猜想，并尝试用数字为布料的吸水速度排序(1 表示吸水速度最快，以此类推)。

幼儿自主操作和观察，并将实验结果记录在表中，教师可在一旁观察。

教师邀请个别幼儿展示记录表，说一说自己的发现，并与幼儿共同小结。

3. 第三次实验：哪种布料吸水多?

➤ 如果我们不小心将水洒在了桌上，这时我们要选择哪种布来擦呢？哪种布可以吸更多的水呢？

教师引导幼儿大胆猜想，并尝试用数字为布料的吸水量排序(1 表示吸水量最大)。

幼儿分组操作，将布蒙在透明杯子的杯口上，分别往布料上滴 10 滴水，观察通过布料滴落到杯子中的水量(杯子中的水量越少，表示该布料的吸水量越大)或是布料湿润的面积大小(湿润面积越大，表示布料的吸水量越大)。

幼儿自主操作和观察，并将实验结果记录在表中，教师可在一旁观察。

教师邀请个别幼儿展示记录表，说一说自己的发现，并与幼儿共同小结。

三、讨论不同布料在生活中的运用

➤ 今天我们认识了几种不同的布料，还探索了它们的吸水性。你们在生活中见过这些布料吗？人们通常用它们来做什么？

➤ 为什么我们的衣服通常都是用软软的棉布做的？这样做有什么好处？

➤ 我们可以用棉布来制作雨衣吗，为什么？

幼儿自由讨论和交流。

四、分享与总结

➤ 今天我们做了三个小实验，发现了有的布料可以吸水，而有的布料不吸水，而且布料的吸水速度有快有慢，吸水量也有大有小。我们身边还有哪些布料呢？小朋友们回家后可以和爸爸妈妈一起找一找，试一试它们的吸水性有什么不同。

小贴士

- 为了便于幼儿观察滴水的变化，教师可以在水中加入颜料后提供给幼儿进行实验，这样，现象更明显。
- 教师可根据幼儿的实际能力水平适当调整活动的难度。教师可以将其拆解为 2 个课时的活动，或是将某个实验的材料投放在科学区，鼓励幼儿在区角活动中完成。
- 教师可根据实际情况投放多种材料的布料，也可以提前引导家长协助收集。活动结束后，教师可在科学区投放更多不同类型的布料，鼓励幼儿持续探索，也可以增加投放油、醋、肥皂水等不同液体，让幼儿探索不同液体滴落在布料上的变化。

活动 24 植物染料

活动形式：■集体
重点领域：■科学

活动目标

认知：知道植物中含有色素。

情感：对植物色素感兴趣，积极参与科学探索活动。

能力：尝试利用工具获取植物中的色素，并大胆猜想、探索、记录不同植物色素的染色效果。

活动准备

菠菜、紫甘蓝、甜菜头、柑橘、火龙果等含有不同颜色色素的蔬果2—3种（教师提前切成小块），透明杯子或瓶子，小碗，过滤网勺或纱布，捣臼、擀面杖、手套、塑料小刀、勺子、保鲜袋等工具；刷子，彩笔，布料染色、彩色汤圆等植物色素的运用图片，质地较薄的正方形白色棉布或无尘纸，湿纸巾或抹布。

家园共育包：植物染料。

活动过程

一、回顾故事，激发幼儿对植物色素的好奇心

幼儿与同伴自由讨论、积极交流；教师可邀请3—4名幼儿在集体面前大胆表达。

- 你们还记得子路是用什么材料来染布的吗？
- 他是如何将小草的颜色染到布上的？
- 没错，子路是将小草捣碎，让小草的颜色能染到白布上。这种绿色小草的身体里有绿颜色，我们可以叫它植物色素。
- 想一想，你在生活中还见过哪些其他颜色的植物？你觉得它们可能含有什么颜色的植物色素呢？

二、操作探究，大胆探索植物色素

1. 教师出示植物和工具。

- 刚刚小朋友们说出了很多不同颜色的植物，今天老师也为大家准备了植物和工具，小朋友们可以自己动手操作，将植物色素提取出来。
- 这里有哪些植物？你觉得它们可能含有什么颜色的植物色素？
- 你认识这些工具吗？如果要用这些工具来提取植物色素，你会怎么做？

2. 幼儿自由猜想植物所含色素的颜色，将自己的猜测记录在家园共育包的记录单上，并与同伴讨论工具的使用方法。

教师可邀请4—5名幼儿展示自己的记录单，说一说自己的想法和理由或是介绍工具的使用方法。

- 现在小朋友就可以挑选一样自己喜欢的植物和工具，动手试试吧！

3. 幼儿分组操作，如利用捣臼将植物捣碎、用擀面杖将植物碾出汁液等，教师巡回观察。

4. 操作结束，教师引导幼儿将植物汁液倒入透明瓶子中，观察其颜色，并在记录单上记录。

- 你们顺利提取出植物色素了吗？你用了什么工具，是如何操作的？
- 比较一下，植物色素的颜色和你猜想的颜色一样吗？有什么不同？
- 在操作过程中你遇到了什么问题，是怎么解决的？

5. 幼儿自由讨论，教师邀请个别幼儿展示记录单，说一说自己的发现。

教师与幼儿共同小结。

- 原来，我们可以通过捣碎、碾压、揉搓等方式让植物流出汁液，这样我们就可以获得藏在植物身体里的植物色素。

教师可根据实际情况，鼓励幼儿再次操作。

三、尝试利用植物色素染布

- 你们觉得这些植物色素有什么用呢？

幼儿自由讨论和交流。

教师出示相关图片，引导幼儿观察。

➤ 植物色素可以用来制作汤圆、包子、面条等食物，让食物变成五颜六色；植物色素也可以变成植物染料，用来染布。

➤ 我们已经有了各种颜色的植物色素，它们可以染出漂亮的布吗？现在就来试一试吧！

幼儿大胆想象，利用植物染料在白布上自由设计图案或花纹。

完成后，幼儿向同伴展示作品，并邀请同伴猜一猜使用了哪些植物染料。

四、分享与总结

➤ 今天小朋友们用了各种不同的方法来获取植物色素，大家还用植物色素染出了五颜六色的布，真有趣呀！其实在我们国家，很久很久以前人们就会用植物来制作染料，猜一猜那时候的人们是怎么做的呢？他们会选择哪些植物来制作染料呢？小朋友们可以和爸爸妈妈一起查资料，找一找答案哟！

小贴士

- 教师在准备材料时，要尽量保证所投放的蔬果含有不同颜色的色素，且蔬果的汁液充沛、质地较软，便于幼儿操作。
- 教师可鼓励家长与幼儿共同搜集和了解植物染料的相关内容，如认识我国古代常用的植物染料、了解植物染料的制作方法等。教师可组织幼儿在一日生活各环节中分享自己的发现，展示图片、音视频等资料。

活动25 颜色变变变

活动形式：■区角
活动区角：■科学

关键经验

1. 对植物色素感兴趣。
2. 观察、探索、记录花青素在不同溶液中的变色情况。

活动材料

紫薯、紫甘蓝或黑枸杞等富含花青素的植物（体积大的植物教师要提前切成小块），透明杯子或瓶子，小碗，过滤网勺，刷子，彩笔，白醋、苏打水、盐水等酸碱度不同的溶液（教师可提前在瓶子上贴上数字编号，便于幼儿记录），滴管，“颜色变变变”记录表，新鲜的花瓣或叶子，小木锤，厨房用纸，纸胶带，湿纸巾或抹布。

教师提前在墙面粘贴步骤图，帮助幼儿了解操作流程。

游戏玩法

玩法一：奇妙的植物色素

1. 幼儿将紫薯块放入小碗中，并加入温水浸泡，待水变成紫色后过滤，将紫色的水装入透明瓶子中。

2. 幼儿任意选择酸碱度不同的溶液，闻一闻味道，再在透明杯子中倒入适量溶液。

3. 幼儿用滴管取适量的紫色水，将其滴入溶液中，观察颜色变化，并记录在记录表上。

4. 幼儿根据喜好，自由选择其他酸碱度不同的溶液进行实验并记录。实验结束后，可与同伴分享自己的发现。

玩法二：植物敲印

1. 幼儿自由选择自己喜欢的花或叶，将其摆在白布上，可用纸胶带固定，并在植物上方覆盖一张厨房用纸。

2. 幼儿用小木锤敲击植物（可先敲击轮廓边缘，再敲击内部），直至植物汁液流出，在白布上染色。

3. 染色成功后，幼儿掀开厨房用纸，轻轻揭下花或叶，观察植物汁液的颜色。

4. 幼儿可选择多种植物，或是尝试将植物叠放，重复操作，直至完成植物敲印。

观察要点

- 幼儿是否对花青素的变色现象感兴趣。
- 幼儿能否顺利通过实验操作，观察、探索、记录花青素在不同溶液中的变色情况。
- 幼儿能否规范操作材料，顺利完成植物敲印活动。

小贴士

- 教师可根据实际情况适当选择蔬果或花叶。在选择花瓣或叶子时，教师要挑选新鲜的植物，保证其汁水丰富，便于染色。如果由于季节原因不能提供新鲜的花瓣或树叶，教师也可以选择蔬菜叶子。
- 在开展玩法二之前，教师可通过动作示范或展示步骤图等方法，帮助幼儿了解使用小木锤的正确方法，并提醒幼儿在操作时注意活动安全。

附 表格

"颜色变变变"记录表

溶液	变色情况
1	
2	
3	
4	
……	

活动26 参观染布工厂

活动形式：■亲子
重点领域：■社会

关键经验

1. 初步了解现代染布工艺或服装生产工艺。
2. 尝试比较古代与现代染布工艺的区别。

活动准备

彩笔，“染布工艺”记录表。
幼儿对古代染布工艺有初步的了解。
教师提前与当地的染布工厂或服装制造厂联系。

活动过程

1. 家长在出发前与幼儿围绕古代染布工艺展开讨论，并在记录表中“古代”一栏进行相关记录。

➤ 古代的人们是如何染布的？古时候的染布厂是什么样的？

2. 教师组织幼儿与家长到达提前选定的染布工厂，介绍参观流程，强调公共场合礼仪，如有序排队、礼貌问好、小声说话等。

3. 幼儿安静专注地参观，了解现代染布工艺。过程中，幼儿可随时用彩笔在记录表的空格中画下图画或符号，记录自己的发现，家长可在一旁拍照记录。

4. 参观结束，幼儿与家长共同完成记录表的记录。

5. 教师可引导幼儿在一日生活各环节中与同伴分享讨论。

➤ 你在现代染布工厂中看到了什么？工人们是如何染布的？和古代染布工艺相比有什么不同？

小贴士

教师可根据当地情况适当调整活动环节。如果当地没有适合幼儿参观的染布工厂，教师也可以组织幼儿参观纺织厂、服装制造厂等。如果确实不便到实地参观，教师也可以通过展示音视频、图片、绘本故事等方式，帮助幼儿了解古代与现代的染布工艺。

附 表格

“染布工艺”记录表

古代	现代

活动27 特别的服装

活动形式：■集体
重点领域：■社会 ■语言

活动目标

认知： 知道除了日常服装之外，还有很多特殊的服装；知道特定的场合要穿特定的服装。
情感： 感受不同服装的美，愿意接受不同的审美风格。
能力： 能够说出5—6种服装的名称以及与之相匹配的穿着场合。

活动准备

每名幼儿准备一套方便行动的“特别的服装”（即特定场合才能穿的服装，如：舞台表演服、婚纱、击剑服等，也可以准备具有民族特色的服装），可以在活动当天请幼儿身着这套“特别的服装”来幼儿园；不同服装的PPT（需教师提前了解班级幼儿情况，根据幼儿实际情况制作，这些服装与幼儿生活经验相关，且每一套服装都要有相对应的场景图片）。

家园共育包：厉害了，我的服装。

活动过程

一、谈话导入，引出“特别的服装”

➤ 老师今天带来了很多“特别的衣服”，想请小朋友们看一看。

1. 教师播放PPT，引导幼儿说一说。

➤ 这是什么衣服？

➤ 和我们平时穿的衣服有什么不同？你喜欢吗？

➤ 你觉得这套服装好看在哪里？说说你喜欢它的原因。

➤ 它是在什么时候穿的？

2. 教师根据幼儿生活，可以选取舞台表演服、小礼服、赛车服和具有本地民族特色的服装。教师在播放PPT的过程中，主要引导幼儿尝试介绍服装的名称、好看的地方以及适合穿的场所。

二、我最喜欢的衣服

1. 服装展示（个别）。

➤ 今天小朋友们也都穿着“特别的服装”呢！

➤ 谁愿意上前来向大家介绍自己的服装？告诉我们你的服装名称，适合穿的场合，你选择这套服装、喜欢这套服装的原因。（请介绍的幼儿上前来边展示服装边介绍）

教师可以请幼儿重复一遍需要介绍的几个内容后开始请幼儿上前展示与介绍。如果这件衣服有特殊意义，教师也可引导幼儿说出来。如：我的爸爸是名军人，这是我和爸爸一起进行训练的时候穿的小小体能服；这是我5岁生日派对的时候穿的礼服；等等。

2. 服装分享（小组）。

3—4名幼儿上前来介绍自己的服装后，教师将幼儿进行分组，请幼儿与同伴自由分享服装。组内幼儿还可以与同伴交换服装，尝试穿上不同的服装。教师观察幼儿行为并根据幼儿反馈进行适当指导：

➤ 你有喜欢的服装吗？

➤ 你有自己喜欢的服装的话，我们一起去展示给小朋友们看吧！

➤ 你喜欢那件衣服吗？我们去跟他商量一下，可不可以让我们试穿一下。

➤ 分享是一件快乐的事情哦！他们穿上你的衣服会更漂亮！

教师可以在观察过程中用手机或相机记录下幼儿之间的互动，以及幼儿展示自己服装的模样。

3. 服装推荐。

待组内幼儿基本完成分享时，教师可以提出新的“任务”：每组推选出1套组员都最喜欢的服装，向其他幼儿展示，并说明推选的理由。教师可以帮助幼儿打开思路，不只是局限在“美丽”这一单一的评判标准上。

➤ 我们在选择最喜欢的服装时，除了要看看这套服装的样子，还要仔细听听服装主人说的故事哦！如果这套服装的故事和意义让你印象深刻，也同样能成为“我最喜欢的服装”！

三、分享与总结

➤ 每个小朋友的服装都很好看，我们今天不仅看到了很多漂亮的服装，增长了知识，知道这些衣服适合在什么场合穿，还知道了有些服装对它的主人有特别的意义！

小贴士

- 活动过程中，教师要注意在性格涵养教学法的指导下，多关注那些性格内向、不善于表达自己的幼儿，去引导、鼓励他们展示自己喜欢的东西。同时更多地关注幼儿在活动中的分享行为和对其他事物的包容性。
- 本活动可以和主题展示活动结合展开，教师可以提前告知家长有关教学活动、展示活动的安排，以得到家长的大力支持。活动结束后，教师可以将在活动中拍摄的照片粘贴在照片墙上，幼儿可以在离园时间与家长或其他伙伴一同分享我们“特别的服装”。

活动28 神奇螺旋线

活动形式：区角
活动区角：美工

关键经验

1. 初步感知螺旋线的特点。
2. 积极参与剪纸制作。
3. 能用剪刀流畅地剪出直线、弧线和螺旋线，并用不同的方式进行装饰。

活动材料

铅笔，油画棒，颜料，颜料刷，安全剪刀，双面胶。

活动资源：神奇螺旋线。

游戏玩法

1. 教师在美工区投放圆形螺旋线图和手工步骤图，供幼儿观察和交流。

➤ 看，这些线条有什么特别的地方？它的名字叫螺旋线，它看起来像什么呢？在生活中，你们有见过螺旋线吗？（幼儿讨论和表达）螺旋线还能被制作成好玩的手工，现在就来试一试吧！

2. 幼儿取出材料，观察和探索材料的特点，重点认识不同形状的螺旋线。

3. 和同伴讨论、交流：我在哪里见过类似的形状/螺旋线？这些螺旋线像什么？我们可以把它设计成什么呢？

4. 参考活动资源中的神奇螺旋线图，进行手工创作。幼儿可以自由选择装饰方式，如用油画棒由外到内地涂画渐变色、用卡纸裁剪出不同的形状进行粘贴等，教师要鼓励幼儿的大胆想象和创作。

5. 向同伴展示和介绍作品：选择了什么形状的螺旋线？制作出了什么造型？用了哪些方法来装饰它？这个形状的螺旋线还能被设计成什么其他造型？

观察要点

- 幼儿是否对螺旋线充满好奇。
- 幼儿在设计、装饰螺旋线时是否有不同的表现方法。
- 幼儿能否流畅地沿着螺旋线进行裁剪，并不剪断线条。

小贴士

- 在活动后期，教师可以鼓励幼儿自己设计和画出不同形状的螺旋线，并尝试利用螺旋线的形状特点来制作不同的手工作品，如三角形可制作成大树、六边形可制作成彩虹塔、正方形可制作成城堡、圆形可制作成蛇或龙等。
- 教师可鼓励幼儿和家长在生活中寻找螺旋线条或图案（如蜗牛壳、蚊香、螺旋楼梯等），并拍照记录。教师则协助幼儿将照片打印出来，粘贴在美工区，帮助幼儿积累生活经验。

附 制作步骤

1. 选择圆形螺旋线，并双面涂色；

2. 用安全剪刀沿着螺旋线由外到内地剪开，注意裁剪时保持流畅，避免剪断。剪完后，可以一手捏住螺旋线边缘的尾巴处，一手捏住中央位置，轻轻朝两侧拉开，观察螺旋线剪开后的造型；

3. 根据自己的喜好，在底板上自由装饰，如绘画图案、涂色或拼贴等；

4. 在剪好的螺旋一面的中心点和另一面的边缘点分别贴上双面胶；

5. 将螺旋线画纸中心粘在底板折线的一侧，使螺旋线的位置不要超出底板边缘，且螺旋线的尾部应朝向底板的短边开口处。撕下边缘处的双面胶，对折底板，使其粘贴牢固；可展开底板，观察螺旋线的拉伸情况。

6. 利用彩纸自由制作装饰物，并将其粘贴在底板或螺旋线上，完成制作。

活动29 课堂戏剧——子路染布

活动形式：■集体
重点领域：■艺术

活动目标

认知：加深对《子路染布》故事内容的理解。

情感：愿意主动参与戏剧表演活动，享受表演的快乐和成就感。

能力：能够在充分理解故事内容的基础上，发挥想象力，大胆表现人物角色。

活动准备

《子路染布》故事 Flash，子路、孔子老师、兰花老师等故事角色的头饰。

宽敞安全的活动室。

配套电子资源：故事 Flash，角色图片。

活动过程

一、讨论故事情节，激发表演兴趣

1. 幼儿分组讨论，教师可邀请一组幼儿结合故事 Flash，复述故事内容。

➤ 谁愿意来为大家讲一讲《子路染布》的故事？子路在染布过程中遇到了什么问题？

➤ 在故事中，子路的情绪是怎么变化的？

➤ 孔子老师给他布置染布任务时，他是什么样的心情？在他发现自己不懂得如何将小草变成染料时，他的心情发生了什么变化？

2. 教师引导幼儿重点感受故事中子路的情绪变化，并与幼儿共同总结。

➤ 开始时子路非常自信，等他发现自己并不知道怎么染布时，他感到很烦恼，最后他将布染成了大花布，他觉得非常不好意思。

二、热身游戏：情绪变变变

➤ 小朋友们是从哪里发现子路的不同情绪的呢？是的，我们的表情、动作等都可以表现不同的情绪。现在就让我们来试一试吧！

教师随机说出一个情绪如“开心”，幼儿通过表情和动作来表达情绪，如大笑、手舞足蹈等。教师也可以邀请幼儿来发出情绪指令。

在游戏中，教师可适时加入不同的程度副词，如“有点开心”“特别特别难过”“越来越生气”等，鼓励幼儿表达不同层次的情绪。

三、表演游戏：子路染布

➤ 为了更好地表演《子路染布》的故事，我们不仅要表演人物的情绪，还需要表演出他们的不同动作。

1. 教师引导幼儿讨论并尝试表演不同故事角色的动作。引导语可参考：

➤ 孔子老师是什么样的人？当他将白布递给子路时，他的动作是什么样的？

➤ 小青鸟商羊在向子路提问时会做什么样的动作？

➤ 皮休是一个小机器人，机器人的动作会有什么特点？

➤ 兰花老师是一位女孩，女孩的动作会和男孩的动作不同吗？有什么区别？

➤ 子路非常自信地回答“我知道”时，可能会做什么动作？表情和动作要怎么做才能够有更好的效果？

➤ 子路是如何染布的？谁可以用动作表演一下他染布的过程？

2. 教师引导幼儿分配角色，可由多名幼儿共同表演同一角色，表演过程中幼儿可以一起表演，也可以轮流表演。

3. 教师负责旁白，讲述故事内容。当教师讲到有人物角色和动作的部分时，则由扮演该角色的幼儿上前表演，当人物角色出现台词时，教师可保持安静，鼓励幼儿自己说出台词。

4. 表演结束后，教师可邀请幼儿说一说自己的感受和想法。

四、分享与总结

➤ 你们都是非常优秀的小演员，为自己的精彩演出鼓鼓掌吧！为了让表演效果更好，我们还可以在表演中增加道具的使用。想一想《子路染布》的演出可能需要用到哪些道具？我们可以从哪些地方收集到这些物品呢？

小贴士

活动过程中，教师要为幼儿营造宽松自在的表演空间，同时尊重幼儿的自主表演。该活动并没有所谓“正确”的动作或表演方式，教师要鼓励幼儿大胆地表达表现，允许幼儿在表演中加入各种有创意的想法。

活动 30 生活中的视错觉

活动形式：■集体
重点领域：■科学

活动目标

认知：初步了解视错觉是指眼睛在看东西时产生错觉的一种现象。
情感：对生活中的视错觉现象感兴趣，愿意主动参与科学探索活动。
能力：能用准确的语言表达自己观察到的视错觉现象，并尝试用一定的方法验证自己的猜想。

活动准备

视错觉图片，尺子，透明塑料片，彩笔，安全剪刀，“生活中的视错觉”记录表，教师提前收集的视错觉图片或视频（如装有镜子的舞蹈教室照片、3D 立体艺术画等）。

家园共育包：“视错觉看呀看”“视错觉找呀找”。

活动过程

一、图片导入，萌发对视错觉图片的好奇心

图 1 赫尔曼栅格错觉

教师出示图片。

➤ 这张图片画了什么内容？有什么特别的地方？

➤ 没错，在白色“小路”的交叉处好像有一闪一闪的灰点。试试盯着其中一个灰点看，你还可以看到它吗？

幼儿与同伴自由讨论、积极交流，教师可邀请 3—4 名幼儿在集体面前大胆表达。

➤ 这样的图片是不是很神奇呢？其实是因为在一些特别的情况下，我们的眼睛在看东西时会产生错觉，这种错觉就叫“视错觉”。老师还带来了很多特别有趣的图片，我们接着来看看吧！

二、观察视错觉图片，尝试探索和验证自己的猜想

1. 第一次实验：两条线一样长吗？

教师出示长度错觉图片，引导幼儿仔细观察。

➤ 仔细看看，图片上的两条线是一样长的吗？

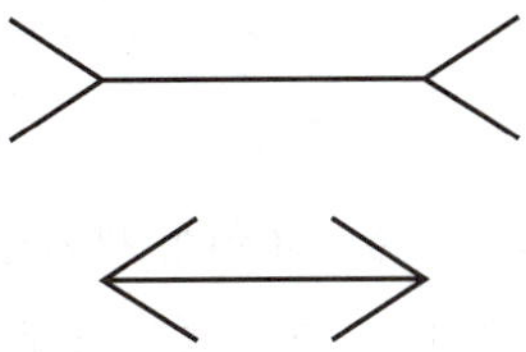

图 2　缪勒-莱伊尔错觉

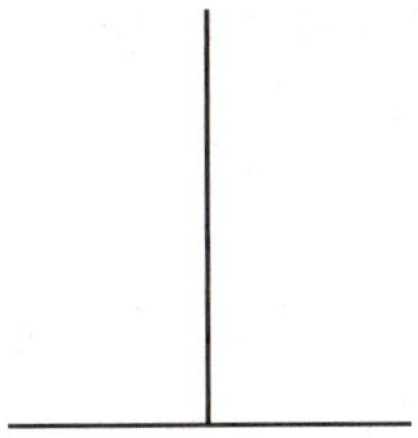

图 3　横竖错觉

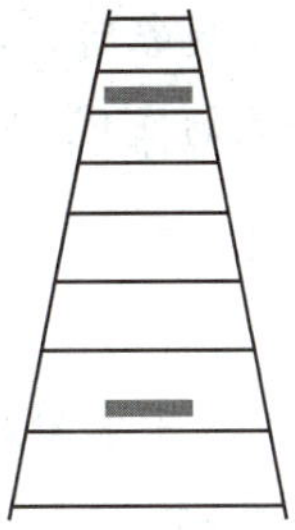

图 4　庞邹错觉

➤ 如果你觉得它们不一样长，那么哪一条更长呢？

幼儿自由观察和猜想，并将自己的猜测记录在表上，教师可邀请 2—3 名幼儿说一说自己的想法和理由。

➤ 有的小朋友觉得这两条线是一样长的，有的小朋友觉得第一条更长一些。大家有着不同的意见，该怎么办呢？

➤ 我们可以用什么方法来验证这两条线是否一样长呢？

➤ 老师为大家准备了一些工具，想一想哪些工具可以用来测量长度？该怎么测量？

幼儿自由讨论，并尝试动手操作验证，如用尺子测量、将线条剪下来后再进行比较等，操作后可将结果记录下来。

教师引导幼儿说一说自己的验证结果以及展示验证方法。

➤ 原来这两条线是一样长的。你们觉得是什么让我们的眼睛产生了错觉呢？

幼儿自由讨论，教师与幼儿共同小结。

➤ 原来线条两端的箭头和摆放位置都会让我们的眼睛产生错觉。

2. 第二次实验：两个圆一样大吗？

教师出示大小错觉图片，引导幼儿仔细观察。

➤ 这里有两朵特别的花，它们有什么不同？

➤ 这两朵花的花心是一样大的吗？如果不一样大，哪个更大，哪个更小呢？

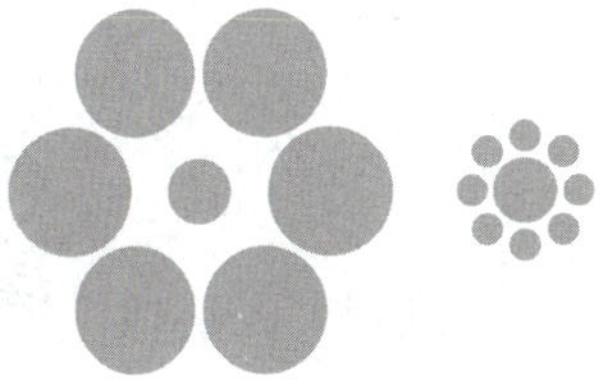

图 5　艾宾浩斯错觉

幼儿自由观察和猜想，并将自己的猜测记录在表上。

➤ 想一想有什么方法可以帮助我们进行验证？

幼儿自由讨论，并尝试动手操作验证，如将圆形剪下来后再重叠比较、用透明塑料片描画后比较等，操作后可将结果记录下来。

教师引导幼儿说一说自己的验证结果并展示验证方法。

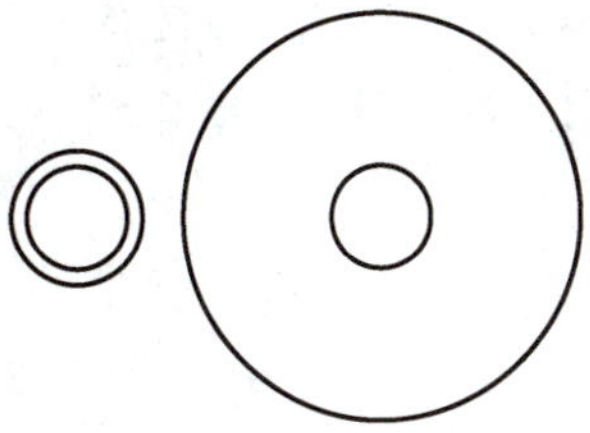

图 6　多尔波也夫错觉

➤ (出示图 6)这两个圆是一样大的吗？请你再次动手试试吧！

➤ 为什么刚才我们会觉得圆形是一个大、一个小的？是什么让我们的眼睛产生了错觉呢？

幼儿再次操作和记录，并与同伴讨论，教师与幼儿共同小结。

➤ 原来圆形周围的图案会影响我们眼睛的判断。

三、讨论生活中的视错觉

➤ 今天我们通过图片了解了有趣的视错觉现象。想一想，我们的生活中还有哪些视错觉现象呢？

幼儿自由讨论和交流。

教师可出示提前收集的图片或视频，引导幼儿欣赏，并说一说自己的想法和感受。

四、分享与总结

➤ 这些视错觉现象可真有趣，就像是眼睛给我们变的魔术一样！回家后，你可以和爸爸妈妈分享一下今天的发现，也可以找一找还有哪些神奇的视错觉现象哟！

小贴士

该活动的重点在于激发幼儿对视错觉现象的好奇心和探索欲，并使其积极参与到观察、探索、记录的过程中，因此教师无需过多地向幼儿介绍视错觉的科学知识或是要求幼儿理解其原理，也不要急于将问题的答案告诉幼儿，而是要鼓励幼儿自主思考、积极探索。

附 表格

“生活中的视错觉”记录表

实验	图片	我的猜想	实验结果
两条线一样长吗？	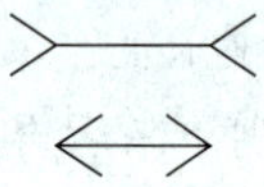		

两个圆一样大吗？	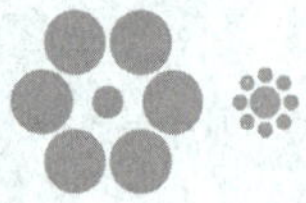		
	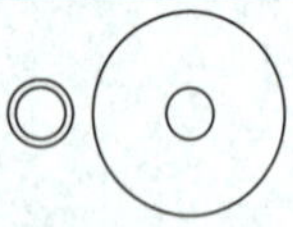		

活动31 魔法留影盘

活动形式：■区角
活动区角：■美工

关键经验

1. 初步了解视觉暂留现象。
2. 感受静止画面变成动态画面的神奇和趣味性。
3. 能够灵活地制作和操作旋转留影盘；学会仔细观察，并尝试流畅地描述观察结果。

活动材料

留影盘玩具成品，安全剪刀，双面胶，水彩笔。

活动资源：魔法留影盘。

游戏玩法

1. 教师在科学区投放和展示留影盘玩具成品，供幼儿观察和交流。

➤ 今天老师带来了一样神奇的玩具，它就像一把小扇子。你们看，扇子的两面分别画的是什么呢？（引导幼儿观察和表达）小眼睛，仔细看咯！（教师转动留影盘，引导幼儿观察一边的图案因为视觉停留，似乎出现在了另一边的现象）是不是很神奇呢？你们想自己动手制作一个会变魔术的玩具吗？

2. 幼儿取出活动资源中的材料，观察纸上已有的三组图案内容，并和同伴猜测、讨论：

➤ 图案上画了什么内容？每一组图案都包括了什么景色和人物？玩具旋转起来后，可能会出现什么样的图案？

3. 幼儿参考活动资源中的魔法留影盘制作步骤图，独立完成留影盘的制作。制作方法如下：

(1) 选择自己喜欢的一组图案，沿着刀线取下纸片；

(2) 将纸片背面朝上，在其中一张纸片反面粘贴双面胶，将小木棍对齐纸片底部的压痕，粘贴固定；

(3) 对齐两张纸片的压痕，将其背对背粘贴，完成制作。

4. 幼儿将小木棍放在掌心，双手前后搓动，同时仔细观察纸片的转动，发现有趣的视觉暂留现象。（幼儿可更换不同纸片，进行观察和游戏）

5. 幼儿观察后和同伴交流、讨论：

➤ 玩具旋转起来后，看到的图案与原先的图片相比发生了什么变化？看到的图案和之前的猜测一样吗？（引导幼儿用完整的语言说出自己的发现）

6. 幼儿在空白圆形纸片上自行绘画图案（一张为背景图，一张为人物图），以同样的方法制作成留影盘。

7. 幼儿向同伴介绍自己设计的留影盘，观察发现转动前后图案的变化：

➤ 画了什么样的背景？图案中的主人翁是谁？Ta是什么样的？转动起来后，看到的图案变成了什么？

观察要点

- 幼儿对留影盘玩具是否有探索兴趣。
- 幼儿在探索过程中，能否通过观察发现视觉留存现象。
- 幼儿能否用完整的语言和同伴分享自己的观察结果。

小贴士

- 活动结束后，可以将成品和材料投放到科学区，鼓励幼儿在区角游戏自由活动时间继续制作、探索和思考：慢慢转动木棍时，图案会有变化吗？图案的变化和旋转的快慢有关系吗？是什么样的关系？如果想要让动态图案更好看，在画图时需要注意什么？（例如两张图的大小、色彩……）
- 可以让幼儿将材料带回家，鼓励家长和幼儿共同进行游戏，也可以鼓励家长引导幼儿观察和发现生活中存在的视觉暂留现象，例如走马灯、转动的风扇等。

活动32 会跳的袋子

活动形式：■集体
重点领域：■健康

活动目标

认知： 知道利用袋鼠跳袋跳得更远和更高的方法。
情感： 喜欢进行体育游戏，遇到有挑战的体育项目不胆怯、不退缩。
能力： 能够利用袋鼠跳袋成功完成往返跳和跳高游戏。

活动准备

袋鼠跳袋，分组背心或头巾（最好有3种花色来区分3个小组），多个海洋球，绳子，气球，欢快的背景音乐。

教师提前挑选好宽阔平坦的地方为活动场地，活动场地最好为柔软的草地，其次为橡胶跑道，最好不要选择水泥地。若选择水泥地，则要为幼儿穿戴好防护用具。教师还需提前清理掉场地上可能存在的尖锐物品。将气球悬挂在绳子上，绑在两棵树或两根杆子之间，气球与地面的距离建议设置为124—136 cm，教师可以根据本班幼儿的实际身高和弹跳能力来调整。

活动过程

一、实物导入，好玩的袋鼠跳袋

教师展示袋鼠跳袋，引导幼儿讲述它的玩法，并回顾已有经验，阐述玩的过程中需要注意的事项。

- 你们还记得这是什么吗？
- 它要怎么玩？
- 在袋子里怎么才能不摔倒，稳稳地跳出去？

二、小袋鼠训练营

1. 情境创设。

- 今天你们都是小袋鼠，要加入我的小袋鼠训练营，看看谁能跳得快，谁能跳得高。既然要比赛，那就先一起来热热身吧！

2. 热身活动。

教师播放背景音乐，引导幼儿转动膝盖和手腕，沿着活动场地慢跑两圈，熟悉场地。经过悬挂的气球下方时，依次尝试用头去顶气球。

热身活动的时间不宜超过5分钟，幼儿活动开身体即可，以免造成膝关节疲劳。

三、袋鼠比赛

1. 谁最快？

教师为幼儿分发袋鼠跳袋后根据人数引导幼儿分成2—3队。如果幼儿能力允许，可以由教师选出队长之后，再由队长来招募队员，其中就可包含幼儿沟通协商的环节，但是要保证每个队的人数均等。

幼儿稍加练习袋鼠跳袋动作之后，即可准备进行比赛。幼儿自主练习的时候教师要注意关注四肢协调性和弹跳能力较差的幼儿，给予一定的建设性意见。

比赛规则如下：幼儿从起始点出发，利用袋鼠跳袋向前跳，跳到终点悬挂气球处，需向上跳用头顶到气球(配班教师在终点处进行判定)，然后折返回起始点，与本队的下一名幼儿击掌完成接力。如此循环往复，所有成员最先完成袋鼠跳的队伍即视为获得胜利。

本次游戏可进行多轮，每一轮游戏过后，教师可以引导幼儿围绕如何跳得更快或如何跳得更高进行队内的交流与讨论。

2. 球球掉出来。

在幼儿的袋鼠跳袋中放入同等数量的海洋球，5—6 人为一组进行游戏，谁最先在跳动过程中将袋子里的海洋球全部抖出即视为获胜。也可以以一分钟为时间界限，跳动一分钟之后，谁袋子里剩余的海洋球最少即视为获胜。前者的难度更高，对幼儿的要求也更高，教师可以根据本班幼儿的实际发展水平来选择玩法。

在游戏过程中注意提醒幼儿，脚要尽量贴紧袋鼠跳袋的底部，不要踩到海洋球，否则容易摔倒。每轮游戏过后，教师可以邀请获胜的幼儿分享将球球抖出来的小技巧。

四、分享与总结

➤ 袋鼠跳的本领很强，我们可以经常学它跳一跳，但是要注意保护我们的膝盖和脚踝哦！最后，我们再祝贺一下今天获得了比赛胜利的小朋友们吧！没有拿到奖励的小朋友也不要灰心，我们下次比赛加油。

小贴士

- 因为本次活动的运动强度较大，所以在活动结束后，教师要引导幼儿进行充分的拉伸与放松，例如可以做单腿勾脚触摸脚趾的动作，也可以坐下来同伴之间相互捏捏腿。
- 游戏结束之后，若幼儿对袋鼠跳袋游戏还有兴趣，可以在之后的户外活动时间让幼儿自主改变游戏规则，进行属于幼儿自己的袋鼠跳袋游戏。

活动 33 袋子套起来

活动形式：■集体
重点领域：■科学

活动目标

认知： 进一步了解数学符号的作用；明白不相邻的两个数之间也是可以通过推理进行大小比较的。
情感： 感受数量之间的传递性，体会数学的有趣。
能力： 能够利用符号将数字正确排序。

活动准备

5—6 组数字袋子卡片，大于号和小于号的图片。
配套电子资源：相关图片。

活动过程

一、谈话导入，引出袋子

➤ 我们生活中有很多很多的袋子，说一说你看见过什么样的袋子。

➤ 这些袋子的大小一样吗？

➤ 小袋子可以套进大袋子里。

➤ 今天我们来做一个关于袋子的数字游戏，看看你知不知道哪个袋子大。

二、不同的数学符号

教师展示大于号、小于号图片和数字袋子卡片，引导幼儿回顾已有经验，加深对这些数学符号的熟悉程度。

➤ 我们要玩这个数字游戏，需要大于号和小于号的帮助，你们还记得大于号和小于号的用处吗？

➤ 它嘴巴大张着对着的这一边是比较大还是比较小呢？

➤ 我们再看看这些袋子，袋子上的数字大小就代表这个袋子的大小。

幼儿明白大于号和小于号的用法，以及数字袋子卡片所代表的意思之后，即可进行游戏。

三、哪个袋子大

1. 相邻的袋子。

教师选择3个相邻数为袋子的编号，如：4、5、6，引导幼儿运用大于号或小于号排列袋子，排列成功，则从大袋子开始，一个一个把小袋子“套”进去（实际就是用卡片盖住卡片）。

➤ 这三个袋子谁大谁小？请你用大于号或者小于号来排一排。

教师可以根据幼儿的能力水平，选择是否先进行一遍排序演示。

2. 不相邻的袋子。

挑选编号不相邻的两个袋子进行比较，如：挑出1和3，看谁大谁小，判断正确，袋子就能“套”进去（用大的卡片盖住小的卡片）。

若幼儿比较不出来，则可以将1—10的数序排列在旁边，并且引导幼儿通过口头点数，然后按判断“3比2大，2比1大，所以3比1大”的方法进行推理。

幼儿熟练之后，可以逐步增加难度，如挑选数差更大的两个数进行比较，或是增加需要比较的不相邻数。

四、分享与总结

➤ 好多小朋友都成功地把袋子套起来了，很棒哦！数字符号在生活中有趣又有用，感谢大于号和小于号的帮忙，以后我们可以多多使用身边的数字符号哦！

小贴士

活动结束后，教师可以在益智区投放俄罗斯套娃，在每个娃娃身上根据大小写下数字编号，幼儿可以在玩套娃的过程中进一步感受数字之间的大小关系。

活动34 自制打击乐器

活动形式：■亲子
重点领域：■艺术

关键经验

1. 利用生活中的物品或废旧材料来制作简单的打击乐器。
2. 感受到生活中无处不在的音乐艺术。

活动准备

利用生活中的物品或材料制作的打击乐器图片，生活中的物品或废旧材料。

活动过程

1. 家长引导幼儿在家中或周边生活环境中发现，哪些东西可以利用起来成为打击乐器，进而一起商定制作什么乐器，如：用圆圆的米桶制作非洲手鼓、在矿泉水瓶中装入米来制作沙锤、用不同水量的玻璃杯来制作水杯音钟（用筷子敲击杯壁后可以发出不同的音阶）等。

2. 家长和幼儿利用自制的打击乐器进行表演，使用相关设备将过程拍摄记录下来，发送给教师。家长和幼儿还可以根据需要，自制、准备相关的道具，如：草裙、花环等。

3. 对于方便携带的自制打击乐器，家长可以请幼儿带去班级。教师在表演区或是在班级主题环境中辟出一块陈列展示区，同时在日常活动中请幼儿进行自制打击乐表演和乐器体验。

小贴士

- 本活动鼓励和提倡幼儿使用生活中的物品和废旧材料，进行创意制作，让幼儿发现生活中音乐无处不在、身边的乐器无处不在，艺术和美来源于生活。
- 教师可以结合班级、幼儿园的节庆活动、大活动、主题展示活动等契机，来安排这次活动，有机地整合不同活动。

活动35 乐器声音的秘密

活动形式：■集体
重点领域：■艺术

活动目标

认知：认识常见的吹管、弹拨和打击乐器，知道它们的名称。
情感：感受不同乐器的音色之美。
能力：能够通过对乐曲的听辨，说出乐曲中使用乐器的类型。

活动准备

园所提前向乐器行或家长征集笛子、唢呐、洞箫、古筝、琵琶、腰鼓、非洲手鼓等乐器，笛子独奏《牧民新歌》、唢呐独奏《百鸟朝凤》、洞箫独奏《鹧鸪飞》、古筝独奏《高山流水》、琵琶弹奏《十面埋伏》等乐曲。

活动过程

一、认识不同的乐器

1. 认识笛子和箫。

➤ 哇，今天我们班上有了很多乐器，这里有小朋友们认识的乐器么？（幼儿自由回答）这些乐器有些是小朋友们从自己家里带来的，还有一些是老师在乐器行借的，希望能让小朋友们近距离地看一看。小朋友们请注意保护好这些乐器朋友哟。

➤ 有些小朋友已经认识了这里的一部分乐器，那我们一起来看一看这些都是什么乐器吧。

教师出示笛子、箫，引导幼儿观察其外形特征。

➤ （教师出示笛子）这个乐器是什么样子的？（教师出示箫）这两个乐器是一样的吗？

➤ 这两个乐器看上去很像，但是却不一样，这个是笛子（出示笛子），笛子这里有个粘笛膜的笛膜孔，而这个是洞箫，它没有这个小孔。而且笛子是横着吹的，箫是竖着吹的。它们的声音也不一样哟。

教师播放音乐笛子独奏《牧民新歌》和洞箫独奏《鹧鸪飞》，引导幼儿欣赏，并说一说两者的区别。

➤ 这两段音乐分别给你什么感觉？音乐中的乐器声音有什么不同？

➤ 笛子和洞箫都是吹管乐器，但发出的声音却完全不同，笛子发出的声音较欢快，洞箫发出的声音较悠扬。

2. 认识唢呐。

➤ 这里还有一个也是吹管乐器，是通过吹让它发声的，小朋友们猜猜是哪个？

教师出示唢呐，引导幼儿观察并描述其外形特征。

➤ 唢呐也是细细长长的，不过它有一端非常特别，像一个大喇叭。

➤ 那它发出的声音是什么样的呢？我们一起来听一听吧。

教师播放唢呐独奏《百鸟朝凤》，引导幼儿欣赏后说说自己的感受。

➤ 唢呐的声音是什么样的？听歌曲的时候有什么感受？

➤ 唢呐的声音比较高亢、雄壮。

教师用同样的方式引导幼儿认识弹拨、打击乐器，并聆听相关的歌曲，感受不同乐器独特的音色。

二、音乐欣赏

教师随机播放一首音乐，引导幼儿听一听并猜一猜是什么类型的乐器发出的（吹管、弹拨、打击），也可以猜一猜它们分别是哪个乐器发出的声音。

三、分享与总结

➤ 今天我们一起认识了不同的乐器，有吹管乐器，如笛子、洞箫、唢呐；有弹拨乐器，如琵琶、古筝；有打击乐器，如腰鼓、非洲手鼓；等等。不同的乐器发出的声音是不一样的，我们还欣赏了用这些乐器演奏的曲目。很多乐器是可以进行合奏的，小朋友们可以听一听，然后来和我们一起分享哟。

小贴士

- 教师可以根据实际情况调整吹管、弹拨、打击三类乐器中具体的乐器及相应的曲目，考虑到幼儿对乐器的实际了解情况，教师可以先介绍三类乐器中的两种，随后再增至三种。如果是非艺术类幼儿园，或者幼儿日常接触音乐、乐器的机会较少，教师可以将本活动扩充到2个课时，每次介绍1—2类乐器，让幼儿充分感受、理解后再进行三类乐器及其代表曲目的欣赏和听辨。
- 在幼儿了解了不同的乐器后，教师在日常活动中，可播放相应的曲目以及合奏曲，如琴箫合奏曲《平沙落雁》，让幼儿进一步感受不同乐器的音色。

活动36 生活中的电器

活动形式：■亲子
重点领域：■社会 ■科学

关键经验

1. 知道什么是电器。
2. 能够辨认家中电器，并通过自己的方式记录下来。

活动准备

手机、记录表等记录工具。
配套电子资源：记录表。

活动过程

1. 认识生活中的电器，知道电器要通电才可以使用。建议家长在每次使用电器时，通过谈话的方式，让幼儿了解电器的名称，引导幼儿对生活中的电器有一个初步的概念。

2. 在保证安全的前提下，在生活中主动让幼儿接触和使用一些常用电器，熟悉操作方法，明白常用电器的功用。如：尝试辨认遥控器上的符号和标志，使用遥控器操控电视机、空调等电器；知道冰箱可以制冷，明白酸奶等食品应该放进冰箱。

3. 带幼儿逛一逛电器商场，那里还有许许多多不同的电器，家长和幼儿可以一起去看一看它们的神奇功能，也许生活中很多电器的隐藏功能家长也不知道呢！

4. 幼儿可以在上述过程中，用自己喜欢的方式将生活中的电器记录下来，如：让爸爸妈妈帮忙拍下自己使用某种电器的照片；用笔将商场里陌生的电器画在记录表上；拍一段使用电器进行亲子游戏的视频。

小贴士

- 在活动过程中，要培养幼儿安全使用电器的意识，成年人不在旁边的时候，有很多电器是不能碰的，如：电热水壶、电吹风等，更不能用任何东西去戳插座孔。
- 需要特别注意的是，虽然我们让幼儿接触电器，但是对于电视、电脑、手机等娱乐性电器，家长在家要控制幼儿的使用时间，一般来说，大班幼儿一天的屏幕使用时间不能超过一小时。
- 幼儿记录完成后，教师可以引导幼儿将关于生活电器的记录资料带至幼儿园，利用晨间活动或一日生活过渡环节，向同伴和教师介绍自己的记录和发现。

活动37 好用的电器

活动形式：■集体
重点领域：■社会 ■科学

活动目标

认知：知道生活中常见电器的名称及其功能。

情感:感受生活中分类的乐趣。

能力:能够通过观察寻找事物的共同特征,并从特征中找出分类条件;能够按照多种特征进行分类。

活动准备

5—6组电器图片,建议准备的电器图片包括:冰箱、抽油烟机、电饭锅、空调、电视、电脑、电风扇、手机、吸尘器、照相机、电热水壶、电动剃须刀、电吹风;5—6组房间图片(一组三个房间,房间大小以可容纳下图片为宜)。

配套电子资源:电器图片,房间图片。

活动过程

一、图片导入,认识电器

教师出示准备好的电器图片,通过提问或同伴交流与分享的方式熟悉活动中电器的名称和功能。

- 这是什么?
- 它可以用来干什么?

二、电器怎么分

教师将部分电器图片进行分类,引导幼儿观察它们的共同特征,并发现分类依据,从而帮助教师继续将剩余图片分类。

如:教师出示两个房子图片,然后将手机、空调放在第一个房子的后面,将电风扇、电热水壶放在第二个房子的后面(本次分类按电器形状来分)。

- 为什么我会这么分呢?
- 第一个房子里的电器有什么相同点?
- 第二个房子里的电器又有什么相同点呢?
- 你们说对啦,原来老师是按形状来分的,第一个房子里的都是方方的电器,第二个房子里的都是圆圆的电器。
- 请你们把接下来的电器也帮我放进这两个房间里面吧,谁想来试一试?

教师邀请2—3名幼儿上台将剩余图片按大小分类,对于有争论的地方,可以邀请其余幼儿一起商议,说明分类的理由即可。

幼儿成功完成第一次分类之后,教师可以出示三个房子,引导幼儿继续进行分类,第二次分类可以根据电器的功能进行分类,可以分成食品加工类、清洁类(包括个人清洁)、娱乐类。

三、我会分一分

- 除了老师刚刚这两种分法之外,还可以将电器怎么分类呢?请你们试一试吧!

教师引导幼儿分组并分桌而坐,发放电器和两张房间图片,幼儿以小组为单位商量应该怎么分类,若有意见不统一,则教师可建议幼儿两种分法都试一试。

小组第一次分类完毕后,教师与幼儿一起进行讨论。

- 你们是怎么分的?
- 还有其他的分法吗?

教师就分类过程中存在的一些问题与幼儿共同进行探讨,以便于第二次分类。教师要注意引导幼儿用清晰的语言准确地表达出自己的分类标准,如:按形状分、按大小分、按颜色分、按功能分等。第二次小组分类时,教师可以再发放一张房间图片,引导幼儿尝试将电器分为三类。

四、分享与总结

- 生活中的分类真有趣,回家之后我们还可以把我们的玩具分分类存放起来,下次找起来会更方便哦!

小贴士

- 活动中，若幼儿思考不出分类依据，教师可以适当引导幼儿按电器是否便携、电器在家中的使用区域等来进行分类。教师不能强制幼儿一定要按某一种依据来分类，只要幼儿能讲明分类理由，且符合实际，不违背科学即可，教师要注意引导幼儿用语言来说明清楚分类的标准。
- 活动中，教师可以多准备一些其他电器的图片，根据幼儿的实际发展水平和在活动中的表现，适当增加不同的电器，给予幼儿更多的分类操作机会。
- 活动结束后，教师可以将电器图片投放至生活区，同时投放其他材料图片，引导幼儿根据电器功能进行图片匹配游戏。如：酸奶可以和冰箱匹配；出汗的人可以和空调匹配。当然，还可以设置一种事物同时和两个电器匹配，如：做好的菜肴可以和冰箱匹配，也可以和微波炉匹配。

活动38 电器商店

活动形式：■区角
活动区角：■角色

关键经验

能够基于生活经验模仿、扮演导购员、顾客等社会角色，并自主开展商店游戏、买卖游戏。

活动材料

电器商店的招牌，多种电器图片，柜子、桌子、椅子，各类小纸盒、纸板等材料，纸、笔、双面胶、剪刀等美工材料(可共享美工区的材料)。

幼儿有逛商店、购物的经验，幼儿对电器有一定了解，教师可以在角色区墙面上粘贴“在商店讨价还价”“检查电器性能”的图片。

游戏玩法

1. 活动前，教师先向幼儿介绍新开商店主题(出示电器商店招牌或带领幼儿指认招牌)和区角中的材料，和幼儿一起讨论电器商店里可以做些什么、有哪些人，区角中的材料可以怎么使用，唤起幼儿已有的经验、打开幼儿游戏的思路。

2. 幼儿进入电器商店进行自主游戏。教师允许、支持角色区的幼儿和其他区角进行互动，如吸引生活区的幼儿前来购买电器、利用建构区的建构材料来搭建自己需要的电器等。

3. 在购买电器和电器售后的过程中，教师可以适当引导幼儿进入讨价还价、安装电器和电器坏了找商家来修理等相关片段，从而增强幼儿的社会经验。

4. 游戏结束，幼儿将材料整理归位，并与教师、同伴分享自己的游戏经验。

观察要点

- 幼儿是否代入角色并明确角色职责，在游戏中进行与角色相符合的游戏行为与游戏情节发展。
- 幼儿自主发展出的游戏情节、创造出的游戏角色、和同伴之间的互动等。
- 幼儿能否利用或创造性地使用教室中的材料和条件，满足自己游戏的需要，解决游戏过程中出现的问题。

小贴士

- 在游戏前的讨论环节是非常必要和不可缺少的，特别当教师新开放某个区角、新投入某些材料时。因此，教师在幼儿开始游戏前，需要和幼儿充分互动沟通，不仅让幼儿了解教师创设的环境、投放的材料可以做什么，还可以唤起幼儿的生活经验以支持后续游戏的开展。
- 大班幼儿已经开始进入抽象思维的阶段，并不需要大量的直观、具体、形象的材料来支持他们的游戏，那些没有具体指征、没有明确玩法的材料，反而可以给他们更多的可能性。教师也要能够接受和允许在新游戏开展初期的乱、杂、吵，幼儿一旦建立了在商店游戏中的行为逻辑，那么该区角的活动就会有序地开展下去。

活动39 太阳和月亮

活动形式：■日常
重点领域：■科学

关键经验

1. 初步了解太阳、月亮、地球的自转与公转。
2. 对生活中的常见现象具有好奇心和探索意识。

活动准备

介绍太阳、月亮、地球自转与公转的视频，介绍太阳、月亮、地球自转与公转的相关内容音频。

活动过程

1. 教师或家长引导幼儿观察日出日落和月亮升起，发现夜晚和白天更迭的规律。如：连续几天在同一个地方观看日出日落，幼儿较容易发现太阳是在同一个方向升起又是在一个相反的方向落下的；有时候太阳快落山、光线比较弱的时候，我们可以看到另一边天空上也隐隐约约地悬挂着月亮；一个月内不同的时间看月亮，月亮会有不同的阴晴圆缺。

2. 根据幼儿的观察，教师和幼儿以及幼儿与同伴之间可以展开谈话，成年人要给予幼儿科学的、切合实际的引导与回答。

3. 在午睡前，教师可以播放介绍太阳、月亮、地球自转与公转的音视频，让幼儿在宇宙探索中慢慢沉入梦乡。

4. 在离园活动等环节，教师可以播放介绍太阳、月亮、地球自转与公转的视频，视频播放完毕后，引导幼儿进行交流讨论与总结。

小贴士

- 若教师需要，音频可以准备《熊爸爸的十万个为什么之月亮围着地球转、地球围着太阳转》。
- 若条件允许，教师可以建议家长带幼儿去天文馆参观，观赏宇宙中美丽的星系照片，尝试操作天文望远镜，让幼儿知道地球外原来还有太空。

与小、中班不同，大班幼儿的好奇心与探索欲不再停留在“这是什么”和摆弄事物上了，大班幼儿开始探究“为什么”。他们不仅希望得到成人的帮助和解答，更想通过自己的尝试和实验，发现问题的答案。所以教师要支持他们的研究行为，并对研究过程的失误抱以宽容的态度，实时教给他们科学探究的方法。

活动40 转呀转呀转

活动形式：■集体
重点领域：■艺术

活动目标

认知：进一步了解太阳、月亮、地球的自转和公转。
情感：喜欢进行音乐游戏；对探索宇宙奥秘感兴趣。
能力：能够手脚协调、连贯地完成舞蹈动作；能够听教师指令做相应的动作。

活动准备

轻松欢快的背景音乐，太阳、月亮、地球、时针的头饰。
幼儿已经了解过太阳、月亮、地球的自转与公转。
配套电子资源：头饰图片。

活动过程

一、谈话导入，引出活动主题

教师引导幼儿回顾已有经验，进一步加深对太阳、月亮、地球自转和公转的熟悉，同时引出本次活动。

➤ 前两天我们看了宇宙中哪几个星球的视频，你们还记得吗？
➤ 那太阳是怎么转的呢？
➤ 月亮和地球又是怎么转的呢？

在共同交流与讨论的过程中，教师可以邀请幼儿模仿太阳、地球和月亮转一转。

二、听一听，谁在转

➤ 我们今天的游戏里也有东西在转，让我们听一听到底是谁在转呢？

1. 观赏舞蹈动作，明确游戏口令。

教师播放背景音乐，并跟随前奏做舞蹈动作，在主旋律部分，跟随节拍念出或唱出游戏口令：太阳转、月亮转、时针转、地球转。

舞蹈动作可以根据大班肢体发展特点设计耸肩勾脚、双手做滚轮动作并转圈等动作（主要强调上下肢配合），教师在示范过程中，幼儿可自行模仿。

2. 交流讨论，熟悉游戏规则。

教师通过提问、出示头饰并演示的方式，引导幼儿熟悉游戏规则，明确音乐游戏的玩法。

➤ 刚刚你们听到了什么在转？
➤ 太阳是怎么转的？请你戴上太阳头饰试一试。
➤ 有人还听到了地球在转，那地球是怎么转的呢？
➤ 原来地球在自己转的时候还会围着太阳转，请你来和太阳一起试一试。

熟悉完游戏规则之后，教师邀请 3 名幼儿共同进行完整的音乐游戏演示，即在前奏部分做舞蹈动作，在主旋律部分围成圆圈有节奏地行走，并根据口令做转圈游戏。

三、玩一玩，我会转

1. 师幼共同游戏。

教师出示所有头饰，幼儿根据自身喜好选择角色。佩戴好头饰之后，师幼尝试共同游戏，教师在引导 2—3 次、确定幼儿熟悉了游戏规则之后，可以让幼儿自主游戏。

游戏过程中，若需要同伴配合转圈，如地球围着太阳转，则只支持两两配对，不能两个“地球”同时围着一个太阳转。在前一次配对中没有成功的幼儿，教师可以在小结的时候，鼓励他们与同伴提前商量结对。在多人游戏环节，其他角色则做下蹲或高举双手等动作，如：教师说“月亮转”，则地球站定，月亮围着地球转，太阳和时针则下蹲。

2. 还可以这么转。

幼儿能够熟练地进行自主游戏之后，教师可以引导幼儿想一想：

- 你还知道什么东西会转？
- 它是怎么转的？请你来学一学。

可以把幼儿提到的这些角色都加入口令中，或创编进歌曲里，再根据口令继续进行游戏。

四、分享与总结

- 转呀转的游戏真好玩，但是转多了会晕晕乎乎的，要注意停下来休息一下，转的时候也要注意不撞到别人哦！

小贴士

- 教师在活动准备选择背景音乐或乐曲时，推荐使用儿童歌曲“转呀转呀转”。
- 在活动拓展“还可以这么转”环节，我们更多关注的是幼儿用肢体语言来表现生活中会“转”的事物，所以鼓励幼儿通过不同的动作来表现自己，不拘泥于某一个动作。
- 活动结束后，可将活动头饰投放至表演区，并将音乐输入表演区中的音响，使幼儿可以进行自主游戏。

主题分享与展示

在“一起来探索”主题活动中，幼儿根据故事线索，揭开幸福村案件的秘密。他们还会运用观察、比较、操作和记录的方式来探索各种不同的布料、植物染料、生活中的电器、生活中的现象等。这些难忘的成长瞬间，都值得与幼儿的照料者、养育者一同分享。因此，本月的主题月结家长展示中，我们给老师提供如下建议：

“小小探索家”活动

教师和家长配合提供幼儿在探索活动中的照片，如拆解鲁班球、比较布料的吸水性等，同时教师整理展示幼儿在本月活动中的相关记录表，在月末结束的时候，做“小小探索家”的奖励。

好性格成长记录

家长提供幼儿在家中专注观察或外出探索的场景照片，如观察比较不同的坚果、探索扎染方法、参观染布工厂等，教师将家长提供的记录与平时园内记录结合，共同纳入幼儿成长档案册。

月结分享会

教师向家长通过照片、视频、PPT 等形式，展示这个主题中幼儿获得的相关经验，分享平时在集体教学、区角活动、户外活动、生活活动等活动中记录的过程性照片和描述，如幼儿自主阅读绘本、探索染布方法、参与课堂戏剧表演活动等，帮助家长了解幼儿在本主题中的收获，并能够配合教师，在家中继续巩固和扩展这些经验。

我和爸爸妈妈一起探索

教师收集并展示幼儿的观察记录表、相关科学活动的实验材料等，布置出“亲子探索会”。幼儿带领家长参观，并介绍自己参与过的科学探索活动，邀请家长猜一猜各实验的结果，幼儿可重点介绍自己的记录表，说一说自己在科学活动中的做法、发现和体会。

主题活动二：四季变变变

主题介绍

一年四季的轮回，幼儿每天都在经历，但是他们是否真正了解什么是四季？是否能够感知天气在随着季节的变化而变化？春夏秋冬各自都有自己的特点，这些特点与我们的生活又有什么关联？往往这些幼儿一直在经历的现象、体验的生活，最不容易受到更深入的关注。在“四季变变变”主题中，大班幼儿不仅能够知道季节对天气的影响，了解科学的探究记录方法，而且还会通过对四季植物、动物、周边的人与事件的观察记录，对比和汇总四季的异同，感知季节变换和人类生活的关系。

在本主题活动中，幼儿从一个个小细节的探索开始，从“天气预报员”，到“四季的变化”，再到“四季与我”，幼儿能在此过程中将各类知识串联成一整个科学的网络，了解季节的变化，形成科学的观察记录与探索方法。让幼儿通过与环境、成人、甚至与自己的互动，尝试发现事物之间深层次的关系。

另外，在这个月的主题活动中，我们希望幼儿能够通过各种探索、尝试、发现，体会周遭动植物与季节环境的联系、了解环境与人类生活之间存在的联系，从而萌发最基本的环保意识和对自然的敬畏之心，培养爱人爱物的仁爱之性。

本月教育重点

1. 能通过观察、比较与分析，发现并描述天气特征或各个季节天气情况的不同。
2. 能运用各种工具协助自己探索，用数字、图画、图标或其他符号记录天气变化。
3. 感知并了解季节变化的周期性，知道季节变化的顺序。
4. 初步了解人们的生活与自然环境的密切关系，知道尊重和珍惜生命，保护环境。

本月常规活动重点

1. 主动参与探索活动，并在探索中有所发现时感到兴奋和满足。
2. 能用图画和符号记录、表达自己的愿望和想法。
3. 能结合情境理解一些表示因果、假设等相对复杂的句子。

给家长的一封信

亲爱的家长：

冬去春来，四季轮换。大班幼儿对大自然的探索更感兴趣，有更多自己的想法。我们设计了“四季变变变”的系列主题活动，让孩子对天气变化、季节循环有更深入的认识，理解保护自然环境的深层原因，将爱护自然付诸行动。

本主题包含的子主题：

天气预报员、四季的变化、四季与我。

在这个主题中，孩子们：

- 细心观察和记录天气变化，并成为小小“天气预报员”。
- 欣赏天空中各式各样的云朵，自由畅想，大胆创造云的神奇故事。
- 感知并了解四季的主要特征和变化周期，体会四季中动植物的美。
- 照料植物、寻找春天……感知四季与“我”的生活的密切关系。
- 通过对天气、四季的变化，进一步萌发对大自然的热爱和探究兴趣。

您可以这样做：

- 和孩子走出家门，观察周围世界的变化，参加博物馆之旅等社会活动，满足孩子的探索欲望。
- 对于孩子提出的疑难问题，不否认、不误导，和孩子通过去图书馆查阅、网站检索等科学的方法进行了解和学习。
- 和孩子一起成为环境的朋友，爱护家园，经常参与环保行动。

让我们和孩子一同走进四季，养成敬畏自然、爱人爱物的环保意识。

与您的孩子共同探索四季之美的老师

主题环境创设建议

一、创设与准备

1. 教师与幼儿共同收集与四季相关的照片、以往的美工作品等，并以四季的轮换顺序张贴于主题墙上，形成“四季主题墙”。

2. 在教室一角中创设“天气预报台”，为“天气预报员”（小主播）配备话筒、文稿夹以及天气展示板。创设场景时，教师可用 KT 板制作一个电视机框架，请小主播坐在“电视机”后为大家播报天气模拟电视台效果，为活动增加仪式感。

3. 在植物角中开辟一块“幼儿操作区”，可包含“工具区”（投放铲子、水壶、手套、围裙、套鞋等）、“材料区”（投放 KT 板、卡纸、水彩笔、塑封膜、即时贴等）、“记录区”（投放纸、笔、贴纸、照相机等）。

二、生成与展示

1. 在教室的墙面中开辟一块“问题墙”，用于粘贴幼儿在探索、发现过程中遇到的问题，鼓励其他幼儿尝试理解问题，群策群力解决问题。

2. 教师引导幼儿将主题活动中收集、记录的四季相关内容，张贴到“四季主题墙”中，不断丰富主题墙的内容。

在经历两年的幼儿园生活之后，幼儿对一年四季的主要特征应有所了解，并能够较为清晰地用语言和符号进行表征。所以在大班阶段，对四季中问题的探索、规律和联系的了解将会是幼儿主要的话题。

三、区角活动规划

区角活动规划	
阅读区	1. 克雷芒蒂娜·苏黛/编，沙丽娜·皮卡尔/绘：《最美的四季科普》，王伶/译，九州出版社 2. 卡塔热娜·博古茨卡、艾米莉亚·齐乌巴克/著：《城市与森林的四季变迁》，元浩/译，贵州人民出版社 3. 安野光雅/著、绘：《儿童的季节》，艾茗/译，九州出版社 4. 松本猛/著，中武秀光/绘：《苹果园的12个月》，田秀娟/译，甘肃少年儿童出版社 5. 活动12"小水滴历险记"：投放《小水滴历险记》绘本（周冲/主编，长江出版社，2015），教师提前拍摄的下雨天图片或视频，故事场景图，小雨点、云、太阳、河流、大海、山、雨云等角色卡片 6. 活动35"四季骰子"：投放教师提前自制三个小骰子，包括：角色骰子（六面的内容分别为小朋友、农民、老师、警察、妈妈、天气预报员）；季节骰子（六面的内容分别为春、夏、秋、冬、夏、冬）；事件骰子（种地、上学、做游戏、做饭、下大雨、过马路） 7. 活动38"你说我猜"：投放各种季节相关的事件图片，如：雷阵雨、小麦丰收、堆雪人、大雁迁徙、青蛙冬眠等
美工区	1. 活动19"彩色的春天"：投放铅笔、安全剪刀、成品图、PVC桌布、毛毡、废旧纸张；条件允许的话，可在区角投放展示所在园所/小区/附近公园等的春天的照片。活动资源：彩色的春天 2. 活动21"四季的花"：投放各色手工纸、安全剪刀、折叠剪的示意图（如四瓣、五瓣、八瓣花）、A3大小底板纸、胶棒、水彩笔 3. 活动32"我的小花盆"：投放幼儿提前收集的种植容器、纸杯、轻黏土、彩纸、安全剪刀、马克笔、毛线、白乳胶等材料
科学区（含自然角）	1. 活动18"会开的花"：投放装有清水的教具筐、安全剪刀、胶水、笔。活动资源：会开的花 2. 活动30"照顾小树"：投放小锄头、浇水壶、小水桶、木栅栏、笔、纸、挂绳、安全剪刀、手套等
益智区	1. 活动8"风雨雷电"：投放过塑好的正方形"风、雨、雷、电"形象卡片若干、格子棋盘（格子大小应与卡片大小相同）、托盘、收纳篮 2. 活动16"四季牌"：投放教师自制的"四季牌"[制作方法：教师将一副扑克牌（共52张）按花色均分为四份，并按照花色在每一张扑克牌的数字面分别贴上春、夏、秋、冬四个季节的相关元素图片，制作完成后将扑克牌过塑] 3. 活动22"四季花开"：投放同等大小正方体积木若干；教师提前打印四季花朵及其他元素图片若干（如青草、桃花、小鸟、太阳、云、荷花、腊梅、菊花、杏花、玉兰、桂花等），并粘贴在积木的一面；4×4的格子底板（格子大小与积木的正方形面大小相同）

主题活动方案

活动 1 天气的变化

活动形式：■日常
重点领域：■科学

关键经验

用不同的方法记录天气的变化，并尝试归纳总结自己使用的方法的优势与劣势。

活动准备

照相机，可录音的点读笔，录音贴纸，纸，笔，望远镜，温度计，等等。

教师提前在教室的一角设立“天气记录台”，并在该区域提供各种记录天气的工具。

活动过程

1. 教师在晨间活动、过渡环节、户外活动后等一日生活各环节中，或是天气发生变化的时刻，引导幼儿围绕“天气”展开讨论：现在的天气如何，有什么特点？和昨天相比有什么变化？你喜欢现在的天气吗，为什么？

2. 教师引导幼儿对天气及其明显的现象进行记录。

3. 在每天的离园活动中，教师引导幼儿在集体前分享自己记录到的天气现象或变化，并说明自己使用的方法。教师鼓励幼儿用完整、连贯的语言进行表达，如：我今天用照相机拍下了天上的彩虹；我今天用点读笔录音的功能，记录下了下雨的声音……

小贴士

- 在活动前，教师可以询问幼儿观察天气变化可能需要用到的感官有哪些？如：眼睛、耳朵、鼻子等。根据这些感官，引导幼儿用视觉、听觉等去观察天气的变化，从而引导幼儿使用不同的工具进行记录，如：可以代替眼睛的照相机、可以留下声音的录音笔等。
- 该活动可持续开展 1—2 周时间，尽量保证每名幼儿都有在集体前发言的机会。同时建议教师在每天选择一个固定的时间如离园活动环节，邀请幼儿进行天气记录的分享，鼓励幼儿大胆表达自我，在同伴的相互影响下，逐渐建立自己的主动性。幼儿是独立的个体，他们会有独特的记录方式。在分享结束后，教师可以对比较“特别”的记录方式进行提问，了解幼儿为什么要选择这样的方式？这样记录的好处/坏处是什么？

活动 2 气象书

活动形式：■集体
重点领域：■科学

活动目标

认知： 通过对天气变化的记录，知道自然中有许多不同的天气现象。
情感： 愿意探索自然气象，对生活中的科学统计方法感兴趣。
能力： 能够将各种不同的天气现象进行分类统计。

活动准备

幼儿日常记录天气内容，展示板（黑板、KT 板、磁性板均可），卡纸、订书机。

教师提前 2—4 周引导幼儿记录每日的天气情况。

活动过程

一、分享与介绍

➤ 孩子们，前一阵我们观察记录了许多天气，谁愿意来分享一下？
➤ 你记录到了什么天气现象呢？
➤ 这些天气现象，发生在哪里呢？
➤ 这些天气现象，是由什么造成的呢？

教师邀请幼儿进行分享。

分享结束后，教师邀请介绍过的幼儿将自己的记录贴在展示板上进行展示。教师可邀请 5—10 人，最好选择记录内容中既有相同的天气现象，也有不同的天气现象。

小结：天气现象是指发生在天上（大气中）的各种自然现象，如：气温、气压、湿度、风、云、雾、雨、闪、雪、霜、雷、雹、霾等（根据幼儿观察记录总结所得）。

二、初步探索分类统计的方法

➤ 今天我们分享了那么多天气现象，你们知道一共有多少种吗？
➤ 是不是展示板上一共贴有多少张记录纸，就代表了有多少种天气呢？
➤ 怎样才能正确计算出你们观察记录到了多少种天气现象？

教师与幼儿共同讨论统计的方法，教师鼓励幼儿大胆尝试。

➤ 遇到记录相同天气的记录纸，该怎么办？如果是遇到记录不同天气的记录纸呢？
➤ 将所有天气现象记录纸整理好后，该如何统计呢？你知道什么叫“统计”吗？
➤ 现在，一共有多少种天气现象呢？

教师引导幼儿尝试将相同的天气现象记录纸归类（放一起），将不同的天气现象记录纸在展示板上整齐排列，最后进行统计。

小结：将相同的天气现象记录纸归类在一起，因为相同的天气现象只能算一种；将不同的天气现象记录纸整理排列开并数一数，这就是对天气现象种类的数量统计。

三、再次操作，巩固对分类统计的掌握

➤ 还有一些记录纸没有贴到展示板上，你们还想再来试一试吗？

教师邀请还没有将记录纸贴上展示板的幼儿将天气现象记录纸贴上展示板。

➤ 你们一共记录了多少种天气现象？

➤ 怎样才能进行正确的统计呢?

教师引导幼儿再次进行分类统计。

小结:在统计的过程中,数量越多难度越大,小朋友们越需要仔细和耐心哦!

四、制作气象书

➤ 原来常见的天气现象有那么多种,我们一起来做一本气象书吧!

教师邀请幼儿将相同的天气贴在同一页卡纸上,贴好后将卡纸装订成一本气象书。

五、分享与总结

➤ 气象书做好了,如果以后你们观察到不同的天气现象,也可以在气象书后增加卡纸,增加气象书上气象的种类哦!

小贴士

- 本活动建议在日常活动"天气的变化"记录天气现象一段时间后进行,准备足够数量的天气现象记录,进行统计。另外,如果部分幼儿用音频、视频、照片等形式进行记录,教师需提前帮助他们将记录内容变成书面形式,方便统计时使用。
- 针对统计的问题,大多数幼儿会将统计和数数等同,相信仅一次的集体活动也不能让所有幼儿对统计有一个清晰、深入的认识。所以,建议在本次活动之后,教师利用幼儿乐学、好学、有一定坚持性的年龄特点,对日常生活中的事物继续展开关于统计的系列活动,如:统计幼儿出勤人数、统计值日生参加的次数等。

活动3 晴雨统计

活动形式:■集体
重点领域:■科学

活动目标

认知: 知道常见的天气现象如晴天、雨天、多云、阴天。

情感: 感受生活中数学的有用和有趣。

能力: 能够通过点数、按群计数等各种方法进行准确计数。

活动准备

人手一张天气月历,放大版天气月历一张。

家园共育包:晴雨统计。

配套电子资源:天气月历图片。

活动过程

一、观察天气月历

➤ 孩子们,前一阵我们观察记录了许多天气,你们还记得有哪些不同类型的天气吗?

➤ 这张月历表上,有哪些天气?分别是什么?

教师展示放大版天气月历,邀请幼儿观察表格中的图标,并且尝试完整、清晰地表达。

小结:这张天气月历上一共记录了晴天、雨天、阴天和多云四种天气。

二、尝试运用不同计数方法计数

1. 运用点数的方法。

➤ 你们知道这个月,一共有多少个下雨天吗?

➤ 有什么办法可以知道呢?可以怎么数?

➤ 仔细数数有多少个阴天呢?

教师引导幼儿积极与同伴交流。教师可邀请个别幼儿分享自己的方法。

小结:我们可以先在天气月历上找到雨天和阴天的图标,分别一个接着一个数,我们可以发现一共有6个下雨天和3个阴天。

2. 运用两个一数的计数方法。

➤ 你们知道这个月,一共有多少个晴天吗?你有什么新发现?

➤ 数数的方法和刚才一样吗?

➤ 有没有什么新的数数方法?

小结:在天气月历上找到晴天的图标,可以看到晴天是两个两个连在一起的。所以在数数时,我们也可以两个两个地数,2、4、6、8、10,一共10个晴天。

3. 运用三个一数的计数方法。

➤ 你们知道这个月,一共有多少个多云天吗?

➤ 多云天气的图标排列有什么规律吗?

➤ 如果要用三个一数的方法,该怎么数?

小结:在天气月历上找到多云天的图标,可以看到多云天是三个三个连在一起的,可以三个一数:3、6、9,一共9个多云天。

三、幼儿操作

教师发放天气月历幼儿人手一张,请幼儿尝试用不同的计数方法参与计数。

➤ 你们都算出来了吗?这个月一共有多少晴天/雨天/阴天/多云天气?

➤ 和身边的朋友核对一下吧!

教师邀请幼儿与身边伙伴共同分享统计结果,并引导未完成或结果有误的幼儿再计算一次,且可以向身边的同伴求助。

四、分享与总结

➤ 今天我们找到了几种不同的计数方法。在数数时,我们既可以一个接一个地点数,也可以两个两个或三个三个地计数。生活中还有没有其他不同的计数方法呢?小朋友们可以和爸爸妈妈一起找一找、试一试哟!

小贴士

- 本活动建议在集体活动"气象书"和日常活动"天气的变化"后进行。当幼儿对天气有了一定了解和兴趣时,才能更积极主动地参与到天气现象的计数活动中。
- 教师在设计"天气月历"时,可根据自己班级幼儿数学发展水平进行调整,适当增加或减少按群计数的群的容量及数量,如班级幼儿特别熟悉两个两个数时,可以适当增加三个一数、五个一数。如果班级幼儿没有按群计数的经验,教师可以在日常生活中有意识引导幼儿进行探索,如:点名时带领幼儿两个两个数,计算班级幼儿出勤人数。

活动 4 我是天气预报员

活动形式：■日常
重点领域：■健康

关键经验

1. 了解并熟悉天气预报的形式与具体内容，含：气温、天气现象。
2. 能够大胆播报天气，用科学、清晰、逻辑的语言进行表达。

活动准备

话筒，黑板/白板，“天气播报台”环境，幼儿记录的天气信息。

教师提前在教室的一角设立“天气播报台”，并提供幼儿可以展示天气记录的黑板或白板，以及播报天气时使用的话筒道具。

家园共育包：我是天气预报员。

活动过程

1. 教师在前一天的离园活动中提醒幼儿与家长在家共同收听、收看天气预报，用各种不同方式、途径获得第二天的天气信息，并在纸上简单记录。

2. 在首次活动前，教师引导幼儿说一说在天气播报中需要向观众介绍什么内容，帮助幼儿了解天气播报的具体内容，包括天气现象、气温、出行或穿衣建议等。

3. 在晨间活动中，教师引导幼儿轮流扮演“天气播报员”，在白板中展示自己的天气记录单，并在“天气播报台”中为全班幼儿播报天气。教师提醒幼儿用科学、清晰的语言进行天气播报，如“今天的天气晴朗，气温为 18—20 摄氏度，大家可以穿着薄长袖，在运动后要多喝白开水”。

小贴士

- 在环境创设中，教师可根据班级实际情况，合理创设“天气播报台”环境，如教室宽敞，教师可增加投放桌椅、电视模型 KT 板等材料，使幼儿更有体验感。
- 活动结束后，教师可收集幼儿记录的“每日天气预报”，并在月末装订组成一本“4 月天气预报书”，投放在语言区或科学区供幼儿翻看和交流。

活动 5 寻找“百叶箱”

活动形式：■亲子
重点领域：■科学

关键经验

认识生活中可以测量温度、获得温度信息的常见工具：水银/电子温度计、百叶箱、手机和电视等。

活动准备

水银/电子温度计；百叶箱；手机电视等。

活动过程

1. 家长与幼儿一起寻找身边可以测量温度、获得信息的工具，如：百叶箱、温度计、手机等，家长向幼儿简单介绍各类工具的名称及使用方法。

2. 家长引导幼儿通过观察、写生、拍照、录屏等方式探索和记录温度变化的过程。

3. 家长引导幼儿一起探索水银温度计、电子温度计或手机中的天气预报显示温度的方式，了解其中水银柱的高低、数字的大小、颜色的变化等分别表示的各种含义。在使用水银温度计时，家长应特别注意活动安全。

小贴士

教师在发布探索任务前，可以提前告知家长探索的目的：大班幼儿对生活中的各种现象好奇、感兴趣，对其也有一定的深入探索的愿望，但是缺乏系统的探索方法。家长除了可以引导幼儿对表面现象进行观察了解，还可以尝试询问“你是怎么想的”“有什么不一样”“不同的颜色代表了什么含义”等各种引导幼儿深入探索的问题，协助幼儿进行长时间的探索和记录。家长也可以引导幼儿进一步探索感兴趣的问题，如：水银温度计的“红线”升高，表示什么？天气预报中黄色预警与橙色预警的差别是什么？

活动 6 漂浮的云

活动形式：■日常
重点领域：■科学

关键经验

通过各种方法（眼睛看、相机拍、纸上画等）观察记录天空中的云朵，发现它们的不同。

活动准备

照相机，画板，纸，笔，墨镜。

活动过程

1. 幼儿自主选择合适的天气、时间进行云朵的观察，如一日生活中的晨间活动、户外活动、餐后散步等环节。教师注意提醒幼儿，观察时间应不影响集体活动，以及如午睡、进餐等其他生活活动。

2. 幼儿自主选择自己喜欢的、合适的工具进行云朵观察后的记录，如可以用纸笔进行图画，也可以用照相机拍摄一系列的云朵照片，进行连续的观察与记录。

3. 教师在云朵观察记录一段时间后，邀请幼儿分享和介绍自己的观察记录内容，鼓励幼儿尝试描述、表达自己观察到的云朵形态，教师也可以鼓励幼儿猜测出现类似云朵后常常伴随的天气现象。

小贴士

- 大班幼儿的年龄特点与其中小班积累的经验，促使他们对观察对象、观察方法、观察时间都会产生自己的判断，有主动学习的意愿与能力。所以在此活动中，建议教师给予幼儿更多自主选择的权利，也给幼儿更多时间、空间上的支持。
- 在观测云朵的时候，教师可以选择在天气晴好的时候，带着幼儿平躺在草坪上仰望天空、观察云朵，给予幼儿一种长时间、连续观察的可能性。在观察云朵时，教师要提醒选择非阳光直射眼睛的时间和天气，或是佩戴墨镜注意视力保护。教师也可以协助拍摄云的变化的短视频，提供给幼儿作为支持协助。

活动 7 各种各样的云

活动形式：集体
重点领域：艺术

活动目标

认知：知道天上的云有各种不同的形状。
情感：愿意大胆表达、想象和描绘心目中的云。
能力：能够借形想象，创造性地完成一幅云朵相关的美工作品。

活动准备

幼儿记录的有关云朵的照片或图画资料，铅画纸，油画棒，水彩颜料，蜡笔，水彩笔，勾线笔，颜料盘，小水桶，纸巾，抹布等。

家园共育包：云朵大变身。

活动过程

一、云朵图片欣赏

- 前一阵，我们观察了云朵的样子，谁愿意来分享你的观察记录？
- 你有什么发现吗？这朵云像什么？
- 你看到的云朵和别人看到的有什么不一样？

教师鼓励幼儿分享自己观察记录的云朵照片和图画，自由表达自己的想法。

小结：天上的云朵各种各样，有各种姿态与形状。小朋友们有着不一样的想法，所以看到的云朵可能也有不同的姿态。

二、分组选择工具

- 孩子们，今天我们要来“画云”，你会选择哪种画笔呢？
- 桌子上有哪些材料？
- 每种材料画云的方法是一样的吗？有什么不同？
- 你会选择哪种材料？为什么？

幼儿观察美工材料和工具，并与同伴积极交流，教师可邀请幼儿大胆表达自己的想法。

教师与幼儿共同小结。

➤ 今天桌上提供的材料有油画棒、蜡笔、水彩颜料和水彩笔，工具有勾线笔、纸巾等。你可以选择适合表现云朵特点的材料来进行作画。例如：有的小朋友认为云朵像水一样会流动，所以想要使用水彩颜料；有的小朋友认为云朵总拖着一个小尾巴，可以用油画棒加纸巾擦画来表现……

教师鼓励幼儿选择自己心目中合适的美工工具和材料进行云朵的表现。

三、借形想象，创意画云

选择好美工材料和工具后，幼儿根据自己的想法，大胆地绘画云朵的基本造型。教师可以巡回观察。

教师引导幼儿在云朵原有基础上用勾线笔进行添画，借形想象并表达。

➤ 你画出了什么形状的云朵？

➤ 你觉得这朵云像什么？转一转，又变成了什么？

➤ 需要再为它添画一笔吗？加了一笔后，这朵云变成了什么？

➤ 谁来分享一下，你的云变成了什么？

教师鼓励幼儿结合自己的作品大胆说画。

四、分享与总结

➤ 你们的作品都很有创意哟！小朋友们用各种特别的方法来绘画云朵，而且有的小朋友在云朵上添画小眼睛，云朵就变成了可爱的笑脸；也有的小朋友在云朵上添画耳朵和尾巴，让云朵变成了小猫咪……

小贴士

- 本活动建议在日常活动“漂浮的云”之后进行。幼儿积累了更多云朵相关的形象经验，有一定观察时长，这能更有利于其表达对云朵的理解和认识。
- 在活动的最后一个环节“借形想象”中，教师鼓励幼儿大胆想象。对于想象力一般的幼儿，教师可以引导其翻转画纸、从多个角度进行观察，尝试找到合适的画面，或是引导幼儿先观察同伴的想象作品寻找灵感。

活动 8　风雨雷电

活动形式：■区角
活动区角：■益智

关键经验

1. 了解风、雨、雷、电四种天气现象的不同。
2. 能够识别、创造不同的模式单元，如：ABCD、AABC、ABAC 等。

活动材料

塑封好的正方形“风、雨、雷、电”形象卡片若干，格子棋盘（格子大小应与卡片大小相同），托盘，收纳篮。

配套电子资源：相关形象图片。

游戏玩法

1. 两名幼儿共同游戏，双方各执一部分“风、雨、雷、电”卡片。
2. 两名幼儿协商、指定游戏中“风、雨、雷、电”的模式单元，并将其摆放在托盘中。可参考如图：

风	雨	雷	电

或

风	雨	风	电

或

风	雨
电	雷

3. 幼儿以剪刀石头布的方式确定游戏顺序。
4. 幼儿将卡片背面朝上地拿在手中，每轮游戏抽取最顶上一张卡片，并将其随机摆放在棋盘中的任一位置。双方轮流进行，当其中一名幼儿摆放卡片后，若棋盘中出现提前指定的“风雨雷电”模式单元，该幼儿则可赢得这四张卡片，并将赢得的卡片放在收纳篮中。
5. 当一名幼儿手上卡片用完，幼儿分别点数各自收纳篮中的卡片数量，赢得的卡片多者获胜。

观察要点

- 幼儿能否和同伴共同协商游戏玩法和规则。
- 幼儿是否顺利识别和创造四个一组的模式单元。
- 幼儿在游戏过程中，是否有目的、有策略地进行模式单元组合。

小贴士

在游戏之前，教师可以在集体前介绍该游戏的玩法，也可以用图片的形式，将不同的模式单元打印出来，张贴在区角墙面或在棋盘边作为游戏玩法的提示，鼓励幼儿探索、发现并归纳总结。

活动9 蚂蚁搬家

活动形式：■集体
重点领域：■语言 ■科学

活动目标

认知：知道出现蚂蚁搬家现象表示湿度增大，将要降雨。
情感：愿意探索蚂蚁的家及蚂蚁搬家的原因。
能力：能以自身为中心区分左右；能根据两种条件确定物体位置。

活动准备

蚂蚁巢穴图片及故事中涉及的形象、物品图片，白板，磁铁。

配套电子资源：相关图片。

活动过程

一、故事导入，激发幼儿兴趣

教师讲述故事开头部分，讲到“她收起面粉、炕上粮食，带着小蚂蚁准备从弯弯曲曲的家里爬到地面”，引导幼儿进入故事情境。

➤ 这是一个关于谁的故事？

➤ 小蚂蚁怎么知道要下雨的？

➤ 小蚂蚁的家是什么样的？有几个房间？

教师出示蚂蚁巢穴图片，引导幼儿初步感知小蚂蚁的家是在地底下且是有许多房间和通道的。

教师继续讲述故事到“小蚂蚁：‘小朋友们，请问我应该怎么走？’”，感知小蚂蚁“糊涂”的性格以及引出下一环节。

➤ 搬家的时候，发生了什么？

➤ 小蚂蚁遇到了什么困难？

小结：原来小蚂蚁感觉到要下雨了，它准备和妈妈一起整理物品，打包搬家。可是遇到了像迷宫一样的家，它没有办法独立完成物品的收集，它想请小朋友来帮忙。

二、帮助“小蚂蚁”辨别物品的位置

➤ 孩子们，你们愿意帮助小蚂蚁吗？该怎么帮呢？

➤ 怎样才能更清晰介绍清楚物品的位置呢？

教师引导幼儿理解在帮助小蚂蚁时，需要用清晰、简单的语言进行提示，而不是“往这里、往那里”等模糊的提示。

小结：如果要帮助小蚂蚁，必须用“上下左右”这些方位词，清清楚楚地说出小蚂蚁爬行的路径。

教师引导幼儿观察图片，发现小蚂蚁和各类物品的位置。

➤ 小蚂蚁现在在哪里？如果它想要找到玩具，它应该怎么走？

➤ 往哪里走，可以走到有零食/自行车/小床的房间？

➤ 要取到自行车，需要经过哪些房间？

➤ 卧室在哪里？在哪两个房间的中间呢？

幼儿自由讨论，教师可邀请个别幼儿在集体前进行表达，教师提醒幼儿使用有序、连贯、清晰的语言进行介绍。

每次到达正确房间后，如果教师协助取下小蚂蚁收集的物品则表示行动方向正确，直至任务完成。

小结：小朋友们先找到了小蚂蚁的位置，站在它的角度，再为它指出应该往上爬或者往左爬或者往右爬的方向，这样才能正确指引到它需要去的房间。

待幼儿协助小蚂蚁“取回”所有物品后，教师引导幼儿思考和讨论。

➤ 小蚂蚁最终找到了所有它搬家要带的东西了吗？

➤ 最后它要和妈妈去哪里？

➤ 小蚂蚁为什么要搬家呢？

教师完成整个故事的讲述，引导幼儿发现小蚂蚁搬家的过程就是从地势低的地方爬到地势高的地方，避免雨水淹没自己。

三、分享与总结

➤ 谢谢小朋友们的帮忙！小蚂蚁找到了自己的物品，还和妈妈一路从洞穴底部爬到了地面上。哗啦啦大雨降下，小蚂蚁一家顺利逃过了被雨水淹没的危机。

小贴士

在此次活动中,教师首先建立小蚂蚁"糊涂"的形象,以帮助小蚂蚁为前提,引导幼儿对方位进行较为明确的表述,给予小蚂蚁"听得懂"的建议,从而鼓励幼儿尝试多维度地描述,大胆描述抽象空间方位。

附 故事

蚂蚁搬家

小蚂蚁在自己房间玩玩具,忽然飘来了一阵水汽。它愣了一会,摩擦了两下自己的触角,立马往妈妈的房间跑去:"妈妈!马上要下雨了,我们又得搬家啦!""哎!好的!快去收拾收拾!"蚂蚁妈妈听到后,立马跑到厨房收拾起来。她收起面粉、炕上粮食,带着小蚂蚁准备从弯弯曲曲的通道里爬到地面……

妈妈看见小蚂蚁两手空空,问到:"我们要搬家了,你要带的东西呢?"小蚂蚁:"我想带走我的玩具、零食、自行车、小床……还有小弟弟。可是,我不记得它们在哪个房间里了。"蚂蚁妈妈说:"呀!小糊涂蛋,快请小朋友们帮忙来指路吧!"

小蚂蚁:"小朋友们,请问我应该怎么走?"

……

小蚂蚁顺利地带上自己所有的行李和可爱的小弟弟,跟着妈妈爬出洞穴,到高处避雨去了。不久,就听到"哗啦啦"的一声,倾盆大雨落下来了……

活动10 下雨前与下雨后

活动形式:■日常

重点领域:■科学

关键经验

观察和比较下雨前后的变化,如空气的湿度、气味、事物的颜色、地上水洼的大小等。

活动准备

照相机,画板,纸,笔,放大镜,玻璃瓶,等等。

活动过程

1. 教师在一日生活各环节中引导幼儿围绕"下雨前后的变化"展开讨论:下雨会带来什么?下雨前后可能会有哪些不同的变化?我们可以用什么方法来记录?

2. 幼儿自主选择下雨前和下雨后想要观察的内容,如:空气的湿度、气味、事物的颜色、水洼的大小等,并说出自己想观察的理由和自己的期待。

3. 幼儿在下雨前,观察自己选择的事物并尝试记录,如:楼房墙壁的颜色、操场地面是否有积灰、走廊墙壁是否干燥等。

4. 待下雨后,教师引导幼儿再次观察和记录,并结合下雨前记录到的内容进行比较,说说自己得出的结论。

小贴士

- 对于下雨前后的细微差别，教师还是需要引导幼儿进行观察，可以引导幼儿从自身视觉、触觉、嗅觉等各种感官出发，也可以从事物发生的变化出发，如下雨前地面是干燥、积灰的，而下雨后地面不仅变得干净，还会有青苔、积水或水洼等；或是墙壁上原本只有颜色暗淡的爬山虎，雨后爬山虎的叶片变得干净油亮，而且还会出现可爱的小蜗牛等。
- 教师可以请幼儿选择自己需要的观察记录工具，可以提供一些小瓶子、放大镜、照相机等幼儿不常使用的工具，协助其进行观察，发挥幼儿的主动性与创造性。

活动11 滤水实验

活动形式：■集体
重点领域：■科学

活动目标

认知： 了解雨水、河水中带有一部分杂质，过滤能够除去部分大颗粒的杂质。
情感： 愿意通过各种办法逐步尝试，使实验结果达到最优。
能力： 能够尝试设计水的过滤实验，并选择所需的材料和工具进行操作。

活动准备

玻璃器皿（烧杯、试管等），雨水、河水、自来水；漏斗；棉花、纱布、砂石、绿豆、滤纸、海绵等过滤材料，记录表，笔，抹布等。

教师与幼儿在活动前用玻璃器皿收集雨水与河水。

配套电子资源：记录表。

活动过程

一、认识雨水、河水与自来水

1. 教师出示分别装有雨水、河水和自来水的玻璃器皿，引导幼儿观察。
➤ 玻璃瓶里装的是什么？是从哪里来的？
➤ 你从雨水/河水/自来水中看见了什么？
➤ 雨水/河水/自来水是清澈透明的吗？
➤ 为什么雨水和河水里有脏东西？

2. 幼儿仔细观察和自由表达。

小结：雨水是从天空中落下来的，掉下来的过程中会带下来一部分空气中的灰尘，所以有些脏脏的。河水也一样，带有部分河底的泥沙。这些水里的灰尘、泥沙等脏东西，我们可以称它们为杂质。而我们使用的自来水是处理过的水，相对比较干净、清澈。

二、设计滤水实验计划

1. 教师与幼儿一起讨论如何让雨水/河水变得清澈。

➤ 孩子们，你们觉得怎样才能使有杂质的水变得干净？
➤ 杂质可以被"打捞"起来吗？
➤ 怎样去除杂质呢？
➤ 怎样获得干净的水呢？
➤ 什么是过滤？

2. 教师鼓励幼儿大胆表达，教师可根据幼儿的反馈进行总结。

➤ 如果雨水和河水里的杂质是体积比较大的小石头和沙子，可以直接用手捞起来。但是如果杂质是比较小的颗粒状的、用手捞不起来的东西，那么就需要我们借助工具，想办法过滤出干净的水了。

3. 教师出示材料和工具，引导幼儿观察和讨论其用法，并尝试设计实验计划。

➤ 这些材料和工具可以怎么使用？
➤ 你想选用什么材料或工具来过滤水，为什么？
➤ 你觉得哪种材料的效果最好？哪种材料的效果最差？为什么？

教师鼓励幼儿结合自己的生活经验进行大胆猜想，并尝试用数字为材料的过滤效果排序（1 表示过滤效果最好）。

教师可邀请 4—5 名幼儿展示自己的记录表，说一说自己的想法和理由。

三、过滤实验操作

1. 教师引导幼儿分组，每个小组提供两个烧杯，其中一个存有雨水或河水。

➤ 如果我们要分小组进行实验，可以怎么分组？是让有相同实验想法的小朋友组成一组吗？
➤ 在完成过滤实验之后，如何知道水变干净了呢？
➤ 如果水没有变干净，怎么办？
➤ 你是怎么把水变干净的？

2. 幼儿根据自己的实验计划，选择用纱布、砂石、海绵、漏斗等各种材料分组进行过滤实验。教师可在一旁观察，提醒幼儿缓缓倒水，避免脏水溢出或漏入透明杯中。

3. 幼儿自主观察，并将实验结果记录在表中。

4. 教师引导幼儿展示分享自己的实验成果，并分享自己的想法。

四、分享与总结

➤ 你们找到了各种不同的方法。例如，将水静静地放置一段时间，可以使杂质沉淀，上面的水就是干净的；用海绵吸水，可以吸出一部分干净的水；用纱布、滤纸、绿豆等垫在漏斗里可以将杂质留在漏斗中，这样流出来的水就是干净的……（教师根据幼儿的成功经验进行小结）

小贴士

- 这个活动前，教师需要收集雨水和河水。如果找不到能明显看出杂质的雨水或河水，教师可用沙土、杂草加自来水自制"河水"，满足水要有大颗粒杂质的条件。
- 过滤实验是一个相对较难的实验，如果幼儿在第三环节没有完成操作或是操作未见成效，教师应该鼓励幼儿多次尝试。如果幼儿仅用一种方法就成功了，教师可以建议幼儿再次重复操作，比较经过两次过滤的水是否会变得更加清澈，或是利用其他方法进行过滤。

附 记录表

"滤水实验"记录表

材料	我的猜想	实验结果
棉花		
海绵		
纱布		
毛巾		
砂石		
……		

活动12 小水滴历险记

活动形式：■区角
活动区角：■语言

关键经验

1. 对雨的形成感兴趣。
2. 理解《小水滴历险记》的故事情节，知道水循环的过程。

活动材料

教师提前拍摄的下雨天图片或视频，《小水滴历险记》绘本，故事场景图，小雨点、云、太阳、河流、大海、山、雨云等角色卡片。

配套电子资源：相关图片。

活动提示

一、阅读前

教师可出示下雨天图片或视频，引导幼儿欣赏和讨论。

- 你喜欢下雨天吗，为什么？
- 你知道雨点是从哪里来的吗？
- 老师在区角中投放了一本关于雨点的绘本，小朋友们可以自由翻阅，看一看雨是从哪里来的。

二、区角中的阅读

1. 幼儿自主翻阅《小水滴历险记》绘本，并尝试理解小水滴历险的故事，简单做出水循环的猜测。
2. 教师、伙伴协助阅读绘本，教师可对书上的专业名词做出解释，如：蒸发、降雨、凝结、循环等。
3. 幼儿在故事背景图前，自由摆放故事角色卡片，根据自己的理解讲述小水滴的故事。

三、阅读后

教师鼓励幼儿通过多种形式大胆地讲述或表演故事内容，如教师可以在表演区提供各种角色头饰，鼓励幼儿分别扮演不同的角色，将单独一人完成的故事讲述变成集体合作完成的故事表演，延续幼儿对材料的积极性，也发展更多丰富的词汇与对话。

观察要点

- 幼儿是否能够自主阅读，尝试对故事中的角色、所在场景、发生了什么做出合理的猜测。
- 幼儿是否能理解水循环的过程。
- 幼儿是否能够较为清晰地表达小水滴历险记的故事，即水循环过程。范例：小雨点在天空中，遇到了一阵冷空气凝结成了雨云。雨云越变越大，越来越沉重，小雨点就落下来，变成河水。变成河水的小雨点跟着江河奔流到大海，在太阳照射下蒸发变成了水蒸气，又回到了天空中……

小贴士

- 活动前期，教师可在区角中投放各种科学读物，为幼儿理解水循环给予一定的经验铺垫。
- 教室中如果没有《小水滴历险记》一书，教师可以进行简单绘画或者利用素材拼贴，自制图书并配上文字（故事内容可参考观察要点中的“范例”）。

活动13 气象博物馆

活动形式：■亲子
重点领域：■科学

关键经验

1. 对气象充满好奇心和探索欲望，愿意了解气象知识。
2. 积极参与博物馆参观活动，喜爱逛博物馆。

活动准备

纸，笔，手机或相机。
家长提前了解当地的气象博物馆或线上气象博物馆。

活动过程

1. 出发前，家长引导幼儿围绕“气象博物馆”展开设想和讨论，如：“什么是气象博物馆？博物馆里有什么？气象博物馆里会下雨吗？”家长鼓励幼儿将自己的疑问或期待记录下来。

2. 家长引导幼儿一起参观当地的气象博物馆，发现了解什么是“气象”、欣赏气象藏品、学气象知识。参观过程中，家长注意提醒幼儿自觉遵守公共场合礼仪，如有序排队、轻声交流、不随地扔垃圾等。

3. 如果条件不允许，家长也引导幼儿一起探索线上气象博物馆，体验数字虚拟展览，在线学习气象科普知识。

小贴士

大班幼儿在父母提供手机支持的情况下，可以尝试独立完成线上博物馆的探索。除了带着问题探索博物馆以外，家长还可以鼓励幼儿一边探索一边将自己的探索路径画下来，进行记录，如：一共进入了几个虚拟房间？最喜欢的博物馆房间里有什么？线上气象博物馆与现实中的博物馆有区别吗？等等。

活动14 我心中的一年四季

活动形式：■集体
重点领域：■艺术

活动目标

认知：了解一年四季的区别与主要特征。
情感：愿意大胆表达自己心中的四季。
能力：能够通过简单的线条清晰表达四季的特征与常见的事件。

活动准备

铅画纸，黑色勾线笔，彩铅。

活动过程

一、初步了解四格漫画

➤ 孩子们，你们知道什么是“四格漫画”吗？
➤ 从“四格漫画”的名字里，你们能发现什么信息？
➤ “四格”是什么意思？什么是“漫画”？

教师与幼儿共同讨论四格漫画的定义，并从名字拆解含义。

小结：四格漫画是一种以四个画面分格来完成一个小故事或一个创意点子的表现形式。

二、创作四格漫画

➤ 孩子们，创作四格漫画时要注意什么？
➤ 怎样把一张铅画纸变成四个格子？
➤ 四格漫画的主题是什么？
➤ 在主题为“一年四季”的四格漫画中，可以怎么分配四个格子的内容？
➤ 每个季节有什么不同的特点？你想绘画什么样的故事内容？

教师与幼儿一起讨论创作主题为“一年四季”的四格漫画需要注意的要点。

➤ 在四格漫画的格子里，需要涵盖一个事件的发生、情节转折及幽默的结局。在主题为“一年四季”的四格漫画中，你可以选择每一个格子分配一个季节，也可以四个格子都讲述一个季节的故事。

幼儿根据自己的创造意图自由创作。在创作过程中，教师建议幼儿使用黑色勾线笔绘画线稿，用彩铅填色。

绘画完成后，教师引导幼儿分享自己的四格漫画，分享后与其他幼儿讨论。

➤ 谁愿意来分享自己的四格漫画？
➤ 他的漫画里，描述了一个怎样的故事？
➤ 漫画的主人公是谁？发生了什么有趣的事情？
➤ 他的四格漫画和四季有什么关系？

三、分享与总结

➤ 四格漫画是一种非常有趣的表达形式。今天小朋友们绘画的“一年四季”的四格漫画，有的能够告诉我们一年四季的不同，也有的是描述了某个季节的不同特征，你们的作品都非常精彩。

小贴士

- 教师可以在活动前，在阅读区中投放部分四格漫画的书籍，让幼儿提前熟悉这种表现形式。
- 在幼儿创作过程中，针对不同幼儿，教师可以给予不同的支持策略，如：对于想象力较为丰富的、能够非常快速创编故事情节的幼儿，教师可适当引导幼儿用更丰富的线条和形象来表现；对于创作漫画有困难的幼儿，教师的支持重点可以是通过某一事物如花朵、大树等，引导幼儿进行四季的发散思考；对于希望用四格表现不同季节的幼儿，教师的支持应落在四季不同的表现上；而对希望四格表现同一季节中发生的有趣事件的幼儿，教师则可以引导幼儿在故事情节上多下功夫，围绕一个主题丰富表现等。

附 示意图

春夏秋冬

活动15 假如冬天不见了

活动形式：■集体
重点领域：■社会 ■语言

活动目标

认知：知道冬季的特点与优劣。
情感：愿意专注倾听他人的观点，并大胆表达自己的不同想法。
能力：能够通过简练的语言有逻辑地表述自己的立场与想法。

活动准备

红色、绿色马甲若干（若无马甲，可用两种颜色的胸牌、挂饰代替），教师提前在网上收集有关辩论介绍以及幼儿辩论的视频。

教师利用桌椅布置出简单的辩论赛场地，如将正反方的桌椅分别排列于观众席的两侧。

活动过程

一、认识辩论

➤ 孩子们，看完了这段介绍辩论的视频，你们能说说什么是“辩论”吗？

➤ 再看一段幼儿园小朋友辩论的视频，你从视频中获得了什么信息？

➤ 他们辩论的题目是什么？

➤ 一共有多少人？有多少个小组参加辩论？

教师先后播放辩论介绍和幼儿辩论的两段视频，请幼儿说说自己对辩论的理解。

小结：辩论，指两个人或者两个队伍用一定的理由来说明自己对事物或问题的见解，说服对方、说服观众，以便在最后达成共同的认识和意见。

二、参与辩论

1. 辩论前的准备。

教师公布辩论题目。

➤ 孩子们，今天我们也要来辩论，辩论的题目是：假如冬天不见了。

➤ 你觉得“冬天不见了”是好，还是不好呢？

➤ 想一想你觉得冬天好或者不好的理由，记在心里。

➤ 认为“冬天不见了很好”的小朋友是正方，认为“冬天不见了不好”的小朋友是反方。如果你不想做选择，你也可以作为观众，不参与辩论。

教师引导幼儿根据自己心里的真实想法进行分组，并穿上红、绿色马甲作区分。

➤ 你的观点要说给谁听？你要说服谁？

➤ 和你的队友分享一下你的观点和理由，想一想怎么样才能表达得更清楚流畅？

在辩论准备过程中，教师鼓励幼儿将自己的观点说给自己的队友听，尝试清晰表达。

2. 辩论赛过程。

待幼儿练习后，教师组织开展“辩论大赛”，并引导正反方代表以“剪刀、石头、布”的游戏方法确定发言顺序。

➤ 准备结束，辩论大赛开始！

➤ 刚才是哪一方赢得了“剪刀、石头、布”的游戏？该由谁先开始发言？谁接着说？

正反双方幼儿轮流表达自己的观点，尝试“说服”观众；教师可在一旁协助，提醒幼儿清楚地表达或是尝试用不同的策略“说服”观众。

➤ 辩论结束，小观众们觉得哪一方说服了你，你就给谁投票。

当所有观点表达结束后，教师引导观众通过举手投票的方式选出自己觉得更有道理的一方，得票数多者胜利。

小结：今天的辩论比赛正方/反方（根据现实情况小结）赢了，他们说的观点更让人相信、更让人接受。但是也不是说另一方的观点是错的，而是需要更多说服力。

3. 分享辩论经验和感受。

➤ 孩子们，参与辩论比赛的感受怎么样？

➤ 你们觉得参加辩论比赛有什么好处吗？

➤ 作为观众的孩子们，你们有什么感受？

➤ 小观众，你觉得今天谁说的话打动你了？谁的话让你觉得是对的？

教师邀请幼儿对自己参加辩论比赛或旁听的表现做出反馈，尝试做出客观的自我评价。

三、分享与总结

➤ 参与一场辩论比赛，不仅需要动脑筋想一个“观点”，尝试说服别人，还要能够清晰地表达出来。今天作为小观众的孩子，也需要有自己的想法，才能做出判断，老师希望你们下次也能尝试参与辩论哟。

小贴士

- 大班幼儿有自己的想法和判断标准,也有语言的组织与表达能力,在此基础上进行辩论活动有利于他们更大胆地表达自己的想法。辩论的过程中,幼儿不仅会受到别人的反驳,也会获得他人的赞同,这能够给予幼儿更多的主动性与自信心。
- 如果在活动过程中,有的幼儿不愿意参与辩论,更愿意作为观众,教师也要尊重幼儿的决定,并提醒作为观众的幼儿仔细聆听正反方的观点,认真思考并做出自己的判断。
- 活动过后,教师可以邀请几名幼儿作为"辩论记录员",将"假如冬天不见了"的正反方观点画下来,投放在语言区供幼儿继续讨论和交流。

活动16 四季牌

活动形式:■区角
活动区角:■益智

关键经验

1. 进一步认知四季轮换的顺序,了解四季的相关元素,如:春季中常见桃花、柳枝、燕子等。
2. 能够理解和掌握"四季牌"的玩法。

活动材料

教师自制的"四季牌"[制作方法:教师将一副扑克牌(共52张)按花色均分为四份,并按照花色在每一张扑克牌的数字面分别贴上春、夏、秋、冬四个季节的相关元素图片,制作完成后将扑克牌过塑]。

配套电子资源:四季牌。

游戏玩法

1. 幼儿自由组队,4名幼儿共同游戏,协商好出牌顺序。
2. 每人抽取7张牌,并观察和辨别手中的牌分别代表什么季节。若有两张相同季节的牌,即配对成功,将这两张牌放在桌子中央。
3. 幼儿轮流出牌,待每人手中的牌无法继续配对时,则再次从牌堆中摸取6张牌,重复游戏。
4. 待每人手中的牌无法配对时,幼儿轮流抽取右侧同伴手中的一张牌,并与自己手中的牌进行配对。如果配对成功则可出牌,若配对失败则等待下一轮抽牌机会。
5. 重复游戏,最先出完手中所有牌的幼儿获胜。

观察要点

- 幼儿是否熟悉四季的特点,并能将季节与其相关元素对应起来。
- 幼儿能否理解并自觉遵守"四季牌"的游戏规则。
- 幼儿是否乐于与同伴交流、共同游戏。

小贴士

在初次游戏前,教师可适当减少纸牌数量或减少游戏轮数,帮助幼儿更好地掌握游戏玩法。待幼儿熟悉玩法后,教师可鼓励幼儿分组讨论,创编新的"四季牌"玩法。

活动 17 四季的颜色

活动形式：■集体
重点领域：■健康 ■艺术

活动目标

认知： 加深对四季特点的认识。
情感： 能够大胆用色，愿意用色彩积极表现表达自己的想法和情感。
能力： 能够用油画棒进行均匀涂色和晕染，并较灵活地画出各种人、事、物的形象或动态结构。

活动准备

长条形铅画纸（可参考图片），油画棒，铅画纸，勾线笔，固体胶或双面胶，安全剪刀。

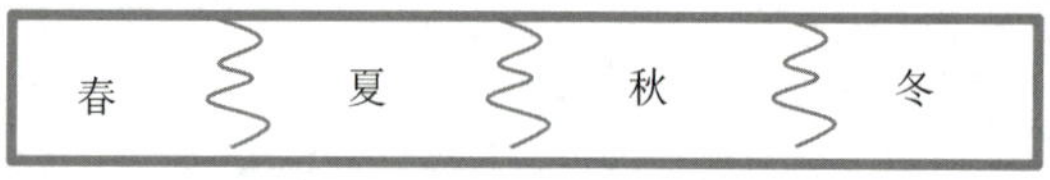

铅画纸式样

活动过程

一、谈话导入

➤ 小朋友们，你们知道现在是什么季节吗？春天过去后是什么季节呢？
➤ 你们觉得一年四季都是什么颜色的？
➤ 为什么你觉得春天/夏天/秋天/冬天是……颜色的？
➤ 一年四季的各种颜色给你带来了什么样的感受？
➤ 在××季节里，你最常做的事情是什么？

幼儿分组讨论，教师鼓励幼儿大胆表达。

小结：一年四季在我们每个人眼里的颜色都不一样，有的小朋友认为春天是粉色的，因为有许多花朵开放，有的小朋友认为春天是绿色的，因为万物复苏，还有的孩子认为春天是蓝色的，因为他的生日在春天，生日的时候爸爸送给他一辆蓝色的小汽车……

二、自由创作“四季长卷”

1. 教师出示长卷画纸，引导幼儿积极讨论。

➤ 孩子们，今天的画纸和以往有什么不一样？
➤ 你想用什么方式在长卷上表现出一年四季的颜色？
➤ 在你的作品中，一年四季的颜色都是一样的吗？四个季节所占的画纸长度是一样的吗？
➤ 每个季节的不同颜色间有明显的分界线吗？如果想让颜色之间的过渡变得更柔和，可以怎么画呢？
➤ 怎样在长卷上表达出我们在四季中会做的不同事情？

2. 教师可邀请幼儿介绍自己的创作意图。

3. 在幼儿自由表达后，教师可建议幼儿先用油画棒在长卷上涂画出四季的底色，再用勾线笔在白色铅画纸上画出四季的不同事件，剪下贴在彩色长卷上。

4. 幼儿根据自己的喜好自由创作。绘画完成后，教师引导幼儿与同伴分享和展示自己的作品。

三、分享与总结

➤ 四季的颜色各不相同,发生的事情也不相同。在每个人的心里,四季的时长也可能不同。有的小朋友会因为暑假的欢乐而觉得夏季长一些,也有小朋友会因为自己不喜欢寒冷的冬天而将冬季画得短一些……(根据幼儿的作品进行总结)

小贴士

- 长卷的铅画纸尺寸不宜提供过大,避免幼儿在绘画底色时用时过长,而导致没有足够的时间来表现四季的事件。建议长卷纸的长度为A4纸长边的两倍,宽度为A4纸长边的一半。
- 幼儿在作画的时候,教师要尊重幼儿对四季颜色的不同理解,不要从成人的角度对幼儿选择的颜色做出过多的"评论",教师可以在说画环节中鼓励幼儿说一说使用这个颜色的理由。

活动18 会开的花

活动形式:■区角
活动区角:■科学

关键经验

1. 感知不同纸张的吸水性强弱。
2. 对纸张吸水现象感兴趣,愿意积极探索。
3. 在操作过程中观察比较不同纸花在水中的变化,并用简单的符号或图案记录实验结果。

活动材料

装有清水的教具筐,安全剪刀,胶水,笔。

教师在科学区投放和展示不同材质纸花成品,供幼儿观察和交流。

活动资源:会开的花。

游戏玩法

玩法一:水中的纸花

1. 幼儿取出活动资源中的花纸板和记录表①,观察和感受四种不同类型纸张的质地和触感:

(1) 取出纸张,用安全剪刀剪下一小块(除纸花的部分),用胶水粘贴在相应序号的表格①内。

(2) 用手感受四种纸的质地,并在表①中的"摸一摸"表格中用符号或图案记录自己的感受。

2. 幼儿选择一张纸,沿着刀线取下纸花,将花瓣向写有序号的花心方向有序逐层翻折。
3. 幼儿和同伴讨论猜测和记录纸花放在水中会发生什么变化,并在表①中记录。
4. 幼儿将折好的纸花花瓣朝上放入装有清水的教具筐中,仔细观察,并在表①中记录。
5. 幼儿和同伴说一说:发现了什么?(纸花开了)为什么纸花会开放?(纸花吸水、变湿了)

玩法二:纸花比赛

1. 幼儿和同伴讨论、猜测,并在记录②中记录:如果将四种不同的纸花同时放入水中,它们会同时开花吗?哪一朵纸花会第一个开放?第二/第三/第四个开放的又会是谁呢?

2. 同伴间各自选取不同序号的纸张(尽可能包含四个序号),折叠纸花。

3. 幼儿同时将纸花花瓣朝上放入水中，仔细观察和记录纸花的开放速度和顺序。

4. 幼儿和同伴分享观察结果，讨论：为什么不同的纸花开花速度会不一样？（引导幼儿关注纸花的开放速度和纸张的吸水性相关，吸水性越好，开花速度越快。）

观察要点

- 幼儿能否专注地操作实验和观察结果。
- 幼儿对不同纸花在水中开放情况的观察与记录。
- 幼儿能否根据观察到的现象大胆思考和表达。

小贴士

- 教师引导家长和幼儿共同收集生活中常见的纸（如厨房用纸、报纸、杂志页、包装纸等），并带到园内、投放在科学区，鼓励幼儿利用更多不同类型的纸花进行实验。
- 活动结束后，教师可鼓励幼儿在区角游戏中继续深入实验。例如：幼儿可以自行设计纸花进行实验；或是制作大小或花瓣层数不同的纸花，观察花朵大小或花瓣层数对开花速度是否存在影响等。
- 幼儿也将材料包带回家，和家长在家中进行实验，如将纸花放在不同的液体（盐水、泡泡水等）中，观察其开花速度是否与在清水中不同。

活动19 彩色的春天

活动形式：■区角
活动区角：■美工

关键经验

1. 加深对春天景色的印象。
2. 积极参与美术活动，感受创意美术活动的趣味性和快乐。
3. 用绘画及皱纹纸染色的方式大胆表现春天的美。

活动材料

铅笔，安全剪刀，成品图，PVC桌布，毛毡，废旧纸张，条件允许的话，可在区角投放展示所在园所/小区/附近公园等的春天照片。

教师在美工区投放和展示成品图，供幼儿观察和交流。

活动资源：彩色的春天。

游戏玩法

1. 幼儿取出活动资源中的材料，观察和探索材料的特点，并结合这些特点和同伴讨论皱纹纸的作用。如：有哪些颜色的皱纹纸？皱纹纸是厚的，还是薄的？是光滑的，还是粗糙的？皱纹纸可以用来制作哪些美工作品，是如何制作的？

2. 幼儿探索利用皱纹纸染色的创意用法：剪下一小块皱纹纸，将其覆盖在废旧纸张上，用装满清水的小喷壶将皱纹纸喷湿，待皱纹纸稍干后揭下，观察皱纹纸留下的颜色痕迹。还可以将不同颜色的皱纹纸重叠观察混色现象，或是揉搓皱纹纸营造不同的肌理等。

3. 幼儿和同伴交流自己的创作思路，想一想、说一说在自己的作品中：春天是什么样的？画的是哪里的春天景色？画面中包括了哪些景物/小动物/人物？它们有什么变化或特点？想要用什么颜色的皱纹纸来表现春天的特点？

4. 参考步骤图，幼儿自由绘画春天的景色并利用皱纹纸染色，幼儿可以根据自己的想法大胆创作；创作步骤可参考：

(1) 用铅笔在水粉纸上自主创作草图，并用油性笔沿着铅笔线稿描画（油性笔渗透能力较强，描画时可以在水粉纸下垫上废旧纸张或毛毡）。

(2) 将各色皱纹纸剪成大小不同、形状不同的小块，并随机覆盖在画好的水粉纸上。

(3) 在小喷壶中装满清水，将皱纹纸喷湿，利用皱纹纸进行染色，待皱纹纸稍干后揭下，作品完成。（若发现有着色不均匀的地方，可重复操作三、四步进行填色）

(4) 待水分蒸发后揭下皱纹纸，完成作品。

5. 制作完成后，幼儿向同伴展示作品，并围绕作品以讲故事的方式来介绍，例如：我画的彩色的春天非常美丽，有××颜色的……（景物/小动物/人物），它们是……（特点）等。

观察要点

- 幼儿是否积极主动地参与活动，并大胆创作。
- 幼儿能否通过叠放、揉搓后展开皱纹纸等方式来获得不同的色彩效果（如混色、肌理纹路等）。
- 幼儿能否大胆流畅地表达自己对作品的感受和想象。

小贴士

- 活动结束后，教师可将幼儿的成品投放在美工展示区，展示方法可以是每一份作品单独展示，也可以将全部作品订装成册，集合成“彩色的春天”主题作品册。
- 教师还可以在美工区投放更多不同颜色皱纹纸、笔刷、不同材质的白纸等材料，引导幼儿在自由区角活动中围绕“春天”或“四季”主题继续大胆创作，如利用粉色、红色、紫红色等皱纹纸表现春天的花海场景，利用深浅不同的绿色皱纹纸表现夏季的森林/草原场景，或是利用红色、黄色、橙色等暖色调皱纹纸表现秋天的丰收景象等。

活动 20 腊梅姐姐的烦恼

活动形式：■集体

重点领域：■语言 ■科学

活动目标

认知： 知道腊梅在四季的成长过程。

情感： 喜欢听故事，愿意大胆表达自己的想法。

能力： 尝试用温柔的语言安慰别人，表达善意；能够观察、分辨和比较四季的不同植物。

活动准备

教师打印相关的卡通形象图片，包括：开花的腊梅、枝繁叶茂的腊梅、落叶的腊梅、开花的桃花、开花的广玉兰、开花的桂花。

配套电子资源：相关图片。

活动过程

一、活动导入

教师出示枝繁叶茂的腊梅形象，讲述故事开头第一小节，即故事开头到“却永远只有一种颜色……”的部分。

- 孩子们，故事发生在哪里？故事的主人公是谁？
- 你觉得，这会是一个怎样的故事？
- 故事的结局是欢乐的？还是悲伤的？
- 你觉得后续还会发生什么样的故事？

教师引导幼儿猜测故事的主要人物、事件、结局与情感基调，鼓励幼儿大胆表达。

二、理解故事内容

教师继续讲述故事，直到“叶子都簌簌掉光了，好像自己的眼泪……”的部分。教师一边讲述故事，一边出示相应的植物形象。

- 孩子们，春天/夏天/秋天的时候，腊梅姐姐是什么样的？
- 其他的植物呢？它们在什么季节开花？

教师引导幼儿发现、比较春、夏、秋三季开花的植物，以及腊梅形象的变化。

- 你觉得腊梅姐姐会开花吗？她的心情是怎样的？
- 如果是你，你会怎样安慰腊梅姐姐？

教师鼓励幼儿大胆表达，尝试温柔地表达安慰。

教师也可以引导幼儿两人一组，一人扮演腊梅姐姐，一人扮演安慰者，尝试结合肢体动作、表情等进行表演。

小结：这一年过了三个季节，腊梅姐姐从好奇到疑惑再到失望，一直都没有开出美丽的花朵，反而掉光了一身的叶子。

三、创编故事结尾

教师继续讲述至故事结尾，并呈现腊梅开花的形象。

- 冬天的时候，发生了什么？
- 是谁开花了？开出了怎样的花？
- 故事的结尾说了什么？你们觉得这个故事想告诉我们什么呢？
- 如果你是小作者，你会为这个故事添加一个什么样的结尾呢？

教师邀请幼儿创编故事结尾和尝试总结故事想要告诉我们的道理。

四、分享与总结

- 每一种植物都有自己的生长规律，各不相同。腊梅的花期在冬天，她有一个非常厉害的本领就是坚持，能够耐住严寒，最后开出美丽的花朵。

小贴士

教师可根据实际情况，用当地常见的、幼儿熟悉的春夏秋三季开花的树木来替换故事中“桃花、桂花、广玉兰”的形象。教师可准备相关植物的真实照片，如果条件允许教师也可以引导幼儿实地观察、欣赏该植物。

附 故事

腊梅姐姐的烦恼

美丽的山坳里，阵阵微风拂过，响起轻柔的沙沙声。在不远的山脚下，种着一棵腊梅。腊梅时不时仰望山间的朋友们，她们时而呈现一片热情的火红，时而变成丰收的金黄，而腊梅瞧瞧自己，却永远只有一种颜色……

年复一年过去了，腊梅渐渐长大……

春天来了，腊梅小姐姐好奇地歪过脖子，尝试着大胆询问身边的桃树：桃树哥哥，你身上的粉色真漂亮。能不能告诉我开花的秘密呢？桃树回答道：春天到了，就可以开花呀！腊梅抬头看看自己：咦？为什么春天到了，我还是只有叶子呢？

过了不久夏天来了，腊梅小姐姐又抬起头仰望广玉兰：广玉兰姐姐，请问怎样才能和您一样，开出雪白、碗大的花呢？广玉兰回答道：夏天到了，就可以开花呀！腊梅扭头看看自己：嗯……为什么夏天到了，我还是只有叶子呢？

清凉的风带来了秋天，不远处飘来阵阵清香，腊梅小姐姐一边张望一边大声问道：桂花叔叔，您的金桂可真灿烂，请问怎样才能和您一样开花呢？桂花回答道：秋天到了，就可以开花呀！腊梅扭头看看自己，抖了抖身子：叶子都簌簌掉光了，好像自己的眼泪……

转眼冬天来了，山间的树仿佛突然间都是失去了颜色。腊梅姐姐却觉得自己有些不一样，身上鼓起了一个个的小疙瘩。啵！啵啵！近处传来一阵清香，腊梅发现自己光秃秃的枝干上，竟然开出了小小的、金黄色的花朵，还带着悠悠的香味。她原本失落的脸上，慢慢又恢复了笑容，原来啊……

活动21 四季的花

活动形式：■区角
活动区角：■美工

关键经验

1. 观察花朵形象，较熟练地使用折叠剪的技法，体会对称与等分。
2. 能够综合运用多种剪纸技法，与同伴合作完成剪纸作品。

活动材料

各色手工纸，安全剪刀，折叠剪的示意图（如四瓣、五瓣、八瓣花）；A3 大小底板纸，胶棒，水彩笔。

游戏玩法

1. 幼儿自由分组，讨论春夏秋冬四季各有什么代表性的花朵，说一说自己最喜欢什么花，它的花朵有什么特点？

2. 幼儿观察示意图，协商好小组的创作计划，确定好每个人的分工。

3. 幼儿根据自己的想法，自主选择喜欢颜色的手工纸，并完成剪纸创作，如用折叠剪的方法剪出五瓣的桃花形象，或是用对折剪的方法剪出叶子等。

4. 幼儿与同伴合作，将自己的剪纸作品粘贴在底板上，可用水彩笔进行添画，共同完成“四季的花”作品。

5. 作品完成后，幼儿可向其余小组的幼儿展示和介绍作品。

观察要点

- 幼儿是否能够较熟练地完成折叠剪的步骤，剪出自己想要的花瓣数量。
- 幼儿在剪纸失败时，是否有信心再次尝试，直到成功为止。
- 幼儿能否有同伴友好协商，合作完成美工作品。

小贴士

- 在进行此活动前，教师可以进行一定的前期经验铺垫，引导幼儿收集四季不同花朵的照片，了解各种花朵的形象，如：桃花、樱花都有五片花瓣，且樱花可能是重瓣的，在花瓣上有缺口；非洲菊通常有六到八片花瓣等。
- 在幼儿尝试折纸、剪纸的时候，教师尽量给予幼儿最大的空间，允许其进行试误，鼓励幼儿不断尝试。

附 步骤图

四瓣花制作步骤

五瓣花制作步骤

八瓣花制作步骤

活动22 四季花开

活动形式：■区角
活动区角：■益智

关键经验

1. 熟悉四季的代表性花朵及相关元素。
2. 根据事物的某一特点进行关联配对。

活动材料

同等大小正方体积木若干；教师提前打印四季花朵及其他元素图片若干（如青草、桃花、小鸟、太阳、云、荷花、腊梅、菊花、杏花、玉兰、桂花等），并粘贴在积木的一面；4×4 的格子底板（格子大小与积木的正方形面大小相同）。

配套电子资源：相关图片。

游戏玩法

玩法一

此玩法投放四季花朵积木（每种花各两块）和格子底板。

1. 幼儿两人一组共同游戏，通过“剪刀、石头、布”游戏确定先后顺序。
2. 幼儿将积木图片向下摆放于桌上，打乱积木的顺序，再将积木随机摆满格子底板。
3. 每轮游戏幼儿可同时翻开两块积木，如果积木上的图案相同，并且该幼儿能够准确说出图片上的花朵的名称及开花季节，则可以拿走这两块积木。如果积木图案不同，则需将积木反扣，等待下一轮。
4. 幼儿轮流游戏，游戏结束时获得积木多者获胜。

玩法二

此玩法投放四季花朵及其他元素积木。

1. 幼儿两人一组共同游戏，通过“剪刀、石头、布”游戏确定先后顺序。
2. 幼儿将积木图片向下摆放于桌上，打乱积木的顺序。
3. 每轮游戏幼儿同时翻开两块积木，若幼儿观察图片后能够说出两幅图之间的关联，如，图片为太阳和荷花，幼儿可说“夏天会有强烈的阳光和盛开的荷花”，则可以拿走这两块积木。若幼儿无法说出二者之间的关系，则需将积木反扣，等待下一轮。

4. 幼儿轮流游戏；游戏结束时，获得积木多者获胜。

观察要点

- 幼儿是否熟悉了解春夏秋冬四季的花朵及其他元素，并能够尝试表达季节与动植物之间的关系。
- 幼儿在寻找配对时，是否有意识地对积木的空间方位进行记忆。
- 幼儿是否能够共同协商并自觉遵守游戏的玩法和规则。

小贴士

- 在游戏过程中，教师可以建议大班幼儿先探索游戏材料，与同伴讨论、设计游戏玩法。如果幼儿能够设计出新颖的、有创意的玩法，教师也可以请该幼儿在集体前介绍游戏玩法，并在全班推广。
- 教师在投放材料时，可以征求幼儿的意见，参考幼儿在实际生活中对四季的了解，选择幼儿熟悉的四季花朵或其他元素的图片。

活动 23 落叶树与常青树

活动形式：■集体
重点领域：■科学

活动目标

认知：了解常绿树和落叶树的概念和主要特征。
情感：愿意学习观察、比较、探索两种树的异同。
能力：通过比较，能够区别几种常见的落叶树与常绿树。

活动准备

幼儿提前收集各种常绿树和落叶树的叶子；教师提前搜索、下载有关常绿树和落叶树的视频。

幼儿对身边各种常见树有所了解，如：梧桐树、广玉兰、冬青树、雪松等。

活动过程

一、谈话导入

- 这几天大家都收集了许多各种各样的叶子，谁愿意来向大家介绍介绍？
- 这是什么树的树叶？
- 它是什么形状的？又是什么颜色的？

教师引导幼儿介绍自己收集的树叶，鼓励幼儿用清晰、完整的语句进行表述。

二、认识常青树和落叶树

1. 观看视频。

教师播放视频，幼儿观看录像。

➤ 孩子们，看完了视频，你知道什么是常绿树，什么是落叶树吗？

➤ 这两种树有什么区别？

幼儿自由表达。

小结：到了秋天，有些树的叶子会变黄变枯，从树上掉落下来，这些树叫作落叶树；有些树的叶子一年四季都是绿色的，这些树叫常绿树。

2. 分类比较。

➤ 你认为，你收集的树叶是常绿树叶，还是落叶树叶？为什么？

➤ 你可以将收集来的树叶按常绿树叶和落叶树叶分类吗？

教师引导幼儿仔细观察不同的树叶，并尝试将树叶分类摆放。

教师与幼儿共同验证分类结果。

➤ 仔细看看，这两类树叶有什么共同的特点吗？

➤ 比一比，常绿树和落叶树的叶片有什么不一样的地方吗？

幼儿比较两类树叶，并与同伴积极交流。

教师鼓励幼儿尝试总结常绿树树叶和落叶树树叶的特点。

➤ 常绿树的叶子一般是油亮的，有蜡质层，比较硬、厚，一年四季都是绿色。落叶树的树叶薄、软，到了秋天会枯黄。

三、延伸讨论：树木与我

➤ 树木与我们人类有什么关系吗？

➤ 如何保护我们的树木呢？

幼儿自由表达，教师可邀请幼儿分享自己对树木的认识。

四、分享与总结

➤ 树木在我们生活中，可以做家具、一次性筷子和纸张等。而保护树木的方法有很多，如：少用一次性筷子、不浪费纸张、勤种植……（根据幼儿的反馈进行总结）

小贴士

- 在此活动前，建议教师或家长带着幼儿观察了解身边常见的树木，发现它们的特征与不同处。同时，在前期准备时教师可以引导幼儿收集各种树叶提前进行观察，让幼儿对常绿树和落叶树有初步认识，再到集体活动中做验证。
- 如果条件允许，教师可在延伸环节请幼儿发现身边的“木制品”，真切体会树木在我们生活中的作用，了解其重要性，从而萌发保护树木、保护环境的真实情感。或在幼儿收集树叶时，教师可提醒幼儿用“捡树叶”而非“摘树叶”的方式进行收集，用实际行动参与环境保护。

活动24 一朵花

活动形式：■集体
重点领域：■艺术

活动目标

认知：了解歌曲《一朵花》中歌词表达的含义。

情感：愿意学唱歌曲，并大胆表达自己对歌词的理解。

能力：学习乐句，能够恰当地表现乐曲的起止、重音。

活动准备

歌曲《一朵花》音频，大卡纸，彩笔。

配套电子资源音频。

活动过程

一、欣赏歌曲

教师播放歌曲《一朵花》的音频。

➤ 今天我们来欣赏一首好听的歌曲《一朵花》。

➤ 你听到了什么？歌词是怎么说的？

➤ 歌词中你觉得最重要的是哪一句？为什么？

➤ 演唱这首歌曲，有难度吗？

幼儿欣赏并大胆表达自己对歌词的感受。

小结：这首歌的名字叫《一朵花》，歌词讲述的是一棵植物开花、结果的过程。植物的生长是有规律的，大多数是先开花后结果。（可用幼儿的精彩回答进行小结）

二、学唱歌曲

1. 探索歌曲学唱的方法。

➤ 以往我们学唱歌曲，是老师教、小朋友学。现在你们是大班孩子了，你们觉得，这首歌应该怎么学才能既记住歌词，又跟上旋律呢？

➤ 学唱歌曲的时候，需要什么材料来帮忙吗？

➤ 你有什么好办法？谁愿意做小老师？

教师布置“学唱歌曲”的任务，邀请幼儿来做小老师，尝试自己的“教学”方法，如：跟着音乐唱、用图画标识记录歌词、用动作提示等。教师可邀请一名幼儿将歌词画在大卡纸上。

小结：学唱歌曲，帮助记忆的方法有很多。有的孩子靠习惯和练习来学习，有的孩子靠把歌词画成图片来学习，还有的孩子靠动作来记忆学习，每个人都有自己的方法。

2. 歌曲演唱。

➤ 孩子们，什么是歌曲表演？

➤ 在唱歌的时候，要注意什么？

➤ 你们觉得在演唱这首歌曲时，哪一句可以用轻柔的声音演唱，为什么？

➤ 唱哪一句的时候，声音可以重一点？为什么？

➤ 可以用什么符号将重音标注在大卡纸上呢？如果要表示歌声要轻柔一点，该怎么表示？

教师引导幼儿围绕歌曲展开讨论，并邀请幼儿在歌词卡纸上做相应的标记。

➤ 你们觉得唱这首歌的时候应该是什么心情？

➤ “花开艳艳”是一幅什么样的景象？“结果”以后是什么心情？

➤ 要怎么演唱才能更好地表达这些不同的情绪？

教师引导幼儿通过对歌词的理解，用歌声表达对“结果”的喜悦、对“不结果”的失望等情绪情感。

教师邀请幼儿根据大卡纸上的歌词、重音标注等，跟着音乐进行歌唱表演。

➤ 如果给这首歌配上动作，可以怎么做？

教师引导幼儿随着音乐一边歌唱，一边自由地用不同的肢体动作进行表演。

三、分享与总结

➤ 唱歌的时候，声音要有所变化，这样才能让大家感受到歌曲里所讲述的故事。例如：在《一朵花》这首歌曲中，当唱到“花开艳艳”的时候，有的小朋友想到了繁花似锦的景象，特别美妙；当唱到“艳艳果儿多”的时候，有的小朋友想到秋天的丰收景象，歌声中也透露着喜悦。（教师可根据幼儿的实际表现来总结）

小贴士

- 《一朵花》这首歌曲，曲风轻快、歌词简单，对于大班幼儿来说是一个比较好的自我学习题材。所以，建议教师将学唱歌曲的“教学任务”交给幼儿，发挥幼儿的主观能动性。在幼儿表达想法的时候，希望教师可以持正面、积极的态度进行鼓励，引导幼儿大胆表达和介绍自己的学习方法。当遇到不合适的方法时，教师可以请幼儿在实践中尝试，鼓励幼儿自己发现问题、解决问题。
- 如果活动时长有限，教师可将《一朵花》的动作表演延伸到表演区活动或其他一日生活环节中进行。

附 歌曲

一 朵 花

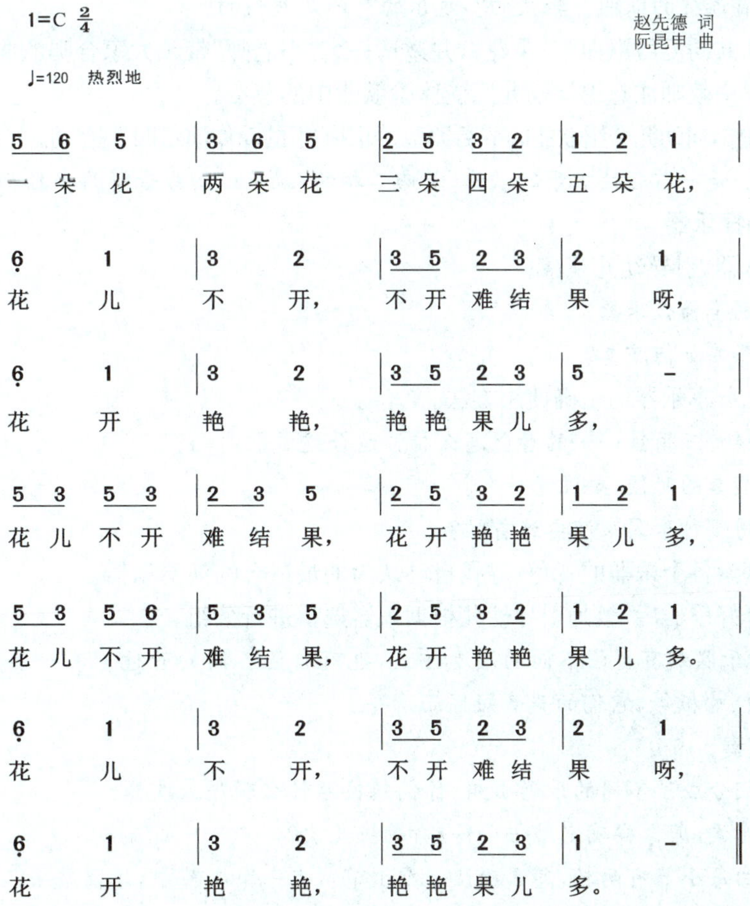

活动25 乐器演奏《一朵花》

活动形式：■集体
重点领域：■艺术

活动目标

认知：了解歌曲《一朵花》的节奏类型。
情感：能够大胆跟着乐曲进行表演。
能力：能够根据歌曲中的轻重音配上合适的演奏乐器，尝试设计分组奏乐，并说出自己的想法。

活动准备

歌曲《一朵花》音频；小铃、小鼓、三角铁、响板等常见乐器。
配套电子资源：音频。

活动过程

一、活动导入，复习歌曲

➤ 还记得我们之前学习的歌曲《一朵花》吗？
➤ 谁愿意带领大家唱一唱？
➤ 大家一起合唱的时候，要注意什么？
➤ 这是一首怎样的歌曲？轻快的？欢乐的？还是悲伤的？

教师与幼儿共同复习歌曲《一朵花》，并邀请一名“小老师”带领大家合唱歌曲。
在合唱过程中教师注意引导幼儿感受体验歌曲中的节奏。
教师结合动作，向幼儿介绍歌曲的节奏类型，如用拍手的动作演示四二拍，在一个小节中拍手两次。

➤ 《一朵花》是一首轻快欢乐的歌曲，是四二拍的，就是以四分音符为一拍，每小节有两拍。

二、自由选择乐器

教师出示乐器，引导幼儿观察。

➤ 这些分别是什么乐器？
➤ 这个乐器要如何演奏？

教师与幼儿分享乐器的正确使用方法。

➤ 小鼓/小铃/三角铁……的音色怎么样？适合这首歌曲吗？
➤ 用乐器演奏的时候，要注意什么？
➤ 你希望用哪种乐器来演奏这首歌？

幼儿自由探索各个乐器的音色，寻找自己认为的最适合的演奏乐器。
待幼儿选择好乐器后，教师引导幼儿根据乐器选择进行分组。

小结：每种乐器都有自己不同的演奏方式，也有自己不同的音色。有一些特别适合欢快的歌曲，如小铃、铃鼓、响板等，它们的声音短促而清亮。

三、分组演奏

➤ 现在我们分成了不同的乐器小组，你们想按照什么顺序来演奏？
➤ 演奏的时候，怎么样确定敲击小铃/打响板几次？
➤ 这首歌曲每小节有两拍，怎么确认一个小节？在一个小节中，乐器敲击几次？

教师引导幼儿关注歌曲的节奏类型，并讨论乐器的演奏方式。

➤ 演奏的时候，小组成员要注意什么？

➤ 演奏的时候，乐器声音的轻响如何控制？

➤ 什么时候应该轻/响一点？为什么？

教师引导各小组自行讨论演奏的顺序与节奏。

完成谈论后，教师引导各小组分头练习。

教师播放音乐，引导幼儿完成合作演奏。

演奏结束后，教师可鼓励幼儿说一说自己的感受。

四、分享与总结

➤ 要想让乐器演奏更加动听，在演奏的时候，每个小组成员的演奏速度要一样，大家要相互配合。让乐器的声音有轻有重，也可以让我们的歌曲更加丰富。

小贴士

- 教师在此活动中提供的乐器，可以根据班级情况自行调整，建议提供幼儿常见的、能熟练使用的乐器。在乐器的提供上，教师可以提供声音清亮短促的，也可以提供声音低沉延绵的，让幼儿更有选择性。
- 在演奏的过程中，教师可以根据幼儿的能力决定每拍敲击两次乐器或是每拍敲击一次乐器。如果幼儿在演奏过程中，需要图谱提示，教师也可以使用活动24“一朵花”中幼儿设计的图谱。

活动26 大雁迁徙

活动形式：■集体

重点领域：■社会 ■语言

活动目标

认知： 知道大雁会在秋冬时节往温暖的南方迁徙。

情感： 愿意发现自己和他人的不同优点。

能力： 通过欣赏故事体会合作的重要性，并能够用清晰、连贯的语言介绍自己与同伴的不同优点。

活动准备

大雁迁徙的图片（如人字形和一字形，见示意图），以往班级幼儿参与团体活动的照片或视频（如运动会、戏剧表演等）。

配套电子资源：大雁图片。

大雁人字形、一字形迁徙

活动过程

一、故事导入

教师讲述故事开头部分，直到“你们谁愿意来代替我呢”。

- 冬天来了，发生了什么？
- 大雁要去哪里？为什么？
- 什么叫迁徙？什么叫领头雁？

教师引导幼儿自由讨论和表达。

小结：冬天到了，大雁要迁徙到暖和的南方。大雁迁徙，就是大雁们要沿着固定的路线从一处搬到另一处。领头雁则是排在队伍最前面，带领大家飞往南方的大雁。

二、围绕故事展开讨论

教师声情并茂地讲述故事后半部分直至结尾，教师可在讲述过程中加入动作模仿，更好地表现不同的大雁的特点。教师也可以出示大雁南飞的队形图，增加故事情境性。

- 听到这里，你们觉得谁更合适做领头雁？为什么？
- 你觉得成为一个领头雁，需要哪些能力呢？
- 故事的最后，是怎么解决这个问题的呢？
- 为什么领头雁要轮流做？
- 大雁爷爷为什么要找大雁“代替”自己？

故事讲述过程中，教师可适当暂停，并引导幼儿加入“大雁的讨论”，鼓励幼儿大胆表达自己的合理想法。

小结：大雁南飞迁徙是一个很漫长的过程。只有大家齐心协力、相互帮助，轮流成为领头雁，才有可能顺利飞往温暖的南方。大雁爷爷要找领头雁的想法，是希望年轻的大雁们除了要知道自己的长处，也要相信自己的朋友，团结一致完成迁徙。

三、大胆介绍和展示优点

- 我们班也是一个团结的集体，每位小朋友都有自己的独特特点，每个人都有着各自的长处和优点。仔细想一想，你有什么优点呢？
- 谁愿意像大雁一样勇敢地说出和展现自己的优点？
- 看看你身边的好朋友，你可以从他们身上找到什么优点呢？

教师引导幼儿在集体前大胆地介绍和展示自己的优点。

- 小朋友们一起度过了将近三年的美好时光，想一想大家一起团结一致地完成过哪些挑战？
- 你印象最深的活动是什么？在活动中，你是如何和伙伴们相互配合的？

教师可出示幼儿参与团体活动的照片或视频，引导幼儿进一步感受合作的重要性。

四、分享与总结

- 我们班的小朋友们也像故事中的雁群一样，每个人都有自己的优点。老师希望大家就像大雁一样相互关心、团结友爱，轮流做班级的“领头雁”，一起完成生活中的各种挑战！

小贴士

- 在此活动前，教师可以引导幼儿收集和了解大雁迁徙的内容，积累一定的经验。
- 为了帮助幼儿更好地理解合作的意义，教师可在日常生活中多为幼儿提供和创造相互交流、相互学习的机会。例如，在该主题活动中，教师可引导幼儿相互分享自己对四季的不同理解，或是将幼儿的记录表张贴在墙面上，引导幼儿比较自己与同伴的不同记录方式，学习他人的优点等。

附 故事

大雁迁徙

冬天来了，雁群中年纪最长的大雁爷爷召开了一次会议，说道：天气越来越冷，按照往常的习惯，我们要往南边迁徙了。今年我的年纪实在是太大了，没有办法作为大家的领头雁，带着大家南飞。你们谁愿意来代替我呢？

雁群中刚刚成年的年轻大雁听了，七嘴八舌讨论起来：

“我的毛色最油亮，应该由我来做领头雁！”

“不不不！领头雁一定是最强壮的，你看我的翅膀展开以后比谁的翅膀都宽广，领头雁一定非我莫属！”

“难道领头雁不应该是喙最为坚硬的我吗？我可以带着大家捉小鱼、捉小虾。”

……

这时候，雁群中传来一个轻轻的声音：“我们要飞那么远的路程，领头雁不如轮流来做吧？谁累了，就换下一个？”

大雁爷爷听完，微笑着点了点头：“是啊！你们都很优秀，但以往的领头雁，可不是我一个人能完成的工作。我和我的老伙伴们，会轮流来做领头雁，谁飞累了，就退到队伍里，请强壮的朋友来带队帮忙。瞧，我们的队形，这样接力，才能顺利飞到终点。你们知道我为什么要寻找‘领头雁’了吗？”

活动27 春季写生

活动形式：■日常
重点领域：■艺术 ■科学

关键经验

1. 喜欢春天，愿意用画笔记录春天的景色。
2. 在绘画过程中能够关注细节的描绘，通过线条、颜色等表现自己欣赏、记录的角度。

活动准备

画板，纸，笔等。

活动过程

1. 教师引导幼儿在晨间活动、餐后散步、离园活动等一日生活各环节中，到户外欣赏春天的景色，并鼓励幼儿自主选择自己想要观察的内容，如幼儿园的动物、墙角边的小草、刚开放的迎春花等。
2. 幼儿用画笔记录自己观察到的春天景色。
3. 写生完成后，教师可邀请幼儿展示和介绍自己的作品，说一说自己对春天的理解。

小贴士

- 教师在活动中可以激发幼儿的想象力和创造力，鼓励幼儿大胆观察和记录春天的相关内容，例如写生的对象不一定是“发芽的柳树”“新开的桃花”等常见春景，教师可以提示和引导幼儿发现和寻找春景的细节，如“路过的麻雀”“爬出地面的蚯蚓”等。
- 如果幼儿在冬天有过写生的作品或记录冬天景色的相关作品，教师可以引导幼儿将春季写生作品与自己记录的冬景进行对比，发现两者的异同。

活动28 植物角与动物角

活动形式：■日常
重点领域：■科学

关键经验

通过观察班级(幼儿园)里的植物角和动物角,发现冬去春来的变化。

活动准备

画板,纸,笔,照顾植物角或动物角需要的工具等。

活动过程

1. 教师引导幼儿在一日生活各环节中围绕“冬去春来”展开讨论,说一说春天会带来什么不同的变化。

2. 教师鼓励幼儿探索班级里或幼儿园里的植物角和动物角,发现季节更替时会发生的变化,如:植物长出了新芽、小乌龟冬眠醒来、结冰的池塘渐渐融化、原本在池底的小鱼在浅水区游动等。

3. 教师引导幼儿分组照顾动植物,如:翻新地里的泥土,给在“温室”中生活的小动物打扫住处、翻新旧家,给小乌龟做一块“我醒啦,请喂食”的提示牌等。

小贴士

- 在活动过程中,可能会出现有些幼儿无法发现季节变化的细节,教师可以邀请在植物角、动物角中发现“变化”的幼儿,在集体面前进行分享,让所有幼儿都可以感知到植物和动物因为季节更替产生的变化,从而激发幼儿的好奇心和关注。
- 教师可根据班级或园所的动植物角的不同情况,适当调整活动中的引导方向。例如,教师可以引导幼儿关注植物本身的变化,也可以引导幼儿关注动物在不同季节的需要,或是引导幼儿对没有发生变化的地方进行改造,如翻土、重新种植等。

活动29 植树节

活动形式：■集体
重点领域：■社会 ■科学

活动目标

认知：知道植树节的由来。
情感：愿意为地球种下一棵小树,为保护环境出一份力。
能力：能够与同伴合作完成种树活动,掌握简单的种植方法。

活动准备

小树苗若干,土、铲子、水壶等工具若干,孙中山先生像图片。

建议该活动于植树节当日开展。

活动过程

一、谈话导入

- 今天是几月几日？
- 3 月 12 日是什么节日？
- 人们为什么把每年 3 月 12 日定为植树节？

教师与幼儿共同讨论植树节的话题。

教师出示孙中山先生的图片，向幼儿介绍植树节的由来。

- 每年的 3 月 12 日是我国的植树节，其实这天是伟大的孙中山先生逝世的纪念日。确定这一天为植树节，一是从植树的季节考虑。三月正值春季，是一个适合种树的好时节。二是为了纪念孙中山先生一生提倡植树造林的功绩。

二、讨论与发现

教师带领幼儿走出教室，在幼儿园中一边走一边讨论。

- 幼儿园里有哪些树？有哪些植物？
- 谁来说说它们的名称？谁可以介绍一下这棵树的特点？
- 你们知道为什么要种这么多树吗？
- 树可以为我们带来什么？

幼儿自由表达。

小结：我们幼儿园里有许多树，如玉兰树、桃树、桂花树等等。有了树，才会有清爽、新鲜的空气；有了树，才会有夏天凉爽的风；有了树，才会有我们美好的生活。所以说呀，植树造林、保护环境很重要，我们中华民族也一直坚持“爱树、育树”呢。

三、种树活动

教师出示小树苗和种植工具。

- 你们猜一猜，我们今天要种下什么树苗呢？
- 种树需要用到哪些工具？
- 这些工具有什么用呢？

教师与幼儿共同讨论分享种树需要用到的工具及其作用。

- 小朋友们分组合作种植小树苗，每个人的分工是什么？
- 同一组的小伙伴该如何配合？
- 种树的时候需要注意什么？怎样的动作才能更好地保护小树苗？

幼儿讨论结束后，教师引导幼儿分组在指定地点种下小树苗。

四、分享与总结

教师邀请幼儿分享自己的植树感受。

- 树木是人类的好朋友，可以让我们的生活变得更美好。今天小朋友们亲手种下了一棵棵小树苗，希望大家在之后能够细心地照料小树苗，和小树共同成长。

小贴士

- 在准备活动材料时，教师可邀请家长或幼儿园园丁参与协助和帮忙，从而减轻教师活动准备的负担。
- 活动结束后，教师可引导幼儿定期观察、记录小树的成长过程。

活动30 照顾小树

活动形式：■区角
活动区角：■科学 ■生活

关键经验

1. 通过各种方式细心地照顾小树。
2. 能够用清晰流畅的语言分享自己的经验和方法。

活动材料

小锄头，浇水壶，小水桶，木栅栏，笔，纸，挂绳，安全剪刀，手套等。

游戏玩法

1. 幼儿根据小树的需要，定期进行除草、浇水、除虫等照顾小树的活动。
2. 幼儿自由创作小树挂牌或树木保护标识等，提醒大家共同爱护树木。
3. 幼儿将每天/每周照顾小树的内容记录下来，分享给同伴。

观察要点

- 幼儿是否能够根据小树的变化进行恰当的照顾。
- 幼儿在照顾小树的活动中，是否能够持之以恒，坚持定期完成照顾活动。
- 幼儿在分享方法时，能否展示自己简单易懂的记录或者使用清晰明了的语言进行介绍。

小贴士

- 照顾小树的活动可以同自然角、科探区、角色区等活动相结合，让幼儿在游戏中生活，在生活中游戏，使幼儿避免觉得照顾小树仅仅是幼儿园的任务，而是能够自觉、自发地坚持参与照顾小树的活动。
- 在照顾小树时，教师鼓励幼儿仔细观察小树的成长情况，并引导幼儿思考，例如“树皮上生出的小白点是否是虫子”“小树周边长出的小蘑菇是否要除去”等。教师可以根据实际情况进行适当的引导。

活动31 蒙眼找春天

活动形式：■集体
重点领域：■健康 ■科学

活动目标

认知：知道春季常见的植物、动物和现象。
情感：相信同伴，愿意大胆探索周围的事物。

能力：能以自身为中心区分左右；并与同伴相互配合，根据指令灵活协调地蒙眼行走和寻物。

活动准备

眼罩若干（班级人数的一半）。

教师提前在园所内确定游戏场地，排除安全隐患。

活动过程

一、谈话导入

➤ 春天是什么？

➤ 幼儿园里有春天吗？在哪儿呢？

教师与幼儿共同讨论幼儿园里的“春天”，引导幼儿发现身边可以代表春天来了或者与春天相关的事物。

小结：春天，是四季中的第一个季节。在我们的周围，有许多可以代表春天的事物：有刚冒芽的青青嫩草、有叽叽喳喳的小麻雀、有绽放的桃花、有微微拂过脸颊的春风，还有空气中弥漫的香香的味道……（根据幼儿的反馈进行小结）

二、蒙眼找春天

教师带领幼儿走出教室。

➤ 刚刚我们说了许多和春天相关的事物，如果蒙上你们的眼睛，你们还能找到春天吗？

➤ 两两合作，怎么才能更快地找到春天呢？

➤ 你们想到了一个好方法，可以由一人发口令，一人听指令来寻找。指令会是什么呢？

➤ 怎样才能把指令说得清晰，让人听得懂？

教师引导幼儿两两一组，讨论协商游戏玩法。教师注意提醒幼儿游戏指令应清晰准确。

教师可邀请一名幼儿上前当蒙眼者，其余幼儿尝试发布指令。结束后，请蒙眼者说一说自己的感受。

小结：两人合作玩“蒙眼找春天”的游戏，发指令的人要能够清晰分辨前、后、左、右的方向，并用准确的话告诉蒙住眼睛的伙伴，清楚地提示他前进或者后退的步数或是具体要做的动作等。

教师引导幼儿分组在原地尝试，一人蒙眼，一人跟随在蒙眼者的身后发出简单的游戏指令，如向左转、抬起手、蹲下来等。

游戏玩法：幼儿两人一组，一人蒙眼，另一人跟随在蒙眼者的身后发出简单的游戏指令，提示蒙眼者在游戏场地内寻找“春天”。

幼儿分组进行游戏，教师巡回观察，提醒幼儿注意活动安全。

幼儿可交换角色进行游戏。

游戏结束后，教师引导幼儿分享游戏感受。

➤ 你们小组找到了什么样的春天？

➤ 你们怎么找到春天的？你的同伴做得怎么样？

➤ 除了用眼睛寻找春天，我们还可以用什么方式来找春天？

幼儿自由表达。

三、分享与总结

➤ 春天就在我们的身边，有时候春天是用眼睛能看到的花朵，有时候她是能用耳朵听见的鸟叫声，还有的时候她是用鼻子闻到的青草香，春天可真美好呀！

小贴士

- 如果条件允许，教师可准备数量充足的眼罩，让幼儿可以人手一只眼罩。如果需要两人合用一副眼罩，建议教师引导幼儿在使用前于眼罩内部垫上一张干净的纸巾，以保证用眼卫生。
- 活动过程中，教师要允许幼儿在游戏场地中自由寻找“春天”。但是教师需要提前排除不安全因素，保证游戏场地宽敞平坦，避免选择有障碍物、台阶或楼梯的场地。而且在游戏前，教师需要着重提醒幼儿注意活动安全。

活动32 我的小花盆

活动形式：■区角
活动区角：■美工

关键经验

选择、寻找适合作为小花盆的容器，并综合运用多种美工材料对其进行装饰。

活动材料

幼儿提前收集的种植容器，纸杯，轻黏土，彩纸，安全剪刀，马克笔，毛线，白乳胶，等等。

教师提前提醒幼儿在家中寻找合适的种植容器，并带至园中，如不用的茶杯、穿不下的雨鞋、闲置的瓶子、过期的一次性纸杯等。

游戏玩法

1. 幼儿观察、比较自己与同伴的种植容器，说一说各种容器的不同特点。
2. 幼儿大胆想象，与同伴分享自己的“花盆”装饰计划。
3. 幼儿根据自己的创作计划，自主选择所需的材料，并大胆装饰“花盆”。例如用轻黏土包裹容器、用马克笔在容器外侧画出图案、用毛线缠绕容器等。
4. 在装饰完成后，幼儿在花盆上添画上自己独有的“姓名标签”。
5. 制作完成后，幼儿向同伴分享和展示自己的作品。

观察要点

- 幼儿能否专注于自己的创作活动。
- 幼儿能否综合运用多种美工材料，大胆地对自己的“花盆”进行装饰。
- 幼儿能否大胆表达自己的创作意图和想法。

小贴士

- 教师可以提前引导幼儿寻找、收集适合作为花盆的容器。如果幼儿带来了不合适或无法使用的容器，教师可以引导幼儿围绕该容器进行讨论，说一说为什么这个容器不适合作为花盆。为了避免因个别幼儿无法找到合适的容器而无法参与活动，教师可以提前准备一些一次性纸杯作为备用。
- 活动结束后，教师可引导幼儿将装饰好的“花盆”投放到植物角，引导幼儿利用其开展种植活动。

活动33 丰收的季节

活动形式：■集体
重点领域：■艺术

活动目标

认知：欣赏与了解作品《拾穗者》，知道画作表达的基本含义。
情感：通过欣赏画作体会劳动人民的辛苦。
能力：能够较灵活地使用线条大胆地表现农民劳作的形象。

活动准备

名画《拾穗者》(作者法国画家让·弗朗索瓦·米勒)，勾线笔，彩色画纸(黄底色)。
配套电子资源：相关图片。

活动过程

一、名画欣赏(《拾穗者》)

- 今天老师带来了一幅世界名画，它是法国著名的画家米勒画的，画的名字叫《拾穗者》。
- 什么叫拾穗者？
- 他们是怎么样拾麦穗的？
- 这是一幅表现什么季节的画作？
- 你们觉得这些农民辛苦吗？既然那么累，农民们为什么还要拾这些零碎的麦穗呢？

教师与幼儿欣赏名画《拾穗者》，并在欣赏过程中尝试体验劳动人民的辛苦。

小结：拾穗者，就是捡麦穗的农民。他们常常低着头、弯着腰捡拾地上掉下的零散麦穗。农民每天在地里，低着头、弯着腰不停地劳动，因为每粒粮食都是他们辛辛苦苦种出来的。

二、大胆创作

- 拾穗者的形象是怎样的？谁愿意来学一学他们的动作？

教师邀请一名幼儿上来模仿拾穗者的动作，集体观察和讨论。过程中教师可引导幼儿在原地模仿拾穗的动作，加深幼儿对该动作的理解。

- 农民劳作时眼睛看着哪里？地上的麦穗是什么样的？
- 手的动作是怎样的？
- 身体应该画在哪里？
- 要站得稳，腿又是怎么样的？
- 秋天丰收的田地里，除了拾穗者还有什么？

教师根据幼儿的反馈进行总结。

- “拾穗者”在捡拾稻穗的时候，腰需要弯得低低的、腿站得直直的，眼睛紧紧盯着宝贵的麦穗。秋天丰收的田地里，除了拾穗者，还可以有大片等待收割的麦子、不停劳作的拖拉机、远处的农舍等等。

幼儿根据自己对拾穗者的理解，大胆创作。

教师巡回指导，可鼓励幼儿在画面中添画一些太阳、帽子、汗珠、麦穗等。

创作完成后，教师引导幼儿相互欣赏作品，寻找认真拾穗的人物形象，进一步体验和积累画人物的经验。

➤ 谁愿意来分享自己的作品？
➤ 他的作品里有谁？在干什么？
➤ 秋天时，农民还会干什么？

三、分享与总结

➤ 秋天是丰收的季节，也是忙碌的季节。我们吃的粮食都是农民辛辛苦苦种出来、收割回来的，所以要珍惜他们的劳动成果。

小贴士

- 在活动中教师可引导幼儿模仿“拾穗者”的动作，除了长时间的弯腰以外，还引导幼儿感受重复站直和弯腰的动作，给予幼儿“辛苦”的体验，从而帮助他们更深刻地体验农民的辛劳。
- 教师可以根据实际情况，为幼儿提供一部分中国农民劳作时的真实照片，给予幼儿更加直观的体验。照片内容除了可以引导幼儿体会农民的辛苦外，也可以引导幼儿感受农民在丰收时很喜悦的心情。

活动34 四季的故事

活动形式：■集体
重点领域：■语言

活动目标

认知：熟悉四季会发生的事情。
情感：愿意大胆创编，在遇到困难时不放弃、努力设法解决。
能力：能够连词成句，并尝试简单改编使句子更具有逻辑性。

活动准备

教师提前自制三个大骰子，包括：角色骰子（六面的内容分别为小朋友、农民、老师、警察、妈妈、天气预报员）；季节骰子（六面的内容分别为春、夏、秋、冬、夏、冬）；事件骰子（种地、上学、做游戏、做饭、下大雨、过马路）。

家园共育包：四季的故事。

活动过程

一、活动导入

➤ 今天老师带来了三个大骰子，上面有些什么画面？
➤ 仔细看看，这个骰子上面画的内容是什么？
➤ 你猜猜，我们可以用这些骰子来玩什么游戏呢？

教师分别展示三个骰子的六个画面，与幼儿一起命名骰子，并猜测游戏玩法。

小结：今天老师带来了三个骰子，分别是人物骰子、季节骰子和事件骰子。

二、游戏“连词成句”

1. 利用两个骰子进行游戏。

➤ 第一轮游戏，我们要先用到两个骰子，你们想先选择哪两个骰子做游戏？

教师根据幼儿的反馈选出两个骰子，并同时投掷，引导幼儿观察朝上面的图片内容。

➤ 这两个骰子最顶上一面画的是什么内容？

➤ 你可以试着用一句话把这两幅图的内容同时描述出来吗？

➤ 还可以怎么说？你们觉得怎样说才能更流畅自然？

教师引导幼儿根据画面连词成句创编故事。如：小朋友在夏天去游泳；妈妈的生日在秋天；夏天的傍晚下起了倾盆大雨，等等。

教师可邀请幼儿上前投掷骰子，重复游戏。

小结：我们在连词成句的时候，要将两个骰子上的画面都涵盖进去，而且编出来的句子要合理。

2. 利用三个骰子进行游戏。

➤ 现在游戏难度要升级了！如果要用三个骰子同时游戏，要注意什么？

教师同时投掷三个骰子，引导幼儿观察面朝上的图片内容。

➤ 这三个骰子的画面分别是什么？

➤ 你可以试着用一句话来描述这三幅图的内容吗？

➤ 你们觉得这句话通顺吗？还可以怎么说？

➤ 怎样才能编一句合理的句子呢？

教师引导幼儿根据画面连词成句创编故事。如：秋天到了，妈妈在做饭的时候为大家准备了美味的大闸蟹；即便在夏天的傍晚下起了倾盆大雨，警察叔叔依旧在指挥交通；小朋友在春天高高兴兴地去上幼儿园等。

教师可鼓励幼儿多次尝试，尽量使句子更具有逻辑性。

教师可邀请幼儿上前投掷骰子，重复游戏。

三、分享与总结

➤ 你们创编的小故事真是太有趣了！虽然骰子画面是相同的，但是小朋友们发挥想象力，可以创编出各种不同的精彩故事。

小贴士

- 在准备活动材料骰子时，教师可以用泡沫地垫进行拼接，或是利用纸箱自制。教师要尽量提供大骰子，从而保证画面足够大，便于幼儿看清楚。而且骰子上的画面内容，教师可以根据幼儿的经验进行调整，但是需要保证图片中部分人物、事件是有关联的，也可以添加少量没有关联性的画面，增加游戏难度与趣味性。
- 如果幼儿已经具备使用关联词的相关经验，教师可以在活动中引导幼儿适当加入关联词，使语言更具完整性和丰富性，如："因为夏天下了大雨，所以小朋友没有去幼儿园上学。"

活动35 四季骰子

活动形式：■区角
活动区角：■语言

关键经验

能够根据画面，较为通顺地将时间、人物、事件创编为一个完整句子。

活动材料

教师提前自制三个小骰子，包括：角色骰子（六面的内容分别为小朋友、农民、老师、警察、妈妈、天气预报员）；季节骰子（六面的内容分别为春、夏、秋、冬、夏、冬）；事件骰子（种地、上学、做游戏、做饭、下大雨、过马路）。

游戏玩法

1. 两名幼儿共同游戏，一人掷骰子，一人连词成句。

2. 投骰子的幼儿需要将三个骰子同时掷出，另一名幼儿根据骰子朝上面的画面内容进行造句，如："农民在夏天种地很辛苦。"

3. 造句完成后，投骰子的幼儿需要根据自己的常识和经验判断同伴的句子是否合理，或提出合理的建议。

4. 两名幼儿交换角色，轮流游戏。

观察要点

- 幼儿是否能够与同伴商量游戏规则与玩法，合作游戏。
- 幼儿能否根据骰子显示的画面内容进行合理的创编。
- 幼儿的表达是否具有逻辑或尝试使用关联词，如：因为……所以……；虽然……但是……；等等。

小贴士

- 此活动建议在集体活动"四季的故事"之后进行。在投放材料时，教师可将骰子调整为积木大小，骰子画面可以与集体活动所使用的骰子画面相同，也可以根据幼儿日常经验进行重新调整，如幼儿园在北方，教师可将下大雨的画面调整为下大雪。或是班级幼儿生活在海边，则可以将农民画面调整为渔民，将种地画面调整为捕鱼等。
- 在活动中，教师应鼓励幼儿大胆创编，发挥主动性。如遇到看似"不合理"的句子，除了同伴提醒、纠错以外，教师也可以向幼儿了解其创编缘由，接受幼儿天马行空的思维。

活动36　夏季，冬天住哪里

活动形式：■集体
重点领域：■语言

活动目标

认知：了解散文诗的文学形式。
情感：愿意创编散文诗，尝试体会文学语言的美感。
能力：尝试运用丰富、生动的语言创编简单的散文诗。

活动准备

散文诗欣赏范例（《夏季，冬天住在哪里》），夏天常见物品的图片（如阳伞、防晒霜、扇子、空调等），冬天常见物品的图片（如暖宝宝、暖气机、热水袋、厚棉被等），纸，笔。

配套电子资源:相关图片。

活动过程

一、散文诗欣赏

➤ 今天我们要欣赏一首散文诗,名字叫《夏季,冬天住在哪里》。

教师朗诵散文诗的前半部,至“还有巧克力和冰淇淋”,引导幼儿安静欣赏。

➤ 你觉得,散文诗有什么特点?

➤ 在这首散文诗里,说了一个怎样的故事?

➤ 夏天到了,冬天住在哪里?

教师引导幼儿积极讨论和表达,尝试归纳散文诗的特点与结构。

小结:散文诗是诗和散文的结合,同时具有现代诗歌不受格式限制的特点,每一句诗的字数不必相同,而且也具有散文的优美语言。

二、散文诗续编

➤ 除了诗歌中提到的事物,冬天还有哪些常见的事物呢?

教师鼓励幼儿大胆表达,教师也可以出示和冬天相关的图片帮助幼儿更好地表达。

➤ 夏天来了,热水袋住在哪里?它会在做什么事情?

➤ 夏天来了,冬天还可以住在哪里?会发生什么有趣的事吗?

教师引导幼儿进行诗歌续编,鼓励幼儿运用生动、丰富的语言进行表达。教师可协助幼儿用纸笔记录续编的诗歌内容。

创编结束后,教师可将幼儿续编的诗歌汇总在一起,为幼儿朗诵。例如:

➤ 夏天,暖宝宝用不着了,安静地躺在超市的一角,等待被购买;夏天,冬天的厚棉被,依旧是那么厚、那么温暖,卧室的柜子里,总有它的一席之地……

三、散文诗创编

➤ 秋去冬来,夏天去哪里了呢?

教师继续分享散文诗到结尾“冬天,冷饮店锁着门”。

➤ 这些夏天的物件在冬天的时候会住在哪里?它们会做什么事情呢?

➤ 创编散文诗的时候,要注意什么?

教师引导幼儿围绕“冬季,夏天住哪里”展开诗歌创编,教师可根据实际情况,选择是否出示夏天相关物件的图片。

教师鼓励幼儿大胆创编,教师可协助幼儿记录。

四、分享与总结

➤ 我们每个人对冬天和夏天的喜爱程度不一样,在创编散文诗的时候也会融入自己的不同感情。有的孩子,特别喜欢冷饮店,可以在诗句里让它在冬天也开着门;有的孩子不喜欢晒太阳,可以一年四季都打着伞……(根据幼儿的创编情况进行总结)

小贴士

- 大班幼儿想象力丰富,语言能力发展飞速,建议在此活动之后也多给予其表达表现的机会。教师可在日常生活中鼓励幼儿欣赏各种文学形式的作品,并且尝试模仿创编。如在幼儿熟悉了散文诗的题材后,教师可引导幼儿继续围绕《黑夜,阳光住在哪里》《伤心的时候,快乐住在哪里》等一系列的主题展开诗歌创编。
- 在第一次创编时,幼儿可能会多以模仿文学形式、仿编诗歌内容为主,待幼儿熟悉创编方法后,教师可以鼓励幼儿在大胆地表达自己想法的同时,也尝试将自己的情绪情感融入诗歌中。

附 诗歌

夏季，冬天住在哪里？

[苏]瓦采吉斯

夏季，冬天就钻进了衣橱，
爬上了衣架。
皮帽、绒衫、卫生衣
还有手套和它们在一起。
夏季，冬天就躲进了贮藏室，
那里，它和滑冰鞋、
雪橇、滑雪板，
安静地睡成一堆。
夏季，它住进冷饮店，
和它作伴的有冰糕，
还有巧克力和冰淇淋。
等到雪花又飞，
冬天抖抖身子，
从衣橱里走出来，
于是夏天躲进贮藏室。
夏季会不会躲在冷饮店？
这我们可就不知道了——
冬天，冷饮店锁着门。

活动37 一年四季十二个月

活动形式：■集体
重点领域：■科学

活动目标

认知：知道一年有十二个月，了解各季节的分布与轮转。
情感：体会时间的流转，有珍惜时间的愿望。
能力：认识年历，初步了解等分的概念。

活动准备

幼儿每人一张去年的年历，一张放大版的年历，彩色蜡笔若干。

活动过程

一、活动导入，自由探索年历

➤ 今天每个人手里都有一张年历，请你观察一下，说说你发现了什么？
➤ 你还见过其他形式的日历吗？你知道这种为什么要叫年历吗？

➤ 一张年历涵盖了多长的时间？有多少个月？你是怎么看出来的？

➤ 每个月各有多少天？

教师鼓励幼儿自己观察年历，发现年历上的秘密。

小结：一张年历上，有整整一年的时间，共 12 个月。每个月的天数不同，有 28 天、30 天，也有 31 天。大多数时候一年共有 365 天，有时候遇到特殊的闰年时就会有 366 天。

二、感知年历上的四季

➤ 一年一共有几个季节？分别是哪些？

➤ 你能从年历上找到春夏秋冬四个季节吗？

➤ 年历上有些特殊的日子是和季节有关的？

➤ 什么叫"立春"？"立"是什么意思？

教师引导幼儿发现年历上特殊的日子如"立春""立夏""立秋""立冬"。

教师可说出以上四个节气的日子，引导幼儿在年历上找一找，并做好标记。

小结：一年一共有春夏秋冬四个季节。在中国人的年历上，有二十四个节气，从节气意义上讲，"立春"这一天就是春天开始的日子。立春中的"立"字，是开始的意思。同样，"立夏""立秋""立冬"就是夏秋冬三季开始的日子。

三、探索四季的天数

➤ 孩子们，春天一共有多少天呢？

➤ 节气上的春天是从立春开始，到哪天结束呢？

➤ 夏天、秋天、冬天分别有多少天？

➤ 春夏秋冬四个季节的交替，有什么规律吗？

➤ 年历上，立春前面的这一部分是什么季节？

教师引导幼儿任选四支彩色蜡笔，将一年四季标注出来，并且尝试数一数春天、夏天、秋天、冬天分别有多少天。

➤ 今天是几月几号？是什么季节？数一数，距离夏天的到来还有多少天？

➤ 在夏天到来前，你还想要做哪些事情？

幼儿自由表达。

四、分享与总结

➤ 从立春开始，到立夏的前一天，都是春季。从立冬开始，到立春的前一天都是冬季，年年都是如此。春、夏、秋、冬四个季节就是这样轮回交替的。

小贴士

- 一年四季的时间流转对于幼儿来说是相对抽象的概念，所以教师可以借助年历这样具象的事物帮助幼儿理解。在准备活动材料时，教师要尽可能保证幼儿能够人手一张年历，年历可请家长协助收集，也可以由教师自行打印。
- 在此活动之前，建议教师在日常生活中帮助幼儿积累"二十四节气"的相关经验，例如结合以往节气活动的照片，唤醒幼儿对立春吃春饼、立夏秤人等习俗的回忆，帮助幼儿更好地理解"立春""立夏"等节气的意义，加深对中国优秀传统文化的了解。

活动38 你说我猜

活动形式：■区角
活动区角：■语言

关键经验

了解一年四季中会发生的特定事件，并能用清晰的语言进行表述。

活动材料

教师提前收集各种季节相关的事件图片，如：雷阵雨、小麦丰收、堆雪人、大雁迁徙、青蛙冬眠等。

游戏玩法

玩法一

1. 两名幼儿共同游戏，协商确定好在首轮游戏中各自的游戏身份。

2. 一名幼儿闭着眼随机抽取事件图片，并将图片举过头顶，另一名幼儿观察并描述图片内容，如：这张图片是在下雷阵雨。举起图片者要根据表述，猜测这是什么季节发生的事情。

3. 两名幼儿交换角色，轮流游戏。

玩法二

1. 两名幼儿共同游戏。

2. 一名幼儿闭着眼随机抽取事件图片，并将图片举过头顶，另一名根据画面进行肢体动作表演。举起图片者要根据表演猜测这是什么季节发生的事情。

3. 两名幼儿交换角色，轮流游戏。

观察要点

- 幼儿是否能够与同伴友好地商量游戏规则与玩法。
- 幼儿能否根据图片画面进行正确的语言描述或肢体动作表演。
- 幼儿是否能够根据图片画面描述的事件，关联相应的季节。

小贴士

- 教师在投放材料时，可以投放一张张的图片，引导请幼儿将图举过头顶，也可以将其制作为可以替换图片的头饰，引导幼儿戴在头上进行游戏。
- 教师可以根据幼儿的经验和发展水平，适当调整活动中的图片画面内容。如果幼儿对季节的理解较浅，则可以使用“（冬天）堆雪人”、“（夏天）吃冰淇淋”等季节性相对明显的图片；如果幼儿对季节已经有了比较深入的了解，则可以使用季节特征相对模糊的图片，如“枝繁叶茂的大树”“阳光照射的海面”等。教师通过图片内容来调整游戏难度，可以使该活动适合更多的幼儿，也帮助幼儿发散思维，大胆表达自己的想法。

活动39 日历、月历与年历

活动形式:■亲子
重点领域:■科学

关键经验

认识日历、月历和年历,并理解其用途。

活动准备

日历、月历、年历,笔,贴纸。

活动过程

1. 幼儿与家长一起收集家中的日历、月历和年历。
2. 家长引导幼儿观察日历、月历、年历上的不同数字、颜色,鼓励幼儿猜测其含义。家长可向幼儿介绍,如红色代表休假的日子,汉字的一月表示这是一年中的第一个月。
3. 家长引导幼儿用笔或贴纸在日历、月历或年历上标记出重要的日子,如:家庭成员的生日、毕业的日子、开学的日子等。

小贴士

- 此活动可在集体活动“一年四季十二个月”的前后开展。如果是在集体活动之前进行,教师则引导幼儿和家长一起收集年历,并将年历带至园中作为集体活动的操作材料;如果是在集体活动之后进行,则请已有经验的幼儿独立完成家中的日历、月历和年历的收集工作。
- 在活动中,家长不仅需要引导幼儿观察和发现日历、月历和年历上的数字、颜色等的不同,还应鼓励幼儿发现每个月的不同天数,以及所标记的阴历、节气等细节内容。

活动40 我最喜欢的季节

活动形式:■亲子
重点领域:■社会 ■语言

关键经验

1. 乐于积极与人交流,愿意接纳与自己不同的想法。
2. 通过各种方法采访身边的人,了解他们对季节的不同喜好。

活动准备

纸、笔、相机、录音笔、电话等工具。
家园共育包:季节采访。

活动过程

1. 在采访前，家长引导幼儿初拟采访稿件，尝试在纸上用符号或图画记录采访时需要问的几个问题，如：您最喜欢什么季节？你最喜欢这个季节的理由是什么？相比之下，春天和夏天您更喜欢哪一个？等。

2. 幼儿根据自己的喜好，自主选择被采访者，如家人、园里的老师等。

3. 幼儿通过各种方式向身边的人展开采访和调查，并将采访结果记录下来。

4. 采访后，幼儿将自己的采访结果分享给同伴。

小贴士

- 大班幼儿具有较强的学习主动性、计划性以及坚持性，所以在大班阶段的采访活动中，教师可以建议家长鼓励幼儿先做计划、列提纲。制定采访计划后，幼儿就能有目的性地完成采访任务，在采访过程中也能萌发更多自己的独特想法与认识。
- 家长可鼓励幼儿以多种方法开展采访活动，例如在采访常常能够见面的亲人时可以采取面对面采访的方式，而对于不经常见面的亲人，则可以利用电话采访、视频采访等形式。

主题分享与展示

在“四季变变变”这个主题里，幼儿从明显的天气现象展开探索，发现一年四季的明显不同。在幼儿园里，他们除了对身边动植物进行当季的探索，还能够结合以往对四季的了解，尝试进行一系列的记录与比较，发现事物内在的联系，体会季节与人类生活之间的关联。在此基础上，本月的主题月结家长展示中，我们给教师提供如下建议：

季节大调查

教师与家长鼓励幼儿通过各种形式如面对面采访、视频通话、电话咨询等方式，向自己周围的家人、亲戚与同伴调查他们最喜爱的季节，以及喜爱这个季节的理由。在汇总调查记录后，教师或家长引导幼儿比较发现大家各自喜欢的季节存在不同，喜欢同一季节的理由也不同。

好性格成长记录

家长提供幼儿对家人进行采访调查、探索年历、寻找“百叶箱”等的场景照片，教师与平时园内记录结合，共同纳入幼儿成长档案册，体现幼儿性格涵养中热爱自然、专注观察的仁爱之心与专注之心。

月结分享会

教师向家长通过照片、视频、PPT 等形式，展示“四季变变变”这个主题中，幼儿获得的相关经验，分享平时在集体教学、区角游戏、户外、生活活动等活动中记录的过程性照片和描述，如幼儿播报天气、探索水的过滤、参与《一朵花》的乐器演奏等，帮助家长了解幼儿在本主题中的收获，并能够配合教师，在家中继续巩固和扩展这些经验。

小树林

在活动“植树节”“照顾小树”后，教师引导幼儿持续对自己种下的小树或种子进行照顾和观察。

在经过一段时间的浇水、施肥、除草等“爱心养护”后，幼儿可带领自己的家人或幼儿园的弟弟妹妹参观班级小树林。

天气预报员

教师鼓励每个幼儿都去尝试当一次“天气预报员”，并且在幼儿播报天气时将过程录制为视频，分享给家长与幼儿园其他小朋友。

主题活动三：拥抱大自然

主题介绍

大自然对幼儿有着极大的吸引力。无论是停留在草丛中的小小瓢虫，还是看似狡猾的狐狸，抑或是动物们各具特色的生活环境，以及地球这个动物、植物与人类的共同家园，都会让大班幼儿产生强烈的好奇心和探索欲。为此，我们在“拥抱大自然”主题活动中特意设计了两个趣味盎然的子主题活动——“动物大世界”和“环保小卫士”。

在“动物大世界”子主题中，幼儿可以在奇妙的动物世界中积极探索，寻找最特别的动物朋友，欣赏千差万别的自然景观，探寻、观察、记录有趣的昆虫朋友，了解例如纲目科、食物链等更深层的动物知识。幼儿还将变身为绘本故事《玉米和瓢虫》中的勇敢瓢虫，赶走蚜虫，保护玉米！

在“环保小卫士”子主题中，幼儿会将目光转向我们的宝贵家园——地球。幼儿将走进社区，在生活中仔细观察，发现身边的污染现象。幼儿还将在游戏、音乐、美工等多样化的活动中进一步感知和理解垃圾分类、绿色出行、变废为宝等环保知识，从点滴小事做起，爱护环境、保护地球，成为对大自然怀有“仁爱之心”的小君子。

大自然是幼儿成长过程中不可或缺的亲密伙伴。在这个温暖美好的春天里，让我们一起为幼儿创造亲近自然的良好条件，让他们可以拥抱和探索大自然！

本月教育重点

1. 对大自然充满好奇心和探索欲，愿意通过自己的操作去发现问题的答案。
2. 知道地球对人类、动物和植物的重要性，感知环保的重要意义。
3. 能够进行10以内数的分解与组合，理解分合中的互换、互补关系。
4. 能够用丰富、完整、流畅、准确的语言大胆表达自己的看法或意见。

本月常规活动重点

1. 运动时能自己躲避危险，也能不给别人造成危险。
2. 能与同伴礼貌交往，友好地分工合作。
3. 养成不乱扔垃圾、垃圾分类的良好生活习惯。
4. 能形成对待昆虫的正确态度，照料好所饲养的动物朋友，具有责任心。

给家长的一封信

亲爱的家长：

大自然神奇无比，大班孩子渴望更深入地认识大自然中的动物、自然环境、地球家园……我们设计了“拥抱大自然”系列主题活动，让孩子能够亲近自然，感受动物的多样性，观察身边的环境变化,从不同角度认识地球。

本主题包含的子主题:

动物大世界、环保小卫士。

在这个主题中,孩子们将:

- 走进奇妙的动物世界,发现最特别的动物,认识动物的生活环境。
- 了解玉米、蚜虫、蚂蚁和瓢虫的食物链关系,观察记录昆虫踪迹。
- 发现和了解身边的污染现象,萌发对美好环境的憧憬。
- 学习了垃圾分类等环保小知识,养成维护环境卫生的良好生活习惯。
- 通过了解动物和地球环境,体验环保活动,萌发保护环境的意识。

家长可以这样做:

- 和孩子一起完成"动物之最""垃圾分类大调查""变废为宝"等活动。
- 陪孩子走进大自然,欣赏自然景观,探索和记录感兴趣的动物行为。
- 和孩子一起减少垃圾的产生、垃圾分类、回收利用环保材料,绿色出行。
- 亲身参与和体验各种环保活动,成为"环保小卫士"。

四月的大自然,美好浪漫。我们相信通过这些活动,孩子一定能够愉快地张开双臂,拥抱大自然!

与您的孩子一起拥抱大自然的老师

主题环境创设建议

一、创设与准备

1. 教师在主题墙面上划分几个区域(圆圈、方形或不规则形皆可),几个区域之间要有交集,可以将师幼共同收集的各种动物图片按照不同的分类依据来摆放,但是不要摆满,需要留白以不断填充幼儿新认识的图片和新带来的图片。同时分类依据也可以不断变化,并且在活动过程中教师可将其更换为幼儿提出的分类方法。在动物分类区域旁,可以进一步丰富动物外形图片、生活习性图、生活环境图等素材,合作布置出"动物大世界"情景。

2. 利用美工区的墙面、桌面和橱柜背面,布置自然环境图片、风筝图片等,可灵活使用台历、桌面立板等展示动物折纸示意图等操作步骤示意图。

3. 在自然角的墙面张贴相应昆虫的照料、饲养方法图片,提供幼儿可随手获得的工具及记录材料。

4. 将班级中的垃圾桶更换为颜色区分清晰的垃圾分类垃圾桶,在班级中设置环保废旧材料回收处。

二、生成与展示

1. 将幼儿记录好的各类观察记录表,如"动物之最"记录表等张贴在科学区的墙面,供幼儿交流分享。

2. 将幼儿制作的"昆虫日记"投放在科学区。

3. 将幼儿创作的"多彩的地形地貌""瓢虫的故事""奇妙的房子"等作品布置展示在美工作品展

示区，风筝作品可以悬挂。

动物和自然，都是内涵丰富、活动充实的主题，对于大班幼儿，教师需要为他们提供有一定挑战性的探究内容，同时在环境上注意留白，特别注意可以为大班幼儿留出“问题墙”和“发现墙”，鼓励幼儿提出各种各样与主题相关或是自己想知道的问题，鼓励幼儿之间互相解答问题。以上主题环境创设提示，仅供教师们参考，需根据幼儿的实际需要和表达表现，不断调整环境创设和材料的投放。

三、区角活动规划

区角活动规划	
阅读区	1. 米吉卡/著，张秀丽/改编，詹伟胜、荆甜/绘：《吼吼的小鸭子》，青岛出版社 2. 李冯/著，陈丹妮/改编，詹伟胜/绘：《玉米和瓢虫》，青岛出版社 3. 李望枝/著，陈萍/改编，孟铭/绘：《好狐狸　坏狐狸》，青岛出版社 4. 大卫·李·哈里森/著，贾尔斯·拉罗什/绘：《这是我的家：大自然的动物筑巢诗》，王丁鹏/译，辽宁少年儿童出版社 5. 得田之久/著：《昆虫的一生》，胡南夫/译，文化发展出版社 6. 阿兰·塞尔/文，西尔维娅·博南尼/图：《如果地球被我们吃掉了》，武娟/译，河北教育出版社 7. 亚历山德拉·米热林斯卡、丹尼尔·米热林斯基/著：《谁吃谁》，乌兰/译，贵州人民出版社
美工区	1. 活动9“多彩的地形地貌”：投放KT板或废旧硬纸盒等材质比较硬挺的底板材料、各色轻黏土、水粉颜料、轻黏土辅助工具/泥塑工具、不同自然环境的图片等材料 2. 活动24“动物集合啦”：投放动物折纸示意图、正方形彩纸、硬卡纸、水彩笔、固体胶、安全剪刀等材料 3. 活动31“风筝”：投放活动资源“风筝”、国画颜料（或水粉颜料、丙烯颜料、水彩笔、油画棒等材料均可）、笔刷、调色盘、小水桶、胶水、防水桌布、儿童防水工作服、透明胶、风筝成品、风筝图片等材料
益智区	1. 活动5“动物棋”：投放KT板或硬纸壳等较为硬挺的材料，石子、瓶盖、纸杯等有一定厚度的材料，老虎、鸡、棒子、虫、鸭子和鱼的图案 2. 活动12“小鱼的鳞片”：投放两张小鱼线描图、蓝色和红色的小鱼鳞片至少各13片、两张小鱼鳞片搭配记录表、水彩笔和油性笔等材料 3. 活动14“动物地图”：投放棋盘状方格图、用无纺布做成的小动物图案、方位卡片等材料 4. 活动37“套指环”：投放各色指环、指环提示卡、过塑好的空白指环提示卡、水性彩笔等材料 5. 活动41“环保纸盒”：投放各式各样的废弃纸盒（教师提前将其拆开、展开、平铺成平面图形）、双面胶或白乳胶、白纸、铅笔或水彩笔等材料
科学区	活动8“这是谁的家”：投放不同自然环境的图片、不同图片搭配的音频、不同自然环境中典型的动物形象（可提前过塑）、点读笔录音贴纸、点读笔等材料
建构区	活动43“未来小区”：投放各类积木、塑料瓶、易拉罐、纸盒、纸杯等适合建构的环保材料、白纸、笔等材料
自然角	活动18“昆虫日记”：投放容易饲养的无害昆虫、昆虫标本、透明的饲养容器、昆虫的食物、放大镜、镊子、手套、针管等工具、白纸、彩笔等材料

主题活动方案

活动 1 动物之最

活动形式：■亲子
重点领域：■科学

关键经验

1. 积极探索“动物之最”，感受大自然的奇妙。
2. 了解和记录一些动物的外形特征、生活习性、生活环境等。

活动准备

“动物之最”调查单，白纸，记录表，彩笔。

教师可根据幼儿的实际情况和兴趣点，适当调整“动物之最”调查单上的问题，使其更适合本班幼儿。

配套电子资源：调查单。

活动过程

1. 家长将“动物之最”调查单上的问题念给幼儿听，与幼儿讨论、选定调查问题，并协商调查计划：你知道这些问题的答案吗？你最感兴趣的问题是哪一个？我们可以从哪里找到这个问题的答案？

2. 家长协助幼儿利用图书、网络、电视、参观自然博物馆等途径，围绕记录表的内容展开调查。

3. 调查结束后，幼儿用图画、符号、数字等方式将自己的发现记录在表中，家长可协助拍摄照片、录制音视频或补充文字说明等，帮助幼儿丰富记录表的内容。

4. 幼儿将记录表、相关照片等资料带至园内，并与同伴进行分享：我调查的问题是__________，我是通过__________方式找到答案的。××动物是__________样子的，喜欢吃__________，居住在__________。

小贴士

教师可在教室主题环创中或科学区墙面预留出一块“动物之最”的区域，用于张贴幼儿的记录表或搜集到的资料，便于幼儿间的分享和交流。

附 调查单

"动物之最"调查单

世界上有各种各样的动物,它们有着各自的特点和本领。亲爱的小朋友们,你们知道下面这些问题的答案吗?快和爸爸妈妈一起来研究一下吧!

1. 世界上最高的动物是什么?
2. 世界上最大最重的动物是什么?
3. 世界上最小的鸟是什么?
4. 陆地上跑得最快的动物是什么?
5. 世界上最爱睡觉的动物是什么?
6. 世界上最聪明的动物是什么?
7. 世界上牙齿最多的动物是什么?
8. 世界上嘴巴最大的陆生哺乳动物是什么?……

"最______的动物"记录表

它的样子	
它喜欢吃什么	
它的家在哪里	

活动2 动物旅馆

活动形式:■集体
重点领域:■科学

活动目标

认知:巩固对动物多维度的认识。
情感:对动物充满好奇,感受动物的多样性。
能力:能够进行多角度分类,并用数字、符号、图画等记录自己的分类结果。

活动准备

不同种类的动物图片若干(应尽量包括鸟类、昆虫类、哺乳类、鱼类),楼房底板图片(红色的二层楼房、黄色的三层楼房、蓝色的四层楼房),白板,幼儿操作材料(包括动物卡片、楼房底板),彩笔,"动物旅馆"记录表。

配套电子资源:动物图片,楼房图片。

活动过程

一、观察图片,感受动物的多样性

教师在白板上展示所有的动物图片。

➤ 森林旅游节开始啦，今天森林王国迎来了第一批动物旅客，它们都是谁呢？
➤ 这些动物旅客都有什么特点呢？
➤ 想一想这些动物旅客的生活习性会是一样的吗？有哪些相同的地方，又有哪些不同的地方呢？

幼儿观察图片，与同伴讨论和表达。

教师与幼儿共同小结。

➤ 这些动物旅客各有各的特点。它们有不同的技能，有的会飞，有的会游泳；它们有不同的食物偏好，有的喜欢食草，也有的喜欢食肉。

二、探索不同的分类方法

1. 到达二层旅馆。

➤ 动物旅客需要先入住到旅馆中，它们来到了第一栋旅馆前。你们看，这栋旅馆是什么样的？
➤ 原来，这是一栋两层楼的旅馆。如果动物旅客要住进这栋旅馆里，可以怎么分呢？

教师为幼儿分发操作材料、记录表和彩笔。

幼儿自由讨论，并利用材料进行分类操作。

➤ 你觉得可以怎么分？你是根据动物旅客的什么特点来分类的？
➤ 为了更好地登记动物旅客的入住信息，请大家在表格中画下你的分类标记，并记一记每层楼会住几位动物旅客。

教师邀请幼儿介绍自己的分类方法和依据，可同时在白板上展示不同的分类方法，引导幼儿感受分类方法的多样性。

教师鼓励幼儿用图画、符号和数字在记录表上记录。

教师与幼儿共同小结。

➤ 小朋友们想出了很多不同的分类方法，如可以将动物旅客分为食草动物和食肉动物，也可以将它们分为生活在水里和生活在陆地上的动物，还可以将它们分为会飞的和不会飞的动物……（教师根据幼儿的操作情况来总结）

2. 到达三层旅馆。

➤ 糟糕，有的动物旅客觉得两层楼的旅馆太拥挤了，住着不舒服。它们打算重新找一家旅馆试试。动物旅客来到了黄色旅馆前，这栋旅馆会是大家喜欢的吗？
➤ 这栋旅馆一共有几层楼？你觉得动物旅客可以怎么分？别忘了在记录表上记下你的方法哦！

幼儿进行分类操作，并在记录表上做好记录。完成后，幼儿可与同伴自由讨论与交流。

教师邀请幼儿展示自己的记录表，并分享自己的分类方法和依据。

教师与幼儿共同小结。

➤ 有的小朋友将动物旅客分成了会飞的、会游泳的和会爬的动物，也可以分为没有腿的、两条腿的、四条腿以及四条腿以上的动物……

3. 到达四层旅馆。

➤ 动物旅客经过商量，希望再看一家旅馆后再做决定。于是，大家来到了一栋蓝色旅馆前。这栋旅馆是几层的呢？
➤ 你会怎么安排旅客的入住楼层？还有没有其他的安排方法？

幼儿进行分类操作，并在记录表上做好记录。完成后，幼儿可与同伴自由讨论与交流。

教师邀请幼儿展示自己的记录表，并分享自己的分类方法和依据。

➤ 小朋友们观察得很仔细哟！我们可以将动物旅客分成鸟类、昆虫类、哺乳类和鱼类。原来同是这些动物旅客，也可以有这么不同的分类方法。如果你来安排入住，你会选择哪栋旅馆呢？

幼儿自由讨论和表达。教师可根据幼儿的意见，在白板上展示出相应的分类方法。

活动结束，教师引导幼儿分类整理、归位操作材料。

三、分享与总结

➤ 谢谢小朋友们的帮忙，动物旅客终于入住到舒适的旅馆中。相信动物旅客们一定可以度过一个开心有趣的森林旅游节！

小贴士

- 教师可根据幼儿的分类能力发展水平，以及幼儿对动物的认知深度，适当调整活动难度和环节设置。多重角度分类活动有利于幼儿的发散性思维的发展，在活动过程中教师可鼓励幼儿尽可能想出多种不同的分类方法，同时尊重幼儿的自主表达，不单纯地以“对或错”来评价幼儿的分类方法。
- 大班幼儿对于动物的认知已经从基本的外形特点、生活习性，上升到了解动物的纲目科、独特性等，因此教师在活动中要注意多引导幼儿使用较高层次的分类依据来进行多角度分类。

活动 3 动物真奇妙

活动形式：■日常
重点领域：■语言

关键经验

能够使用完整、丰富的语言有序、连贯、准确地介绍自己所了解的“奇妙动物”。

活动准备

幼儿提前准备好的展示材料，可包括：活动 1 中“动物之最”的记录表或相关图片资料、幼儿的涂鸦海报、幼儿与动物的合照等。

活动过程

1. 分享前，教师引导幼儿讨论：可以用什么方法来确定分享的顺序？你想选择哪个方法，为什么？教师根据讨论结果，如抽签、排序、自荐等方式，协助幼儿确定分享顺序。

2. 教师引导幼儿在晨间活动、餐前准备、过渡环节、离园活动等一日生活各环节中围绕自己了解到的“奇妙动物”进行分享，可配合展示提前准备好的材料。教师提醒分享者使用有序、连贯、准确的语言进行介绍，其余幼儿应安静倾听。

3. 分享结束，教师鼓励作为听众的幼儿围绕自己感兴趣的部分进行补充或提问，激发幼儿的自由交流。

小贴士

- 本活动可持续开展 2—3 周，教师应保证每名幼儿都有在集体面前进行分享的机会。
- 教师可根据实际情况，鼓励幼儿采用多样化的形式进行分享。除了结合“动物之最”记录表进行分享外，幼儿还可以结合自制的涂鸦海报进行“说画”，也可以讲述相关动物的绘本故事，或是围绕家长协助录制的音视频进行介绍等。

活动 4 动物音乐会

活动形式：■集体
重点领域：■艺术

活动目标

认知：知道乐器和节奏可以用不同的符号样式和数量来表示。

情感：喜欢和同伴一起进行打击乐演奏；愿意主动表达自己对乐曲的感受。

能力：能看懂图谱，并尝试用“X、XX、XXXX”三种节奏型为乐曲伴奏。

活动准备

音乐《葡萄牙进行曲》，打击乐图谱，小鼓或木鱼、锣或碰铃、串铃棒或沙锤等打击乐器（教师根据幼儿的喜好和幼儿园具体条件，在金属乐器、木制乐器和散响乐器中各选一种即可）。

配套电子资源：打击乐图谱。

活动过程

一、谈话导入

教师引导幼儿回顾前期活动经验，引出“动物音乐会”这一活动主题。

- 我们的动物朋友们今天要举办一场动物音乐会，想邀请小朋友们参加，你们听！它们好像已经开始演奏了呢！

二 好听的音乐

1. 感受音乐。

教师播放《葡萄牙进行曲》的音频，引导幼儿欣赏音乐，讨论音乐的旋律特点以及它带给人的感受。

- 你喜欢这首歌吗？这首歌给你带来了什么样的感觉？
- 你听这首歌的时候心情怎么样？

2. 身体乐器。

教师播放音乐，引导幼儿通过拍手等声势动作来表现乐曲，感受乐曲四四拍的节拍特点（强—弱—次强—弱），同时尝试在弱起的音乐中正确进入音乐节拍。教师可以重复 2 遍。

- 小动物们演奏的这首音乐真好听，我们可以跟着音乐一起动一动，你想动动身体的哪个部位？

教师引导幼儿用一个声势动作分别按照 X、XX、XXXX 的节奏型进行身体乐器的伴奏表现，每个节奏型都可以重复 1—2 遍，熟悉一个后再进入到下一个。

三、和小动物一起演奏

1. 选择音乐乐器。

教师引导幼儿说一说音乐中用到的乐器，同时引导幼儿挑选自己喜欢的乐器为演奏做准备。

- 你在音乐中听到小动物们演奏这首音乐用到了什么乐器？
- 你比较喜欢什么乐器？可以挑选一个自己喜欢的乐器。
- 可以敲一敲手中的乐器，听听它的声音，小动物们在演奏音乐的过程中用到过这种乐器吗？
- 我们拿到了乐器，也可以和小动物们一起演奏了。

2. 演奏 A 段。

播放慢速弹奏的《葡萄牙进行曲》录音（或教师亲自弹奏），播放完 A 段，教师展示 A 段图谱，引

导幼儿分别用鼓和锣根据“|X － X － |”和“| X X XX X |”这两种节奏型为 A 段音乐进行伴奏。

教师在引导幼儿演奏的过程中，注意提醒幼儿发现图谱中不同的符号，理解它们代表的乐器和所需要演奏的时值都是不同的，在探索和发现的过程，幼儿才能慢慢建立符号与音乐本身的联系。

➤ 这代表什么乐器？（手指图谱上的小鼓记号）

➤ 这个符号有没有重复的？是怎么重复的？你能找到其中的规律吗？

➤ （教师示范 A 段小鼓的打击乐演奏）我用小鼓是怎么演奏的，请你注意看、仔细听。

➤ 小鼓应该怎么演奏？请你试一试。（幼儿尝试模仿教师跟随音乐和图谱进行演奏）

3. 演奏 B 段。

幼儿能够根据教师的指挥，成功在节奏点进入音乐，并能够用鼓和锣伴奏完 A 段之后。用相同的方式呈现 B 段音乐和 B 段图谱，幼儿根据教师的引导分别尝试用碰铃和串铃分奏 B 段。

四、分享与总结

幼儿能够用稳定的节奏型演奏完自己的片段，并根据教师的指挥在特定时间点进入音乐、停止演奏，在此基础上，教师引导全体幼儿根据指挥完整演奏《葡萄牙进行曲》。

➤ 要想一起合奏一首好听的乐曲，就一定要听从指挥家的指挥，齐心协力、团结合作，才能取得好的演奏效果哦！

小贴士

- 如果幼儿使用乐器的前期经验较少、参与音乐活动的机会较少，可以先请幼儿使用 1 种乐器进行演奏，用 1 种乐器表现 3 种节奏型。在掌握节奏型的基础上再尝试不同的乐器，并进行分奏、合奏等尝试。
- 在幼儿熟悉歌曲之后，教师可以引导幼儿按自己的想法创造性地为乐曲伴奏，幼儿可以以每一小节或每一拍为单位，创编节奏型，之后随着音乐重复这一创编段落，在一定程度上理解打击乐伴奏的基本规律，即用重复固定的、合拍的、稳定的节奏型为歌曲伴奏。

附 歌曲

葡萄牙进行曲

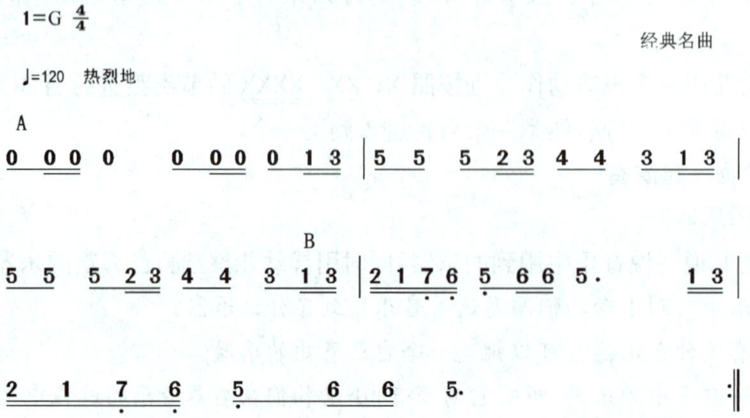

活动 5 动物棋

活动形式：■区角
活动区角：■益智

关键经验

1. 能够遵守不同棋类游戏的游戏规则。
2. 能够尝试利用围堵、拦截、吃子、进攻、连线的技巧取得游戏胜利。

活动材料

KT 板或硬纸壳等较为硬挺的材料，石子、瓶盖、纸杯等有一定厚度的材料，老虎、鸡、棒子、虫、鸭子和鱼的图案。

教师提前用 KT 板等制作"虎鸡虫棒"棋和动物五子棋的棋盘并用瓶盖等材料制作棋子，棋子上方贴上相应的动物图片，"虎鸡虫棒"棋的棋子共 8 枚，双方各 4 枚，五子棋的棋子数量根据棋盘的方格来设定，但确保双方鸭子和鱼的棋子各占总数的一半。在条件允许的情况下，教师也可以直接购买这两种棋。

配套电子资源：棋盘、棋子图片。

游戏玩法

玩法一："虎鸡虫棒"棋

1. 幼儿两两结对，分好棋子准备进行游戏。
2. 观察棋子和棋盘，将棋子放到棋盘对应的地方，知道中间三角形的位置为两方基地。
3. 在教师的引导下，了解游戏规则，即老虎吃鸡、鸡吃虫、虫吃棒子，棒子打老虎；走子方向不限，有线连接即可行走。
4. 幼儿自主游戏，尝试通过围堵、进攻、吃子等方式"攻陷"对方基地，一方任意一枚棋子占领对方基地则视为获得游戏胜利。
5. 整理棋子和棋盘，与同伴针对刚刚的游戏进行讨论。

玩法二：动物五子棋

1. 观察棋子和棋盘，教师引导幼儿了解游戏规则。游戏规则为：在棋盘格子内放置棋子，每人每次下一枚棋子，轮流下子。
2. 幼儿理解游戏规则之后进行自主游戏，黑子先行，也可自由商议谁先下，游戏过程中，尝试利用拦截、连线的方式获得游戏胜利。
3. 任意一方五颗棋子连成一条线则视为获得游戏胜利。
4. 整理棋子和棋盘，幼儿可以尝试为其他对游戏感兴趣的幼儿讲解游戏规则。

观察要点

- 幼儿是否主动参与棋类游戏。
- 幼儿能否遵循游戏规则进行棋类游戏。
- 幼儿是否明晰胜利条件，即主动发现自己或对方已然胜利/失败。
- 幼儿能否尝试利用围堵、拦截、吃子、进攻、连线等方式进行游戏。

小贴士

- 在幼儿明晰游戏规则之后，教师可以设立一定的奖励机制，引导幼儿感受竞技游戏与竞争，尝试通过多种方式获取游戏胜利。
- 棋类游戏是一种能够锻炼幼儿专注力、同时又能够提升幼儿逻辑思维的游戏，在幼儿熟悉了这两类棋之后，教师可以举行一场“我是小棋手”的竞赛，看看谁能夺魁哦！

活动 6 动物们的家

活动形式：■集体
重点领域：■语言 ■科学

活动目标

认知：了解动物的生活环境。
情感：感受诗歌的韵律美、辞藻美和意境美，体验创编诗歌的乐趣。
能力：能够仿照诗歌句式运用形容词和动词创编诗歌，清楚地介绍动物的“家”。

活动准备

诗歌内容图片（根据诗歌准备 4 幅图，包括：马和草原、骆驼和沙漠、小鱼和河流、喜鹊和大树），其他素材图片（都以动物和其生存环境的形式存在），音频（风和马蹄声、流沙声、水声、鸟叫声）；马克笔或油性笔，柔和的背景音乐，白纸（教师可以做成记录表，记录表分为两栏——动物和其生存环境）。

配套电子资源：相关图片，音频。

活动过程

一、谈话导入

教师引导幼儿回顾已有经验，围绕动物们的“家”展开讨论，引出中心话题。

- 我们每个人都有自己的家，那小动物们有家吗？
- 它们的家在哪里？
- 原来小动物们也有不同的家，老师今天带来了一首关于小动物和它们的家的诗歌，请小朋友们听一听。

二、诗歌中的“家”

1. 完整欣赏诗歌。

教师跟随背景音乐有感情地朗诵诗歌，引导幼儿感受其中的韵律美。

- 这首诗歌好不好听？
- 你刚刚听到了些什么？
- 你喜欢诗歌中的哪一句？/你还记得刚才诗歌中的哪一句？

教师依次出示诗歌内容图片，引导幼儿观察图片内容，并复述诗歌语句，感受其中的辞藻美。

如：出示“马和草原”的图片

- 这是什么动物？

➤ 它在哪里？

➤ 这是一片什么样的草原？

➤ 原来“广阔的草原上小马在跑”，广阔就是小朋友们刚刚说的宽宽的、大大的意思。

这一过程中幼儿能够不断拓展词汇量，教师可以引导幼儿开始尝试以“形容词＋名词”以及“名词＋动词”的方式来进行表达，使语句更形象和丰富。

2. 感受诗句。

教师依次播放音频，引导幼儿闭眼联想，感受诗句之中的意境美。

如：播放风和马蹄声

➤ 你听到了什么声音？

➤ 风轻轻地吹过草地，绿油油的草原看不到尽头，一匹小马欢快地在草原上奔跑了起来。就像我们诗歌中写的“广阔的草原上小马在跑”。

为了使幼儿能够想象出丰富、贴合诗句的画面，教师可以通过对诗句的理解，用更为细致的语言描绘出生动、形象的画面。

三、还有谁的“家”

1. 尝试创编。

教师展示一张素材图片，引导幼儿尝试根据诗歌第二段的句式来创编诗歌。

➤ 想象一下，图片上的小动物在干嘛？

➤ 它在什么地方？

➤ 可以把它用诗歌里一样的诗句说出来吗？怎么说？

教师这里主要关注和引导幼儿使用“形容词＋地点”（如：广阔的草原）和“小动物＋动词”（小马在跑）的方式进行表达，幼儿不仅要用到更多丰富的词汇，还要将这些词汇串联成一个完整的句子。

教师可以根据幼儿的语言实际发展水平，再展示1—2张图片，并进行诗歌句子创编的引导。

2. 小组创编。

在大部分幼儿已经能够创编诗歌语句之后，教师引导其分为5—6组，引导过程中要注意让语言能力稍强的幼儿与语言能力稍弱的幼儿搭配组合。同时展示其他素材图片，幼儿可以根据教师提供的素材，继续创编诗歌，也可以依据自身经验，将自己认识的小动物和它的“家”用笔记录在白纸上，并创编成诗歌。创编完成后，以小组为单位进行朗诵，可以单独朗诵给身边的同伴听，也可以一起朗诵给教师或其他幼儿听。

四、分享与总结

➤ 原来我们自己也能编出好听的诗歌，你们真是一个个小诗人，日常生活中我们也可以用诗一样的语言来表达自己的想法哦！

小贴士

- 在诗歌创编环节中，教师要注意引导幼儿加强和同伴之间的交流，教师也可以适当、适时介入幼儿之间的讨论，为幼儿提供一些适宜的新鲜词汇，扩展幼儿的词汇量，且要注意联系幼儿的已有经验，帮助幼儿理解词义。
- 教师在本活动结束后，可以将诗歌的音频、图片、幼儿创编的诗歌记录投放到阅读区，让幼儿在区角活动时继续感受和创编。活动结束后的一日生活的各个环节，教师也可以有意识地引导幼儿多使用形容词，拓展完整语句。

附 诗歌

我们的“家”

星星在天空闪烁，
土壤覆盖着大地，
蓝色的海洋里有什么？
请你说给我听。
广阔的草原上小马在跑；
炎热的沙漠里骆驼行走；
清澈的小河里鱼儿在游；
高高的大树上喜鹊唱歌。
听！
远方的妈妈也在叫我回家，
下一次再和你们相见吧！

活动7 美丽的大自然

活动形式：■日常
重点领域：■科学

关键经验

进一步了解不同的生态环境。

活动准备

不同生态环境的图片，不同生态环境的视频（如：《人与自然》）。

活动过程

1. 利用公共区域的走廊、教室的墙面和科学区等，张贴不同生态环境的图片。在一日生活的过渡环节，幼儿可以和同伴交流、讨论自己认识的动物和环境。在晨间来园和离园环节，幼儿可以听家长、老师说一说那些不太熟悉的图片上的内容。

2. 在晨间活动、离园活动或午睡后安静活动时间，教师可以播放不同生态环境的视频，在视频播放完毕之后，与幼儿展开交流讨论。

3. 大班幼儿在日常生活中也会积累很多关于自然界中动物和其生存环境的知识，教师可以根据对幼儿的观察和了解，在晨间谈话环节邀请有这方面知识储备的幼儿来给大家说一说，还可以邀请家长准备不同生态环境的图片，让幼儿带至幼儿园，与同伴分享和交流。

小贴士

- 为了增强幼儿对地球上几个大的生态环境的认知，建议教师本月的环境创设主题为“不同的大自然”，把不同的区角、教室里的各个角落布置成不同生态圈的样子，如将阅读区贴上小雪花、铺上白色的布，放一只可爱的企鹅或北极熊玩偶，幼儿就可以在“极地”里面阅读绘本啦！
- 在系列动物及环境的活动之后，可以来一场关于大自然的竞赛，如：动物和环境连连看、我所认识的地方、模仿大赛等等，看谁才是最了解大自然的人。

活动 8 这是谁的家

活动形式:■区角
活动区角:■科学

关键经验

1. 知道地球上有很多不同的地形地貌。
2. 感受不同地理风貌的美。

活动材料

不同自然环境的图片,与不同图片搭配的音频(如:草原配马蹄声和风声),不同自然环境中典型的动物形象图片(可提前过塑),点读笔录音贴纸,点读笔。

教师提前将音频分别录入不同的点读笔录音贴纸内,然后将贴纸贴在对应的自然环境图片上,幼儿用点读笔点击播放,就可以听到不同自然环境中会发出的声音。

家园共育包:“我的家乡”“家乡美 爱家乡”。

游戏玩法

玩法一

1. 幼儿进入区角,向同伴介绍或与同伴讨论不同自然环境的图片,可以说一说图片中生态环境的名称、特点等。

2. 使用点读笔播放图片匹配的音频,闭眼感受大自然带给我们的感觉,睁眼后可以尝试描述刚刚脑海中产生的画面,联系之前的活动,教师可以鼓励幼儿多使用形容词,且要用完整、连贯的语句进行表达。

3. 说一说“我”最喜欢图片中的哪个地方?理由是什么。

玩法二

1. 识别图片中不同的生态环境,通过交流、讨论来了解这些环境的特点,如:森林有很多树、沼泽地带很潮湿、沙漠又干燥又热等。

2. 认识不同的动物,了解它们的生活习性。

3. 将动物和适宜其生活的环境匹配起来,有时候一种动物不仅仅只适合生活在一种环境里哦!

观察要点

- 幼儿能否说出图片中至少 5 种生态环境类型。
- 幼儿能否在名词前加上恰当的形容词进行表达。
- 幼儿能否使用完整、连贯的语句进行交流。
- 幼儿能否将动物和其生存环境匹配起来。

小贴士

活动结束后,教师鼓励幼儿和同伴、和老师、和家人一起去调查,我们生活的地方或者我们的家乡处于一个什么样的生态环境中,如果在调查中遇到一些好看的地形地貌也可以拍下来,然后将自己的调查结果带到幼儿园与大家分享。

活动9 多彩的地形地貌

活动形式：■区角
活动区角：■美工

关键经验

能较灵活地使用捏、伸、拉等多种技法塑造较复杂的形象，并运用多种泥工形象拼合成一幅完整的画面。

活动材料

KT板或废旧硬纸盒等材质比较硬挺的材料(用作底板)，各色轻黏土，水粉颜料，轻黏土辅助工具/泥塑工具，不同自然环境的图片。

游戏玩法

1. 幼儿观察与欣赏不同自然环境的图片，选择自己最喜欢的一种自然环境，确定作品的主题。

2. 幼儿根据图片内容并调动自己的已有经验，想一想作品中应该出现的形象，可与老师、同伴交流讨论，如：海洋里就会有珊瑚、水草、章鱼、螃蟹等。

3. 根据作品主题，对底板进行涂色并晾干，教师可以引导幼儿尝试进行渐变涂色，从而创造美术创作中的晕染效果。

4. 幼儿可以自己拿取轻黏土材料进行手工创作，因为一个作品中的内容繁多，没有做完的内容可以在下次区角时间继续进行或将其带回家与爸爸妈妈一同完成。幼儿还可以与其他同伴合作，一人负责一部分，最后拼合成一幅完整的作品。

5. 作品完成后，幼儿可将其展示在美工区，跟同伴介绍一下“我”的作品，包括作品名称、里面的内容。

观察要点

- 幼儿是否提前进行规划，确定作品主题。
- 幼儿能否(独立/合作)完成“多彩的地形地貌”泥工作品，并在作品中体现出与主题相关的内部形象：如海洋里的动植物、沙漠地带的风貌和典型动植物。
- 幼儿在创作过程中能否熟练运用团圆、搓条、拉伸、用工具进行精细雕刻等技能技巧。
- 幼儿能否用完整、清晰、丰富的语言主动向他人介绍自己的作品。

小贴士

除了必须要准备的活动材料之外，教师还可以让幼儿根据自己的喜好去搜寻和利用其他材料，如：毛线、纽扣等，引导幼儿尝试根据自己的需要综合利用各种材料完成作品，给黏土上色也是一种不错的创作手法哦！

活动10 鸭子和小鱼

活动形式：■集体
重点领域：■艺术

活动目标

认知：丰富舞蹈动作词汇，了解创编韵律动作组合的规律。
情感：喜欢进行表演唱，愿意主动展现自己。
能力：有团队意识，能有意识地努力在音色、音量和表情上与集体形成默契；尝试创编舞蹈动作。

活动准备

小鸭子、小鱼的头饰或胸章，蓝色的地板胶。
教师提前用地板胶（最好为蓝色）贴出一个小圆，小圆可站立7—8个幼儿。
幼儿听过歌曲，对歌曲有一定的印象。
配套电子资源：小鸭子、小鱼图片。

活动过程

一、猜一猜

➤ 我刚刚模仿的是什么动物？
➤ 你见过鸭子和小鱼吗？请你来学一学鸭子和小鱼。

教师运用肢体动作模仿鸭子和小鱼，引导幼儿猜一猜，从而引出活动中两个主要动物形象。幼儿猜测完毕之后，教师还可以引导幼儿联系生活中的已有经验，说一说、做一做小鸭子和小鱼可能会做的动作，激发幼儿创编动作的兴趣。

二、跳一跳

幼儿完整欣赏歌曲，针对歌词内容尝试进行动作创编。

➤ 歌曲里面小鸭子做了什么动作？
➤ 请你来做一个小鸭子的动作。
➤ 那小鱼呢？

教师在与幼儿一同创编动作时，要配合动作进行相应的范唱，同时引导幼儿跟随教师进行哼唱，加深幼儿对歌曲旋律和歌词的熟悉程度。这首歌曲的强弱感以及演唱速度是多变的，可以通过创设情境、带入角色的方法，有感情地进行演唱。

➤ 小鸭子要出来玩啦！出来玩多开心呀，我们一起“来鸭鸭鸭鸭鸭……”。
➤ 小鸭子游到了河里，发现了小鱼，要想抓住小鱼，就要“静静等待”，嘘——（用慢速和渐弱的声音唱出“静静等待”）。

创编动作的过程中，教师可以先引导幼儿坐在椅子上边哼唱歌曲边表演动作，待幼儿熟练之后，再加入脚部动作，站起来进行表演唱。本次活动的歌曲建议教师分段教学，先进行小鸭子片段的动作创编，幼儿熟悉这一片段之后，再进行小鱼片段的动作创编。

教师要注意提醒幼儿在演唱过程中，注意听其他人的声音，控制音量大小，声音不能太尖锐也不要太轻，保护自己的嗓子，用好听的声音唱歌。

三、玩一玩

1. 选择游戏角色

待幼儿能够跟随歌曲旋律进行演唱并做相应动作之后，教师引导幼儿选择自己要扮演的角色——“鸭子”和“小鱼”，佩戴好头饰或胸牌，明确自己的角色和需要表演的部分。

2. 熟悉游戏规则并进行游戏

主班教师和副班教师分别扮演“鸭子”和“小鱼”，引导扮演不同角色的幼儿进行游戏，游戏规则如下：

歌曲分为了A、B两段，A段为鸭子段，B段为小鱼段，歌曲结束前，“鸭子”和“小鱼”分段进行表演，一方在表演的时候，另一方静止不动。音乐停止则游戏开始，小鸭子可以去抓小鱼，躲进蓝色圆圈（水底）的小鱼不能被抓住。

四、分享与总结

➤ “小鸭子”和“小鱼”们都很灵巧，你们的动作、声音和表情都非常好看，为大胆表现的自己鼓鼓掌吧！下次我们再一起来进行鸭子和小鱼的游戏。

小贴士

- 建议教师在活动前，就将歌曲投入到表演区，或是在日常环节中播放歌曲，让幼儿有一定的印象，这样在活动开展时就能较快地进入歌词理解、动作创编中。
- 在进行动作创编的过程中，教师不仅可以引导幼儿创编单人动作，还可以创编两人或是多人合作的动作，配合进行表演。且因为歌曲的类型是表演唱，类似于幼儿版的歌剧表演，所以幼儿可以动作搭配表情，声情并茂地表达角色当时的内心想法。

附 歌曲

鸭子和小鱼

表演唱、轮唱

周玲敏 词/曲

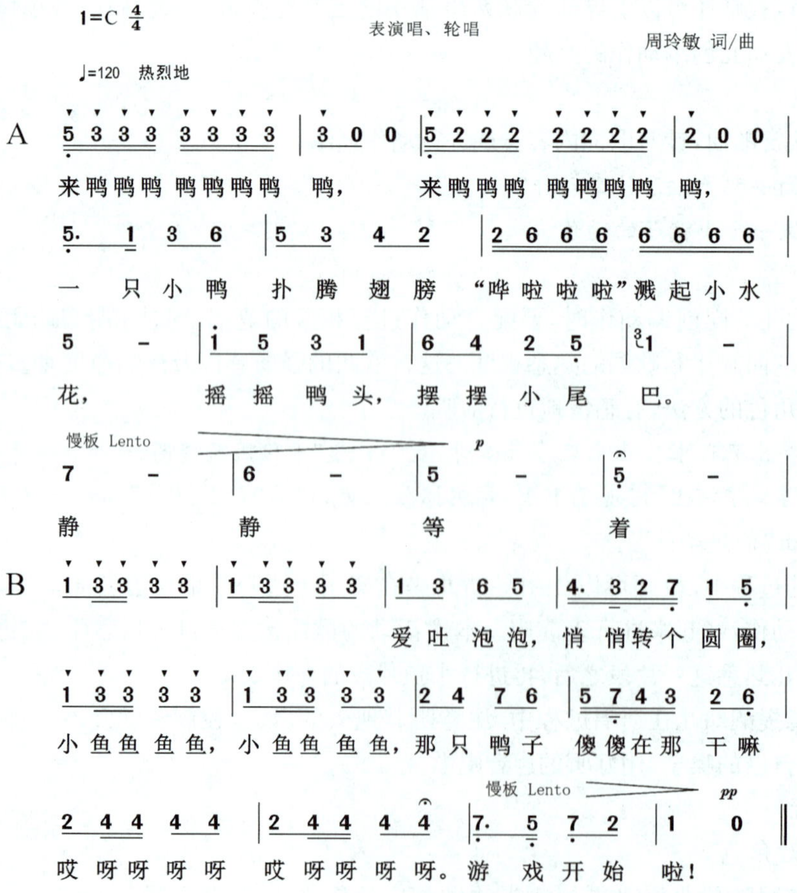

活动11 小鸭过桥洞

活动形式:■集体
重点领域:■科学

活动目标

认知: 感受数字的分解与组合(互换、互补关系)规律,知道一个数字可以由不同数字组成或一个数字可以拆解为两个不同的数字。

情感: 愿意通过摆弄自己的材料,主动积极地参与到数的运算之中。

能力: 能够通过实物操作,运用多种方法正确进行数字 6 与 7 的分解与组合。

活动准备

数字卡片(数量同幼儿个数,数字范围为 1—7,每个数字两张卡片、数字 3 可多准备一张),硬卡纸做成的小鸭子 7 个(也可以是小橡皮鸭或轻黏土鸭,家长自行准备,让幼儿带入幼儿园),桥的图片(A4 或 A3 大小,有两个大大的桥洞),数字分解记录表,磁性白板和磁铁。

配套电子资源:数字分解、记录表、小鸭图片。

活动过程

一、情境导入

联系主题内容,创设活动情境,引出活动中需要用到的动物形象——鸭子,激发幼儿兴趣。

➤ 我们已经认识过很多小动物了,今天来我们班做客的小动物会发出“嘎嘎嘎”的叫声,它们是谁呢?

➤ 小鸭子们的家离我们这儿有点远,要从一条长长的河的下游游到上游,游的过程中要经过一座大桥,这是一座有两个大大的桥洞的大桥,我们一起来猜一猜它们会怎么游过桥下的桥洞呢?

教师随着讲述出示桥的图片,并将其用磁铁固定在磁性白板上。

二、几只小鸭子过桥洞

1. “6”的分解。

教师利用数字卡片和小鸭子来引导幼儿进行数字“6”的分解。先将 6 只小鸭子整齐排列在桥的上方。

➤ 我们一起来看一看有几只小鸭子要过桥洞呀?

幼儿进行点数过后,将数字卡片 6 排列在小鸭子旁。

➤ 如果只有一只小鸭子过第一个桥洞,那么会有几只小鸭子过第二个桥洞呢?

➤ 你是怎么知道的?

将一只小鸭子从原来的位置移动到第一个桥洞下方,引导幼儿通过实物点数的方式来计算第二个桥洞下鸭子的数量,幼儿回答出正确答案则将其余 5 只鸭子移动到第二个桥洞下,同时在鸭子旁分别排列好数字卡片 1 和 5。

完成第一次“6”的分解过后,教师引导幼儿交流与讨论数字分解的方法,即利用实物操作并进行点数的方法。

之后教师继续引导幼儿进行数字分解,在分解过程中,幼儿已经有能力独立进行数字分解的话,可以邀请幼儿演示操作,接下来的分解组合为:2-4、3-3、4-2、5-1。

2. 分解的规律。

待“6”的数字分解完成之后，教师可以引导幼儿感受数字分解过程中一边数字递增而另一边数字递减的规律，如果幼儿观察仔细的话，还能发现两组数字之间的互换关系，如“2—4 与 4—2”，数字组合一样，只是两个数字互换了一下。

三、又来了一群小鸭子

进行完“6”的数字分解之后，教师引导幼儿拿出自己的小鸭子，并发放数字分解记录表，幼儿自主进行“7”的数字分解。教师可以引导幼儿单独操作、进行记录，也可以引导幼儿分组讨论与交流（建议分组一起完成，能力强的幼儿可以帮助能力较弱的幼儿），同时进行操作与记录。

幼儿完成数字“7”的分解之后，师幼共同验证数字“7”的分解正确与否。

➤ 我们一起来数一数，7 只小鸭子有没有走丢。

同时针对自主操作过程中出现的问题进行小结，教师不仅要帮助幼儿解决问题，还应引导这一年龄阶段的幼儿尝试自己解决问题。

四、分享与总结

➤ 小鸭子游啊游，终于游到了我们班，原来它们是听说昨天我们跳了一支好看的鸭子舞《鸭子和小鱼》，所以要过来跟我们一起跳呢，我们一起再来跳一遍吧！

小贴士

- 活动结束后，教师可以将活动准备中的材料投放至益智区，幼儿可以在区角活动时间自由操作材料，进行 7 以内数字的分解与组合。
- 当幼儿已经能够熟练利用数字卡片进行数字的分解与组合之后，教师可引导幼儿进行数字拍手游戏，从而增加对数字分解的熟悉程度，促进抽象概念在大脑中的萌芽。如：在数字 6 的拍手游戏中，教师边拍手边说“一只鸭子过桥洞”，幼儿就要边拍手边回答“五只鸭子过桥洞”。

活动 12　小鱼的鳞片

活动形式：■区角
活动区角：■益智

活动目标

进一步熟悉数字 6、7 的分解和组合。

活动材料

两张小鱼线描图，蓝色和红色的小鱼鳞片（至少各 13 片），两张小鱼鳞片搭配记录表，水彩笔和油性笔。

教师提前打印小鱼线描图，将其粘贴在较厚的纸板或是 KT 板上，同时用喜欢的纸张剪出多片小鱼的鳞片。

配套电子资源：小鱼及鱼鳞图片，小鱼鳞片搭配记录表。

游戏玩法

1. 幼儿观察小鱼鳞片搭配记录表，了解记录的方法。若幼儿看不懂记录表，教师可以进行相应引导。

2. 幼儿取鳞片,按自己喜欢的搭配方法,将其排列在小鱼线描图的空白鳞片处。

3. 幼儿将自己的搭配方法记录在小鱼鳞片搭配记录表上,和同伴比一比,谁的搭配方法多。

观察要点

- 幼儿能否正确利用记录表进行科学地记录。
- 幼儿是否愿意动手操作,尝试不同的鳞片搭配方法。
- 幼儿能否正确对数字 6 与 7 进行分解。

小贴士

数学在生活中无处不在,而数学的应用也可以解决生活中的问题。教师可以多多引导幼儿用数学知识经验去解决这些问题,不仅延伸了数理经验,还能增强生活自理能力。如:教师可以让幼儿在午饭时间帮忙摆碗筷,一张桌子 6 个人,让幼儿分两次拿,第二次拿碗的时候教师问她还需要多少个碗。

活动13 绘本阅读:《吼吼的小鸭子》

活动形式:■区角
活动区角:■语言

关键经验

1. 愿意与同伴共读绘本。
2. 能从绘本中发现角色表情、动作、背景,并串联起来用书面化的语言表达出来。

活动材料

绘本《吼吼的小鸭子》或故事 Flash,蛋的模型,橡皮鸭或小鸭子玩偶。

配套电子资源:故事 Flash。

活动提示

一、阅读前

直接引入关于"鸭子"的话题,通过谈话,制造悬念,激发幼儿的阅读兴趣。

- "嘎嘎嘎",水面上向我们游过来的是一群什么?
- 最近,小鸭子和小猪吼吼之间发生了一些有趣的事,一只猪和一只鸭子能发生什么呢?
- 我好像听到了这只小鸭子叫吼吼妈妈,这又是怎么回事?
- 小猪吼吼生出了一只小鸭子?
- 想知道事情的真相,就去语言区找到《吼吼的小鸭子》这本绘本仔细看看吧!

二、区角中的阅读

幼儿进入区角自行阅读绘本,教师要注意观察幼儿是否能完整阅读绘本,并注意引导。幼儿阅读完后可以和教师、同伴一起解答阅读之前的疑惑和关于绘本情节的问题,真正读懂故事。

- 小鸭子的妈妈到底是谁？
- 后来它找到自己的妈妈了吗？
- 吼吼刚开始喜欢这只小鸭子吗？
- 后来呢？你从哪里看出来的？
- 鸭妈妈为什么会攻击吼吼呢？

三、阅读后

对故事较为熟悉之后，幼儿可以借助语言区中的玩偶和模型，向他人讲述关于小鸭子和吼吼的故事，教师要多鼓励幼儿使用书面语言，引导幼儿感受书面语言和口头语言的区别。

观察要点

- 幼儿是否翻阅完整本绘本。
- 幼儿能否串联故事情节，完整复述故事。
- 幼儿能否用书面化的语言完整连贯地进行故事讲述。

小贴士

- **潜移默化**

潜移默化是性格涵养的一种方法，尤其是学龄前阶段，成人的一言一行都会给幼儿产生很大的影响，因为幼儿会不由自主地模仿成人的行为，以此为桥梁去了解这个世界的规则。虽然绘本中小鸭子会一直跟随吼吼是动物的一种印随行为（即一些刚孵化出来的幼鸟和刚生下来的哺乳动物学着认识并跟随着它们所见到的第一个移动的物体），但这个故事影射的正是我们生活中成人对幼儿的影响，以及后天环境对幼儿的重要性。正因为此，家长和教师要在一日生活中树立良好的榜样，以自己的言行影响幼儿。

活动14 动物地图

活动形式：区角
活动区角：益智

关键经验

1. 能用“行”“列”“第几”较为精确的方位语言描述位置和路径。
2. 学习用符号表示物体在二维空间中的位置和运动方向，如用坐标点表示位置，用箭头表示方向。

活动材料

棋盘状方格图（建议设置成 10×10 的方格即可），用无纺布做成的小动物图案（大小要能正好放进一个小方格中），方位卡片。

游戏玩法

玩法一

1. 观察棋盘状方格图，并弄懂棋盘状方格图的上下左右四个方向。幼儿的个人能力允许的话，还可以发现左上、左下、右上、右下这四个方向。

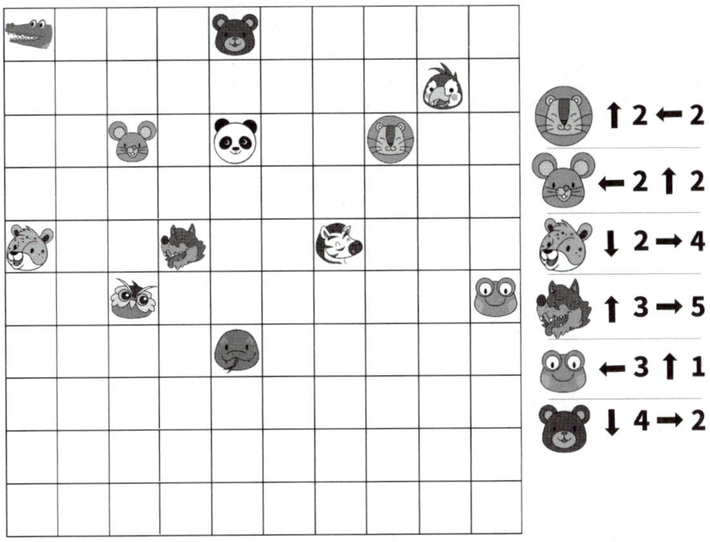

动物地图

2. 取出小动物图案，辨别小动物，并说出所有小动物的名称。

3. 将小动物随机放在棋盘的小方格内，尝试用“行”“列”“第几”等较为精确的方位语言来表达小动物的位置，如：狮子在第 1 行的第 5 格。

玩法二

1. 理解方位卡片表达的意思，在与同伴的交流和讨论中懂得如何根据方位卡来移动小动物。

2. 教师将小动物放置于棋盘的方格内，注意放置时要保证在移动时不会移出棋盘。

3. 幼儿根据方位卡来移动动物的位置，如：根据（↑4←2），小象最终会到什么位置或谁的家，请你把小象移动到这个位置。

玩法三

1. 幼儿两两结伴，一人做放置小动物并提出问题的“出题人”，一人做“答题人”，协商确定好分工后开始游戏。

2. “出题人”随机将小动物放在棋盘上的任意小方格内，并提出问题，如：狮子到老鼠家应该怎么走？而“答题人”则根据棋盘上的具体信息进行回答。

3. 需要注意的是，一只小动物走到另一只小动物家的途中，要绕开已经有小动物的方格，不能穿过。

观察要点

- 幼儿能否熟练掌握上、下、左、右、中这五个方向词，并能尝试使用“行”“列”“第几”等较为精确的方位表达。
- 幼儿能否根据方位卡，正确移动小动物。
- 幼儿是否主动协商，分配谁为“出题人”，谁为“答题人”。

小贴士

- 幼儿两两结伴进行游戏时。教师还可以准备计分板，比一比到底谁答对得多，从而激发幼儿游戏的兴趣。
- 幼儿能够自己看懂方位卡，并熟练地移动小动物之后，可以让幼儿自己制作方位卡，出题给其他幼儿，完成幼儿自己的游戏。
- 在生活中，教师和家长也要多鼓励幼儿使用方位词。

活动15 绘本阅读:《玉米和瓢虫》

活动形式:■集体
重点领域:■语言

绘本涵养要点

对大自然中的食物链感兴趣,并愿意专注探究。

活动目标

认知: 了解故事内容,理解故事中玉米、蚜虫、蚂蚁和瓢虫之间的关系。
情感: 喜欢阅读绘本,愿意积极与他人交流自己的想法和观点。
能力: 能够用连贯完整的语言说出故事的主要内容,并尝试用图画或符号表现故事角色的关系。

活动准备

《玉米和瓢虫》绘本或 Flash(如采用绘本,教师可提前将绘本故事的主要情节画面制作成PPT),玉米、蚜虫、蚂蚁、瓢虫的图片,白纸,胶水,彩笔。

配套电子资源:故事 Flash,角色图片。

活动过程

一、观察封面,激发阅读兴趣

➤ (出示绘本封面)看,这本绘本的封面上有什么?

➤ 你觉得故事的主角会是谁,为什么?

➤ 这本故事的名字叫《玉米和瓢虫》,是由李冯老师编写,陈丹妮老师改编,詹伟胜老师绘画的。

➤ 你可以在封面上找到瓢虫吗?你觉得玉米和瓢虫会是什么关系呢?

教师引导幼儿观察绘本封面,并与同伴进行交流讨论。

二、自主阅读,讨论、理解故事内容

1. 自主阅读。

➤ 这本绘本到底讲了一个什么样有趣的故事呢?现在小朋友们可以自己阅读绘本,找一找答案。

➤ 在完整看完绘本后,小朋友们可找一找自己觉得最有趣、最好玩的一页,或者是找出你没看懂的地方。

幼儿专注地自主阅读绘本。教师应给予幼儿充足的自主阅读时间,而且教师可在一旁观察幼儿的阅读习惯,必要时给予引导。

➤ 刚才小朋友们都很认真地阅读绘本,仔细观察图画。现在有谁愿意和大家分享一下:你觉得最有趣的是哪一页?在分享之前,要先记得告诉大家是第几页哟!

教师邀请幼儿在集体前进行分享,并鼓励幼儿用连贯完整的语言来描述观察到的画面内容。

➤ 这一页讲了什么内容?你觉得最有趣的地方在哪里?

➤ 其他小朋友们也最喜欢这一页吗?这幅画面中还有其他有趣的地方吗?

➤ 在阅读的过程中,你有没有遇到看不懂或者觉得比较奇怪的地方?是在第几页呢?

教师应根据幼儿的分享进行及时追问,并鼓励幼儿与同伴积极讨论。

2. 分段阅读,理解故事情节。

➤ 故事中的玉米彩彩和小瓢虫之间发生了什么事情呢?现在我们再来仔细地看看这个故事。

幼儿自主阅读绘本的第一部分(P1—P8)。

阅读后，教师鼓励幼儿用连贯完整的语言说出第一部分的主要内容。

幼儿可与同伴进行分享交流。教师可及时根据幼儿的表述进行追问。引导语可参考：

- 玉米彩彩长相有什么特点？
- 彩彩在听到小朋友们的表扬后是什么样的表情？它身边的其他玉米朋友又是什么表情呢？
- 玉米彩彩怎么了？它为什么会觉得很难受？

小结：原来是绿色的小虫子让玉米彩彩觉得浑身痒痒，这些虫子的名字叫蚜虫。这可怎么办呢？

幼儿专注地自主阅读绘本的第二部分(P9—P20)。

阅读后，教师鼓励幼儿用连贯完整的语言说出第二部分的主要内容。教师可及时根据幼儿的表述进行追问。引导语可参考：

- 七星瓢虫刚出现时，玉米们是什么样的表情？你觉得它们的心情是什么样的？
- 七星瓢虫有什么本领？
- 七星瓢虫帮助玉米彩彩了吗？它是怎么保护玉米的？

绘本阅读结束后，教师引导幼儿在白纸上画出自己对故事角色关系的理解。

- 故事中出现了玉米、蚜虫、蚂蚁和瓢虫，它们之间是什么样的关系呢？你可以用简单的符号或图画画出它们的关系吗？

幼儿自由粘贴角色图片，并用彩笔画出其关系。

幼儿与同伴进行分享和讨论，教师可邀请3—4名幼儿展示自己的关系图。

三、分享与总结

- 故事中的七星瓢虫赶走了蚜虫的保护者——蚂蚁，并消灭了蚜虫，这样玉米彩彩终于觉得舒服多了。蚂蚁为什么会保护蚜虫呢？瓢虫和蚜虫之间的关系又叫什么呢？小朋友们可以和爸爸妈妈一起查资料，研究一下哟！

小贴士

- 在绘本阅读结束后，教师可播放故事Flash，帮助幼儿更形象地看懂、听懂故事内容，加深对故事角色关系的理解。教师也可以根据实际情况进行适当调整。
- 如果幼儿的阅读习惯和能力还不能够开展全班性的自主阅读活动，教师可以在集体活动前先将绘本投入到阅读区，为幼儿提供宽松的自主阅读的环境，然后再在集体活动中带领幼儿共同阅读、深入理解。

活动16 昆虫在哪里

活动形式：■日常

重点领域：■社会 ■科学

关键经验

能够与同伴合作，猜想并验证昆虫喜欢的活动环境。

活动准备

白纸，彩笔，放大镜，昆虫捕捉网、昆虫夹、观察盒、小铲子等工具。

活动过程

1. 教师引导幼儿在晨间活动、餐前准备、过渡环节、离园活动等一日生活各环节中猜想、讨论昆虫喜欢的活动环境：你在幼儿园里见过什么昆虫，是在哪里见到的？你觉得可以在幼儿园的哪些地方找到昆虫，为什么？

2. 幼儿分组讨论、制定寻找昆虫计划，并在白纸上画出商量好的寻找路线；教师收集、整理幼儿的路线图，并与幼儿商量拟定当天的寻找范围。

3. 教师引导幼儿有序到达户外，幼儿根据自己的计划分组寻找昆虫。教师随时关注幼儿的情况，并提醒幼儿及时做好记录和注意活动安全（条件允许的话每组幼儿有1位教师跟随）。如果寻找到合适的昆虫如七星瓢虫、蚂蚁等，教师也可以将其带回自然角饲养。

4. 教师引导幼儿交流寻找结果：你们找到了什么昆虫，它们喜欢在哪些地方活动？七星瓢虫和蚂蚁喜欢的活动环境是一样的吗？有什么不同？

小贴士

- 教师可根据实际情况，适当调整该活动的开展次数和时长。教师应在活动前先对幼儿园中昆虫的踪迹进行初步的勘察，初步确定大致的活动范围。
- 活动结束后，教师可根据幼儿的调查结果设计出幼儿园中的“昆虫地图”，如在地图上画出相应的昆虫，表示该区域是某类昆虫喜欢的活动环境；教师也可邀请幼儿参与制作，完成后可将其张贴在教室墙面，供幼儿观察和交流。

活动17 赶走蚜虫

活动形式：■集体
重点领域：■健康

活动目标

认知：加深对玉米、蚜虫和瓢虫之间关系的理解。

情感：积极参与体育活动，感受与同伴共同游戏的快乐，

能力：自觉遵守活动规则，能够灵活躲闪。

活动准备

轻快的背景音乐，沙包，红色、黄色丝巾。

教师提前在操场上用地板胶粘贴或者用间隔物（如路障）摆放出“日”字形场地（长5 m，宽3 m）。

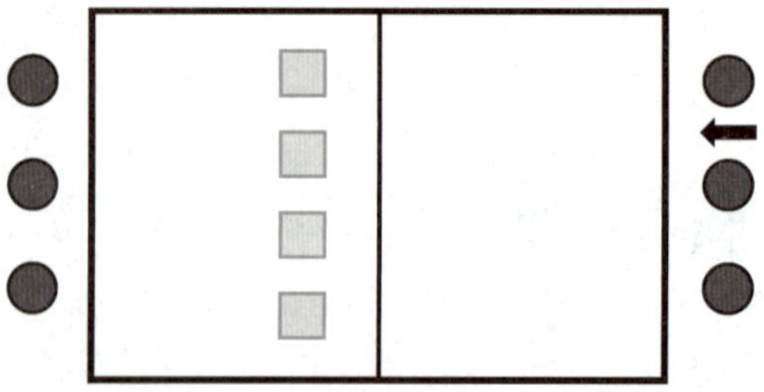

注：红色圆形表示瓢虫组，黄色方形表示蚜虫组，箭头表示沙包投掷方向。

活动过程

一、谈话导入，做好热身活动

➤ 你们还记得在故事中，瓢虫是通过什么方法来赶走蚜虫、保护玉米的吗？

➤ 没错，瓢虫会喷出很臭的液体来赶走蚂蚁、消灭蚜虫。你可以试着表演一下瓢虫赶走蚜虫的动作吗？

➤ 找到一位好朋友，试着一人表演蚜虫，一人表演瓢虫，看看你们会表演出什么有趣的故事。

幼儿自由分组表演。

播放音乐，教师引导幼儿两人一组，结合音乐节奏做热身运动，活动身体各部位，重点活动下肢。

二、了解游戏玩法，协商游戏策略

➤ 刚才小朋友们用动作表演了瓢虫赶走蚜虫的故事情节。老师还为瓢虫准备了一样小道具（出示沙包），它可以帮助瓢虫更好地赶走蚜虫哟！

教师协助幼儿自由分组，并引导幼儿将红色、黄色丝巾系在手臂上，以区分瓢虫组和蚜虫组。

游戏玩法：

1. 瓢虫组分别站在"日"字形场地的短边处，蚜虫组站在场地内，面向先投掷沙包的瓢虫组（见示意图）。

2. 瓢虫组在线外向蚜虫组投掷沙包（只能投击腿部和脚部），蚜虫组应在场地范围内快速躲避或用手接住沙包，如果蚜虫被击中则需要到场边休息等待，如果蚜虫接住沙包则可反击瓢虫，被击中的瓢虫同样需要退出游戏。

3. 当瓢虫组捡拾沙包时，蚜虫组需要迅速转向，面朝投掷者，并退至"日"字形场地的另一侧。重复游戏，直至蚜虫组或瓢虫组全员被击中。

教师可邀请6—8名幼儿示范玩法，帮助幼儿更好地理解游戏规则。

教师引导幼儿分组讨论游戏策略；教师在一旁观察，根据幼儿的讨论情况适时地给予引导。

面对瓢虫组的引导语可参考：

➤ 瓢虫需要通过投掷沙包来赶走蚜虫，那么怎样才可以扔得更准呢？

➤ 沙包只有一个，每次只能由一只瓢虫来发起攻击。该怎么决定轮到谁来投掷沙包呢？有什么更加公平的方法吗？

面对蚜虫组的引导语可参考：

➤ 蚜虫在躲避沙包时该怎么做？有什么好方法吗？

➤ 需要提前安排好蚜虫的站位吗？蚜虫们是聚集在一起好，还是分散开更好呢？哪种方法更安全？

三、开展游戏

➤ 瓢虫组和蚜虫组都准备好了吗？玉米保卫战马上就要开始啦！

幼儿进行首轮游戏；教师可在一旁观察，提醒幼儿注意游戏安全。

首轮游戏结束后，教师鼓励幼儿分组总结游戏经验。

➤ 刚刚是谁获胜了？你觉得获胜的原因是什么？

➤ 你在游戏中遇到了什么困难吗？可以怎么解决呢？

幼儿可协商游戏策略，并再次进行游戏；教师也可以引导幼儿交换角色，再次游戏。

游戏结束，教师引导幼儿跟随音乐做放松运动。

四、分享与总结

➤ 我看到小瓢虫和小蚜虫的动作都很灵敏，能够快速地反应，躲开扔过来的沙包。你们觉得这个游戏的获胜秘诀是什么呢？和好朋友们一起仔细想想，下次我们再来进行一场激烈的比赛吧！

小贴士

教师可根据班级人数、场地大小等因素适当调整活动，如当幼儿人数较多时，教师可提前准备多个场地或是引导幼儿分组轮流进行游戏。

活动18 昆虫日记

活动形式：■区角
活动区角：■自然角

关键经验

1. 愿意耐心专注地观察昆虫的外形特征和成长变化。
2. 能够用图画、符号等方式记录自己的观察结果。

活动材料

容易饲养的、无害的昆虫，如七星瓢虫、蚂蚁、独角仙、蟋蟀等，昆虫标本，透明的饲养容器，昆虫的食物，放大镜、镊子、手套、针管等工具，白纸，彩笔。

教师提前准备好相应昆虫的照料、饲养方法图片，并张贴在墙面上。

家园共育包：昆虫日记。

游戏玩法

1. 幼儿观察饲养方法图片，并耐心细致地照顾、喂养昆虫。
2. 幼儿选择自己感兴趣的昆虫或昆虫标本，并利用放大镜等工具进行自主观察和记录，如观察和记录昆虫的外形特征、生活习性、成长变化等内容。
3. 幼儿可与同伴分享自己的发现。

观察要点

- 幼儿能否耐心专注地观察和记录昆虫的外形特征或成长变化。
- 幼儿能否正确使用工具，并有序地观察。
- 幼儿能否用图画、符号等准确地记录自己的观察结果。

小贴士

- 该活动可持续开展3—4周甚至更长的时间，在教室自然角中将养殖活动作为一种常态。教师可根据实际情况适当调整饲养的昆虫类型，可以是在活动16“昆虫在哪里”捕捉到的昆虫，或是请家长带领幼儿在户外捕捉昆虫。在条件允许的情况下，教师也可以在网上购买相关的昆虫以及饲养物品。
- 活动后期，教师可将幼儿的观察记录表分类整理、装订成册，如“蚂蚁日记”“瓢虫日记”等，并投放在自然角或语言区中，供幼儿阅读和分享。
- 昆虫饲养注意事项：1.七星瓢虫应饲养在大号的容器中，保证其飞行和休息的空间，并且每天定时更换或添加新鲜的花朵、树叶、树枝等。2.蚂蚁可饲养在带盖的透明容器中，并在容器中填放一些松散的泥土，便于蚂蚁四处活动；教师可提前在盖子上戳几个小孔，但孔径应比蚂蚁体型小，以避免蚂蚁爬出来。

活动19 瓢虫的故事

活动形式：■集体
重点领域：■艺术

活动目标

认知：了解七星瓢虫的外形特点。

情感：喜欢泥工活动，愿意用泥工的方式大胆创造和表达自己的想法。

能力：能较灵活地使用捏、团、拉等多种技法塑造较复杂的瓢虫形象，并利用多种美工材料创作，表现一定的情节。

活动准备

七星瓢虫图片，教师提前创作好的美工作品，圆形白色画纸，细树枝，双面胶或白乳胶，轻黏土，牛皮绳，泥塑工具，安全剪刀，黑笔，油画棒或蜡笔，水粉颜料，颜料刷，颜料盘。

教师需提前修剪树枝，剪掉多余的部分，使其较平直，便于粘贴在画纸上。

活动过程

一、图片导入，观察七星瓢虫的外形特点

- 老师带来了一个有趣的谜语，请你们猜一猜。谜语是：身体是个半球形，背上背着小星星，蚜虫见了害怕它，玉米丰收全靠它。
- 你猜到谜底是什么了吗？你是怎么猜出来的？
- 没错，就是七星瓢虫（出示图片）。仔细看看，它是什么样的？除了身体是半球形、背上有黑点外，它还有什么特点呢？

幼儿自由观察和表达。教师可邀请4—5名幼儿在集体前分享自己的发现。

二、讨论和构思创作计划，自主创作

教师出示美工作品范例，幼儿观察并讨论。

- 老师非常喜欢可爱的七星瓢虫，我利用丰富的美工材料创作了一幅瓢虫画。（出示提前创作好的美工作品）它讲了一个什么样的故事呢？
- 仔细看看背景图用了哪些美工材料？是怎么创作出来的？
- 你知道七星瓢虫是怎么制作出来的吗？

幼儿与同伴讨论自己的创作计划。

- 如果是你，你想创作什么样的瓢虫故事呢？故事会发生在哪里？你会怎样创作背景图？
- 你的故事中会出现几只瓢虫？它们分别在做什么？
- 你想用什么材料来制作瓢虫？可以用什么材料来制作它细细的触角？

幼儿根据自己的创作计划，自主选择美工材料和工具，并进行大胆创作。教师在一旁观察，适当地给予引导。

活动结束，教师提醒幼儿收拾材料、整理桌面。

幼儿展示并介绍作品，与同伴分享自己创作的瓢虫故事。

三、分享与总结

- 我看到了各种不同造型的七星瓢虫，而且它们有的飞在美丽的花丛中，有的住在树叶城堡里……你们的想象力真丰富，作品中藏有精彩的瓢虫故事。小朋友们也可以和爸爸妈妈一起来创编有趣的瓢虫故事哟！

小贴士

- 本活动的内容较多，如果在一次集体活动中难以完成全部内容，教师可根据实际情况，将该活动拆分为两课时。如第一课时可以引导幼儿构思创作计划和制作背景图，第二课时则为制作瓢虫，从而给予幼儿更宽松的创作时间和空间。
- 美工创作方法可参考：在圆形白色画纸上粘贴树枝，并用油画棒添画树叶和花朵；用轻黏土制作七星瓢虫的身体，用剪成小段的牛皮绳制作触角和足，将做好的七星瓢虫放在画面的合适位置；用水粉颜料涂刷背景图，完成作品。

活动20 课堂戏剧——玉米和瓢虫

活动形式：■集体
重点领域：■艺术

活动目标

认知：加深对故事角色的了解。
情感：积极参与课堂戏剧活动，感受用肢体动作进行表达的乐趣。
能力：能够灵活地运用肢体动作表现故事角色特点，并表演故事情节。

活动准备

《玉米和瓢虫》故事图片，铃鼓，玉米、瓢虫、蚜虫、蚂蚁等故事角色的头饰。
该活动建议在宽敞安全的活动室进行。
配套电子资源：角色图片。

活动过程

一、讨论故事角色特点，激发表演兴趣

教师可出示相关的故事图片，引导幼儿讨论故事角色特点。

➤ 你们还记得《玉米和瓢虫》的故事吗？玉米彩彩的性格是怎样的呢？
➤ 瓢虫是什么样的？它在保护玉米时会是什么样的神情、动作？
➤ 蚂蚁和蚜虫是什么关系？它们俩分别长什么样？

幼儿分组讨论，教师鼓励幼儿大胆表达。

➤ 玉米、瓢虫、蚜虫和蚂蚁各有特点，你们可以试着用不同的动作来表演它们吗？你会用什么动作来表演玉米呢，为什么？

教师鼓励幼儿尝试用肢体动作模仿故事角色的动作姿态，如可以将双手向上举起于头顶合十表演玉米，可张开双臂表演瓢虫保护玉米的动作等。

二、热身游戏：昆虫大变身

➤ 现在游戏难度要升级啦！你敢迎接挑战吗？

游戏玩法：幼儿在区域内围成圈，教师用铃鼓打节奏，幼儿跟随节奏游走；当教师拍打铃鼓，并喊出“昆虫大变身，变××”时，幼儿就要自由模仿和表演该昆虫。

游戏初期，教师可将表演范围缩小在“瓢虫、蚂蚁和蚜虫”中；随着幼儿对玩法的熟悉，教师可随机增加幼儿熟悉的昆虫，如蝴蝶、蜜蜂、甲壳虫、萤火虫等。

游戏中，教师应鼓励幼儿大胆想象和创造，尽量用不同的动作进行表演。

三、表演游戏：玉米和瓢虫

➤ 刚刚小朋友们用肢体动作表演了不同的昆虫，你们的表演很有想象力哟！接下来，我想请大家来表演《玉米和瓢虫》的故事。但是这次表演形式非常特别，要用哑剧形式表演，也就是说小朋友们只能用肢体动作和表情神态来表演，而不能够说话。现在就来试试吧！

教师可随机念读绘本中有关动作的词句，引导幼儿根据词句进行哑剧表演。教师在读到关于动作的词语时应重读，并为幼儿留出做动作的时间。如：

➤ 小玉米彩彩从甜甜的睡梦中醒来，伸了个懒腰。

➤ 有一天，彩彩突然觉得很难受，浑身痒痒。

➤ 我是一只七星瓢虫，名叫小星星，我其实是来保护你的！

➤ 我能在遇到危险时缩成一个又圆又硬的小球，保护我的手脚和头部。

练习后，教师引导幼儿自由分配角色，可由多名幼儿共同表演同一角色。

教师作为旁白，讲述故事内容，幼儿跟随教师的讲述进行哑剧表演。

表演结束后，教师可邀请幼儿说一说自己的感受和想法。

四、分享与总结

➤ 你们喜欢哑剧表演吗？你们觉得什么样的哑剧表演才能更吸引观众呢？为了让观众能看懂表演，小演员在表演动作或表情时应该怎么做呢？

小贴士

- 哑剧能够很好地提升大班幼儿的肢体表现力、动作协调性、表情管理能力等。活动前，教师可在一日生活各环节或表演区中，引导幼儿以哑剧形式表演日常生活中常见的活动或事物，如起床、吃饭、坐车等，激发幼儿对哑剧表演的兴趣。
- 教师可根据幼儿的实际能力水平，适当调整、优化故事语言，如根据故事主旨或绘本画面内容增加带有动作的词句，帮助幼儿更好地进行哑剧表演。

活动21 绘本阅读：《好狐狸　坏狐狸》

活动形式：■区角
活动区角：■语言

关键经验

1. 能够自主阅读，理解故事内容。
2. 愿意用完整、连贯的语言表达自己对狐狸的看法。

活动材料

绘本《好狐狸　坏狐狸》或故事 Flash。

家园共育包：好狐狸　坏狐狸。

配套电子资源：故事 Flash。

活动提示

一、阅读前

教师引导幼儿与同伴分享自己看过或听过的关于“狐狸”的故事。

- 你听过哪些关于狐狸的故事？
- 在你说的这个故事中，狐狸是什么样的？
- 你喜欢狐狸吗？为什么？
- 语言区中也有一本关于狐狸的绘本，故事中的狐狸会是什么样的呢？快和好朋友一起去看一看这本新绘本吧！

二、区角中的阅读

1. 在幼儿自主阅读绘本前，教师可提出重点问题，提醒幼儿在自主阅读的过程中仔细观察和思考，寻找问题的答案。

- 在刚发现狐狸受伤时，小朋友们是否帮助狐狸？为什么？
- 奶牛来找狐狸做什么？它是怎么说的？
- 故事的最后，小朋友们对狐狸的看法有什么变化？

2. 幼儿自主翻阅绘本《好狐狸　坏狐狸》，了解故事内容。

3. 翻阅结束后，幼儿可与同伴围绕“狐狸是好的，还是坏的？”这个话题进行讨论，大胆表达自己对狐狸的看法。

三、阅读后

教师可以引导幼儿围绕狐狸或其他动物的“好”与“坏”展开相关的延伸活动。例如，鼓励家长和幼儿查阅更多相关资料，辩证地思考狐狸或其他动物的“好”与“坏”。教师还可以在此基础上组织幼儿开展简单的辩论活动。

观察要点

- 幼儿能否专注地阅读绘本，并基本理解故事内容。
- 幼儿在阅读过程中能否初步运用辩证的思维去思考问题。
- 幼儿能否清楚、连贯地表达自己对狐狸的看法。

小贴士

思辨能力

思辨能力对于培养一个能够独立思考、专注做事、敢于创新的幼儿有着重要意义。在阅读绘本《好狐狸　坏狐狸》后，幼儿将跟随故事主角对狐狸的“好”与“坏”进行思考。为了更好地促进幼儿的思辨能力，教师应给予幼儿充足的思考时间，鼓励幼儿独立思考，尊重和允许幼儿的个性化表达，同时也要避免直接将答案告知幼儿。

活动22 食物链

活动形式：■集体
重点领域：■科学

活动目标

认知：了解自然界的食物链，理解动植物之间相互依存、相互制约的关系。
情感：对食物链现象感兴趣，感受生态平衡的重要性。
能力：能够仔细观察图片，准确地说出动植物之间的食物链关系。

活动准备

玉米、蚜虫、瓢虫、草、草原鼠、狐狸等多种动植物图片，箭头卡片，白板。

活动过程

一、谈话导入，激发幼儿的参与兴趣

➤ 你最喜欢的动物是什么？你知道它喜欢吃什么食物吗？
➤ 还有哪些动物也喜欢吃草/吃肉？

幼儿与同伴自由讨论、积极交流；教师可邀请3—4名幼儿在集体面前大胆表达。

二、结合图片，初步了解自然界的食物链现象

➤ 你们还记得蚜虫喜欢吃什么吗？
➤ 蚜虫的敌人又是谁呢？谁会捕食蚜虫？

教师依次出示玉米、蚜虫、瓢虫的图片，并用箭头卡片将其按食物链的顺序展示在白板上。

➤ 蚜虫喜欢吃玉米，同时它也是瓢虫的食物。大自然中还有很多类似这样的吃与被吃的动物生存关系，在《好狐狸　坏狐狸》的绘本中，吃与被吃的关系还发生在哪些动植物之间？
➤ 你还知道哪些动植物之间的吃与被吃的关系？老师为大家准备了许多动植物的小卡片，请小朋友们动手排排序，找出它们之间吃与被吃的关系。

幼儿分组操作，完成后，教师邀请每组代表分享自己的排列方式，并引导幼儿自由讨论。教师可协助幼儿在白板上展示出相应的食物链。

➤ 你是怎么排列的，用到了哪些动植物卡片？你为什么会这样排列？
➤ 还有没有其他小朋友也用到了××动物/植物卡片？排列的方式一样吗，有什么不同？

教师与幼儿共同小结。

➤ 这些动植物之间的吃与被吃的关系，一环接一环，就像一条链子一样紧密联系在一起，我们可以将这种关系称作食物链。

三、了解动植物之间相互依存、相互制约的关系

➤ 如果食物链中有一环断掉了，会发生什么样的事情呢？在“玉米—蚜虫—瓢虫”的这条食物链中，你们最讨厌谁？
➤ 看来大家都不喜欢蚜虫。如果地球上所有的蚜虫都消失了，（将蚜虫图片从食物链中取出）这条食物链只剩下玉米和瓢虫，会怎么样呢？
➤ 假如是瓢虫消失了，又会发生什么呢？
➤ 如果是玉米消失了，这个世界又会变成什么样呢？

教师鼓励幼儿大胆想象和自由讨论。

四、分享与总结

➤ 原来，食物链中的每一环、每一种动物或植物都是非常重要的，它们谁也离不开谁，紧紧地联系在一起。如果缺少了其中一环，就会让环境生病，让大自然失去平衡。

小贴士

在讨论、理解动植物之间相互依存和相互制约的关系时，教师可以根据幼儿的实际情况，以幼儿最感兴趣的食物链现象为例，引导幼儿展开讨论。

活动23 谷雨贴

活动形式：■日常
重点领域：■艺术 ■科学

关键经验

认识谷雨节气，体验绘制谷雨贴的乐趣。

活动准备

谷雨习俗介绍图片，传统谷雨贴图片，彩笔，白纸，纸胶带。
建议该活动于谷雨当天开展，若遇周末，尽量在谷雨前后几天开展。

活动过程

1. 教师在晨间活动、餐前准备、过渡环节、离园活动等一日生活各环节中结合图片向幼儿介绍谷雨节气习俗。

➤ 今天是×月×日（根据实际情况而定）谷雨节气。谷雨是春季的最后一个节气，谷雨后雨水会越来越多，这可以帮助庄稼、花草树木等茁壮成长。人们习惯在谷雨节气时采摘茶叶、品尝香椿、欣赏牡丹花等。

2. 教师重点介绍谷雨贴习俗。

➤ 谷雨后气温升高，雨水增多，田间的害虫也越来越多。古时候的人们会到田里去驱赶害虫，同时张贴谷雨贴，表达了人们驱除害虫、盼望农田丰收的愿望。

3. 教师可展示传统谷雨贴，引导幼儿观察和讨论。

➤ 谷雨贴上画了什么？你们在生活中见过什么害虫？这些害虫最害怕什么呢？你想画出什么样的谷雨贴？

4. 幼儿在一日生活各环节或是美工区中大胆设计和创作谷雨贴。

5. 绘制完成后，教师带领幼儿到户外，鼓励幼儿自己将谷雨贴粘贴到园中的植物上，提醒幼儿动作要轻柔，避免伤害植物。教师可鼓励幼儿与同伴分享自己的想法和感受。

小贴士

除了绘制谷雨贴外，教师还可以根据当地的风俗习惯或是各自园所条件，适当开展谷雨节气的相关活动。也可以视情况在谷雨当日的食谱中加入香椿，让幼儿感受“吃春”习俗；如果园内或社区中种植有牡丹花，教师也可以带领幼儿赏牡丹等等。

活动24 动物集合啦

活动形式：■区角
活动区角：■美工

关键经验

1. 能够根据示意图大胆创作，折叠出较复杂的动物形象。
2. 尝试将多个折纸作品组合成情景画面。

活动材料

动物折纸示意图，正方形彩纸，硬卡纸，水彩笔，固体胶，安全剪刀。

教师提前将动物折纸示意图张贴在美工区墙面。

游戏玩法

1. 幼儿观察示意图，与同伴讨论。

➤ 这是什么动物？你最喜欢什么动物，为什么？你看懂图片上的折纸步骤了吗，有哪些地方没看懂？你想创作什么样的作品？画面上除了动物形象外，还会有哪些植物或事物？

2. 幼儿选出自己喜欢的动物形象，并根据示意图进行折纸创作，并自主地在折纸作品上进行添画、涂色等装饰；幼儿可创作多个动物形象。

3. 折纸完成后，幼儿可根据创作意图，大胆想象，自由创作，将多个折纸作品组合成情景画面。如，幼儿可将动物折纸粘贴在底板上，并添画花、草、树等，创作出“森林王国”的情景；幼儿也可以创作一幅背景图，利用动物折纸在背景图前表演简单的小故事。

4. 作品完成后，幼儿向同伴展示、介绍自己的作品。

观察要点

- 幼儿能否看懂示意图并根据示意图折出相应的动物形象。
- 幼儿是否熟练掌握多种折纸技法。
- 幼儿能否发挥想象力，将多个折纸作品组成情景画面。

小贴士

教师可根据幼儿的实际折纸水平，并从幼儿的生活经验和兴趣出发，投放难度适宜、充满吸引力的折纸示意图。此外，示意图的投放位置应醒目显眼，且内容简洁易懂，便于幼儿观察和自主创作。

活动25 地球的秘密花园

活动形式：■集体
重点领域：■科学

活动目标

认知：认识地球仪，知道地球仪是地球表面的模型；了解地球上几个典型的生态系统，如：沼泽、海洋、沙漠和森林。

情感：喜爱不同的自然环境，萌发出爱护地球、保护环境的环保意识。

能力：能够根据不同生态系统的特点选择不同的材料和道具来创设模拟生态系统；能够发挥想象力，说出“地球生病了”（环境变差）会造成的影响。

活动准备

一个大地球仪，沼泽、海洋、沙漠和森林的图片，沙子、泥土、石头、水，树枝、小草、小花；骆驼、鳄鱼、小鱼、珊瑚、海星、老虎的玩具模型（均为手掌大小即可），四个透明塑料的大筐子，沼泽、海洋、沙漠和森林被逐步破坏的视频。

沙子、泥土、石头、水等自然材料可以提前让幼儿去户外收集，这样还能给予幼儿亲近自然的机会。

活动过程

一、地球仪

教师展示地球仪，幼儿可自由探索和观察2—3分钟，观察完毕之后，教师引导幼儿思考并讨论：

- 你们知道这是什么吗？
- 它是什么的模型？
- 这些蓝色的地方是什么？
- 那其余的地方呢？
- 我们中国大概在地球的什么地方，你们知道吗？
- 原来这就是地球仪，蓝色的地方是海洋，其余地方是陆地，我们所在的中国大概在这个地方（教师用手指地球仪上的中国的位置），我们生活的地球是一个很美丽的地方。

简单认识完地球仪后，教师创设情境，引出活动主题，制造悬念，调动幼儿学习的兴趣。

- 在很久很久以前，地球上有很多秘密花园，这些秘密花园是什么样子的呢？我们一起来看看吧！

二、地球的秘密花园

教师展示森林的图片，引导幼儿通过观察、回顾已有经验和推测的方式，来归纳、总结出这一生态系统的特点。

- 这是地球的一个秘密花园，它是哪里呀？
- 它里面有些什么植物？有些什么动物？
- 你去过吗？
- 它的空气怎么样？

教师出示准备好的各种材料，引导幼儿根据上述森林的特点，在塑料筐中创设一个小小的生态系统，幼儿可以发挥想象力和创造力，获取身边可以用到的材料，丰富“森林”这一生态系统。

- 我们一起来打造一个属于我们的“森林”吧！
- 我们可以用到哪些材料？
- 还可以往里面加一些什么？我们有这样的材料吗？
- 这个东西放在森林里面合适吗？鳄鱼不是很喜欢森林哦，这个地方好像不适合它生存。

三、花园消失了

- 后来人们对地球做了破坏环境的事，于是这些花园慢慢变得越来越少。

教师引导幼儿想象生态系统被破坏之后对动植物、人类、气候会产生的影响，教师边与幼儿探讨边逐步拿走幼儿所放置的生态系统中的材料。教师也可以播放生态系统遭到破坏的视频，带给幼儿直观的感受。

- 人们砍掉了森林里很多树，还在出去玩的时候往森林里丢垃圾，森林会变成什么样呢？
- 小动物怎么办？
- 我们还能呼吸到那么新鲜的空气吗？
- 土地呢？又会变成什么样？
- 看到森林变成这个样子，你有什么样的感觉？

小结：当这么多秘密花园遭到破坏，地球生病了，它也生气了。

四、分享与总结

- 地球上有很多漂亮的“花园”，但是人们很多不环保的行为却会破坏它们，“花园”的消失对我们人类和地球都有很大的危害，所以，回家也要提醒爸爸妈妈记得爱护地球、保护环境哦！

五、活动延伸

教师依次展示其他生态系统的图片，提示幼儿地球上还有其他的生态系统，并鼓励幼儿可以到科学区中利用提供的材料进行制作。

小贴士

- 在活动准备中，教师可以根据幼儿的喜好，挑选其他的生态系统来进行活动，如幼儿喜欢北极，就可以挑选北极圈的生态系统；若本地区存在特殊的生态系统，也可以引进活动中，幼儿会由于具有相关生活经验，有更深的理解和感受。
- 当幼儿创设完其他生态系统后，教师可以安排时间，创造机会让幼儿展示、介绍不同的生态系统，主要介绍名称、里面有什么，以及相应的气候特点。
- 幼儿在科学区中还可以重建这些生态系统，重新还地球一个“秘密花园”。

活动26 有用的水

活动形式：■集体
重点领域：■健康 ■科学

活动目标

认知：了解生活中、人体中多种重要的水。
情感：体验我们的生活离不开水，自然萌发节约用水的环保意识。
能力：能按照时间顺序有条理地用符号或图画表达一日生活中用到水的场景。

活动准备

教师提前收集有关水的图片，如大自然中的水、生活用水、人体的水等，大白板，方形手工纸，马克笔。

幼儿了解水的基本特性，如：无色无味、流动性、水的三态等。

活动过程

一、说一说：水在哪里

1. 教师抛出话题，和幼儿讨论生活中的水在哪里。

➤ 我们常说“水无处不在”，那么到底在哪里可以找到水呢？

2. 引导幼儿欣赏图片，发现许多地方都有水（大自然、生活用水、植物等）。

➤ 大自然中有水，江河湖海……生活中有水，家用自来水、饮料是水、水管里留出的是水……很多生物本身就带有水分，植物中含有水分、动物体内含有水分……

二、找一找：身上的水

➤ 除了这些地方可以找到水，我们身上有水吗？在哪里？

教师出示图片，引导幼儿了解人体内水的几种呈现形式及其作用：

汗水——帮助我们排出热量。

泪水——湿润眼球，冲洗眼睛里的脏东西。

口水——把食物残渣冲洗掉，帮助我们保持口腔的清洁。

小便——排除身体里的病菌。

血液——运输各种营养物质到身体的各个部位。

➤ 原来我们身体里有这么多重要的水，这些水都维持着人的生命，人的生命是离不开水的。

三、想一想：水的作用

➤ 水能帮助我们做哪些事情呢？

➤ 如果没有水，我们的生活会遇到什么困难？

➤ 水在我们生活中非常重要，如果没有水，动植物都不能生长，人类不能生存。

四、试一试：一天之中用到的水

➤ 我们的一天中要用掉多少水呢？做哪些事需要水？

教师引导幼儿按照时间顺序把一天之中要用到水的场景、事情罗列出来，请幼儿把这些事情用图案或符号表示出来，并集中呈现在黑板上，让幼儿感受到水真有用。

小贴士

活动结束后，教师可以请幼儿制作节约用水的标志，贴在喝水、洗手处。教师也可以请幼儿将多余的标志带到家里，贴在需要的地方。

活动27 生活中的污染

活动形式：■日常
重点领域：■社会

关键经验

了解生活中的污染，萌发保护环境的意识。

活动准备

照相机、手机等拍照和摄像设备；幼儿安全马甲；驱蚊水。

教师提前与社区建立联系，规划好要走的路线，保证幼儿的出行安全。

活动过程

1. 教师在园强调出行安全注意事项，如：要走人行道，不要脱离队伍，好好看路、不要左顾右盼等。

2. 为幼儿穿好安全马甲，在水壶中装好水，贴上驱蚊贴或喷上驱蚊水，引导幼儿提前如厕，做好出行准备。

3. 幼儿两两牵手排成两列，教师于队伍前、中、后保障幼儿安全，队伍按照已规划的路线观察、发现社区中的污染现象，教师利用照相机或手机拍下来，幼儿可以就眼前的景象进行讨论：

- 你发现了哪些垃圾或是被污染的地方？
- 是什么污染了这个地方？
- 这些垃圾是怎么来的？

小贴士

活动结束后，建议教师和家长沟通，鼓励家长利用周末时间带幼儿去拍摄记录一些社区之外的污染素材，如：变得浑浊的小池塘、路边的垃圾，甚至可以到稍远一点的工业区域去，看一看滚滚的黑烟。

活动28 什么不干净了

活动形式：集体
重点领域：社会 语言

活动目标

认知：知道我们生活中有不同的污染类型；知道哪些行为可能会对环境造成污染。

情感：喜爱周边干净的环境，愿意主动了解与环境保护相关的知识。

能力：能够联系生活经验，辨认不同的污染类型。

活动准备

生活中不同污染类型的图片和视频（要包括水污染、空气污染、土壤污染和噪音污染），大白纸，马克笔或水彩笔，不同污染的标志图，地板胶。

教师提前用地板胶在教室的地面出贴上四个大圆，大圆与大圆之间相隔一定距离，每个大圆中间或者上方贴上不同的污染标志；教师提前在大白纸上画上记录表（第一列为不同污染类型的标志图，第二列留白，幼儿可以在上面画上对应的污染物或污染行为）。

配套电子资源：污染标志图。

活动过程

一、图片导入

教师展示前期活动中拍摄的污染图片，也可以选取部分幼儿与家长所拍摄图片进行导入，引出关于“污染”的话题。

- 我们在老师和爸爸妈妈的陪伴下，去参观了很多生活中变得不干净了的地方，它们中有些有难闻的气味，有些看上去脏脏的，有些会吵得耳朵发疼。

二、不同的污染

教师示例将某一污染类型的 2—3 张图放置在对应圆圈内，引导幼儿观察并发现分类的依据。如：将石油泄露、工厂排废水和鱼类在水中死亡的图片放置在水污染标志的圆圈内。

- 请你想一想，为什么我会把这些图片归为一类，放在圆圈里？/这些图片有什么共同的地方？
- 圆圈里的标志长什么样子？猜一猜它代表了什么？
- 还有哪些图片可以放在这个圆圈里？

进行过 1—2 次分类练习之后，教师根据幼儿的理解情况，引导幼儿认识其他的污染标志，明白生活中污染的四大类型：水污染、土壤污染、空气污染和噪音污染。

认识完标志后，教师引导幼儿将剩余的不同污染类型图片，继续分类放置在不同圆圈内。在这一环节，教师可以引导幼儿分小组来进行，并将分配给不同小组的图片背面标记不同的颜色，以此来区分不同小组的分类结果，对分类又快又准的小组给予奖励。

三、谁让它们不干净了

教师引导幼儿讨论造成这些污染的行为，同时展示记录表，示范记录方法。

- 我们做了什么事情，才会让水变得这么不干净呢？
- 不干净的水就不能喝了，也不能拿来洗澡了。
- 我要把刚刚说的让水不干净的东西记下来，应该记在表格的哪里？请你来画一画。

幼儿学会记录的方法之后，分组而坐，对造成不同类型污染的行为进行讨论，同时将讨论的结果记录下来。小组讨论完毕后，进行分组展示。

四、分享与总结

- 我们这几天看了好多污染的地方，认识了不同的污染类型，也知道了平常生活中的哪些行为会造成环境污染。我们都喜欢生活在干净的地方，所以，让我们一起来保护环境、保护地球吧！

小贴士

- 在活动准备中，关于噪音污染图片的选择，教师不仅可以准备一些工地施工的图片，还可以结合幼儿生活实际，录制幼儿在幼儿园大吵大闹、尖叫、大声嚎哭的情况，并将其融入课程，对幼儿进行教育，以此来进一步建立班级常规。
- 本次活动要注意，由于生活中幼儿接触到污染的机会不多，所以教师和家长可以在活动前带幼儿多地走访，积累关于污染的经验。教师也可以多准备一些素材，避免幼儿因经验不足而无法开展活动。

活动29 乐音和噪音

活动形式：■日常
重点领域：■社会 ■艺术

关键经验

1. 知道乐音和噪音的概念。
2. 结合生活经验，知道在生活中应尽量避免发出噪音。

活动准备

分贝仪，乐音和噪音的音频（教师提前找好的乐音音频和在生活中录制的大型机器工作或者幼儿尖叫吵闹的音频）。

活动过程

1. 在晨间谈话环节，针对乐音和噪音的话题展开讨论。
- 说一说生活中有哪些好听的声音？有哪些不好听的声音？
- 让人听起来很舒服的声音就是乐音，吵闹、刺耳的声音就是噪音。

2. 播放准备的音频，幼儿分辨乐音和噪音，并且结合幼儿园一日生活，说一说怎么才能发出好听的声音？在幼儿园哪些声音对"我"造成了困扰？

3. 教师引导幼儿操作分贝仪，进行一次幼儿园"噪音大调查"，如在午饭后、午点后的散步过程中，测试幼儿周围能够听到的声音，将分贝仪上的数据记录下来。

小贴士

活动结束之后，可以将分贝仪投放入科学区。幼儿还可以用分贝仪测一测自己能发出最大的声音以及小到别人听不到的声音，并记录下来。

活动30 好听的乐音

活动形式：■集体
重点领域：■艺术

活动目标

认知：感知进行曲、舞曲、摇篮曲三种音乐风格及其风格差别。
情感：喜欢进行音乐欣赏活动，愿意接受不同风格的音乐。
能力：能够通过涂鸦、语言等多种方式来表现歌曲给自己带来的感受。

活动准备

《四小天鹅舞曲》《斗牛士进行曲》《舒伯特摇篮曲》的音频（教师可提前对三首歌曲进行剪辑，播放音乐选段即可），芭蕾舞、斗牛舞和柔和的现代舞视频，白纸，马克笔、蜡笔或水彩笔，三个音箱。

活动过程

一、音频导入

教师随机播放活动准备中的一首音频，联系幼儿已有经验，引出“好听的乐音”。

- 刚刚的音乐好不好听？
- 我们已经认识了乐音和噪音，今天老师给小朋友们准备了三首好听的乐音，我们一起来听一听吧！

二、乐曲欣赏

教师依次播放三首乐曲，引导幼儿注意倾听，每听完一首都进行一次讨论与小结。教师要在小结中介绍乐曲的名字和一些幼儿感兴趣的乐曲信息，引导幼儿了解一定的音乐欣赏常识。

- 这首歌让你想到了什么？
- 听完这首歌你的心情怎么样？
- 这首乐曲的名字叫《四小天鹅舞曲》，它听起来就像有很多小天鹅在蹦蹦跳，所以有好多人会边听着这首歌，边跳好看的芭蕾舞。

幼儿听完三首音乐之后，教师可以从速度、力度和音乐风格出发，引导幼儿说一说这三首乐曲的不同。

- 这三首曲子有什么不同？
- 哪一首会给你雄壮、有力的感觉？
- 哪一首会让你觉得很欢快、想跳起来？
- 哪一首听了想睡觉？
- 你最喜欢哪一首？说一说为什么。
- 这三首曲目中，《四小天鹅舞曲》节奏欢快、活泼，速度最快；《斗牛士进行曲》力度最为强劲，节奏稳定；《舒伯特摇篮曲》最为柔和，演奏速度最慢。

三、乐曲表现

1. 线条中的音乐。

教师将教室分隔为三个区域，如：餐厅、活动室和睡房/走廊，将三个音箱分别放置其中，分别播放三首不同的乐曲。教师提前准备好桌椅、白纸和笔，幼儿根据自己的喜好，进入不同的区域，跟随音乐进行涂鸦。

涂鸦完成之后，教师将不同乐曲的涂鸦作品放在一起，进行展示，并邀请幼儿上来说一说作品的内容。

2. 动作中的音乐。

教师对应乐曲分别播放芭蕾舞、斗牛舞和柔和现代舞的视频，引导幼儿欣赏他人表现乐曲的动作，并尝试跟随乐曲进行律动，用肢体语言来表达内心的感受。

幼儿的动作可以是舞蹈动作，也可以是跟随节拍和节奏比较单一的律动，也可以是来自于生活中的一些情节性动作，如：将两只手合拢侧放于耳畔，模拟睡觉这一行为。

四、分享与总结

- 原来好听的乐音也有这么大的不同，会给我们带来不一样的感觉，有些会让我们快乐得想跳舞；有些适合睡觉的时候听；还有一些像猎豹在追羚羊一样紧张兴奋。小朋友回家之后，可以和爸爸妈妈一起收集一些好听的歌曲，带到幼儿园跟好朋友和老师分享哦！

小贴士

- 乐曲表现环节，由于一次集体活动时间有限，且教学内容不宜过多和过杂，以上两种乐曲表现形式教师任选一种进行教学即可，如果在集体活动中使用了线条表现，则引导幼儿在表演区尝试动作表现；如果在集体活动中使用了动作表现，则引导幼儿在美工区尝试线条表现。教师也可将本次教学内容拆分为两次教学活动，加深幼儿对不同乐曲类型的感受。
- 活动结束后，教师可以准备同类型音乐的不同曲目，在合适的时间段播放，引导幼儿在多次感受中，分辨不同类型音乐的风格。如：准备不同国家的摇篮曲，在幼儿午睡入睡前播放。

活动31 风筝

活动形式：■区角
活动区角：■美工

关键经验

1. 知道风筝是我国一种传统工艺。
2. 欣赏传统风筝的美，体验绘制风筝的快乐。
3. 尝试用左右对称的方法来装饰、绘画风筝。

活动材料

国画颜料（或水粉颜料、丙烯颜料、水彩笔、油画棒等材料均可），笔刷，调色盘，小水桶，胶水，防水桌布，儿童防水工作服，透明胶，风筝成品，风筝图片，条件允许的情况下，可准备传统风筝实物投放在区角或者作为班级里春季的环境布置装饰。

教师在美工区投放和展示风筝成品和风筝图片，供幼儿观察和交流。

活动资源：风筝。

游戏玩法

1. 幼儿观察风筝成品和风筝图片，和同伴交流、讨论：看到了什么图案的风筝？最喜欢哪一个，为什么？风筝的头部/背部/翅膀上分别有什么图案和颜色？风筝左右两侧的图案一样吗？这些图案有什么特点？（引导幼儿关注风筝左右对称的特点）

2. 取出材料，观察和探索材料的特点；取出风筝面，和同伴说一说：想要绘制什么颜色的风筝？哪些颜色搭配在一起会更好看？如果要画出色彩左右对称的风筝，在上颜色时应该怎么做？

3. 将国画颜料挤入调色盘中，在水中湿润笔刷，用笔刷蘸取颜料，在风筝面上自由涂色装饰；幼儿在绘画时可以自由选择喜欢的颜色，教师要尊重和鼓励幼儿的创作。

4. 绘画完成后，向同伴展示和介绍作品：自己设计的风筝是左右对称的吗？为了画出左右对称的效果，自己用到了哪些好方法？装饰风筝时用到了哪些颜色？

5. 待作品晾干后，参考步骤图，将支杆分别插在主骨的卡扣上，并将支杆的另一头分别插到翅膀边的插孔里，完成骨架搭建；再将放飞线的一头系在风筝提线的扣眼上，完成风筝制作。

观察要点

- 幼儿是否对传统风筝感兴趣，愿意参与风筝的绘制。
- 幼儿能否运用左右对称的方法来装饰风筝。
- 幼儿能否细致、专心地绘制风筝。

小贴士

- 条件允许的话，可在该活动前进行传统风筝欣赏等集体活动。通过展示真实的传统风筝实物/照片/视频等，让幼儿积累相关经验，加深对风筝的兴趣。
- 除了用涂色的方法来表现风筝的对称美外，还可以鼓励幼儿在美工区大胆探索和发现更多不同的美工表现方式，例如：将彩纸对折，剪出风筝的造型；用颜料拓印；等等。
- 可将幼儿的作品用于春天、清明时节、中国风等主题的环境创设布置；也可以在户外活动时间、春游活动中开展放风筝活动。

活动32 绿色出行大采访

活动形式：■集体
重点领域：■社会

活动目标

认知：知道什么叫绿色出行，了解绿色出行的方式。
情感：对绿色出行方式感兴趣，愿意尝试绿色出行。
能力：能够通过采访的方式进行调查和记录，并分辨哪些出行方式是“绿色”的。

活动准备

手机等录音或视频拍摄设备，教师提前做好的记录表（记录表包含两列——第一列为幼儿熟悉的教师或幼儿园其他工作人员的照片；第二列为空白列，用来记录对应人物的出行方式），水彩笔或铅笔；出行方式的图片（包括步行、骑自行车、坐公交车和一个人开小汽车），6—7组小话筒和相机/摄影机模型（可以提前在美工区引导幼儿自制，也可以和家长沟通后亲子制作）。

教师提前和记录表上的教师和工作人员进行沟通，在活动进行中配合本班幼儿进行采访工作。

配套电子资源：记录表。

活动过程

一、谈话导入

教师引导幼儿回顾生活经验，谈一谈自己的出行方式，引出“绿色出行”这一活动主题。

- 今天你们是怎么来幼儿园的？走路还是坐车？坐的什么车？
- 平常出去玩你们会坐什么交通工具呢？
- 听说有一些出行的方式叫做“绿色出行”，不知道你们有没有听过？
- 到底什么叫绿色出行呢？我们一起来看看吧！

二、认识绿色出行

教师出示出行方式图片，引导幼儿思考每种出行方式的长处和短处，并分辨哪些是绿色出行。最后，在小结中归纳绿色出行的特点，让幼儿明白什么是绿色出行。

如：教师出示步行的图片，并引导幼儿讨论：

- 你们经常步行出门吗？
- 步行跟坐车相比有什么好处？
- 但是步行能去很远的地方吗？天气太热的时候会很难受吧？
- 去比较近的地方的时候我们可以选择步行，因为不会制造出污染空气的尾气，所以步行是绿色出行的一种方式。

教师可以继续举坐公交车和坐小汽车的例子，前者是公共交通工具，多人共享能够节约资源，所以是绿色出行方式。后者则会污染空气且不能够节约资源，不是绿色出行方式。

教师示例完毕之后，进行小结，帮助幼儿归纳绿色出行方式所应该具备的特点：满足“不造成空气污染、能够节约资源”中的一点或两点。

三、小小采访员

1. 采访准备

待幼儿基本明白绿色出行的含义之后进行分组，自主分发记录表、笔、话筒和相机模型。教师引导幼儿查看记录表，了解记录方式，同时进行采访练习，知道如何做一个有礼貌的采访者。

- 我们幼儿园有很多老师和工作人员，他们平常的出行方式是什么呢？请小朋友们做一回采访员，去采访一下他们。
- （出示记录表）这是一张记录表，你们看一看上面是谁的照片？采访了×××之后，就可以将采访内容记录在他/她后面的空白格子里。
- 你现在要采访我，你该怎么向我提问呢？（邀请幼儿上台模拟采访）

幼儿明白采访流程后，主班教师引导幼儿进行组内分工，可包括：采访员、记录员、摄像人员。并将不同的小组按照需要去的地点分为两大队，分别由主班教师和副班教师引导出发进行采访。

2. 进行采访

教师根据幼儿需要采访的人员，引导幼儿来到不同地点，幼儿自行采访，教师利用手机等设备记录采访过程。

幼儿采访完毕之后，以小组为单位向其他组展示记录成果，并分辨哪些出行方式属于绿色出行。

四、分享与总结

- 绿色出行是一种环保行为，它能够节约能源、减少汽车尾气的排放，这样我们身边的空气会变得更好，生活才会更舒适，让我们一起绿色出行吧！

小贴士

- 性格涵养教学法特别强调生活中的“礼”，这也是“仁爱”的一种体现。所以在活动中幼儿进行采访时，教师要注意提醒幼儿注意礼仪礼节，使用礼貌用语。对他人进行采访时，用“你好”开头，并进行自我介绍，采访完毕之后，要表示感谢。
- 活动结束后，幼儿可以回家调查家庭成员的出行方式，并分辨哪一些是绿色出行。同时教师应当鼓励幼儿向身边的人宣扬绿色出行的观念，让大家一起来保护环境。

活动33 绿色出行我先行

活动形式：■集体
重点领域：■健康

活动目标

认知：进一步了解绿色出行的方式，知道不同道路对应不同的出行方式。

情感：喜欢环保生活，开始形成绿色出行的意识。

能力：能够在不碰倒跨栏的情况下成功跑完跑道；能够在保持平衡的情况下顺利骑车绕过障碍。

活动准备

地板胶，人行道和非机动车道标识，儿童跨栏等适用于幼儿跨栏的体育器材，平衡车或三轮车，平衡车障碍物/儿童路障，头盔、护腕等运动安全防护装备，口哨，律动音乐。

教师提前挑选一处宽敞平坦的户外场地，并在活动场地用地板胶贴出两条道。第一条道为人行道，贴上人行道标识，并放置好儿童跨栏；第二条道为非机动车道，贴好非机动车道标识，并放置好儿童路障。

活动过程

一、热身运动

教师自行挑选音乐引导幼儿进行律动，注意腕关节、肘关节、膝关节和踝关节一定要得到充分活动，以免在活动中因用力过猛而造成损伤。

二、我会出行

1. 认识马路标识。

充分热身过后，教师引导幼儿熟悉游戏场地，认识马路标识，了解游戏规则。

➤ 我们面前有两条道路，每条道路上都贴上了不一样的标志，你们在马路上看到过这两个标识吗？

➤ 标识上画了什么？代表什么意思呢？

➤ 原来我们走路要走人行道，骑车要走非机动车道。

2. 初步尝试。

幼儿尝试在教师的引导下跨过、绕过障碍物，通过不同道路，并进行讨论，总结快速通过障碍物且保持自身平衡的方法。

➤ “人行道”上有横栏挡住了我们的路，我们怎么快速通过它呢？

跨过横栏是最快速的方法，幼儿跨过去时容易绊倒跨栏，教师可提醒幼儿注意抬高跨越动作中的后腿，后腿微屈往身体同一侧向上、向前画圆弧形，最终落地为最标准的跨栏姿势。

➤ “非机动车道”上有这么多路障，我们要走S形的路线来通过。

如果教师选择用平衡车来进行运动，转弯的时候要提醒幼儿注意侧身，维持身体平衡；如果教师选择的是三轮车，那么转弯的时候要提醒幼儿注意后轮，避开路障。

三、出行游戏

1. 游戏准备。

幼儿初步尝试之后，教师重新整理好游戏器材，并为幼儿穿戴好相应的护具，引导幼儿进行分组，建议分为两组即可。

分组完成后，幼儿可以选出一名队长，队长在比赛前可组织本组幼儿进行“战术”讨论，比赛之后进行交流与总结。

2. 进行游戏。

游戏开始，每队幼儿分成两拨，分别站在赛道的起始点和终点排好队。哨声响起，起始点的两名幼儿同时出发，先通过“人行道”，再骑上平衡车通过“非机动车道”，抵达终点，将平衡车交给本队幼儿，该幼儿走相同的道路返回起始点，完成折返接力跑。

全队人率先完成跑道游戏，即视为获得比赛胜利。若中途本队幼儿弄倒了跨栏或路障，需要耗费自己的时间将其扶起。

四、分享与总结

放松运动和拉伸过后，教师与幼儿共同进行分享与总结。

➤ 在比赛中，队伍里的每一个成员都很重要，要团结在一起，每个人都很用心地进行比赛才能获得胜利。今天你们都很棒，都是运动小能手，给身边的小伙伴和自己都比一个大拇指吧！

小贴士

- 活动准备中，儿童跨栏的高度建议设置在50—80 cm，当然，教师也可根据本班幼儿的实际身高来灵活调整。
- 活动中要注意提醒幼儿，我们的“人行道”是游戏中才会出现的人行道，所以可以跑来跑去，但是在生活中，是不能在人行道上跑来跑去的，因为这样容易撞到别人，并且容易摔跤。教师要及时给予引导，防止幼儿产生认知偏差。

活动34 生活中的垃圾

活动形式：■日常
重点领域：■社会 ■语言

关键经验

了解乱扔垃圾的危害，养成不乱扔垃圾的良好生活习惯。

活动准备

垃圾乱扔的图片。

活动过程

1. 教师引导幼儿在晨间活动、过渡环节、离园活动等一日生活各环节中围绕“生活中的垃圾”展开讨论：在我们的一日生活中会产生什么垃圾？你还见过哪些垃圾，是在哪里见到的？产生的垃圾要扔到哪里？如果找不到垃圾桶，可以怎么做？

2. 教师出示垃圾乱扔的图片，引导幼儿观察和讨论：看到这些照片，你有什么感受？乱扔垃圾有什么不好的影响？对动物、植物会有影响吗？有什么方法可以减少生活中的垃圾？

3. 教师可在一日生活各环节中适时渗透不乱扔垃圾的意识，帮助幼儿养成不乱扔垃圾的习惯。

如，在美工区中投放废纸盒，引导幼儿及时收纳不需要的废纸屑等材料；在户外活动结束后，引导幼儿整理活动区域，将垃圾带走；等等。

小贴士

为了更好地发挥大班幼儿的积极性，教师还可以组织幼儿讨论、制定班级的“环保值日生”制度，每天由一名幼儿担任环保值日生，督促其他幼儿不乱扔垃圾，保持班级环境整洁卫生。

活动35 垃圾分类

活动形式：■集体
重点领域：■社会 ■科学

活动目标

认知： 认识垃圾分类标志，了解垃圾分类的方法。
情感： 养成不乱扔垃圾、垃圾分类的好习惯，建立初步的环保意识。
能力： 能够区分可回收物、有害垃圾、厨余垃圾和其他垃圾，并能正确地进行垃圾分类。

活动准备

标识可回收物、有害垃圾、厨余垃圾和其他垃圾的垃圾桶，四种类型的垃圾实物（教师提前做好相关处理，保证干净卫生），四种类型的垃圾桶图片以及相应的垃圾图案卡片。

配套电子资源：“垃圾分类”PPT 及相关图片。

活动过程

一、讨论导入

- 你在生活中见过什么样的垃圾桶？
- 你在哪里见过垃圾桶？
- 垃圾桶有什么用处？

幼儿与同伴自由讨论、积极交流；教师可邀请 3—4 名幼儿在集体面前大胆表达。

- 我们在生活中能见到各种不同样子的垃圾桶，将垃圾扔进垃圾桶中能使环境变得更加干净漂亮。

二、认识垃圾分类标志，了解垃圾分类方法

教师出示垃圾分类垃圾桶。

- 你们注意过吗？在小区或公园里，我们会看到不同颜色的垃圾桶。这些垃圾桶是什么颜色的？
- 你觉得为什么要将垃圾桶设计为不同颜色？这些颜色可能代表了什么意思？

幼儿自由讨论和表达，教师可鼓励幼儿结合已有经验进行合理的猜想。

1. 认识可回收物。

教师播放 PPT 中可回收物的标志，引导幼儿观察和讨论。

➤ 蓝色垃圾桶上有什么标志？是什么形状的，有什么特点？

➤ 你们观察得很仔细。这个标志是由三个小箭头组成的三角形，它代表的是可回收物。可回收物包括了什么呢？

➤ 可回收物通常包括废旧的纸张、塑料、玻璃、易拉罐、旧衣服等。想一想在家里，你们还见过哪些可回收物？

教师播放 PPT 中回收再生物品的相关内容，引导幼儿观察和讨论。

➤ 可回收的意思就是这类物品经过分类、处理和回收利用后就可以变成新的东西，如再生纸、塑料、玻璃等物品。

2. 认识有害垃圾。

教师播放 PPT 中有害垃圾的标志，引导幼儿讨论和表达。

➤ 这个标志是什么颜色的？你在生活中还见过哪些红色的标志？红色通常代表了什么？

➤ 生活中我们能见到红灯、救护车上的红十字、禁止吸烟标志等等，红色非常显眼，能够起到提醒作用。这个标志是什么形状的？你们猜猜，这个红色的标志代表了什么类型的垃圾呢？

➤ 这个红色标志看起来就像是一个叉，它代表的是有害垃圾。有害垃圾指的是会对我们的身体健康或者是环境产生危害的垃圾。你们知道有害垃圾有哪些吗？

➤ 废旧电池、灯管、灯泡、过期的药物等都属于有害垃圾。

3. 认识厨余垃圾。

教师播放 PPT 中厨余垃圾的标志，引导幼儿讨论和表达。

➤ 这个标志长得有些特别，它长得像什么？

➤ 这个长得像小沙漏的标志叫厨余垃圾，它表示的是在厨房中或在日常饮食中产生的来自食物的垃圾。你们在家中是否观察过？爸爸妈妈在做饭时会扔掉哪些垃圾呢？

➤ 没错，菜叶、菜根、果皮、蛋壳、剩饭剩菜等都是厨余垃圾。这类垃圾容易变得臭臭的，但经过处理加工，它们可以变成植物需要的肥料、动物需要的饲料等有用的东西。

4. 认识其他垃圾。

教师播放 PPT 中其他垃圾的标志，引导幼儿讨论和表达。

➤ 咦，这个标志也有三角形的部分，它和哪个标志长得很像呢？

➤ 仔细观察一下，它和可回收物标志有什么不同？它长得像什么？

➤ 你们的想象力真丰富，你们觉得这个标志长得像小鱼，也长得像小蘑菇。虽然这个标志也有三角形部分，但是它多了一个“尾巴”，而且它一共有四个小箭头。这个特别的标志代表的是其他垃圾。

➤ 其他垃圾是危害比较小，但是也不能被回收利用的垃圾。例如使用过的纸巾、地上的尘土、破碎的陶瓷片等。这些垃圾一般会用焚烧、填埋的方式来处理。

三、动手操作，巩固对垃圾分类方法的理解

➤ 刚才我们认识了四种不同的垃圾分类方法，你们还记得吗？老师这里有一堆没有分类的垃圾，谁可以来帮帮忙，将它们扔到正确的垃圾桶里？

教师出示垃圾实物，邀请幼儿上前将其分别投入正确的垃圾桶。

教师将操作材料分发给幼儿，引导幼儿将不同类型的垃圾分类“扔进”正确的垃圾桶中。

操作完成后，教师引导幼儿展示，并共同讨论验证。

四、分享与总结

➤ 老师很高兴地看到你们能够将垃圾扔进正确的垃圾桶中，你们已经懂得了垃圾分类的方法，你们都是环保小卫士！回家后，请小朋友们记得与爸爸妈妈分享垃圾分类的小知识，让他们也能参与到垃圾分类活动中哟！

小贴士

- 该活动的垃圾分类方法是以国家住房和城乡建设部于2019年发布的《生活垃圾分类标志》为依据。教师也可以根据当地的垃圾分类管理条例来适当调整活动内容，使其更加符合当地实际情况，如上海地区可将分类方法调整为“可回收物、有害垃圾、湿垃圾和干垃圾”。
- 该活动内容较丰富，教师可根据实际情况适当调整，如将其拆分为2个课时的活动，或是将操作材料投放到益智区，引导幼儿在区角活动环节进行操作。

活动36 垃圾分类大调查

活动形式：■亲子
重点领域：■科学

关键经验

调查、了解、记录家庭或社区中垃圾分类的情况。

活动准备

“垃圾分类”记录表，白纸，彩笔。
家园共育包：“四色垃圾桶”“我家的垃圾分类”。
配套电子资源：“垃圾分类”记录表。

活动过程

1. 在出发调查前，家长与幼儿共同规划好调查路线。
2. 家长与幼儿一同在小区中调查了解社区垃圾分类的情况；幼儿可将观察到的垃圾分类标志和对应类别的垃圾画在记录表上，家长可协助拍照记录。
3. 调查结束后，幼儿与家长围绕记录表进行讨论。
   - 小区中有垃圾分类的垃圾桶吗？将垃圾分成了几类，标志是什么样的？每种类型包括了哪些垃圾？
4. 幼儿对家中的垃圾分类情况进行调查。
   - 家里有几个垃圾桶，分别放在哪里？这些垃圾桶是用来装什么垃圾的？家里哪种垃圾最多？家里人在扔垃圾时注意分类吗？如果之前没有做到垃圾分类，之后该怎么做？
5. 幼儿将记录表带回园内，与同伴进行讨论、分享。

小贴士

为了帮助幼儿真正养成垃圾分类的良好生活习惯，教师与家长需要共同创设良好的环境。如，家长可在家中设置分类垃圾桶，引导幼儿将垃圾分类；教师也可以在教室或走廊中设置一个“回收利用站”，用来收集幼儿家中废弃的环保材料如报纸、塑料瓶等，并组织幼儿利用环保材料开展体育游戏、美工创作、环创布置等活动。

附 记录表

"________小区垃圾分类"记录表

垃圾分类标志	具体包括

活动37 套指环

活动形式：■区角
活动区角：■益智

关键经验

能以自身为中心区分左右，并能根据两种条件确定指环的位置。

活动材料

教师利用扭扭棒制作的各色指环；指环提示卡（10 cm×10 cm 的左、右手形状的卡片，教师提前在各手指上画出对应颜色的指环）；过塑好的空白指环提示卡；水性彩笔（彩笔的颜色要与指环颜色相一致）。

游戏玩法

玩法一

1. 幼儿随机抽取一张指环提示卡。
2. 幼儿观察提示卡，以自身为中心确定提示卡图案是"左手"还是"右手"。
3. 幼儿根据提示卡在自己的手上套指环。
4. 操作完成后，幼儿根据提示卡进行自我验证。

玩法二

1. 幼儿两人一组，随机抽取一张指环提示卡。
2. 幼儿根据提示卡，在自己的手上套指环。
3. 比一比谁完成得又快又准确。

玩法三

1. 幼儿两人一组，一人为出题者，一人为挑战者。
2. 出题者抽取一张空白指环提示卡，并用彩笔在各手指上自由画出指环。
3. 出题者根据画好的指环提示卡，向挑战者发出语言指令，如“在左手的中指套一个粉色指环”“在中指的左边手指先套一个蓝色指环，再套一个绿色指环”等。
4. 挑战者根据指令进行操作。
5. 完成后，幼儿共同观察指环提示卡进行验证。

观察要点

- 幼儿能否积极主动地参与益智区活动，并专注地投入游戏。
- 幼儿能否根据提示卡或语言提示，以自身为中心正确地区分左右。
- 幼儿能否与同伴友好合作，在遇到问题时能够自主协商解决。

小贴士

活动后期，为了增强游戏的挑战性和趣味性，教师可鼓励幼儿在已有玩法和材料的基础上大胆创新玩法，或是制作更具有挑战性的指环提示卡。教师也可以增加投放左、右手的手势图，引导幼儿根据图片比比看。

活动38 分材料

活动形式：■集体
重点领域：■科学

活动目标

认知：感知9以内数的分解和组合。
情感：萌发对数学的兴趣，感受数学活动的趣味性。
能力：通过动手操作，掌握9以内数的分解和组合，体验数量的多种分合方法。

活动准备

多种环保材料的图片，兰花老师头饰，纸杯、塑料瓶、易拉罐图片，巧手鲁班、香香、吼吼、皮休等人物头像，白板，笔，“分材料”操作单。

配套电子资源：人物图片，环保材料图片，操作单。

活动过程

一、情境导入，激发幼儿的好奇心

教师扮演兰花老师，出示多种环保材料的图片。

➢ 大家好，我是兰花老师。幸福村要举行环保手工大赛了，我正在为大家准备环保材料呢！仔细看，都有哪些环保材料呢？
➢ 幸福村的小朋友们都积极报名参加比赛，可热闹了！可是参赛人数实在是太多了，我有些忙不过来了。你们愿不愿意成为小助手来帮帮我?

二、感知8、9的分解与组合

1. 游戏“分纸杯”。

教师扮演兰花老师,出示纸杯图片。

➤ 第一轮比赛是“纸杯动物秀”,参赛选手需要用纸杯来制作不同的小动物形象。我这里有8个纸杯,请小助手们帮帮忙,将这8个纸杯分给巧手鲁班和香香两位参赛选手。可以怎么分呢?

教师为幼儿分发纸杯图片和人物头像,引导幼儿动手操作,尝试探索8的多种分法,并在操作单上记录。

教师邀请幼儿介绍自己的分法,同时教师可协助在白板上记录。

➤ 你给巧手鲁班分了几个纸杯?给香香分了几个呢?

➤ 如果要让巧手鲁班和香香分到的纸杯数量与刚才的不同,我们可以怎么分?

➤ 数一数,一共有多少种不同的分法呢?

教师将所有分法记录在白板上,并与幼儿共同总结。

2. 游戏“分瓶子”。

➤ 第二轮比赛是“瓶子创意画”,参赛选手要用颜料为瓶子穿上美丽的衣裳。这里有9个瓶子,请小助手们将瓶子分给参赛选手吼吼和皮休吧!

➤ 可以怎么分呢,一共会有多少种不同的分法呢?

教师为幼儿分发塑料瓶图片和人物头像,引导幼儿动手操作,尝试探索9的多种分法,并在操作单上记录。

教师邀请幼儿介绍自己的分法,同时教师在白板上记录。

教师将所有分法记录在白板上,并与幼儿共同总结。

三、游戏“分易拉罐”,体验数量的多种分合方式

➤ 第三轮比赛是“易拉罐拼拼乐”。小助手们在分发易拉罐时要注意,这次需要将9个易拉罐分给三名参赛选手。可以怎么分呢?

教师为幼儿分发易拉罐图片和人物头像,引导幼儿分组讨论和操作,尝试探索除二分法以外的多种分法,并在操作单上记录。

教师邀请每组代表介绍自己的分法,并组织幼儿共同验证。

四、分享与总结

➤ 谢谢小助手!有了你们的帮助,比赛的开展才能更加顺利,现在幸福村的环保手工大赛完美落幕啦!

小贴士

- 游戏“分易拉罐”的目的在于发展幼儿的思维灵活性,避免幼儿形成固定的思维定势。因此教师在活动中要鼓励幼儿大胆尝试和探索,体验数量的多种分合方式,但不必硬性规定幼儿必须找出几种分法。
- 教师可根据幼儿的数学能力水平,适当调整活动难度。如果幼儿对9以内的分解与组合不够熟悉,教师可增加操作材料,引导幼儿多次操作和探索,并可将游戏“分易拉罐”作为第二课时的活动;如果幼儿已经掌握数量8和9的两分法,教师可将活动重点调整为鼓励幼儿开拓思路,探索数量除二分法以外的多种分合方式。

附 操作单

“分材料”操作单

8个纸杯		9个塑料瓶		9个易拉罐		

活动39 世界地球日

活动形式：■日常
重点领域：■社会 ■语言

关键经验

1. 知道4月22日是世界地球日，愿意为保护环境做出行动。
2. 能够协商设计出实用、可行的环保计划。

活动准备

白板，白板笔，大白纸，美工材料等。

活动过程

1. 教师在晨间活动、餐前活动、过渡环节、离园活动等一日生活各环节向幼儿介绍世界地球日：

➤ 每年的4月22日是世界地球日，是一个专门为了保护地球环境而设立的节日。在世界地球日这一天，我们可以参与到环保活动中，也可以向更多人介绍保护地球的重要性。

2. 教师引导幼儿讨论、制定班级的“保护地球”计划：还有哪些事情是与保护环境相关的？为了保护地球，我们在幼儿园里可以怎么做？

3. 教师可协助幼儿在白板上及时记录，如打扫卫生、垃圾分类、走路上幼儿园、节约用水等。

4. 讨论结束后，教师可准备相关的图片，并引导幼儿共同设计、创作班级“保护地球”计划表，并将计划表粘贴在教室墙面。

5．教师与幼儿共同依照计划表的内容展开环保行动。

小贴士

“保护地球”计划表的内容应该由幼儿来讨论商定，教师需要做的是协助和补充。而且在计划表制定完成后，教师应引导幼儿开展持续1—2周的“保护地球”活动，让幼儿可以将前期了解到的环保知识综合运用到日常生活中，从而更好地养成保护环境的良好生活习惯。

活动40 好玩的报纸

活动形式：■集体
重点领域：■健康

活动目标

认知：知道报纸可以回收利用。
情感：体验利用环保材料进行体育游戏的乐趣。
能力：探索报纸的多种玩法，进一步增强灵活地走、跑、跳等能力。

活动准备

轻快的背景音乐，废旧报纸，哨子。
教师提前在活动区域中画出30 m长的跑道。

活动过程

一、谈话导入，做好热身活动

➤ 你们还记得生活中有哪些可回收利用的垃圾吗？
➤ 今天老师带来了一样特别的材料——报纸！（出示报纸）我们可以通过报纸了解到世界各地的新闻、故事等等，但是看过的废旧报纸该怎么处理呢？
➤ 直接扔掉真是太可惜了。小朋友们想一想，我们可以用废旧报纸来做什么呢？

幼儿大胆想象，自由讨论。

➤ 报纸可以用来做手工、包装礼物、折纸飞机……小朋友们想出了许多好玩有趣的方法。今天我们就要将报纸变成有趣的体育游戏道具。

播放音乐，教师引导幼儿做热身运动、活动身体各部位。

二、自由探索报纸的玩法

➤ 报纸可以怎么和我们的身体做游戏呢？你能想出哪些有趣的玩法？

幼儿单人分散在场地中大胆地探索报纸的玩法；教师巡回观察，鼓励幼儿尽可能想出多种玩法。

教师邀请幼儿展示报纸的不同玩法，如踩着报纸走、从报纸上跨跳、将报纸团成球投掷等。

➤ 你想出了哪些玩法？谁愿意给小伙伴们介绍一下？
➤ 你最喜欢哪个玩法，为什么？
➤ 你们想出了很多有趣的玩法呢！刚才有小朋友说可以将报纸铺成长长的路，我们可以在报纸小路上开展跑步比赛。老师也想到了一个关于跑步的玩法。这个玩法很特别，我们不需要用手拿着报纸，但是报纸也能够紧紧地贴在我们的身上，你们想试一试吗？

游戏玩法：站在起跑线处，将报纸放在胸前；听到哨声响起时，松开捏住报纸的双手，同时向前快速奔跑，直至达到终点。如果报纸掉落，则需捡起报纸回到起点重新出发。

教师引导幼儿进行游戏，提醒幼儿注意活动安全。

三、探索报纸的多人玩法

➤ 如果要和好朋友一起合作玩报纸游戏，你们可以想出什么好办法呢？

幼儿自由分组（4 人一组），以小组为单位，分散在场地中探索报纸的多人游戏方法；教师巡回观察，如果发现幼儿与同伴发生冲突，则引导幼儿尝试自己协商解决。

教师邀请幼儿分组展示多人玩法。如两人将报纸举起形成“山洞”，另外两人从“山洞”下钻过；合作用报纸运送乒乓球；将报纸撕成长条做成“尾巴”，进行“抓尾巴”游戏等。

➤ 老师发现小朋友们能够与好朋友友好地协商，合作探索出了许多好玩的方法。接下来的游戏很有挑战性，需要好朋友们一起开动脑筋，相互配合。你们想挑战一下吗？

游戏玩法：幼儿四人一组，每组有一张报纸。当哨声响起时，幼儿需要将报纸平铺在地上，而且四人同时站在报纸上保持 3 秒，脚不能踩在报纸以外的地方。哨声再次响起时，幼儿需将报纸对折，再次挑战。如果挑战失败则退出比赛，坚持到最后的小组获胜。

游戏结束，教师引导幼儿说一说自己的游戏感受，可邀请获胜小组分享挑战成功的秘诀。

教师引导幼儿跟随音乐做放松运动。

四、分享与总结

➤ 原来报纸的玩法这么丰富！如果你家里有废旧的报纸，千万不要直接扔掉哦，你们可以带着爸爸妈妈一起玩有趣的报纸游戏。除了报纸外，生活中还有常见的塑料瓶、纸巾筒、易拉罐等环保材料，它们可以成为体育游戏的道具吗？大家可以在户外环节试一试哟！

小贴士

教师可根据实际情况和幼儿的兴趣点，适当调整报纸游戏的玩法。例如教师可在幼儿自由探索后，引导幼儿讨论、投票选出最喜欢的玩法，再根据幼儿的意见组织开展相关的游戏。教师也可以协助幼儿将玩法记录下来，引导幼儿在户外活动环节开展相关游戏。

活动 41 环保纸盒

活动形式：■区角
活动区角：■益智

关键经验

能正确辨认平面与立体图形，感受平面图形与立体图形之间的对应关系。

活动材料

各式各样的废弃纸盒，教师提前将其拆开、展开、平铺成平面图形（见图“展开的纸盒”）；双面胶或白乳胶；白纸；铅笔或水彩笔。

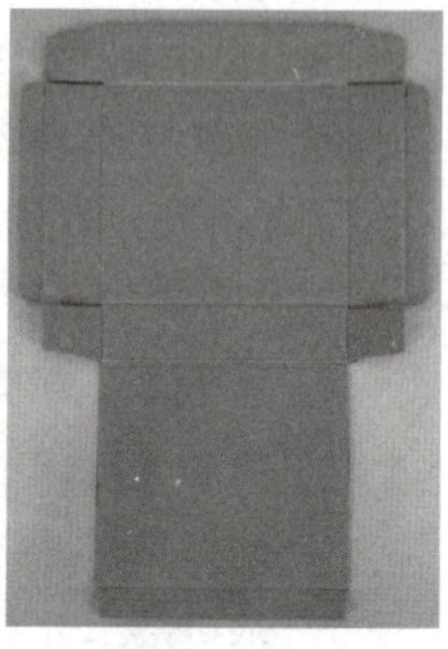

展开的纸盒

游戏玩法

1. 观察展开的纸盒，探索它的拼装方法，猜测拼出来会是什么样的，可以与同伴交流讨论。

2. 利用双面胶或白乳胶将纸盒重新拼装起来，和同伴交流讨论，立体的纸盒和展开的平面图形有什么不一样。

3. 用白纸和铅笔将自己看到的纸盒画下来，感受立体纸盒在白纸上的平面成像。

观察要点

- 幼儿能否成功拼装纸盒。
- 幼儿能否说出立体纸盒和平面图形的不同之处。

小贴士

- 教师可以陆续在益智区投放圆锥、圆柱等立体图形的展开图形，幼儿动手完成拼装，并尝试在各个角度对立方体进行观察，将不同角度所见成像画下来，比一比有什么不同。
- 活动结束后，可以将这些纸盒、纸箱，稍加装饰，变成储物箱、装饰品等等，变废为宝。

活动42 变废为宝

活动形式：■亲子
重点领域：■艺术

关键经验

1. 大胆想象，选择合适的环保材料制作美工作品。

2. 体验与父母合作完成亲子美工作品的成就感。

活动准备

白纸，纸盒、纸巾筒、塑料瓶、纸杯、杂志页等环保材料，安全剪刀，双面胶，彩笔，轻黏土，小绒球、彩带、贴纸等装饰物。

活动过程

1. 活动前，教师根据幼儿的兴趣点预设美工主题的范围（如春天、动物、植物、服饰等）并组织幼儿讨论，投票确定亲子美工的主题。

2. 家长与幼儿围绕美工主题展开讨论，并鼓励幼儿画下自己的创作计划：想制作什么样的美工作品？需要用到哪些环保材料？该如何制作？每个人的分工是什么？

3. 家长与幼儿根据创作计划，收集相关的环保材料，并合作完成美工创作。

变废为宝作品

4. 幼儿将美工作品带至园内，展示于走廊或美工区中的作品展示区；教师引导幼儿在一日生活各环节中向同伴介绍自己的作品。

小贴士

- 教师可根据实际情况适当调整亲子美工活动的开展形式。为了方便家长和幼儿更好地参与到美工活动中，除了确定具体的美工主题外，教师也可以引导幼儿选出最感兴趣的环保材料。如幼儿选择塑料瓶，则需要将塑料瓶作为主要的材料，围绕塑料瓶展开想象创作。
- 在活动开展前，教师可提前准备一些环保美工作品，供幼儿与家长参考，如利用智慧宝盒的外包装盒制作出海底世界场景，或是利用废旧纸盘制作七星瓢虫等。

活动43 未来小区

活动形式：■区角
活动区角：■建构

关键经验

1. 能够与同伴友好地协商建构计划，并合作搭建作品。
2. 能够熟练运用多种建构技能进行综合搭建。

活动材料

各类积木，塑料瓶、易拉罐、纸盒、纸杯等适合建构的环保材料，白纸，笔。

教师提前收集幼儿所居住的小区的照片和平面图，并张贴在墙面上。

游戏玩法

1. 幼儿欣赏小区照片和平面图，并与同伴讨论。

➤ 你现在居住的小区是什么样的？小区里都有什么设施设备？你觉得还有哪些可以改进的地方？

2. 幼儿自由分组，与同伴协商、合作画出建构设计图。

➤ 如果要创建一个未来小区，你想怎么设计？住宅楼要分布在什么位置？为了让人们生活得更舒适，还需要增加什么设施设备，应该分布在什么位置？

3. 幼儿以小组为单位，根据喜好自主选择积木和环保材料，并按照建构设计图创造性地搭建，如用易拉罐搭建小区大门，用纸盒搭建停车场，用塑料杯搭建游泳池等。

4. 幼儿分组展示和介绍自己拼搭的未来小区，相互交流：你们设计的未来小区是什么样的？你最喜欢哪个未来小区，为什么？

观察要点

- 幼儿能否与同伴友好协商建构计划，并合作画出建构设计图。
- 幼儿能否根据建构内容恰当地选择和运用不同的建构材料。
- 幼儿能否完整连贯地向同伴介绍自己的建构作品。

小贴士

- 建构主题为“未来小区”，教师可以鼓励幼儿发挥想象，从现在生活中的不便利和不足之处出发，思考可以有哪些方式进行改善，从而体现在未来小区的设计和搭建中。
- 为了帮助幼儿更好地画出建构设计图，教师可以引导幼儿在活动前先观察事先张贴的小区平面图，了解小区中各类设施设备的位置，感受其布局位置对人们生活的影响。如教师可以引导幼儿讨论“停车场在哪里？停车场要怎么设计才能够更好地保证行人的安全？”“小区里有医院吗？医院要搭建在什么位置才能更方便病人看病？”等。

活动44 奇妙的房子

活动形式：■集体
重点领域：■艺术

活动目标

认知：观察、感知不同造型楼房的特点。
情感：对美好的环境怀有憧憬，体验美术创造的快乐。
能力：能够大胆想象和设计出心目中的奇妙房子，并尝试通过色彩表现自己的想法。

活动准备

教师提前拍摄或收集具有不同造型特点的楼房建筑照片，A3 白色画纸（建议选择质地较厚的纸张），水彩笔，安全剪刀。

活动过程

一、照片欣赏，感知楼房建筑的不同外形特点

➤ 老师知道小朋友们都居住在舒适干净的房子里，有着温暖幸福的家。谁愿意和大家介绍一下你居住的房子是什么样的呀？

➤ 除了你居住的房子外，你还见过哪些特别的房子吗？

➤ 老师还带来了很多特别的楼房照片，我们一起来欣赏一下吧！

教师出示照片，幼儿自由观察和讨论。

➤ 这些房子有什么特点？你觉得它哪里最特别？

➤ 你最喜欢哪种房子，为什么？

➤ 我们欣赏了这么多不同的房子，它们有什么共同特点呢？都包括了哪些部分呢？

教师与幼儿共同小结房子的基本结构。

➤ 原来房子有着不同的形状、颜色、高度等特点，但是它们都会有屋顶、墙面、窗户和门。

二、师幼共同探索，掌握创作方法

➤ 看完了这么多特别的房子，我也好希望将心目中奇妙的房子画下来呀！我还知道一种特别的画房子的方法，现在我们就一起来试试吧！

教师出示白色画纸。

➤ 首先，我们要用折纸的方法将这张画纸分成几个部分，用来画不同的房子。你们喜欢宽窄相同的房子，还是喜欢宽窄不同的房子呢？

教师根据幼儿的想法进行折纸。折纸方法：沿画纸的短边向上折出适当宽度，翻面后再次向上翻折，依次重复，直至折完整张纸。

➤ （展开画纸，观察折痕）数一数，折痕将画纸分为了几个部分？我们要在每个小长方形中画出不同的奇妙房子。你们想先画出什么样的房子呢？

教师根据幼儿的提示进行绘画：用黑笔画出房子的基本轮廓，再用彩笔自由创作图案或涂色，最后再用彩笔沿着房子的外轮廓描边。

➤ 奇妙的房子画好啦！我还有一个小诀窍，可以让这幅作品变得更漂亮哟！

教师示范：用剪刀沿着房子的轮廓裁剪，剪下后再次沿着折痕折叠，使房子能站立在桌面上。

三、大胆想象，自由创作奇妙的房子

教师鼓励幼儿大胆想象，积极与同伴讨论自己的创作计划。

➤ 如果你是设计师，你会设计出什么样奇妙的房子呢？

➤ 每栋房子的屋顶是什么形状？门窗又有什么特点呢？

➤ 你会选择哪些颜色？怎样搭配颜色，才能让房子更漂亮？

幼儿根据自己的创作计划，大胆地进行美工创作，如房子的轮廓线可以是直线、弧线或折线，屋顶可以是三角形、半圆形、皇冠形等形状。教师在一旁观察，鼓励幼儿大胆发挥创造力。

活动结束，幼儿收拾材料、整理桌面。

幼儿展示并介绍作品。

四、分享与总结

➤ 小朋友们创作的房子，既有特别的造型，也有丰富鲜亮的色彩，你们的想象力真丰富！老师希望每个人都可以生活在这样美好的环境中，那就需要我们一起保护环境，让世界变得越来越美！

小贴士

教师在准备不同造型的房屋建筑图片时，可以选择特点显著、风格差异大的建筑，如中式的宫殿式建筑、尖顶的哥特式建筑、穹顶的拜占庭式建筑等。

主题分享与展示

在“拥抱大自然”主题活动中，幼儿认识了最特别的动物朋友，了解了它们的生活习性与环境；学习垃圾分类的方法，成为热爱环保的小小卫士……这些有趣有爱的成长记忆，都值得与幼儿的照料者、养育者一同分享。因此，本月的主题月结家长展示中，我们给老师提供如下建议：

“环保小卫士”活动

教师整理展示幼儿在本月活动中的“保护地球”环保计划，同时教师和家长配合提供幼儿在环保活动中的照片，如将垃圾分类投放、利用环保材料制作手工、及时关闭水龙头等。在月末结束的时候，做“环保小卫士”的奖励。

“动物小百科”活动

教师整理展示幼儿在主题活动中了解到的多角度动物分类图、食物链记录、自然角昆虫饲养照料的过程性照片和记录等，可以将平面的图片、照片与立体的美工作品（如多彩的地形地貌）相结合，营造一个“班级生态”，集中展示幼儿学习的痕迹与成果。

好性格成长记录

家长提供幼儿在家中调查“动物之最”、参与垃圾分类、制作环保手工等照片，也可以提供幼儿外出欣赏自然景观，或是调查社区中污染、垃圾分类等情况的场景照片，教师与平时园内记录结合，汇总成幼儿的好性格成长记录。

月结分享会

教师向家长通过照片、视频、PPT 等形式，展示这个主题中幼儿获得的相关经验，分享平时在集体教学、区角活动、户外活动、生活活动等活动中记录的过程性照片和描述，如幼儿以哑剧形式表演《玉米和瓢虫》、发现身边的污染现象等，帮助家长了解幼儿在本主题中的收获，并能够配合教师，在家中继续巩固和扩展这些经验。

我和爸爸妈妈爱环保

教师收集并展示幼儿在“环保小卫士”子主题活动中的照片、相关的美工作品、记录表等，布置出“环保展览会”；幼儿带领家长参观，介绍自己了解到的有关环境污染、垃圾分类、绿色出行等方面的环保知识，并邀请家长一起制定家庭的环保行动计划。

主题活动四：谢谢每一个你

主题介绍

生活中有着各种各样的职业，不同劳动者的工作让我们的生活变得更加便利与美好。大班幼儿开始对职业有一定的认识，他们可能会在交流中说到“我长大以后要当警察”“我的爸爸是医生，他好厉害”等等，从话语中我们能感受到他们对不同职业的好奇与憧憬。

为了加深幼儿对不同职业的认识，激发他们对身边人的爱与感恩之情，我们设计了“谢谢每一个你”的主题活动，涵盖了两个贴近幼儿生活的子主题——“谢谢我的家人”和“谢谢不同的你”。

在“谢谢我的家人”子主题中，幼儿进一步感受家人对自己的爱护和照顾，用不同的方式大胆表达对家人的爱与感恩之情，同时深入理解《孔子采灵芝》主题故事，感受小孔子为救妈妈而不惧艰辛的情感，运用肢体动作大胆表演故事情节。这些活动可以让幼儿自然地感受到我国优秀传统文化中的“孝道”，涵养其心怀感恩、孝顺长辈的仁爱之心。

在“谢谢不同的你”子主题中，幼儿将从身边亲近的幼儿园老师、工作人员开始，逐步熟悉和认识社会环境中各个行业劳动者的工作，如外卖员、医生、厨师等。而且幼儿还可以在角色游戏、美工、音乐等各类活动中进一步体验不同的职业角色，萌发幼儿热爱劳动、尊重劳动者的情感。

在这个充满爱的五月，幼儿将变身成为感恩小君子和职业小达人，让我们与孩子一起真挚地向身边的父母、老师和其他行业的劳动者说一声“谢谢你”！

本月教育重点

1. 能够通过语言和行动，大胆表达对家人的爱与感恩之情。
2. 了解周围社会环境中各个行业劳动者的工作，萌发热爱劳动、尊重劳动者的情感。
3. 初步感知和体验我国优秀传统文化和艺术，如中华母亲节、刺绣等。
4. 通过戏剧表演活动《孔子采灵芝》，感受小孔子与母亲之间的爱，学做心怀孝顺、懂得感恩的小君子。

本月常规活动重点

1. 礼貌地与人交往，愿意亲近他人和社会，有良好的合作态度。
2. 与人交流时，能积极主动回应、专心倾听，养成良好的语言习惯。
3. 自己的事情自己做，能够有始有终地为家人或集体做力所能及的事情。

给家长的一封信

亲爱的家长：

性格涵养中强调的“仁爱”，是推己及人、推人及物的差等之爱。我们设计了“谢谢每一个你”的系列主题活动，让孩子了解自己和家庭成员，了解社会中在我们身边帮助我们的人，向他们表达感谢之情，涵养“仁爱”意识。

本主题包含的子主题：

谢谢我的家人、谢谢不同的你。

在这个主题中，孩子们可以：

- 变身“周末小大人”，感受爸爸妈妈一日活动的辛劳。
- 通过手工、绘本故事，用不同的方式向家庭成员表达爱。
- 了解身边的人，如幼儿园里的工作人员等带给大家帮助的人。
- 接触各种工具，了解了不同职业的人和不同职业的特点。
- 通过活动了解自己、家庭成员和周围的人，学会理解他人和表达感恩之情。

家长可以这样做：

- 尊重孩子的想法，让他们有机会自由安排和规划空闲时间。
- 在可以承担错误后果的前提下，让孩子尝试错误也不是一件坏事。
- 在闲暇时，不妨带着孩子来一次关于职业体验的社会实践吧！
- 勇敢向孩子表达爱，他们向别人表达爱的方式都来源于家长。

我们相信好的环境和生活体验能使孩子更容易感受爱和表达爱，让我们和孩子一起怀着一颗感恩的心对身边的人和物说出一声“谢谢”吧！

与您一起对世间万物充满爱和感恩的老师

主题环境创设建议

一、创设与准备

1. 在阅读区或班级照片墙旁张贴中华母亲节或孟母教子的相关图片。

2. 在教室门口或者幼儿放置书包的柜子上，放置一个大大的日历，上面可以标注好不同小朋友的生日和其他一些特别的日子。同时可以留出一块区域展示幼儿带来的和父母、家人在一起的快乐时光的照片，分享家庭生活温暖的同时引导幼儿关注家人的生日日期。

3. 给教室、活动室、厕所房间的门上都挂上门牌号，加强生活中幼儿对数字的敏感程度。

二、生成与展示

1. 幼儿拍摄与妈妈共度中华母亲节的照片，将其带至幼儿园张贴于班级照片墙；幼儿还可以与家长一起收集关于亲情的民间传统故事，将图片或绘本带至幼儿园。

2. 将亲子手工折纸萱草插在不同的花瓶中，摆放在美工区的柜子上；也可以将折纸萱草、蝴蝶和小草，组合粘贴在中华母亲节的图片上，使其变成一幅情境画面，张贴在教室的墙面上，供幼儿欣赏和交流。

3. 在语言区的墙面上张贴全家福或与家人的其他照片，幼儿能够根据照片分享“我”和家人的故事。

开展“谢谢每一个你”主题期间，我们希望教师为幼儿创设一个“大家庭”的氛围，从自己的“小”家，到幼儿园、班级这个家，再到生活周边的“大”家，让幼儿感受到自己在不断地接触更大的世界、更多的人。同时教师也要给幼儿更大的自主空间和服务自我、服务他人、服务集体的机会，培养幼儿的责任感和同理心。

三、区角活动规划

区角活动规划	
阅读区	1. 赵先德/著，肖惠方/绘：《神秘的生日礼物》，青岛出版社 2. 贝西·艾芙瑞/文、图：《生气汤》，柯倩华/译，明天出版社 3. 莎伦·瑞特/著、绘：《驼鹿消防员的一天》，外研童书/译，任溶溶/审译，外语教学与研究出版社 4. 李欧·李奥尼/文、图：《一寸虫》，杨茂秀/译，明天出版社 5. 理查德·斯凯瑞/著：《忙忙碌碌镇》，李晓平/译，贵州人民出版社 6. 森山京/文，广濑弦/图：《幸福的大桌子》，蒲蒲兰/译，二十一世纪出版社
美工区	1. 活动 6“刺绣手帕”：投放活动资源“刺绣手帕”、刺绣成品与照片、辅助工具（剪刀、铅笔、白纸等） 2. 活动 38“服装设计师”：投放不同颜色、尺寸的方形纸和长条纸；不织布、剪刀、双面胶、马克笔、服装样板等材料
建构区	活动 32“小小建筑师”：投放积木、乐高、管道、插塑等建构游戏材料，纸盒、纸芯筒等废旧材料，白纸，彩笔，正方形的地垫底板，教师自制的“瓷砖”（即过塑好的各色正方形卡纸）
表演区	活动 8“幸福小剧场”：投放《孔子采灵芝》的相关儿歌，幼儿熟悉的有关亲情的儿歌或音乐，音频播放设备，各类装扮服饰和道具，以及各类打击乐器（铃鼓、沙锤、双响筒、三角铁等）与仿真话筒
角色区	1. 活动 18“花店”：投放各类花材；各色包装纸和丝带，花瓶与花篮，小围裙，价格表，仿真钱币等材料 2. 活动 40“各种各样的人”：投放医生的医疗箱和护士帽，厨师帽、锅和铲子，军人、消防员的服装等具有职业特色的服装和道具
益智区	1. 活动 30“军事基地”：投放围棋棋盘（教师利用彩色胶带在棋盘中央粘贴出一条中线，将棋盘分为两部分），黑、白色的围棋棋子若干，小盒子，点数为 1—5 的骰子两颗（每颗骰子数字为 1、2、3、4、5、5），点数为 1—6 的骰子一颗，点数为 5—10 的骰子一颗 2. 活动 35“我会测量”：投放 3 把不同长度的直尺，做好标记的中国地图模板，测量任务记录卡，空白记录纸，马克笔；教师在墙面张贴尺子的使用方法图示

主题活动方案

活动 1 《孔子采灵芝》

活动形式：■集体
重点领域：■社会 ■语言

活动目标

认知： 专注欣赏故事，理解故事情节。
情感： 感受孔子与母亲之间的爱，体会小孔子为救母亲而不畏艰险的情感。
能力： 能用完整、连贯的语句清楚地讲述自己与妈妈的故事，或是表达自己的想法和感受。

活动准备

泰山和灵芝的图片，《孔子采灵芝》Flash。
配套电子资源：故事 Flash。

活动过程

一、图片欣赏，认识泰山

- 小朋友们，你们有和爸爸妈妈一起去爬过山吗？爬的是什么山？爬山的时候你有什么感受呢？
- 我国有很多漂亮的高山。今天老师要为大家介绍其中一座特别有名的高山，它的名字叫泰山。（出示泰山图片）有没有小朋友了解过或是去过泰山呢？谁可以为大家介绍一下？

教师可邀请对泰山有所了解的幼儿进行分享。如果没有，则由教师介绍。

- 泰山位于我国的山东省，有着非常美丽壮观的自然风景，也有着许多珍贵的名胜古迹。人们称它为“天下第一山”。而且泰山非常高，想要爬到山顶上需要付出很大的努力。
- 我听说，小孔子也要去爬泰山了，但是他可不是去游玩的。他要去泰山做什么呢？我们一起来听一听这个故事吧！

二、分段欣赏故事，感受小孔子对母亲的爱

1. 欣赏第一部分（0—01:15）。

播放《孔子采灵芝》Flash 中孔子妈妈生病的片段（0—00:29），引导幼儿专注欣赏，体会小孔子的焦急心情。

- 孔子的妈妈生病了，小孔子是什么样的心情？
- 如果你的妈妈生病了，你会怎么做？

幼儿自由讨论和表达；教师可邀请 3—4 名幼儿在集体面前表达自己的想法，并提醒幼儿用完整、连贯的语句进行表达。

- 你们听说过灵芝吗？你们猜猜小孔子可以在哪里找到灵芝呢？

教师可出示灵芝的图片，向幼儿简单介绍灵芝。

- 灵芝是一种中药，长得像一个黑褐色的大蘑菇。古代的医学不够发达，灵芝是一种非常宝贵、有用的药材，人们认为它可以治疗很多疾病。

教师播放 Flash 中小孔子与商贩的片段（00:30—01:15），引导幼儿专注欣赏。

- 小孔子买不起灵芝，他想了一个什么办法？

- 你们觉得小孔子能够在泰山上顺利采到灵芝吗？
- 大胆想一想，小孔子在爬泰山的过程中可能会遇到什么事情？

教师鼓励幼儿根据故事线索，大胆猜想故事情节的发展。

2. 欣赏第二部分（01:15—02:56）。

播放 Flash 第二部分（01:15—02:56），引导幼儿专注欣赏，感受小孔子为救妈妈而不畏艰险的情感。

- 如果你是皮休，你愿意陪伴小孔子去采灵芝吗？
- 小孔子和皮休在山上找了很久都没有找到灵芝，这时小孔子的心情会是什么样的？
- 如果你是小孔子，你找了很久都没有找到灵芝，你会怎么做？
- 皮休掉下了山崖，这该怎么办呢？小孔子能顺利采到灵芝吗？

幼儿可与同伴自由讨论，教师可邀请 2—3 名幼儿在集体面前说一说自己的想法。

3. 欣赏第三部分（02:56—03:45）。

播放 Flash 第三部分，引导幼儿专注欣赏，感受小孔子和皮休采到灵芝的快乐。

- 小孔子是怎么救起皮休的？
- 灵芝长在了哪里？
- 得到灵芝的小孔子是什么样的心情？采灵芝的过程中，他的心情是如何变化的？

4. 完整欣赏，分享自己与妈妈的故事。

教师再次播放 Flash，引导幼儿完整欣赏故事。

- 听完故事，你有什么感受？为什么？
- 你从哪里可以看出小孔子很爱妈妈？
- 平时在家中，妈妈是如何照顾你的？你又为妈妈做过哪些事情？

幼儿自由讨论，教师可邀请 3—4 名幼儿在集体前讲述自己与妈妈的故事。

三、分享与总结

- 泰山又高又陡，灵芝非常难采，但是小孔子并不害怕，因为他很爱妈妈，一心想要采到灵芝为妈妈治病。而且老师听了你们和妈妈的故事也非常感动，因为你们长大了，懂得爱护和照顾妈妈了。老师为你们感到骄傲！

小贴士

活动结束后，教师在晨间活动、午睡后的整理环节、离园活动等一日生活各环节中播放故事 Flash 或是《孔子》动画片的第 6 集“灵芝”、第 7 集“泰山”，加深幼儿对故事的理解。

活动 2 中华母亲节

活动形式：■日常
重点领域：■社会 ■语言

关键经验

1. 了解中华母亲节及其来历。
2. 欣赏有关亲情的民间传统故事，萌发对家人的爱与感恩之情。

活动准备

有关中华母亲节或孟母教子的图片、音视频资料，萱草图片（如果条件允许，可准备萱草花实物）。

幼儿提前与家长搜集、了解有关亲情的民间传统故事。

家园共育包："爱妈妈行动""妈妈的开心照"。

活动过程

1. 教师在晨间活动、餐前活动、过渡环节、离园活动等一日生活各环节向幼儿介绍中华母亲节：我国有一个专属于妈妈的节日，叫中华母亲节，是农历四月初二。这一天是孟母生孟子的日子，也就是孟子的生日。妈妈生育孩子是一件很辛苦的事情，选择孟母生孟子的这一天作为中华母亲节，也是为了提醒我们，在欢度生日时要感恩生育我们的妈妈。

2. 教师展示图片，引导幼儿认识萱草：这是我国的母亲花——萱草，这种花代表着人们对妈妈的爱和敬重。教师同时鼓励幼儿观察、描述其外形特征。

3. 教师引导幼儿轮流分享自己提前了解到的故事，如孟母三迁、子路借米等，可结合图片、音视频、绘本等材料进行分享。

小贴士

百善孝为先，孝道文化是中华传统文化的重要组成部分。但是由于时代、文化背景的不同，一些传统的孝道故事在今天看来可能会显得比较陈旧，与当前社会情况并不相符。所以，教师和家长应仔细辨别，可以着重引导幼儿感受故事中的亲情，并及时渗透科学正确的现代孝道文化。

活动3 折纸萱草

活动形式：■亲子
重点领域：■社会 ■艺术

关键经验

1. 能够与家长共同合作完成折纸萱草的制作，并尝试将多个折纸作品组合成情景画面。
2. 感受亲子美工活动的乐趣，大胆表达对妈妈的爱。

活动准备

六边形、正方形、长方形彩纸，铅笔，胶水，安全剪刀，吸管，彩带，包装纸等。

家长与幼儿对萱草的外形特征及其作为传统"母亲花"的含义有所了解。

活动可在中华母亲节（农历四月初二）前开展。

配套电子资源：制作萱草花视频二维码。

活动过程

1. 家长与幼儿选择喜欢颜色的彩纸，用六边形彩纸折出萱草花的造型。折纸过程较为复杂，若幼儿操作存在困难，可由家长来完成操作。

2. 幼儿利用彩纸折出叶子，将彩纸卷成细棍或气球杆穿过萱草花，并在花茎上粘贴好叶子。

3. 幼儿根据喜好自主丰富萱草花作品，如折叠出小蝴蝶、小草等装饰物，将多个折纸作品组合成情景画面；或是利用彩带和彩纸将萱草包装成花束等。

4. 幼儿在中华母亲节当天，将萱草花作品送给妈妈，并大胆表达对妈妈的爱。

小贴士

- 在中华传统文化中，萱草被喻为母亲花。我国古时常以萱代母，萱草相当于是母亲的代称，如唐代诗人孟郊在《游子诗》中写道："萱草生堂阶，游子行天涯。慈母倚堂门，不见萱草花。"
- 教师也可以引导幼儿将折好的萱草花带至园内，并鼓励幼儿合作折出更多不同的植物、动物、人物等形象，共同创作大幅的中华母亲节作品，并展示于教室墙面或走廊中。
- 除了用折纸的方法制作萱草外，教师可以在美工区投放水粉颜料、彩铅、轻黏土等各类美工材料，鼓励幼儿在区角活动时间充分发挥想象力，利用多样化的美工材料来自由制作萱草，大胆表达对妈妈的爱与感恩。

活动 4 登高山

活动形式：■集体
重点领域：■健康

活动目标

认知：掌握攀爬的动作技巧。
情感：感受攀爬游戏的乐趣，勇于挑战困难。
能力：尝试手脚交替熟练地在不同难度的器械上攀爬，增强手臂和腿部的力量。

活动准备

轻快的背景音乐，攀登架、攀爬网、索桥、木架金字塔等大型攀爬器械，木梯，轮胎，软垫。

建议该活动在安全宽敞的攀爬区开展。

小组竞赛游戏场地设置可参考下图。

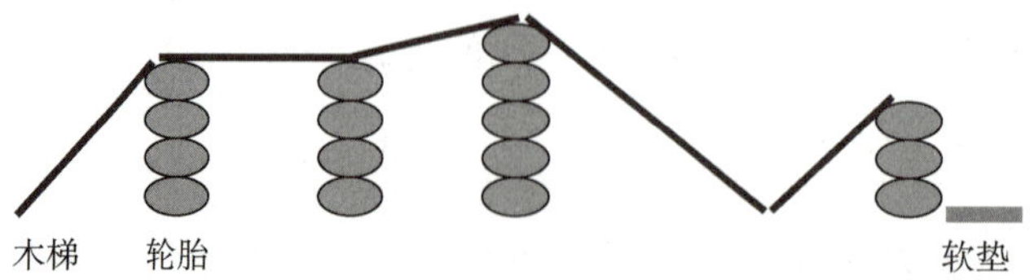

活动场地布置

活动过程

一、谈话导入，做好热身活动

➤ 泰山又高又陡，为了采到灵芝给妈妈治病，小孔子勇敢地爬上了山。如果是你们，你们敢爬上高高的泰山吗？为什么？

➤ 今天，老师给大家准备了一个困难的挑战——登高山，看看哪些小朋友们能够勇敢地挑战自己。你们准备好了吗？

播放音乐，教师引导幼儿做热身运动，活动身体各部位，重点活动四肢。

二、自由尝试攀登游戏

➤ 看，这里有许多不同高度的高山。有高高竖起的"架子山"，也有看起来有点摇晃的"网状山"，还有悬在空中的"天桥山"……

教师根据实际情况介绍攀爬器械。

➤ 你想挑战哪一座山呢？

➤ 想一想，怎么样才能又快又稳地爬上高山？

教师可邀请个别攀爬能力较强的幼儿示范手脚交替攀爬器械的动作，提醒其余幼儿仔细观察。

➤ 在攀爬时要注意哪些事情？

教师与幼儿共同总结攀爬的注意事项：手要紧紧握住攀爬器械，脚要踩稳，眼睛要看向下一步的前进方向。

幼儿自由分散在场地中大胆选择自己喜欢的器械，有序地进行攀爬尝试；教师巡回观察，提醒幼儿注意活动安全，可重点关注能力较弱的幼儿以及挑战较高难度器械的幼儿。

➤ 你刚刚挑战了哪些山？在攀爬时，你有什么感受？

➤ 在游戏中，你有遇到什么困难吗？你是怎么解决的？

教师鼓励幼儿与同伴分享游戏经验。

三、小组竞赛，挑战攀爬游戏

➤ 刚才小朋友们挑战了不同高度的高山，老师觉得大家都非常勇敢哟！现在，我们要进行小组比赛，看看哪一组小朋友可以更快爬过连绵的高山。

幼儿自由协商，分成两组。

游戏玩法：幼儿分成两组，依次派出队员按照一定的路线进行攀爬游戏挑战（从起点出发，从斜放的梯子往爬上，通过架空的梯子，从另一侧的梯子爬下，再向上爬到轮胎上，从轮胎上跳下完成挑战）；完成后跑回队友处，击掌后下一名幼儿即可出发。最先完成挑战的一组获胜。

教师可根据实际的场地条件，适当设置游戏路线。

第一轮游戏后，如果时间宽裕，教师可鼓励幼儿通过重叠轮胎、摆放木梯等方式自行设置游戏路线，并进行挑战。

游戏结束，教师引导幼儿说一说自己的游戏感受，可邀请获胜小组分享挑战成功的秘诀。

教师引导幼儿跟随音乐做放松运动。

四、分享与总结

➤ 小朋友们手脚并用地灵活爬上了高山，你们勇敢地完成了挑战。你们都是好样的！在我们的幼儿园中有很多具有挑战性的大型器械，下一次我们可以在户外活动时间再次进行挑战哟！

小贴士

教师在设置攀爬游戏区域时，应该注意做好相关的保护措施，如在地面铺设软垫，或是在幼儿游戏前多次检查器械，以确保器械结实可靠等。

活动5 采灵芝

活动形式：■集体
重点领域：■艺术

活动目标

认知：了解不同道具在表演中的作用，知道在不同场景下应该选择不同的道具。
情感：喜欢在集体中大胆演唱，喜欢创造性的表演活动。
能力：能够口齿清楚地完整演唱歌曲，并能够尝试用不同的合作演唱方式进行歌唱。

活动准备

《孔子采灵芝》歌曲音频，背篓、灵芝、锄头、皮休玩偶、汗巾等表演道具。
配套电子资源：歌曲音频。

活动过程

一、回顾经验，故事导入

引导幼儿回顾已有经验，结合《孔子采灵芝》的故事内容，引出活动内容。

➤ 孩子们，你们还记得小孔子为生病的妈妈采灵芝的故事吗？关于这个故事，还有一首好听的歌呢！老师现在就请小朋友们一起欣赏这首歌——《孔子采灵芝》，听听歌里是怎么唱这个故事的。

二、学唱歌曲

1. 完整欣赏歌曲，熟悉歌词。

教师播放《孔子采灵芝》音频，提醒幼儿注意听，并通过讨论加深对歌词的印象。

➤ 小小孔子采灵芝，谁来帮助他了？
➤ 为什么小孔子采灵芝的过程中遇到再多困难也不会害怕呢？
➤ 小孔子最后采到灵芝了吗？
➤ 百善孝为先，你知道孝是什么意思吗？
➤ “孝”的意思就是要尊敬长辈、爱长辈，我们可以用嘴巴来说出我们的爱，也可以做一些事情让大人们开心，用行为来表达我们的爱。

讨论完毕后，幼儿再次欣赏歌曲，验证刚刚的讨论内容。

2. 分句理解歌词，熟悉旋律。

教师可以使用钢琴弹伴奏或是播放自己录制的慢速歌曲的录音，和幼儿逐句念白、哼唱、试唱歌词，在理解的基础上记忆歌词，同时熟悉旋律。

3. 重复练习，熟悉歌曲。

教师可以通过师幼合唱、加入手部动作进行演唱、轮唱和接唱等方式调动幼儿兴趣，重复练习歌曲。

本首歌曲节奏较快，歌词较为紧凑，幼儿在演唱过程中容易吐词不清，所以教师可以引导幼儿放慢速度进行演唱。

三、表演歌曲

幼儿能够基本完整地跟随音乐演唱歌曲之后，教师展示歌曲表演的道具，幼儿根据歌曲内容和自身喜好，自由选择道具并进行表演。幼儿还可在班级和园所内寻找其他合适的道具，跟随歌曲进行即兴表演。如:用小锄头做挖地的动作;做攀登的动作并用汗巾擦脸;将"灵芝"或"小草"采摘到小背篓中;等等。

教师可以通过提问的方式,发展幼儿的想象力,增强幼儿表演的欲望。

- 上山采灵芝之前,需要准备一些什么呢?
- 为了让自己更有力气,甚至可以多吃点饭再出发哦!
- 上山之后会遇到一些什么困难呢?
- 会有野兽吗?山路难不难走?小河我们能过去吗?
- 采到灵芝了真高兴,你会有什么样的表现?怎么表达自己的开心?

表演场地可以不仅仅局限在教室内,教师可以引导幼儿来到室外空旷场所,如果园所内有小草坡、假山、流水等,都可以充分利用起来。

四、分享与总结

- 我们在小孔子身上知道了要孝敬父母,我们现在能做的就是把自己照顾好,做一些我们可以做的小事,不让爸爸妈妈担心,这就是对他们最大的爱哦!

小贴士

- 本活动可以根据幼儿的掌握情况分为两个课时,第一个课时着重掌握歌曲,第二个课时着重表演歌曲。
- 在条件允许的情况下,教师们可以根据全园幼儿本月的戏剧主题,在园所内利用自然环境打造一个利于幼儿表演和表现的场所。比如结合《孔子采灵芝》,在假山上安放一些仿真灵芝,在屋檐下放许多小背篓和小锄头等,幼儿就可以在户外活动或自由活动时间,利用这些道具进行表演。

附 歌曲

孔子采灵芝

1=C 4/4
赵先德 词
桑嘉苡 曲
♩=120 热烈地
小小 孔子 采灵 芝, 好友 皮休 来支 持,
妈妈 爱我 我爱 她, 再多困难 也不 怕。
河水 流, 高山 青, 采到 灵芝 好心 情,
百善 孝为 先, 父母恩情 记心 间。

活动6 刺绣手帕

活动形式：■区角
活动区角：■美工

关键经验

1. 初步了解刺绣的基本方法。
2. 乐于参与刺绣活动，对刺绣活动有一定的兴趣。
3. 正确使用针线，能够基本掌握轮廓绣的绣法。

活动材料

刺绣成品，白纸，铅笔，水彩笔，安全剪刀，泡沫块（用于插针），各种刺绣的照片、成品作品。

教师在美工区投放和展示一些刺绣作品实物（如苏绣作品）、刺绣品照片、活动资源中的刺绣成品和步骤图等，供幼儿观察和交流。

活动资源：刺绣手帕。

游戏玩法

1. 幼儿取出材料，观察和探索材料的特点及作用；重点认识水溶纸、水消笔和绣绷。

2. 和同伴交流创作意愿：妈妈喜欢什么？妈妈最喜欢的颜色是什么？想为妈妈送上一幅什么颜色的萱草刺绣手帕？除了萱草，还想在手帕上添画什么图案？幼儿可用铅笔在白纸上记录和设计刺绣草图，也可以直接选用活动资源中配套的萱草图样（提醒幼儿在设计草图时，注意选择简单易绣的图案，线条应清晰流畅）。

3. 参考刺绣步骤图，进行刺绣；幼儿可以选择结合自己的设计草图或是活动资源中配套的萱草图进行刺绣活动；刺绣方法可参考：

（1）根据自己的想法，在白纸上画出刺绣草图（若使用配套萱草图，此步骤可略过）；把水溶纸覆盖在刺绣图纸上，用水消笔描画图案。

（2）拧松绣绷上的螺丝，直至可以取下绣绷的内圈。

（3）将绣绷内圈放在桌上，将绣布、水溶纸正面朝上盖在内圈上（使内圈处于布的正中央位置）。

（4）将绣绷外圈放在绣布上，稍用力往下压，使布嵌在内外圈之间；拧紧外圈上的螺丝，轻轻地将绣绷四周的布向外拉紧，使绣布保持平整和绷紧状态即可。

（5）取出绣花针，将其插在泡沫块的中央，取出棉线穿针引线；取适当长度的绣线，用安全剪刀剪去多余的线；将棉线的两端对齐，在尾部打结。

（6）用轮廓绣针法根据从左到右、从上到下的顺序进行刺绣（若幼儿在区角活动时间内未能完成作品，教师应协助幼儿保留作品，并鼓励幼儿在后续的区角活动时间中继续完成；若幼儿的能力较强，教师可鼓励幼儿用缎面绣等针法进行填色）。

（7）绣完后，在绣布的背面收针打结（此步骤教师可协助），并用安全剪刀剪断线头，完成刺绣。拧开绣绷的螺丝，取下绣布。

（8）将绣布放入清水中，直至水溶纸和水消笔印迹消失；将绣布平铺晾干即可。

4. 向同伴展示和介绍作品。

➤ 自己的作品用到了什么颜色的绣线？将刺绣手帕送给妈妈时，想对妈妈说什么？

观察要点

- 幼儿是否对刺绣活动感兴趣。
- 幼儿能否耐心、专注地参与刺绣活动，在遇到困难时能否继续坚持。
- 幼儿能否掌握针线的正确使用方法，并顺利完成刺绣活动。

小贴士

- 在活动初期，可以先用单色绣线练习基本的刺绣针法；在幼儿掌握一定经验后，刺绣内容可以从简单到复杂，由单一图案到组合图案，逐步提升刺绣活动的难度。
- 可以将材料投放在美工区，并增加投放不同类型的线和布，鼓励幼儿在自由活动时间进行刺绣活动，练习不同的刺绣针法，进一步感受刺绣的乐趣。
- 幼儿可以将刺绣作品作为中华母亲节的礼物送给妈妈；教师也可以收集幼儿的刺绣作品或亲子刺绣作品，在节日前后举行“中华母亲节刺绣展”。

活动 7 课堂戏剧——登泰山，找灵芝

活动形式：■集体
重点领域：■艺术

活动目标

认知：加深对故事人物特点的理解。
情感：进一步感受小孔子为了救母亲不畏困难、勇敢前行的精神。
能力：能够运用肢体动作大胆表演小孔子登泰山、寻找灵芝的过程。

活动准备

小孔子、孔子妈妈、皮休等人物形象图片，白板，白板笔，红色、蓝色地板胶，长布条、桌子、椅子等道具。

该活动建议在宽敞安全的活动室进行。

配套电子资源：人物图片。

活动过程

一、围绕故事角色展开讨论，激发表演兴趣

教师可出示相关人物角色图片，引导幼儿展开讨论。

➤ 最近，我们听了《孔子采灵芝》的故事，你们觉得故事中的小孔子是一个什么样的小朋友？

➤ 你能学一学、表演一下小孔子/皮休/孔子妈妈吗？

教师鼓励幼儿尝试用肢体动作模仿、自由表演故事角色。

二、热身游戏：木头人

➤ 刚才大家用不同的动作表演了故事中的人物角色。现在老师想和大家一起玩一个有关肢体

动作的有趣游戏，游戏名字叫木头人。

游戏玩法：幼儿站在教室的一侧，教师站在另一侧，背对幼儿，并发出游戏指令“一二三，木头人”。当教师背对幼儿时，幼儿可以自由活动；当教师说完指令转过身、面向幼儿时，幼儿需要保持“木头人”的姿势，保持静止不动。如果幼儿动了，教师可邀请其到自己的身边一同发布游戏指令。

游戏初期，教师可以仅发布“一二三，木头人”的游戏指令，帮助幼儿游戏规则和玩法。待幼儿熟悉后，教师可随时变化游戏指令的关键词，如“木头兔子”“木头大树”“木头汽车”等，引导幼儿专注倾听指令，并快速反应。

游戏中，教师要及时肯定大胆发挥创造力、做出独特动作的幼儿，从而鼓励幼儿大胆创造，用不同的肢体动作表现自己。

三、表演游戏：登泰山，找灵芝

- 在故事中小孔子为了爬上泰山寻找灵芝，付出了很大的努力，他遇到了很多困难，但是他都没有放弃。你们还记得他在前往泰山或是登泰山的过程中遇到了哪些困难吗？
- 除了故事中讲到的内容，你们觉得小孔子还可能遇到哪些困难？你们能创编出有关小孔子登泰山的故事吗？

教师鼓励幼儿大胆想象，并协助幼儿将想象出来的内容记录在白板上。待幼儿讨论结束后，教师可根据幼儿的意见，梳理出简单的故事大纲，确定小孔子在登山过程中所遇到的困难。

故事大纲可参考：小孔子和皮休一起从家里出发，穿过人来人往的街道，走出村子后他们先跨过一条很宽很宽的河，再从窄窄的小路中走过一大片野草地，绕过巨大的石头堆，再沿着弯弯曲曲的山路登上泰山。

- 你想用什么样的动作来表演这个登泰山、找灵芝的过程？想一想，小孔子会害怕这些困难吗，他会是什么样的表情？

教师可随机说出故事关键词，引导幼儿原地自由练习表演“穿过街道”“跨过河水”“走过小路”等动作。

教师在教室两端设置两条界限，如红线和蓝线。

游戏玩法：教师讲述故事大纲，幼儿根据故事情节，在红线和蓝线间进行动作表演。如幼儿从红线出发，在“红线→蓝线”间表演“穿过人来人往的街道”；到达蓝线后，在“蓝线→红线”间表演“跨过很宽很宽的河”；之后在“红线→蓝线”间表演“从窄窄的小路中走过野草地”，以此类推。

教师作为旁白，讲述故事大纲，引导幼儿跟随讲述进行表演。为了增加趣味性，教师还可以在讲述过程中适当加入“惊险”的故事情节，如“糟糕，下大雨了！小路上出现了许多水坑，这可怎么办呢”，鼓励幼儿进行创造性表演。

如果场地有限，教师也可以将幼儿分成两组，轮流进行表演；未参与表演的幼儿可加入道具组，如晃动长布条代表河水、用椅子摆出窄窄的小路或是用身体表演石头堆等。

表演结束后，教师可邀请幼儿说一说自己的感受和想法。

四、分享与总结

- 登泰山、找灵芝的过程真是不容易，大家遇到了很多很多的困难。但是小朋友们都变成了勇敢坚强的小孔子，为了找到灵芝救妈妈而无所畏惧！

小贴士

教师也可以提前引导幼儿在日常活动或语言区活动中，创编小孔子登泰山、找灵芝的故事，可鼓励幼儿用绘画的方式将故事大纲记录下来。教师可协助幼儿完善、丰富故事内容，并将其运用于表演游戏中。

活动 8 幸福小剧场

活动形式：■区角
活动区角：■表演

关键经验

1. 愿意主动展现自己，自信地进行表演游戏。
2. 能与同伴友好地协商、分工，合作完成表演。

活动材料

《孔子采灵芝》的相关儿歌；幼儿熟悉的有关亲情的儿歌或音乐，音频播放设备，各类打击乐器（如铃鼓、串铃、沙锤、双响筒、三角铁等），仿真话筒，各类装扮服饰和道具（如小背篓、西服、蓬蓬裙、领结、礼帽、纱巾等）。

教师提前用彩带、花束、吊饰、背景板、全家福照片等布置出“小剧场”场景，教师可与幼儿共同创作剧场挂牌和背景板。

配套电子资源：相关歌曲音频。

游戏玩法

玩法一：我是小歌手

1. 幼儿自由欣赏儿歌，自主选择自己喜欢的歌曲。

2. 幼儿根据所选歌曲，利用服饰、道具等装扮自己；装扮完成后，进行表演前的自我介绍：大家好，我是××，我要演唱的儿歌是《××》。

3. 幼儿进行儿歌演唱。幼儿可进行独唱，也可以和同伴一同合唱。

玩法二：我是演奏家

1. 幼儿自由欣赏儿歌，感受其节奏变化。
2. 幼儿自主选择喜欢的乐器，为歌曲伴奏。
3. 幼儿也可以和同伴合作演奏。

玩法三：我是舞蹈家

1. 幼儿随着儿歌自由舞蹈。
2. 幼儿根据儿歌的特点和自己的倾听感受，自由想象，创编简单的舞蹈动作。
3. 幼儿自主装扮自己，在自我介绍后完成舞蹈表演。

观察要点

- 幼儿能否主动、自信地进行表演。
- 幼儿能否感受儿歌中的美好亲情，并尝试通过歌声、打击乐演奏和舞蹈动作来表达自己对儿歌的理解。
- 幼儿能否与同伴友好协商，并合作完成表演。

小贴士

- 如果场地条件允许，教师可将表演区划分为乐器演奏区和歌舞表演区，为幼儿参与不同类型的音乐表演提供良好环境，减少不同活动间的相互干扰。
- 待幼儿有了一定的表演经验后，教师鼓励幼儿分工合作完成一台完整的表演，比如在分工上有主持人、演员、观众，在区域设置上有后台、舞台、观众席，在道具上需要节目单等。

活动 9 我的大家庭

活动形式：■日常
重点领域：■社会 ■语言

关键经验

1. 感受家人的温暖和亲情的美好。
2. 能够使用一定的形容词，顺畅地描述自己家人的外貌特征和性格特点。

活动准备

幼儿提前准备好的全家福照片、自己与父母小时候的照片等。

活动过程

1. 教师提前协助幼儿讨论、确定分享的顺序，保证每名幼儿都有在集体前进行分享和介绍的机会，如每轮可由 5 名幼儿进行轮流分享。

2. 教师引导幼儿在晨间活动、餐前准备、过渡环节、离园活动等一日生活各环节中结合自己的全家福照片进行分享。

3. 幼儿可结合全家福照片介绍自己的家庭成员，如外貌特征和性格特点等。教师鼓励幼儿在讲述时使用一些形容词，使语言更加丰富和生动；并提醒其余幼儿专注倾听。

4. 幼儿也可以出示自己的照片与父母小时候的照片，邀请同伴猜一猜照片上的人是谁，说一说自己与家人在长相上的相似之处。

小贴士

- 建议该活动可持续开展 1 周时间，引导幼儿依次、轮流进行分享。
- 活动结束后，教师也可以在语言区的墙面上设置出"我的大家庭"区域，引导幼儿将相关照片展示在墙上，鼓励幼儿在自由区角活动时间继续与同伴分享自己与家人的故事。

活动 10 爱的表达

活动形式：■集体
重点领域：■社会

活动目标

认知：感知爱有语言、身体动作、行动等多种表达方式。

情感：萌发对家人的爱与感恩之情，愿意大胆表达爱。

能力：用完整连贯的语言表达自己关于表达爱的想法和意见，并尝试用图画、符号等制定自己的感恩计划。

活动准备

幼儿与家人的合照，白纸，彩笔。

活动过程

一、欣赏照片，感受家人的爱

教师引导幼儿向同伴展示自己与家人的合照，感受照片中的浓浓亲情。

➢ 你们带来了自己与谁的合照？照片上的你们正在做什么，有什么样的表情？

➢ 和家人在一起是非常幸福的事情。在生活中，你从哪里感受到了家人对你的爱？

幼儿自主讨论和表达。

教师与幼儿共同小结。

➢ 爸爸妈妈会陪伴我们做游戏、看绘本，爷爷奶奶会为我们做美味的晚餐……我们生活在了家人给予的温暖的爱里。

二、讨论向家人表达爱与感谢的方法

➢ 你爱你的家人吗？你在日常生活中是如何向家人表达爱的？

➢ 为了感谢家人的爱护与照顾，我们可以通过什么方式来表达对家人的爱与感谢呢？

幼儿分组自由讨论和表达，并在白纸上用图画、符号等进行简单的记录；教师可邀请小组代表在集体前进行分享。

➢ 你们发现了吗？原来，爱的表达方式有很多种。

1. 用语言表达爱。

➢ 刚才有的小朋友说我们可以向家人说一句“我爱你”，没错，语言就是一种可以表达我们对家人的爱的方法。

➢ 除了“我爱你”之外，我们还可以说些什么来表达我们的爱和感谢？

➢ 你最想感谢的家人是谁？你想对他说什么？

幼儿自由表达。如果条件允许，教师可用手机或音视频录制设备将幼儿的表达记录下来。

教师与幼儿共同小结。

➢ 我们可以说“我爱你”，也可以说“谢谢”“辛苦了”，也可以向家人勇敢地说出我们的心里话。

2. 用身体动作表达爱。

➢ 你觉得表情可以表达爱和感谢吗？你用什么表情来表达呢？

➢ 请你向身边的好朋友笑着打一个招呼。看到好朋友的微笑，你的心里有什么感受呢？

幼儿与同伴微笑打招呼，并自由讨论。

➢ 看到美丽的笑容，我们都会感觉到很开心、很幸福。所以我们可以用大大的微笑来表达对家人的爱哟！

➢ 除了微笑之外，你觉得还有哪些身体动作可以表达爱和感谢呢？

➢ 回忆一下，平时爸爸妈妈会拥抱你吗？被拥抱时，你有什么样的感受？

幼儿自由讨论和表达。

教师和幼儿共同小结。

➢ 原来，微笑、拥抱、牵手、亲吻等等，这些都是可以用来表达对家人的爱和感谢的身体动作。

3. 用行动表达爱。

➢ 刚才有小朋友说到了，我们可以帮助家人做家务。你们觉得这是一种表达爱的方式吗，为什么？

➢ 我们还可以为家人做哪些事情？

幼儿自由讨论和表达。

4. 制定感恩计划。

➢ 我们一起了解了这么多不同的表达爱和感谢的方式。你最喜欢哪种方式呢，为什么？

➢ 你想如何对家人表达爱和感谢？是通过什么样的方式？请你仔细想一想，并在纸上画出你的感恩计划。

幼儿分组讨论，并用图画、符号等制定自己的感恩计划。

完成后，教师邀请幼儿展示和介绍自己的感恩计划。

三、分享与总结

➤ 家人爱我们，我们也爱家人，因为有了爱，我们的家庭才会更加温暖幸福。老师很高兴看到，你们认真地制定了自己的感恩计划。希望你们能按照计划，大胆地向家人表达爱和感谢！

小贴士

活动结束后，教师提醒家长引导、鼓励幼儿执行自己的感恩计划，同时在幼儿开展感恩行动时，家长可在一旁拍照记录。完成后，幼儿可将照片带至园内与同伴进行分享，或是将照片粘贴展示于主题环创墙面中。

活动11 变成大人的一天

活动形式：■亲子
重点领域：■社会

关键经验

能基于生活经验和基本常识合理安排周末的一日生活。

活动准备

A3左右的大白纸，铅笔。

配套电子资源：周末规划表。

活动过程

1. 幼儿根据以往生活经验和与爸爸妈妈的谈话，了解爸爸妈妈喜欢吃什么、喜欢玩什么、周末愿意出门还是待在家里休息，了解清楚家人意愿再进行进一步安排。

2. 家长引导幼儿提前进行规划，包括一日三餐吃什么、起床和睡觉的时间。如果在家休息，可以进行一些什么亲子游戏；如果出门游玩，去哪里，需要准备一些什么出游用品。幼儿可以将这些规划用纸和笔记录下来。

3. 周末当天，幼儿要当起家庭小主人，做一些力所能及的事情，如：帮妈妈洗菜、自己好好吃饭等。除此之外，还要做周末一日安排监督员，和家人一起度过一个愉快、有意义的周末。

小贴士

- 这是一个非常好的积累生活常识的机会。在本次活动中，教师可以建议家长和幼儿一起去超市采购，或是一起去户外爬山、春游。在与社会各方面接触的过程中，将决定权交给幼儿，家长只做适当引导，以此来发展幼儿的社会性和规划性。
- 活动结束后，家长要对幼儿周末的表现进行客观的评价。如：“这一次你的胆子很大，会主动和超市的叔叔阿姨沟通了，但是下一次声音再大一点就更好了。”将幼儿表现好和需要进步的地方都提出来，并且可以鼓励幼儿进行一定的自我评价。
- 教师可以建议爸爸妈妈在家设计一个墙面做周末规划表，养成幼儿提前规划的好习惯。

附 表格

______一家的周末规划表

时间	做什么？	要准备什么？

活动 12 温馨的周末

活动形式：■日常
重点领域：■语言

关键经验

能够按照时间顺序，用清晰、流畅、完整的语言讲述自己的周末经历。

活动准备

周末生活的照片或视频，幼儿制作的周末规划表。

教师已经组织幼儿开展过亲子活动“变成大人的一天”，幼儿已经有了帮助家人规划周末的经验。

活动过程

1. 利用晨间谈话时间，结合从家里带来的照片或视频，与同伴、老师分享“我”的周末生活，可以着重挑选印象最深的事进行讲述，并注意表达自己当时的情绪和感受。

2. 在离园活动等环节，幼儿可以展示周末制作完成的周末规划表，尝试按照“早晨—上午—中午—下午—晚上”的时间顺序，来简要讲述周末一天的经历。

3. 幼儿还可以在一日生活的各个过渡环节，和同伴谈一谈下周末的安排，如果觉得其他家庭的周末生活很有意思，不妨也去尝试一下哦！

小贴士

教师可以收集幼儿周末在家作为家庭小主人拍摄的照片，将这些照片粘贴于教室的照片墙上，展示、记录幼儿和家人的点点滴滴。

活动13 一起的时光

活动形式：■集体
重点领域：■语言

活动目标

认知：知道“花”“瓜”“娃”三个字的发音区别；了解清晰发音和咬字的技巧，如：放慢速度，集中精力于口腔肌肉。

情感：感受绕口令的韵律感，喜欢说童谣、绕口令。

能力：能清楚、准确地发出绕口令中“花”“瓜”和“娃”的音；能有节奏地完整念出绕口令。

活动准备

桃花、西瓜、爸爸、妈妈和娃娃的图片，爸爸和妈妈在家分别做某一件事情的图片（家长提前准备，活动当天带至幼儿园）。

教师在一日生活中注意观察有哪些幼儿发不准“hua”“gua”和“wa”的音，或易混淆这几个音。

配套电子资源：相关图片。

活动过程

一、看图说词

教师引导幼儿活动口腔肌肉，同时通过反应力小游戏练习单独发“桃花”“西瓜”和“娃娃”这三个词。

- 今天我要和小朋友们一起玩一个看图说词的游戏，看看谁能用最快的速度，清楚地把图片上的东西说出来。

教师一一展示桃花、西瓜和娃娃的图片，引导幼儿识别图片上的物体并匹配对应的词之后，进行游戏。游戏过程中注意幼儿有哪些发音不准的地方，及时指出，并引导其通过放慢速度和模仿教师口腔活动等方式，正确发音。

- 我们中间好像有些不一样的声音，你们小声念一下，听一听自己说的和别人说的是不是一样的？
- 如果念得太快了，我们可以放慢速度。
- 我要请小朋友和我一起来试一试，请注意我的嘴巴是怎么动的哦！

游戏结束后，教师可以引导幼儿通过用嘴巴画圆和用舌头在口腔内部画圆的方式来锻炼、放松嘴部及口腔肌肉。

二、我会绕口令

- 这个小娃娃的爸爸妈妈经常在家做什么呢？我们一起来听一听吧！

1. 欣赏绕口令。

教师慢速且有节奏地念出绕口令，为了让幼儿能够更明显地感受到绕口令本身的节奏感和韵律感，教师可以加入拍手打节奏的动作。

- 你听到了什么？爸爸和妈妈分别在做什么？
- 妈妈栽的什么花？爸爸种的什么瓜？
- 桃花是什么颜色的？
- 娃娃喜欢吗？为什么？

➤ 西瓜甜不甜？你是怎么知道的？

教师根据与幼儿的交流讨论，依次出示剩余的图片，并将其按绕口令中的先后顺序排列整齐。

2. 练习绕口令。

幼儿初步熟悉绕口令之后，教师可以按照“师幼一起念绕口令——师幼轮流念绕口令——小组间轮流念绕口令”的方式，来引导幼儿重复练习。

➤ 我们现在来轮流念绕口令吧！我说一句，你们接下一句，看看你们会不会比我厉害！

幼儿可以熟练且完整地念完绕口令之后，教师可以引导幼儿逐渐加快速度进行绕口令练习，但是要注意在稳定的节奏上进行练习。

三、分享快乐时光

幼儿展示爸爸妈妈的图片，向同伴或老师介绍爸爸妈妈平常喜欢做的事情，与大家一起分享“我”和家人的快乐时光。

➤ 图片上你爸爸在干嘛？

➤ 他平常喜欢做运动吗？

➤ 他做运动的时候会带着你吗？

四、分享与总结

➤ 绕口令是不是很有意思？我们也可以把我们和爸爸妈妈一起的快乐时光，编进绕口令，和爸爸妈妈一起来说一说绕口令，看看谁的舌头会“打结”。

小贴士

在不同的语言环境中，幼儿的发音咬字会存在不同程度上的问题。有些幼儿“g”和“k”发不清，有些幼儿分不清前后鼻音，有些发不准边音。这时候一首朗朗上口的童谣或绕口令，可以让幼儿在日常活动中不停地练习咬字和发音。所以，活动结束后，教师和家长可以挑选一些适合幼儿的童谣、绕口令，还可以搭配一定的律动和手指游戏，在玩乐中说好普通话。

附 绕口令

看花和吃瓜

妈妈爱栽花，
爸爸爱种瓜；
妈妈栽桃花，
爸爸种西瓜；
桃花红，红桃花，
娃娃脸上笑哈哈；
爸爸给我吃西瓜，
娃娃心里乐开花。

活动14 两人三足

活动形式：■集体
重点领域：■健康

活动目标

认知：知道“两人三足”的游戏玩法和基本技巧，如：喊口令、两个人迈出的步伐要一致。

情感：在民间体育游戏中体验合作与竞争的愉悦。

能力：能够两两合作绑住腿向前走出至少20米；能够在发现问题时通过沟通、讨论的方式解决问题。

活动准备

绑腿绳（教师可以选择宽布条），口哨，护膝和护腕，轻松欢快的背景音乐，跨栏。

活动过程

一、热身小游戏

教师可以进行“照镜子”等热身小游戏，通过夸张的动作活动开腿部关节，并在一定程度上拉伸肌肉。“照镜子”是一个幼儿模仿教师动作的小游戏，教师可以引导幼儿把腿抬高转转脚踝，弓步压腿同时拉伸腰的一侧。

➤ 我们一起来玩“照镜子”的游戏吧！看谁学我的动作学得一模一样，而且用的时间更少。

二、探索玩法

热身完毕之后，教师引导幼儿两两结队，并帮助幼儿系好绑腿绳。幼儿两两自由探索“两人三足”的玩法，教师对幼儿探索行为进行观察，并适当引导。探索完毕之后，师幼共同讨论“两人三足”的基本技巧。

➤ 刚刚你们两个人合作走路的时候遇到了什么问题？

➤ 怎么才能一起走不摔倒呢？

➤ 有些小朋友步子迈得很大，而另一个小朋友步子迈得很小怎么办？

➤ 那怎么才能走得快呢？

教师帮助幼儿小结完毕之后，幼儿可进行再次尝试，教师根据幼儿实际发展水平酌情进行个别指导。

三、比一比

1. 两两对抗。

教师引导半数或三分之一幼儿站在活动场地的长边，两两结队排成一排，哨响同时出发，其余幼儿在终点处记录最先到达的幼儿名字。

教师可以在终点处让其余幼儿每人拿一面小鼓，幼儿抵达终点则可以敲响小鼓，增强游戏本身的趣味性，提升幼儿完成后的成就感。

2. 小组竞赛。

教师还可以引导两两结队的幼儿分成两组或三组，进行往返接力赛，所有成员率先完成赛程的视为获得游戏胜利。

在小组竞赛中，教师可以增加组内协商与调整这一环节，引导幼儿去帮助组内走得慢的成员，幼儿还可以交换结队同伴。

3. 难度升级。

幼儿已经能够熟练掌握“两人三足”的游戏玩法之后，教师可以尝试提升游戏难度，进一步考验幼儿之间的合作性。如：两人三足上楼梯、两人三足运东西或是两人三足跨栏等。教师可以准备相应器材，幼儿根据自己的喜好自由去尝试。

四、分享与总结

➤ 玩了这么多小游戏，我们会发现，要想获得游戏的胜利，一定要和同伴一起商量，解决问题，这就是我们经常说的“合作”啦！生活中也是这样，如果你觉得一个人的力量太小，可以尝试找身边的同伴一起合作来做某一件事情哦！

小贴士

- 因幼儿在比赛中容易因为心急而摔倒，所以活动场地最好选择草地，若幼儿园内没有草地，则可以选择塑胶跑道，不建议在水泥地上进行该项活动。
- 活动过程对两个人的合作程度、默契程度要求都很高，幼儿可能会因此发生争执或抱怨对方，在这种情况下，教师应当引导幼儿通过合作、协商的方式来解决问题，从而发展幼儿的社会性。

活动15 绘本阅读：《神秘的生日礼物》

活动形式：■区角
活动区角：■语言

关键经验

1. 能够仔细观察画面细节，尝试对故事角色的心理活动进行表达。
2. 自主阅读绘本，感受角色的情绪变化。

活动材料

绘本《神秘的生日礼物》或故事 Flash，小猪吼吼的玩偶。
配套电子资源：故事 Flash，吼吼图片。

活动提示

一、阅读前

教师引导幼儿围绕“生日礼物”展开讨论，提出问题，制造悬念，激发幼儿自主阅读的兴趣。

➤ 你收到过什么生日礼物？
➤ 这些生日礼物分别是谁送的？
➤ 上一次生日的时候你是在哪里过的？
➤ 有谁陪你过了生日？
➤ 你开心吗？
➤ 吼吼今年生日收到了很多神秘的生日礼物，这些礼物是什么？又是谁送给他的呢？答案就藏在绘本《神秘的生日礼物》里。

二、区角中的阅读

1. 幼儿自主阅读绘本，完整阅读之后，教师通过提问帮助幼儿串联故事情节，并通过观察画面尝试理解故事主角吼吼的情绪变化。

- 吼吼以前跟妈妈经常做一些什么呢？
- 后来吼吼的妈妈还和吼吼一起待在小木屋吗？
- 猜一猜，吼吼的妈妈干什么去了？
- 那吼吼会想念妈妈吗？
- 吼吼想念妈妈的时候心情是什么样的？
- 你从哪里看出来的？
- 吼吼要过生日了，他收到了很多神秘的生日礼物，他看起来开心吗？
- 那这些礼物到底是谁送给他的呢？
- 后来妈妈不在身边的吼吼开心起来了吗？

2. 教师引导幼儿观察吼吼躺在床上睡不着的片段，通过推理、猜测的方式，尝试表述故事主角的内心活动。在表达过程中，注意转换为第一人称进行讲述，如：吼吼心里想"妈妈什么时候回来呢？我明天就要过生日了，我好想要个生日礼物啊"！

三、阅读后

1. 绘本阅读完后，教师可以引导幼儿想一想，当小猪吼吼思念妈妈的时候，还可以用什么方法来安慰他，尝试将这些安慰的方法用在吼吼玩偶的身上。

2. 当幼儿生爸爸妈妈的气，或者因为父母陪伴的缺失而伤心难过时，教师可以引导幼儿去向语言区的小猪吼吼倾诉。

观察要点

- 幼儿是否主动翻阅绘本。
- 幼儿能否通过观察绘本画面正确识别故事主角的情绪变化。
- 幼儿能否用第一人称尝试描述故事角色心理活动。

小贴士

- **共情**

5—6岁的幼儿已经能够结合自身的生活经验，理解他人产生情绪变化的原因了，甚至能够感同身受地唤起自身部分相似的痛苦或愉快的体验。在这种情况下，我们可以通过多种方式帮助幼儿发展他们的观点采择能力，引导他们对他人生出更多的同理心、同情心，更好地发展仁爱意识。教师可以多引导幼儿翻阅类似《神秘的生日礼物》《西红柿女孩》《生气汤》等绘本，还可以鼓励幼儿进行角色扮演游戏或进行戏剧表演，发展共情能力。

- **情绪的自我调节**

大班的幼儿虽然不太会出现分离焦虑的情况了，但是在与他人的相处过程中，会因为自主和自我意识的增强，与爸爸妈妈闹不愉快，与同伴争执。而5岁之后是引导幼儿进行情绪调整与控制，促进幼儿情绪稳定的关键时期，这个时候要给他们找一个可以倾诉的对象，教他们一些宣泄情绪的方法。

活动16 日历上的生日

活动形式：■集体
重点领域：■社会 ■科学

活动目标

认知： 通过认识日历进一步感知年、月、日之间的关系，知道家人的生日和年龄。
情感： 喜欢在生活中使用日历，具备初步的时间观念。
能力： 能在日历上正确标记出家人的生日，能够提前进行庆祝生日规划。

活动准备

幼儿人手一本当年的日历（家长提前准备，活动当天带至幼儿园），不同颜色的记号笔，5—6 张大白纸。

在“四季变变变”主题活动中，我们已经进行了在日历上标记家庭成员生日的亲子活动，在本次活动开始之前，教师可以建议家长引导幼儿适当回顾该部分亲子活动的内容，并提前在纸上或“生日树”中记录下家庭成员的年龄和生日，于活动当天将记录纸带至幼儿园。

家园共育包：“生日树”“为长辈过生日”。

活动过程

一、展示日历

幼儿展示日历，比一比同伴之间的日历有什么不一样，又有什么一样的地方，围绕日历展开交流与讨论。

- 日历的第一页有什么？
- 第一页的数字代表的是年份，那么今年是多少年？
- 翻开日历，里面这些数字代表什么？
- 你能找到 3 月吗？表示月份的数字在哪里？
- 一般月份下面的数字就表示日期了。
- 日历里面还有什么？
- 有些日历里面还有 12 个星座，有些会画一些传统节日。

教师在引导幼儿正确认识完日历传达的基本信息之后，可以关注日历上一些额外的信息，如星座和传统节日都跟时间的轮换有关，有些日历翻动的方式也很不一样。比较完毕之后，幼儿可以互相交换、欣赏同伴的日历，说一说我最喜欢的日历。

二、家人的生日

幼儿将家庭成员的生日记录拿出来，并向教师和幼儿讲述上面记录的信息，如：我爷爷今年 50 岁了，他的生日是 10 月 11 日。

在幼儿明确自己记录的信息的情况下，教师引导幼儿用记号笔在日历上标出家庭成员的生日，注意提醒幼儿查找日期的时候先找到月份再找对应的天数。

- 你想用什么方式标记出爷爷的生日呢，画个圆圈或者画个爱心？
- 怎么让爸爸和妈妈的生日在日历上区分开来呢？用不同的标记方式行不行？或者在旁边画上爸爸？

幼儿标记完成之后，可以进一步观察日历上标记的时间，通过对比时间先后的方式来感受年、月、日的关系，理解一年中时间流动的顺序。

➤ 在一年中，家里的哪一个人生日时间排在前面呢？你怎么知道的？

➤ 你们发现了谁和谁的生日在同一个月？同一个月里，谁生日在前，谁生日在后？

三、生日规划

教师将幼儿分为5—6组，为每组幼儿提供一张大白纸和记号笔，引导幼儿为家人规划生日庆祝方案，要包括当天做什么事情、需要提前准备的材料、生日礼物以及邀请什么人来参加等等。

➤ 之前都是爸爸妈妈为我们过生日，今年我们也为家人们筹划一场生日会吧！

➤ 你会想准备什么生日礼物给他们呢？

➤ 生日当天还要做些什么事情呢？他们喜欢吃什么？喜欢玩什么？

➤ 他们喜欢跟哪些人在一起玩，可以提前向他们的好朋友发出生日邀请。

➤ 不要忘记说“生日快乐”和“我爱你”哦！

幼儿小组内进行生日规划时，做得越细致越容易落到实处，效果越好。小组内讨论并规划完成之后，进行面向全体幼儿的小组间展示。

四、分享与总结

➤ 日历在生活中的用处非常大，除了记录我们爱的人的生日之外，还可以记录很多重要的日期，提醒我们做很多事情。今年有了日历的提醒，小朋友们不要忘记为家人们过生日哦！

小贴士

- “感恩”和“归属感”是性格涵养教学法中“仁爱”这一指标体系下的两大维度，主要指向爱他人和爱社会。所以根据幼儿的发展水平，我们应多鼓励幼儿通过语言、行为等多种方式来表达自己的感恩之情。
- 活动结束之后，教师可以做一个本月的大日历张贴在墙上，记录本月中幼儿家庭成员的生日，提醒幼儿为家人准备生日会，幼儿也可以将家人生日会的照片等带到幼儿园，和大家分享。

活动17 今天我当家

活动形式：■集体
重点领域：■科学

活动目标

认知：理解加减运算在实际生活中的意义。

情感：体验数学的重要性和趣味性。

能力：能够在超市游戏场景中，借助图片等材料进行10以内的加减运算。

活动准备

信纸，白板，各类水果、饮料商品图片（教师提前在图案下方写出价格，数字范围在1—9元之间），购物车操作底板，每人10个圆形卡片。

配套电子资源：相关图片。

购物车底板和商品

活动过程

一、情境导入，激发幼儿对数学的兴趣

➤ 最近小朋友们变成了家里的小大人，为爸爸妈妈安排了一个愉快的周末。今天，家庭小主人们又接到新的挑战啦，那就是要到超市去购物！

➤ 你们和爸爸妈妈一起去过超市购物吗？你们都购买过什么商品呢？

➤ （出示信纸）爸爸妈妈送来了今天的购物清单，让我们一起来看看吧！

二、在超市游戏情景中感知、理解 10 以内的加减运算

1. 师幼共同操作，熟悉游戏玩法。

教师出示商品图片，引导幼儿观察。

➤ 超市里都有什么商品？你知道这些商品的价格是多少吗？你是怎么看出来的？

➤ 如果我带着 10 元钱逛超市，我买一个苹果需要花多少钱？

教师根据幼儿的回答，同步在白板上操作：先将苹果图片（以苹果为 3 元为例）放入购物车中，再在圆圈区域放上 3 个圆形卡片。

➤ 如果再买一个橙子，一共要花多少钱呢？

教师根据幼儿的回答，同步在白板上操作：将橙子图片（以橙子为 4 元为例）放入购物车中，再放上 4 个圆形卡片。

教师引导幼儿目测或数一数圆形卡片的总数。

➤ 买完苹果和橙子后，我还剩下多少钱呢？

教师引导幼儿目测或数一数剩余的空白圆圈总数。

教师和幼儿共同小结。

➤ 一个苹果是 3 元，一个橙子是 4 元，两个水果一共要花 7 元。10 元钱用掉 7 元钱后，还剩下 3 元。

2. 游戏“帮妈妈买水果”。

➤ 妈妈的购物清单上写道，她想为大家制作水果拼盘，但是还缺少两种水果。妈妈请小朋友们帮忙到超市选购两种水果，但是总价不能超过 10 元哟！

教师为幼儿分发操作材料；幼儿动手操作。

教师邀请幼儿展示和介绍自己购买的商品。

➤ 你买了什么水果？每样水果分别是多少钱？

➤ 你知道两种水果一共花了多少钱吗？你是怎么算出来的？

➤ 买完两种水果后，你还剩下多少钱呢？

幼儿讨论和表达。

3. 游戏“帮爸爸买饮料”。

➤ 爸爸的购物清单上写着：我想请家庭小主人帮忙买饮料，要求是要正好花完 10 元钱。

➤ 你们想爸爸买什么饮料呢？

幼儿动手操作。

操作完成后，教师邀请幼儿展示和介绍自己购买的商品。

➤ 你一共买了几种饮料，它们分别是多少钱？

➤ 购买这些饮料的总花费是 10 元吗？你是怎么算出来的？

➤ 还有其他不同的饮料购买方式吗？

幼儿讨论和表达。

➤ 如果爸爸只想要购买两种饮料，可以怎么购买？

➤ 如果是要购买 3—4 种饮料呢？

➤ 如果想要用 10 元钱购买到最多数量的饮料，可以怎么购买呢？

幼儿分组讨论和操作。教师可邀请个别幼儿分享自己的方法。

三、分享与总结

➤ 谢谢家庭小主人们，在你们的帮助下，爸爸妈妈都买到心仪的商品。回家后，小朋友们可以和爸爸妈妈一起商量、确定家庭购物计划，一起到超市购物哟！

小贴士

活动结束后，教师也可以组织开展“超市购物”的社会实践活动或亲子活动，让幼儿在生活情境中进一步巩固对10以内数的加减的理解，并切实感受数学的有趣和重要性。

活动18 花店

活动形式：■区角
活动区角：■角色

关键经验

1. 能够较逼真地模仿扮演花店店员和顾客，并精神饱满地参与角色游戏。
2. 在角色游戏中进一步感知和理解10以内的加减法。

活动材料

各类花材（如真实的鲜花、纸花、仿真花等），各色包装纸，丝带，蝴蝶结，仿真钱币，花瓶，花篮，花店工作人员服装，小围裙，花材价格单。

环境创设：利用花朵、柳枝、绿萝、花瓶、花架等材料和花束欣赏图、花束包装流程图等相关图示布置“花店”场景，教师可鼓励幼儿自主绘画制作“花店”的招牌图和花材价格单。

幼儿有认识和了解花店的相关经验，如知道买花的流程等；家长可提前带领幼儿到花店中欣赏各式花材、了解花束包装步骤等。

游戏玩法

1. 教师与幼儿共同讨论游戏玩法：花店中有哪些工作人员，他们分别负责什么工作？店员是怎样工作的，在迎接顾客时该怎么做？顾客到花店买花需要注意什么？

2. 幼儿自由分配角色，明确角色的职责，做好游戏准备。比如收银员要负责结账收款，店员要负责接待客人、包装花束等。

3. 幼儿自主进行游戏。顾客进店，店员负责接待，可结合花束欣赏图向客人介绍、推荐花材；顾客根据喜好选择花材，店员根据顾客的意愿，协助包装花材（如用包装纸和丝带制作成花束、在花瓶中制成插花作品等）；顾客到收银台结账，收银员负责收钱、找零。

4. 游戏结束，幼儿将材料归位、摆放整齐；幼儿可与同伴交流讨论，总结游戏经验。

观察要点

- 幼儿是否对花店角色游戏充满浓厚的兴趣。
- 幼儿能否较逼真地模仿和扮演店员、收银员、顾客等角色。
- 幼儿在收付款时，能否正确地进行10以内的加减运算。

小贴士

- 教师在拟定花材的价格时，应该考虑根据幼儿的实际数学水平，所标单价应该便于幼儿进行加减运算，同时教师可为幼儿提供1元、5元和10元的代币。如果幼儿在游戏中出现运算困难，教师也应该适时提供帮助和指导。
- 教师可以提供材料，鼓励幼儿自己动手制作"花朵"，如提供彩纸和折纸示意图，引导幼儿自制折纸花；或是提供皱纹纸、轻黏土、扭扭棒等材料，引导幼儿自主创作"花朵"等。在游戏结束后，幼儿还可以将自己"购买的"花束带回家，送给家人。

活动19 劳动节街头采访

活动形式：■亲子
重点领域：■社会

关键经验

1. 了解、尊重那些在节假日还要工作的劳动者，萌发对劳动者的关心。
2. 能够大胆参与采访活动，并有序、连贯、清楚地表达自己的想法。

活动准备

记录纸，彩笔，手机或相机。

活动过程

1. 家长引导幼儿围绕"不同的职业"展开讨论：我们的身边都有哪些不同职业的人？在大家放假休息时，还有哪些人需要坚持工作？你最感兴趣的职业是哪一个？你想向他们提什么问题？

2. 幼儿可在纸上用图画、符号等记录下自己的采访问题，家长可协助用文字辅助记录。

3. 家长与幼儿利用周末或是劳动节假期，选择一位仍在工作的劳动者进行街头采访。家长注意提醒幼儿礼貌问好，并结合提前准备好的采访问题进行采访。过程中，家长可以用手机录音、拍照、摄影的方式帮助幼儿收集、记录和该劳动者的合影，问答中的关键信息，如对方的职业名称、常用的职业工具，节假日还要工作的原因等。

4. 采访结束，家长引导幼儿向被采访者表示感谢。

5. 回家后，家长与幼儿共同根据收集到的素材，完成"劳动节街头采访"记录表，如幼儿粘贴照片、画出采访过程，家长用文字辅助记录等。采访过程中家长注意引导幼儿了解劳动者的工作和自己生活的关系。

6. 幼儿将记录表带回幼儿园与同伴、老师一同分享。

小贴士

- 在我们的身边，其实有很多人在节假日期间还要正常工作以保障大家的生活，比如门卫、保安、清洁工人、快递员、外卖员等。这些劳动者都是与幼儿生活关系紧密的，值得尊重、感谢的"你"。家长可以带着幼儿去发现、去了解、去记录、去分享。
- 教师可以收集亲子完成的图文并茂的记录表，和幼儿共同布置"劳动的人最光荣"的展览，让幼儿在看看、说说中交流自己的经历、了解他人的经历，将个体的经验变为集体的经验。

活动20 幼儿园里的早到大王

活动形式：■日常
重点领域：■社会 ■语言

关键经验

了解采访工作如何展开，以小组形式准备并开展采访活动。

活动准备

记录纸（见附表格），细头记号笔或黑色水彩笔，夹板。
配套电子资源：记录表。

活动过程

一、提问引入

- 从这周开始我们即将了解我们身边的人，那么就从幼儿园里我们身边的人开始了解吧！
- 你们每天来幼儿园最早见到的人是谁？谁是幼儿园里的早到大王？
- 猜一猜每天最早来幼儿园的还有谁？
- 他们为什么要来得那么早？

小结：大家有提到保安叔叔、保健医生，还有老师。我们猜测了很多可能性，不如直接去问问这些人，这种通过询问他人来获得信息的方法叫作采访，就像电视里大家看新闻节目时记者采访一样。

二、采访工作的讨论

1. 分组（根据幼儿人数，6人左右一组为宜），推选组长。

2. 设计采访表，提示幼儿需要获得以下信息：采访谁、采访的问题是什么以及采访记录（符号或图画记录即可）。

小贴士

- 亲亲仁民是仁爱的重要体现，这条教育线索从小班到中班，经历了“我的心情”“我爱我家”这样的递进变化，进入到大班“谢谢每一个你”的主题后，我们的活动就会从家庭过渡到幼儿周围的人，逐渐扩展开去。
- 幼儿园的场景和幼儿园的工作人员都是孩子们熟悉的，可以通过这个切入点开展活动。这个采访活动可以在餐前、餐后、放学前等非正式教学活动的环节中开展，作为集体教学活动前的铺垫；也可以利用一次集体教学活动或是区角活动的时间集中开展，确保每组幼儿有1名教师跟随观察、支持、协助。
- 教师要注意帮助孩子明确需要获得哪些信息，届时回到课堂后分享的时候可以“言之有物”。

附 表格

幼儿园里的早到大王

时间	来到幼儿园的人	他的工作

活动21 谁到得最早

活动形式：■集体
重点领域：■社会 ■语言

活动目标

认知： 根据采访结果，梳理幼儿园教师和工作人员的工作情况。

情感： 感受幼儿园工作人员的辛苦和对自己的关爱。

能力： 初步理解“如果……就”的含义，并能用此句式表达对幼儿园工作人员岗位职能的理解。

活动准备

教师在之前跟随幼儿采访的过程中，拍摄记录幼儿园里不同工作岗位人员的工作照片；教师事先了解了幼儿的采访记录表信息，并做简单汇总和梳理。

大张白纸，马克笔。

活动过程

一、采访信息汇总

➤ 之前我们各个小组在幼儿园里进行了“幼儿园里的早到大王”采访调查，今天我们就来分享、探讨一下大家的采访记录和收获。

1. 教师在一大张白纸上呈现各种幼儿前期提出的采访问题，并大声读出来。

➤ 请问您在幼儿园做什么工作？

➤ 请问您每天早晨什么时候来到幼儿园？

➤ 请问您是最早来幼儿园的人吗？

➤ 您这么早来幼儿园做些什么工作？

2. 教师请幼儿按照小组分享自己的采访信息，然后根据各个小组的发言，在各个问题下进行信息梳理，梳理的时候，幼儿可以随时补充，教师在大白纸上帮助幼儿进行记录。

小结：幼儿园里有那么多老师和其他工作人员在为我们忙碌，每个人都要为我们小朋友做很多的事情，我们每天见到他们都要向他们问好，并对他们的工作表示感谢。

二、你印象最深的工作

教师请幼儿说一说，在采访中，你印象最深的工作是什么？为什么？

当幼儿说到某个具体的工作的时候，教师配合出示相应的照片来供幼儿回顾，也帮助其他幼儿进一步了解，也为幼儿的表达提供视觉参考，以帮助幼儿表达得更加具体详尽。

三、如果……就……

1. 教师引导幼儿探讨：幼儿园这么多的工作人员谁最重要？为什么？

➤ 大家都很重要，如果没有他们辛苦工作，幼儿园就会遇到很多困难和麻烦。

2. 教师提出问题，引导幼儿进一步思考幼儿园的这些工作岗位，是否能缺少，鼓励每个幼儿都说一说，并尽量使用“如果……就……”的句式。

➤ 想一想，如果咱们的幼儿园没有了这些工作人员，就会怎么样？咱们一个个来说。比如，如果没有保健医生，小朋友们就会……

3. 小结

➤ “如果”是在表达一种假设。例如，如果今天下午下雨了，我们就没有办法到户外去做游戏了。今天我们一起讨论的是“假设幼儿园没有从事各种工作的人们帮忙，会变成什么样”的问题。

➤ 如果没有保健医生，小朋友生病了就没有人能诊断和照顾；如果没有门卫保安，小朋友的安全就会受到威胁；如果没有厨师，小朋友就吃不了热气腾腾、香喷喷的饭菜……大家说得都很好。

➤ 幼儿园里的每一个岗位，都很重要，缺一不可，我们非常感谢他们的辛苦付出，感谢他们为我们提供幸福美好的幼儿园生活。

小贴士

- 在汇总幼儿的采访记录时，教师自己心中要有一个清晰的框架，同时通过简单的文字和幼儿提出的符号来记录，带着幼儿一起经历处理信息的这个过程。
- 大班幼儿逐渐有了对因果关系、条件关系进行思考的初步能力，因此，在语言活动中，可以适当增加这样的渗透。如果发现对本班幼儿有难度，则可以从他们熟悉的、有过体验的场景开始引导，比如，“如果今天起床晚了半小时，上幼儿园就会迟到。”

活动22 忙忙碌碌镇

活动形式：区角
活动区角：语言

关键经验

1. 了解日常社会生活的方方面面和各种职业之间的协同合作。
2. 专注阅读，理解故事情节，发现隐藏的图画信息。

活动材料

绘本《忙忙碌碌镇》（[美]理查德·斯凯瑞/著，李晓平/译，贵州人民出版社，2014），放大镜，书签，记录纸，笔。

教师提前在语言区中布置出问题墙和发现墙，并选择绘本中具有代表性的画面（比如呈现了整个镇面貌的页面）放大，垂直贴于阅读区的墙面上供幼儿观察。

发现墙

问题墙

活动提示

一、阅读前

教师出示绘本封面，引导幼儿观察并讨论，激发幼儿对身边不同职业劳动者的好奇心。

- 看，这个小镇上的人们好忙呀！仔细看看，他们分别在做什么呢？
- 你能看出他们是从事什么职业的人吗？你是怎么看出来的？
- 在生活中你是否遇到过××职业的人？他们的工作内容是什么？
- 在这个小镇中还会发生什么有趣的事情呢？小朋友可以自己阅读绘本，找一找答案哟！

二、区角中的阅读

1. 教师在问题墙上抛出几个问题引导幼儿通过阅读故事、发现画面信息来回答问题。
2. 幼儿自主阅读绘本，了解故事内容。
3. 幼儿在阅读过程中如果遇到有疑问的地方可以记录在“问题墙”上，而“发现墙”则用来记录对“问题墙”中问题的解答以及自己在绘本中的特别发现。
4. 幼儿可以用写有自己名字的书签标记自己的阅读进度，可在区角中进行连续的阅读。

三、阅读后

教师可以引导幼儿围绕“各种职业之间的协同合作”展开延伸活动。如引导幼儿收集家人工作场景的照片，想一想家人所从事的职业之间是否有联系；或是在语言区中投放更多关于职业的绘本，引导幼儿自主阅读。

观察要点

- 幼儿是否有良好的阅读习惯，知道书签的作用并正确使用。
- 幼儿是否对绘本内容感兴趣，愿意持续一段时间阅读绘本。
- 幼儿是否能发现画面中隐藏的信息，在问题墙、发现墙上留下痕迹。

小贴士

活动中，教师可以引导幼儿观察同伴记录在“问题墙”中的问题，找一找是否有自己能回答的内容，鼓励幼儿积极与同伴交流、协商，共同阅读绘本寻找答案。

活动23 猜猜这是谁的包

活动形式：■集体
重点领域：■社会 ■科学

活动目标

认知：知道不同的职业会需要不同的工具包，了解不同职业的着装及工具包中不同物品。
情感：感受到工具包、工具对特定职业的重要性和对我们生活的帮助。
能力：在理解和匹配中提高观察力和专注力。

活动准备

医药包（保健医生处提供实物），工具包（木工师傅处提供），理发包及各种包中常备的相关物品（以上物品如果没有实物，教师可以自制PPT，用图片代替）。

幼儿对一些常见的职业有一定的认识。

活动过程

一、爸爸妈妈的包

➤ 小朋友们，爸爸妈妈上班去的时候，包里可能会有些什么？
➤ 会有交通卡、伞、眼镜、报纸、电脑等（根据幼儿回应做总结）。
➤ 说说它们的用处。
➤ 爸爸妈妈包里的东西都是有用的，我们不能随便翻动和拿走。

二、不同职业人员的包

1. 教师先出示医药包、工具包、理发包的实物或外形图片，幼儿观察讨论这是什么包，叫什么名字。
➤ 说说看这些包里会放些什么？这些东西有什么用？
2. 教师出示实物包，一一展示说明，如果没有，则展示自制PPT中这些包里的具体物品图片：
医药包：针筒、药水、纱布、棉球等。
理发工具包：梳子、剪子、剃刀、电吹风等。
维修工具包：螺丝刀、扳手、锯子、钳子等。
3. 了解这些包。
➤ 谁会用这些包？包里的工具到底有什么用呢？
请幼儿继续结合图片或者实物，讨论相关职业人员如何使用包里的物品为人们服务。

小结：医生使用了医药包里的工具检查病人的病症、为病人处理伤口；理发员使用了包里的工具理发、烫发、吹发，使大家变得更整洁、更漂亮；维修工使用工具包里的工具修好了损坏的物品。他们让我们的生活变得越来越美好，我们要跟他们说一声：你们辛苦啦！谢谢你们！

三、延伸活动

➤ 你还见过哪些职业专用的包？包里有哪些工具？这些工具有哪些功能？

小贴士

教师在集体教学活动中选择的3—4种职业及其工具包并不是固定不变的，教师也可以根据幼儿在其他活动中表现出的前期经验进行适当调整，选择那些幼儿有一些了解、但对于工作内容和工具尚未完全了解的职业作为切入点。

活动24 有用的医疗用具

活动形式：■集体
重点领域：■社会 ■健康

活动目标

认知： 初步了解医生使用的工具及其用途、医生的工作和本领。
情感： 对医生的工具感兴趣，感受到医生对人们健康的重要性。
能力： 能够区分不同的医疗用具，知道一些最新的医疗科技。

活动准备

配套电子资源："有用的医疗用具"PPT。
幼儿已有一些关于医院和医生的直接经验。

活动过程

一、导入：生病应该怎么办

教师播放"有用的医疗器具"PPT课件并引导幼儿观察和讨论。

➤ 图片里的人出现一些生病的情况，比如发烧、身体流血受伤，这个时候应该怎么办呢？

➤ 医生也不是那么轻易就能帮助大家恢复健康呢，他需要很多很多的工具好帮手，让我们一起来认识一下它们吧！

二、医生用具真不少

教师配合PPT画面，向幼儿介绍医疗用具。也可以与幼儿进行互动交流，请幼儿说一说看到了什么，它的作用是什么？

1. 听诊器。

➤ 听诊器可以帮助医生快速检查病人的心脏和呼吸是否健康。

2. 体温计。

➤ 体温计可以帮助医生快速检查病人的体温情况，测量病人是否发烧。

3. 药品。

➤ 药品是医生的好帮手，很多疾病症状都可以通过吃药和打针得到缓解或消止，药品帮助我们的身体恢复健康。

4. 手术用具。

➤ 当病情特别严重的时候，就需要做手术了，止血钳、小镊子、纱布这些就是手术小帮手哦。

5. 口罩。

➤ 口罩是保护医生安全的小帮手，它可以阻挡病毒和细菌进入医生的身体。比如，最近流行的新型冠状病毒就被它挡在人体外啦！

➤ N95口罩，过滤效果非常好，可以有效过滤空气中的颗粒物，用来防护空气中传播的病毒哦，但是它不适合有胡子的人和小朋友。

➤ 外科口罩，是医生最常用的口罩哦，它可以在医生手术的时候阻挡液体飞溅物的，比如唾沫。

➤ 普通医用口罩，可以在普通环境中使用，它缺少对颗粒和细菌的过滤，效果不如N95口罩和外科口罩。

➤ 棉布口罩，只能挡风、保暖和隔离灰尘等大颗粒物，但是可以反复清洗使用。

6. 医用机器人。

➤ 随着我们科技水平的发展，很多有用的机器人也开始帮助医生工作了哦。比如，有的医院使用的配送药物机器人，就可以帮助医生运输药物，尤其是传染病期间，可以减少医生与感染者的接触。还有的医院使用的医用测温巡逻机器人可以快速检测体温，帮助医生筛选出发热病人呢。

三、游戏环节：我也来当小医生

过渡：

➤ 认识了这么多有用的医疗用具，你愿意来帮帮医生救助病人吗？

1. 小考验。

➤ 来当小医生就要通过一个小考验哦，口罩可以保护我们，你知道口罩怎么佩戴和摘取么？

2. 小游戏：我来当医生。

提示：

➤ 感冒的人需要用到体温计、听诊器、口罩和药物，病情严重还需要打针哦。

➤ 手指流血的人需要绷带和药物，绷带可以快速止血，药物可以缓解疼痛，帮助康复。

➤ 遭遇车祸的人需要快速检查身体状况，流血的话需要用到绷带，如果严重的话还需要进行手术治疗。

小贴士

- 开展教学活动时，教师可以结合一些时事热点，以及一些最新的医学成果来适当调整活动内容。
- 如果班级幼儿家长中有医务工作者，教师也可以邀请家长来给幼儿上一堂生动的课。

活动25 猜猜谁来了

活动形式：■日常

重点领域：■语言 ■科学

关键经验

能根据信息说出相应用具的名称，巩固对工具作用的认识。

活动准备

各种工具（如消防员、快递员、警察、医生等职业的常用工具）的图卡。

幼儿知道一些职业常用的工具。

活动过程

1. 教师可以在过渡环节、餐前餐后、离园活动、等待环节等一日生活各环节中示范游戏玩法：随机抽取一张图片，描述图卡上面的工具的作用、颜色和形状，但不能说出工具的名称；描述后，教师邀请幼儿猜猜图卡上是什么工具；幼儿猜测后，教师可出示图卡，引导幼儿共同验证。

2. 教师邀请 1—2 名幼儿上前尝试游戏，和全体幼儿巩固游戏玩法。

3. 教师邀请幼儿轮流上前担任“出题人”，其余幼儿共同猜测。猜对的幼儿也可以作为下一轮的“出题人”。

小贴士

- 这个游戏不仅可以巩固幼儿关于主题的经验，还可以锻炼幼儿的思维和语言表达能力。教师可以在一日生活各环节灵活开展此游戏。
- 等幼儿熟练掌握基础玩法后，教师可以提升玩法难度，比如“出题人”只能通过说“是”和“不是”来回答其余幼儿的问题，从而为猜题者提供线索；教师也可以引导幼儿分小组竞赛，比一比哪组能更快地正确说出答案。

活动 26　送外卖

活动形式：■集体
重点领域：■科学

活动目标

认知：知道外卖员工作与我们生活的关系，了解他们工作的辛苦。
情感：愿意在生活中尝试使用等分的方法解决问题。
能力：能对一定数量的物体进行等分，如二等分和四等分。

活动准备

“送外卖”PPT 课件，黑板或白板，一次性纸盘若干，意大利面图片。
开展活动前，幼儿最好有点过外卖的生活经验。
配套电子资源：“送外卖”PPT，意大利面图片。

活动过程

一、谈话导入

➤ 孩子们，你们点过外卖吗？我们通常在什么情况下会点外卖呢？

➤ 外卖是由谁送的呢？

教师播放 PPT 课件中用餐高峰期餐馆聚集着外卖员的图片，请幼儿仔细观察。

➤ 外卖员负责送外卖，将餐馆的餐点送到家家户户。在用餐高峰时期，点外卖的人很多，外卖员的工作非常紧张。

二、场景代入

1. 教师根据课件 PPT 介绍场景，引导幼儿进入问题环境。

➤ 今天，又到了用餐高峰时间。餐馆老板、厨师和外卖员非常忙碌。

2. 分意大利面（一定数量物体的等分）。

(1) 二等分。

场景问题：厨师做出了 8 份意大利面，正好是 2 位外卖员接到的订单，2 个订单点的意大利面份数相同，厨师要把这 8 份意大利面平均地分成 2 个订单，每个订单分别需要几份意大利面？

问题解决思路：把数量 8 进行二等分，就是分成一半和一半，那么就是 4 和 4（可以借助一次性餐盘和图片进行演示，让幼儿有直观的认识）。

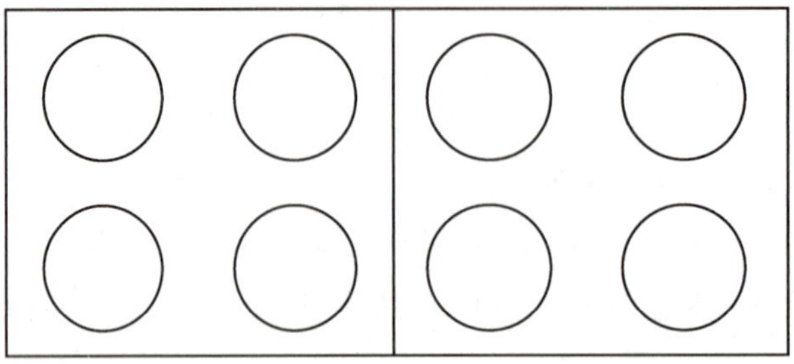

中间的这条线在说完“二等分”之后加上去

➤ 把数量或者物体分成平均的两份，叫作二等分。

（2）四等分。

场景问题：此时又来了 2 名外卖员，他们告诉餐馆老板，自己接到的订单订的也是意大利面，而且快要超时了，如果超时了就有可能要被给差评，请老板能否先给他们几份意大利面。为了公平起见，老板准备把这 8 份意大利面平均分给 4 名外卖员，那么每位外卖员拿到几份意大利面呢？

问题解决思路：把数量 8 进行四等分，就是把 8 分成相同的 4 份，那么就是 2 和 2 和 2 和 2。

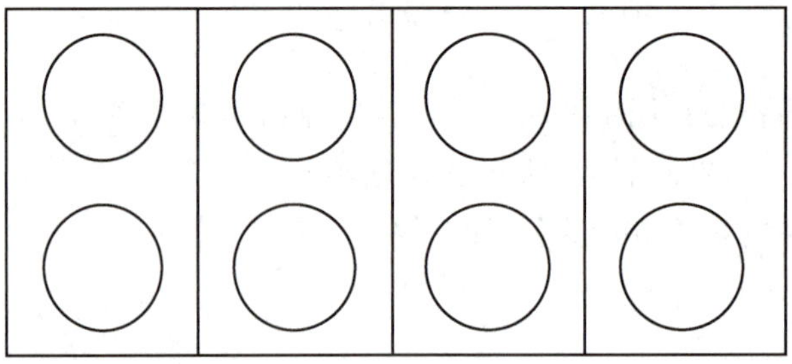

➤ 把数量或者物体分成平均的四份，叫作四等分。

（3）巩固练习。

请 2 名幼儿上前进行操作（一定数量的二等分、四等分），其他幼儿验证。

三、延伸活动

➤ 我们的生活中还有很多需要我们运用等分的本领来解决的问题，除了二等分、四等分，还有三等分也比较常见。

➤ 在我们的益智区里，还有很多的餐点需要我们等分给不同数量的外卖员，请你们在区角活动的时候，都去试一试。

小贴士

- 教师如果发现二等分、四等分对幼儿来说没有特别大的挑战的话，可以从两个角度提升活动难度：第一个角度是让幼儿思考，所有的数量都是可以等分的吗？第二个角度是引入几何图形的等分，圆形的匹萨既和活动场景相关联，又和幼儿生活经验有联系，还容易进行等分的可视化操作。
- 在我们的生活中，外卖员、快递员、送奶工，他们的工作都和时间、数量、门牌号这些数学元素相关，我们可以利用这些职业设计多样的数学领域活动。

活动27 快乐的小厨师

活动形式:■集体
重点领域:■艺术

活动目标

认知: 形成积极追求和维护有秩序的集体演奏活动的意识。
情感: 乐意模仿小厨师,从集体打击乐演奏活动中获得愉快的体验。
能力: 能跟着节奏通过打击乐表现音乐。

活动准备

教师提前通过网络搜索《快乐的小厨师》音乐和厨师图片,厨师帽,锅碗瓢盆勺等能发出声音的厨房用具(保证幼儿人手一件)。

活动过程

一、图片导入,回顾经验

教师出示厨师图片,并请幼儿表达自己对于厨师职业的理解。

➤ 孩子们,你们知道这是谁吗?他的本领是什么呢?

小结:厨师的本领可大了,他们会做各种各样的美食!烹饪美食的工作其实也没那么容易,烹饪前要做很多准备工作,洗菜、切菜、配菜,烹饪时要关注火候、不停地翻炒,还要根据不同的口味放调味料。

二、欣赏音乐,表达感受

1. 教师播放音乐,引导幼儿感受并表达(1—2遍)。

➤ 接下来我们一起来欣赏一首音乐,这段音乐的名字叫《快乐的小厨师》,请小朋友们听一听,你的感觉是什么?你听到小厨师在做什么?为什么要叫他“快乐的小厨师”?

2. 幼儿感受节奏,用拍手的方式进行表达(2—3遍)。

➤《快乐的小厨师》听起来忙碌又欢快,大家都感受到了音乐中明快的节奏带来的快乐,现在就让我们一起跟随音乐、有节奏地拍手伴奏吧!

3. 幼儿了解活动中特别的“乐器”,探索让它们发出好听的声音的方法。

➤ 刚才我们用我们的双手这一身体乐器为《快乐的小厨师》伴奏,其实呀,厨房里的很多东西也都能称为乐器呢!让我们来看看吧!

教师逐一展示锅、碗、瓢、盆、勺等厨房用具,和幼儿一起找到发出好听打击乐的方法。

➤ 这是什么?这是锅子和锅盖(筷子、勺子、盆……),它(们)怎么样可以发出声音呢?我们一起来试一试。

4. 幼儿跟随音乐,尝试集体演奏打击乐。

(1) 教师给每位幼儿分发一种厨房用具,请他们先自己练习发出打击乐的声音。

(2) 教师引导幼儿使用厨房用具作为乐器,为《快乐的小厨师》伴奏,提醒幼儿要发出整齐、好听的声音。

➤ 我们现在已经可以把厨房用具变成乐器,那么就让我们跟随《快乐的小厨师》,一起来一场集体打击乐音乐会吧!

教师和幼儿一起演奏,视情况可以重复演奏(1—2遍)。

三、独立表演，鼓励创意

教师再次播放音乐，幼儿单独表演，过程中教师鼓励幼儿创造性地使用这些特别的“乐器”，但是需要能够契合节奏，而不是胡乱制造噪音。

小贴士

- 在活动中，教师请幼儿关注自己和同伴所使用的厨房用具发出的声音，让大家知道相互配合并发出好听的、音量适中的乐声。
- 也可以将幼儿进行分组，同一小组的幼儿使用的是同种“乐器”。并可以在全体伴奏没有问题的前提下，进行分组的轮奏。
- 注意在活动尾声时提醒幼儿，在日常生活中，厨房用具和餐具是不能用来敲敲打打、发出声音的，在用餐时也不能敲打碗筷，要注意用餐礼仪，今天我们是在活动中把它们作为乐器使用。

活动28 我是小主厨

活动形式：■亲子
重点领域：■社会

关键经验

1. 积极参与烹饪活动，感受劳动带来的成就感。
2. 能够在家长的陪同下独立完成买菜、备菜及烹饪全过程。

活动准备

购物袋，儿童围裙，烹饪用具，塑料小刀，砧板，洗菜盆，调味料，餐具。

活动过程

1. 家长和幼儿共同讨论、确定“主厨菜单”：你想制作什么美食？需要用到什么食材？该如何制作？家长协助幼儿选择、确定操作难度较低的烹饪菜品，如蛋炒饭、香菇炒青菜等。

2. 家长与幼儿确定需要购买的食材，并共同去超市或菜市场进行采购。家长鼓励幼儿独立完成买菜的过程，如独立挑选食材、到收银台结账付款等。家长可在一旁观察和陪同，必要时给予一定的指导。

3. 幼儿独立完成洗菜、择菜、使用塑料小刀切菜的备菜过程，家长可在一旁观察。

4. 幼儿在家长的指导下完成美食的烹饪。家长可在一旁陪同，完成个别较有难度的步骤如开火、倒油等，其余步骤应尽量让幼儿独立完成，提醒幼儿注意活动安全。

5. 烹饪结束后，家长可协助幼儿将做好的美食装盘。家长与幼儿共同品尝美食，并说一说自己的感受。

小贴士

大班下学期，幼儿已经具备较强的劳动能力和动手操作能力，他们能独立参与到更多复杂的家庭劳动中。首先，家长应创造安全的操作环境，如提供长袖的儿童围裙、不锋利的塑料小刀、不导热的木铲子等,并全程陪同,保障幼儿的活动安全;另外,家长也要给予幼儿自主的空间,鼓励幼儿独立完成买菜、烹饪等过程,扮演"帮厨"角色,让幼儿在此过程中热爱劳动、体会劳动的快乐。

活动29 了不起的军人

活动形式:■集体
重点领域:■社会 ■语言

活动目标

认知:认识解放军,初步了解解放军的海、陆、空三类军种。
情感:热爱解放军,并学习解放军的勇敢精神。
能力:能够区分不同兵种的服饰与武器。

活动准备

录有三军表演的录像一段,可选择国庆阅兵视频;教师提前通过网络检索歌曲《学做解放军》;海陆空三军的大图片各一套、代表性武器图片若干;标有以下文字的卡片各一张:海军、陆军、空军、海上、陆地、空中、领海、领土、领空。

活动过程

一、谈话,说说对解放军的认识

教师与幼儿共同探讨:关于解放军,大家都知道些什么。

➤ 你们喜欢解放军叔叔吗? 你知道解放军叔叔是干什么的吗?
➤ 我们班有没有小朋友的爸爸妈妈是解放军呢? 或许你能给朋友们介绍一下?
➤ 解放军在保卫着我们的祖国,让我们过着幸福和平的生活。

二、看录像,感受三军英姿

教师请幼儿观看录像:海陆空护旗的镜头(可以从中央电视台新闻联播的片头中剪辑而来),引导幼儿体会军人的威严和飒爽英姿。

➤ 你看到了什么? 听到了什么?

三、认识海陆空三大军种

1. 认识海军。

教师出示海军图片。引导幼儿观察海军的着装和武器,并出示"海军"字卡,将其贴在图的旁边起标识作用。

➤ 你知道海军在什么地方作战,使用哪些武器?
➤ 海军在海上作战,保卫着我们的领海。

2. 幼儿以同样的方式认识空军和陆军。

3. 幼儿比较海陆空三军的服饰和武器并说一说它们的不同。

➤ 海陆空三军穿的衣服、使用的武器分别有什么不同?
➤ 蓝色代表天空,所以空军穿的衣服是蓝色的,他们开着飞机保卫天空,及时发现来犯的敌人。陆军穿着绿色的衣服,坦克是他们的武器。海军穿着白色的衣服,驾驶着航母在海面巡逻。

四、巩固认识三军和扩展经验

1. 教师提供三军的衣服、帽子、武器的小图片，让幼儿按兵种分类。
2. 教师可以播放国庆阅兵式录像，让幼儿了解其他兵种。

小贴士

- 开展该主题时，可以在班级角色区的道具中添加军人、警察的头盔、腰带、墨镜等，支持幼儿在游戏中积累经验，也便于教师在游戏中观察幼儿的经验水平，从而更好地实施集体教学活动。
- 国庆阅兵式的录像，在集体教学活动结束后可继续作为表演区的播放资源使用。

活动30 军事基地

活动形式：区角
活动区角：益智

关键经验

1. 能够专注地参与活动，喜欢有挑战性的游戏。
2. 借助游戏材料进行10以内的加减运算。

活动材料

围棋棋盘（教师利用彩色胶带在棋盘中央粘贴出一条中线，将棋盘分为两部分），黑、白色的围棋棋子若干，小盒子，点数数字为1—5的骰子两颗（每颗骰子数字为1、2、3、4、5、5），点数数字为1—6的骰子一颗，点数数字为5—10的骰子一颗。

游戏玩法

玩法一：占领基地

此玩法投放棋盘、黑白棋子、小盒子和点数数字为1—5的两颗骰子。

1. 幼儿两两一组，相对而坐，将棋盘放在两人中间，协商确定所用的棋子颜色。
2. 幼儿通过“剪刀、石头、布”的游戏，确定投掷骰子的顺序。
3. 幼儿轮流投掷骰子，每次同时投掷两颗骰子，并将骰子朝上一面的两个数字相加。
4. 幼儿根据相加后的点数，从小盒子中取出相应数字的棋子，并摆放在自己一侧的棋盘上。
5. 重复游戏，最先将自己一侧棋盘占满的幼儿获胜。

玩法二：军事撤退

此玩法投放棋盘、黑白棋子、小盒子、点数数字为1—6和5—10的骰子各一颗。

1. 幼儿两两一组，相对而坐，将棋盘放在两人中间，协商确定所用的棋子颜色，并将棋子摆满自己一侧的棋盘。

2. 幼儿通过“剪刀、石头、布”的游戏，确定投掷骰子的顺序。

3. 幼儿轮流投掷骰子，每次同时投掷两颗骰子，观察骰子朝上一面的两个数字，并用较大的数减去较小的数。

4. 幼儿根据相减后的点数，从棋盘上撤下相应数量的棋子。

5. 重复游戏，最先将自己一侧的所有棋子撤下的幼儿获胜。

观察要点

- 幼儿是否对数学游戏感兴趣，并愿意积极专注地参与。
- 幼儿能否理解并自觉遵守游戏规则和玩法。
- 幼儿能否借助游戏材料，准确地进行 10 以内的加减运算。

小贴士

除了投放围棋棋子和棋盘外，教师也可以根据实际情况选择适当的材料自制棋子和棋盘。教师也可以引导幼儿参与到游戏材料的制作中，如引导幼儿在美工区中利用两种不同颜色的轻黏土制作"小兵棋子"，或是利用环保材料制作"军旗棋子"，从而增加游戏的趣味性。

活动 31 驼鹿消防员的一天

活动形式：集体
重点领域：社会 语言

活动目标

认知：知道消防员的工作日常、工作职责、工作装备。
情感：萌发敬佩和喜爱消防员的情感。
能力：能够安静听故事，并主动观察画面获得信息。

活动准备

绘本故事《驼鹿消防员的一天》，大白板，马克笔，消防车的音频。

活动过程

一、听声音，引入故事主角

教师模仿消防车的声音，小朋友听一听。

- 小朋友们，你们听出来了吗？这是什么声音？
- 这是消防车发出的声音，接下来我们一起来看看消防员工作时的情景吧！

二、听故事，理解故事内容

1. 教师引导幼儿完整阅读故事《驼鹿消防员的一天》。

- 驼鹿的职业是什么？真正成为一名消防员之前需要学习哪些本领？
- 驼鹿加入了哪个小分队？他的工作职责是什么？他做了哪些救援、帮助小动物的事？

2. 教师引导幼儿分段阅读，深入理解故事内容。

(1) 驼鹿参加培训学习的部分。

- 各种消防设备的正确使用方法是什么？灭火器和水龙带该怎么用呢？
- 消防员要知道的各种消防常识有哪些？安全网怎么看起来和蹦床一样，可以玩吗？

（2）驼鹿加入红色警戒队后执行任务的部分。

➤ 红色警戒队什么时候上班？他们一共有几只靴子？

➤ 消防员的防护装备包括哪些东西？

➤ 消防员的工作，除了救火之外，还有什么呢？

（3）驼鹿结束工作回到休息娱乐室的部分。

➤ 为什么健康的身体对消防员来说非常重要？

（4）发生紧急情况的部分。

➤ 防毒面具有什么用？

➤ 这场火灾是怎么发生的？驼鹿想出了什么主意去营救顶楼的21只豚鼠？

（5）进入尾声。

➤ 消防员不仅仅可以救火，还可以帮助小动物做其他的事情。当大家遇到困难的时候，都会想着让消防员来帮助自己。

三、联系生活，萌发对身边帮助我们的人的感激之心

➤ 我们身边还有许多帮助我们的"了不起"的人，我们可以用哪些方式来表达感谢呢？

小贴士

- 教师使用记录板或黑板等，在进行分段阅读理解时，记录下消防员的培训内容、消防员的装备、消防员的工作职责等，帮助幼儿梳理信息。
- 教师可以选择舒缓的音乐作为讲故事时的背景音乐。
- 这本绘本是即使幼儿不认识汉字，也可以从画面中获得信息的绘本，因此建议教师可以利用投影或者通过扫描的方式放大画面、对重点的局部进行放大用于讲述。

活动32 小小建筑师

活动形式：■区角
活动区角：■建构

关键经验

1. 能够与同伴友好地协商搭建主题和分工安排，并合作完成建构游戏。
2. 在设计图纸、选择材料、搭建操作的过程中体验到建筑师的工作职责。

活动材料

积木、管道、插塑等建构游戏材料，纸盒、纸芯筒等废旧材料若干，白纸，彩笔，正方形的地垫底板，教师自制的"瓷砖"若干（即过塑好的各色正方形卡纸）。

教师提前在区角墙面张贴供幼儿欣赏和模仿搭建的房屋、桥梁、建筑物等图片以及不同的模式排列示意图。

游戏玩法

玩法一：造房子

该玩法投放建构材料、白纸和彩笔等材料。

1. 幼儿观察房屋、桥梁等图片,和同伴说一说每种建筑物的特点。

2. 幼儿自由分组,设计想要搭建的建筑物,并讨论协商好每一位“建筑师”的分工与建构任务。

3. 幼儿自由选择建构材料,分组合作完成建构游戏。

4. 游戏结束后,幼儿向同伴介绍自己小组搭建的建筑物。

玩法二:贴瓷砖

该玩法投放正方形底板和各色正方形卡纸等材料。

1. 幼儿观察模式排列示意图,并和同伴说一说图案是按照什么规律排列的。

2. 幼儿自主选择喜欢的排列规律以及“瓷砖”颜色,在正方形底板上有规律地“贴瓷砖”,即将卡纸不重叠、不留白地铺满底板。

3. 完成后,幼儿与同伴相互欣赏作品。

4. 幼儿也可以自由创造新的排列规律,并完成“贴瓷砖”活动。

观察要点

- 幼儿在搭建过程中展现出的数概念、空间方位概念、已有的建构技能等的发展水平。
- 幼儿在搭建过程中能否体现出较强的目的性和有意性,如有目的地持续搭建和合作搭建等。
- 幼儿能否与同伴友好合作,如尊重同伴的意见,与同伴沟通协商、共同解决问题等。

小贴士

- 教师可根据实际的场地空间大小,引导幼儿在地面或桌面上进行搭建。教师可以允许幼儿在主题活动开展期间保留未完成的作品,鼓励其通过多次合作搭建完成作品。作品完成后,教师可以引导幼儿保留建构作品,或是用拍照的方式协助幼儿记录,并将照片展示在区角中。
- 在投放材料时,建构材料不求种类多,但是教师要保证同一种类的材料数量要足够,例如可以通过预估3—4名幼儿连续使用该材料开展20分钟建构游戏的量来判断材料提供是否充足。

活动33 一寸虫

活动形式:■集体

重点领域:■语言 ■科学

活动目标

认知: 欣赏理解绘本故事内容,感受一寸虫的机智和勇敢。

情感: 萌发对测量活动的兴趣。

能力: 使用“一寸虫”进行自然物测量,进一步掌握首尾相连的测量方法。

活动准备

绘本《一寸虫》;教师将《一寸虫》绘本扫描后制作成PPT,方便演示和梳理讨论;教师自制“一寸虫”作为测量操作材料(见小贴士)。

活动过程

一、谈话引题，激发兴趣

➤ 每个学期，保健老师都会给大家测量身高，还记得自己的身高是多少吗？

➤ 有一位朋友也想把自己的身高介绍给大家。

二、介绍一寸虫，绘本推进

1. 教师通过 PPT，讲述绘本故事内容。

➤ 一寸虫住在草地上……

2. 教师通过提问，引导幼儿关注一寸到底有多长。

➤ 一寸虫有多长？（幼：1 厘米，和手指一样长……）

3. 故事推进，知更鸟和一寸虫的画面。

➤ 知更鸟看见一寸虫笑了，为什么？（想吃掉一寸虫……）

➤ 一寸虫会怎么做？（爬到树干上、逃走……）

三、初次测量，了解原有经验

➤ 一寸虫对知更鸟说："我会量东西。"知更鸟请一寸虫量尾巴，并说："如果你量不好，我就要吃掉你。"请小朋友帮帮一寸虫吧。

➤ 故事里只有一条一寸虫，怎么量呢？

1. 教师引导幼儿回顾首尾相连的测量方法。

➤ 在中班，我们已经了解过怎么用身边的物品，通过首尾相连的测量方法来测量。想一想，一寸虫会量东西的本领，是不是也是同样的道理呢？

2. 请幼儿俩俩合作，运用"一寸虫"当测量工具，依次摆放一寸虫，测量知更鸟尾巴的长度（注意：测量用的"一寸虫"长度相当于 PPT 呈现中知更鸟尾巴的五分之一）。

➤ 一寸虫爬一次作记号，爬一次作记号，然后数记号有几个就是几寸长。那么 PPT 里的知更鸟的尾巴，到底有多长呢？

➤ 从记号里你能数出来吗？

➤ 5 寸长。

3. 教师和幼儿一起通过 PPT 动画操作进行验证（在制作 PPT 时，教师可以通过动画演示一寸虫长度的分段叠加的动效）。

➤ 原来知更鸟的尾巴长度是 5 寸。

四、结合故事情节，开展二次测量

➤ 知更鸟放走了一寸虫，这件事情就在森林里传开了。

1. 教师点击 PPT，图片中出现了三幅图（三种鸟）。

➤ 又有三只鸟请一寸虫来测量，它们是谁？认识吗？（巨嘴鸟、苍鹭、蜂鸟）

➤ 它们量的地方一样吗？它们会请一寸虫量什么？（巨嘴鸟——嘴巴长度；苍鹭——腿的长度；蜂鸟——全身长度）

2. 图片上用红笔标注出所要测量的位置和长度，说明二次测量要求。

➤ 二次测量要求：用一条一寸虫，运用首尾相连的方法测量上述三种鸟的嘴巴、腿和全身的长度。

3. 分享并验证测量结果。

➤ 三种鸟量出来的结果是几寸呢？

教师有意识地观察幼儿的操作，请三位幼儿分别介绍：

第一个：直接说出测量某种鸟的结果。

第二个：看测量记号，让其他幼儿猜测结果。

第三个：说出测量结果，让幼儿猜是哪种鸟。

五、故事尾声，感受一寸虫的机智

1. 听一段优美的音乐旋律。

➤ 谁在唱歌？（是夜莺）

➤ 夜莺的歌声这么美妙，会请一寸虫来量什么呢？（眼睛、身体、嘴巴……）

2. 继续讲故事：夜莺要请一寸虫来量它的歌声。

➤ 请小朋友们来帮帮忙，帮一寸虫想想，夜莺的歌声该怎么量？（歌声能传多远，就量多远；量夜莺的喉咙；一边唱，一边量，量到声音没有为止）

3. 故事小结。

➤ （配合 PPT）一寸虫听着歌声，一寸又一寸，歌声听不见的时候，一寸虫就逃走了……

六、情感迁移，延伸活动

➤ 你喜欢故事中的谁？为什么？

➤ 如果送你一条一寸虫，你会让它帮你量什么？

➤ 现在把一寸虫送给你们，回去以后可以去量你们喜欢的东西。

➤ 除了一寸虫，我们还可以用尺子来测量，在我们班级的益智区里，就有尺子和一些需要尺子测量的东西，请孩子们在区角活动时都去试一试！

小贴士

- 制作一寸虫时，教师可用绿色粗毛线、扭扭棒、彩色吸管等材料模拟，将其剪成一段一段投入使用（不要过短），长度和测量材料中动物的身体部位呈比例关系。
- 对于大班幼儿而言，测量是从自然物的非精确测量过渡到测量工具的精确测量。我们一方面要让他们了解自然物首尾相连的测量方法，另一方面也要渗透测量工具的精确测量方法。

活动 34 小工程师画图纸

活动形式：■集体
重点领域：■艺术 ■科学

活动目标

认知：了解铅笔、尺、橡皮等工程师常用的绘图工具并尝试使用。

情感：喜欢使用绘图工具来画图纸，体验工程师的角色。

能力：学习较准确地比划直尺，提高小肌肉动作的协调性。

活动准备

3—4 种不同难度的房屋画面，绘图工具人手一份（包括文具盒、铅笔、直尺、橡皮、卷笔刀、垫板等），印有点子的绘图纸或是方格纸，小红旗贴纸若干。

家园共育包：房屋设计。

配套电子资源：房屋图片，绘图纸。

活动过程

一、文具盒里有什么

1. 幼儿观察文具盒里摆放的物品,说出他们的名称。
2. 幼儿尝试使用这些文具,重点了解橡皮和卷笔刀的使用方法。

二、模拟工程师画图纸

1. 教师请幼儿观察图纸上的房屋,了解工程师画图纸要画得工整。
➤ 看看这些图纸上的房屋,画得怎么样?和我们平时看到的画上的房屋有什么不同?
➤ 为什么工程师画的图示要这么工整、标准?
2. 确定“工程质量”标准:(尝试使用直尺)确定线条是否平直,观察图纸是否清晰。
➤ 工程师画出来的图纸,线条平直、画面清晰整洁,这才是符合标准的工程图纸。
3. 幼儿自主选择想要绘制的房屋画面,任选一张。
4. 幼儿对照图纸,用铅笔和直尺在印有点子的绘图纸或是方格纸上画直线,绘制房屋轮廓。
5. 教师请幼儿尝试添画门窗等细节,注意提醒幼儿门窗的每根线条都能封口且没有多余。

三、谁的图纸画得好

1. 幼儿展开作品,相互检查是否符合质量标准,并且评一评,谁的图纸画得好,为什么?
➤ 画图纸要符合标准,一是线要直,二是画面要清晰。
2. 教师根据幼儿的意见,为符合标准的优秀房屋贴上小红旗。
3. 大家为还不符合标准的房屋提出改进建议,请工程师在活动结束后利用其他时间进行优化。

小贴士

- 本活动中,不同难度的房屋画面设计是为了让幼儿有一个参照物,由于绘制工程图对幼儿来说是一种新的尝试,因此参照物可以给幼儿以提示。但如果幼儿有自己的创意,则教师不用强制要求幼儿一定要严格按照房屋画面绘制,只要幼儿绘制的工程图线条直、画面清晰,画什么样的房屋都应该是被允许的。
- 方格纸现在比较普遍,多用于手账中。建议为幼儿提供的方格纸最好同比例放大,不小于A4大小,以保证幼儿可以操作。

活动35 我会测量

活动形式:■区角
活动区角:■益智

关键经验

1. 学会用直尺测量长度。
2. 理解测量同一长度时,单位长度的长短和所需单位数量之间的相反关系。

活动材料

不同长度的直尺(3把),做好标记的中国地图模板,测量任务记录卡,空白记录纸,马克笔,教师在墙面张贴尺子的使用方法图示。

教师提前在中国地图模板上将幼儿所在的地区标为 A，定位为起点，选择距离不同的三个地方作为 B、C、D 三个终点，并将 AB、AC、AD 都连成线，方便幼儿使用直尺进行测量。

幼儿初步掌握尺子的使用方法。

配套电子资源：测量记录表。

游戏玩法

玩法一：

1. 幼儿观察中国地图模板，找到 A、B、C、D 四个点。
2. 幼儿按照提示自主选择一把直尺(见附图)，用重复摆放同一测量单位的方式，分别测量 AB、AC、AD 的距离。
3. 完成测量后，将结果记录在测量记录表中。
4. 幼儿用同样的方式利用另外两把直尺完成测量任务。

玩法二：

1. 幼儿观察尺子的使用方法图示，回忆尺子的使用方法。
2. 幼儿自由挑选教室中的某件物品如彩笔、积木、绘本等，并利用尺子进行测量。
3. 测量结束后，幼儿可与同伴说一说测量结果。

观察要点

- 幼儿是否有兴趣使用尺子测量不同的事物。
- 幼儿是否掌握了重复使用同一单位进行长度测量的方法。
- 幼儿能否正确运用尺子测量生活中物体的长度。

小贴士

- 教师在首次活动前，要结合投放的材料向幼儿做简单的介绍和说明，让幼儿基本了解该如何进行操作。
- 在投放材料时，除了使用中国地图外，教师也可以使用幼儿园周边 5 公里范围之内的导航地图，将活动材料和幼儿的生活经验紧密关联。

附 表格

测量记录表

姓名：	日期：		
	问题：我测量时用了几次直尺进行首尾相连？		
	直尺 1(图示)	直尺 2(图示)	直尺 3(图示)
A 到 B 的距离			
A 到 C 的距离			
A 到 D 的距离			

附图

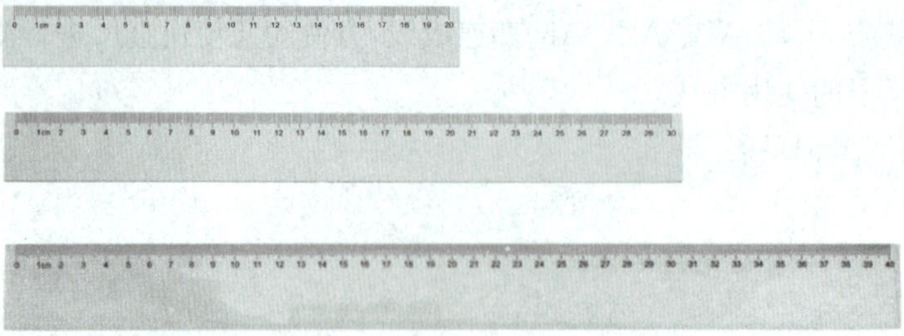

活动36 谁是帮助过我的人

活动形式：■日常
重点领域：■社会

关键经验

1. 通过调查统计活动，巩固对身边帮助过我的人的认知。
2. 懂得对帮助过自己的人要心存感激。

活动准备

正方形手工纸若干，彩笔若干，固体胶。

教师提前在主题墙或柜子背面等垂直空间张贴白纸底板作为调查表，并在底板上简单划分出3—4个区域（可参考“帮助过我的人”调查板）。

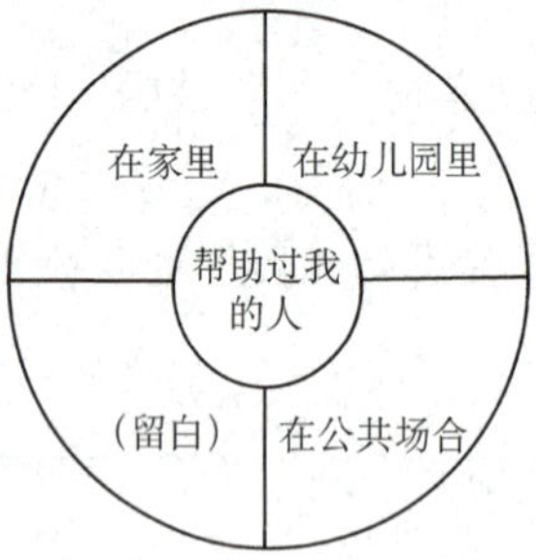

帮助过我的人	
在家里	在幼儿园里
（留白）	在公共场合

“帮助过我的人”调查板

活动过程

1. 教师在晨间活动、餐前整理、过渡环节、离园活动等一日生活各环节中，引导幼儿围绕“身边帮助过我的人”话题进行讨论。引导语可参考：

- 小朋友们，最近我们了解到，在我们身边有各种各样不同职业的人，他们在为我们的生活提供帮助、做出贡献，你还记得有哪些职业吗？
- 在家里/在幼儿园里/在公共场合/在外出时/在旅行时，你遇到过困难吗？是什么困难？当你遇到困难的时候，你会请谁来帮助你？
- 你有没有帮助过别人呢？你帮助他们做了什么事？

2. 教师为幼儿分发手工纸和彩笔，引导幼儿将自己的经历写画在方形手工纸上。

3. 教师展示并介绍统计调查表,引导幼儿将自己的方形手工纸粘贴在相应的空格中。完成后,教师可引导幼儿数一数在不同场景中帮助过自己的人,说一说自己想对他们说什么。

4. 教师可引导幼儿结合自己的实际情况,随时往调查表中增加新的内容。

小贴士

该活动可以和主题墙的创设相结合,让幼儿参与到环境创设中来,让环境体现幼儿的思维和学习。教师可以根据实际情况,选择合适的调查表形式来汇总幼儿的表征。

活动37 听我说,谢谢你

活动形式:■集体
重点领域:■艺术

活动目标

认知:学习随着音乐旋律做简单的手势舞动作。
情感:乐意参加音乐活动,加深对身边的社会工作者的尊重和感谢。
能力:能够理解词义、理解手势动作含义。

活动准备

教师提前通过网络检索歌曲《听我说,谢谢你》音频、手势舞视频供幼儿参考。

活动过程

一、话题打开,引入歌曲

➤ 最近我们认识了很多不同的职业,知道了身边的人的工作和我们的生活息息相关,正是因为有了各种各样不同职业的工作者,我们的生活才有了保障和支持。我们发现不同的社会工作者都值得我们尊重和感谢。

➤ 今天我们就来学习一首可以表达感谢的歌曲:《听我说,谢谢你》。

二、欣赏歌曲,理解词义

1. 教师播放歌曲,幼儿专注倾听、理解歌曲。

➤ 你在歌中都听到了什么?歌词在唱些什么呢?(幼儿自由回答)

2. 教师再次播放歌曲,帮助幼儿充分理解词义(鼓励幼儿跟唱)。这一次播放教师可以将歌词投影出来,展示给幼儿看,目的不在于让幼儿"认读"或者"记忆"歌词,而在于向幼儿解释他们有疑问的地方。

三、配合手势,表现歌曲

➤ 这首歌曲的表演方式有点特别,是通过手势舞来进行的。

➤ 什么是"手势舞"?"手势"是什么意思?

➤ 手势舞就是通过手部的动作来表达歌词的意思,同时优美的手部动作也是一种表演。

1. 教师播放手势舞视频,幼儿欣赏,教师提示幼儿观察手势动作所代表的歌词的意思。

➤ 请你们眼睛看手势动作,耳朵听歌词,想一想视频里是用什么动作来表达不同的歌词的。

2. 教师带领幼儿合着音乐做手势动作,表演歌曲。

➤ 我们试着跟着视频，一起用手势舞来表演吧！

教师讲解重点、难点动作，帮助幼儿理解歌词和动作。

3. 幼儿自己试着一边看着视频，一边表演。

➤ 这首歌表达了对他人的感恩和感谢，这也是一种爱的表达。这首歌的名字叫《听我说，谢谢你》。我们可以为我们想感谢的人表演这首歌曲。

4. 幼儿完整表演一遍，教师可以把幼儿表演的视频录制下来，并通过班级群分享给家长和幼儿园里每天为幼儿服务的人。

小贴士

- 当幼儿进行模仿、练习、表演手势舞时，建议教师让幼儿站起来，注意提醒幼儿之间保持合适的间距，保证有足够的空间施展动作。
- 在一次集体教学活动中是无法完成本次音乐活动所有目标的，因此我们需要在其他时间或是区角活动中进行延伸活动，比如在餐前、餐后的时间播放视频，在表演区的视频素材中投放该歌曲手势舞视频，让幼儿有自主练习的时间。

活动38 服装设计师

活动形式：■区角
活动区角：■美工

关键经验

1. 能用目测的方法单独或折叠剪出各种窗花、拉花以及自己喜欢或想象的形象，尝试自己画样稿剪纸，并进行创造性装饰。

2. 能用不同的美工方式和美工材料设计、制作、装饰服装。

活动材料

不同尺寸、颜色、花纹的方形纸和长条纸，剪纸花样示例(包括如何折叠、花样图示、剪刀口在哪里等)，折纸服装步骤示例，不织布，安全针线，安全剪刀，双面胶，马克笔，水彩笔，蜡笔，服装样板，其他装饰材料 2—3 种。

游戏玩法

玩法一：剪纸花样

1. 幼儿观察剪纸花样示例。

2. 幼儿根据示例图，尝试剪出窗花、拉花等作品作为服装装饰物。

3. 幼儿大胆想象，在纸张上画出剪纸样稿，并完成剪纸和创造性装饰。

玩法二：折纸服装

1. 幼儿观察折纸提示图，并和同伴说一说折纸方法。

2. 幼儿自主选择折纸提示图，按步骤完成折纸。幼儿也可以应用已有的折纸技能，发挥创意，折出自己想要的衣服。

3. 折纸完成后，幼儿使用画笔或拉花剪纸等其他材料对折纸作品加以装饰。

玩法三：布料服装

1. 幼儿观察并选择喜欢的服装样板。
2. 幼儿在不织布上画出服装轮廓，剪下来后用双面胶粘贴或用安全的不织布针线缝合，制作出服装。
3. 幼儿也可以发挥创意和想象，自己设计服装样板、用不织布做出自己设计的服装。

观察要点

- 幼儿能否看懂剪纸花样和折纸示例，按照步骤图正确地剪纸和折纸。
- 幼儿能否发挥创意，创造性地设计剪纸花样、折纸服装款式或布料服装样板。
- 幼儿能否利用自己的剪纸、折纸和已有的各类材料，对服装进行装饰。

小贴士

- 教师可以根据幼儿的实际能力水平，分阶段投放不同的材料，如活动初期可先投放折纸和剪纸材料，随着幼儿的经验提升再增加投放制作布料服装的材料。教师也可以准备不同难度的剪纸花样示例、折纸示例、布料服装样板，并做上记号，引导幼儿从易到难选择操作示例。
- 活动结束后，教师可以鼓励幼儿将设计、制作、装饰好的服装运用到表演区、角色区等其他区角活动中。

附 步骤图

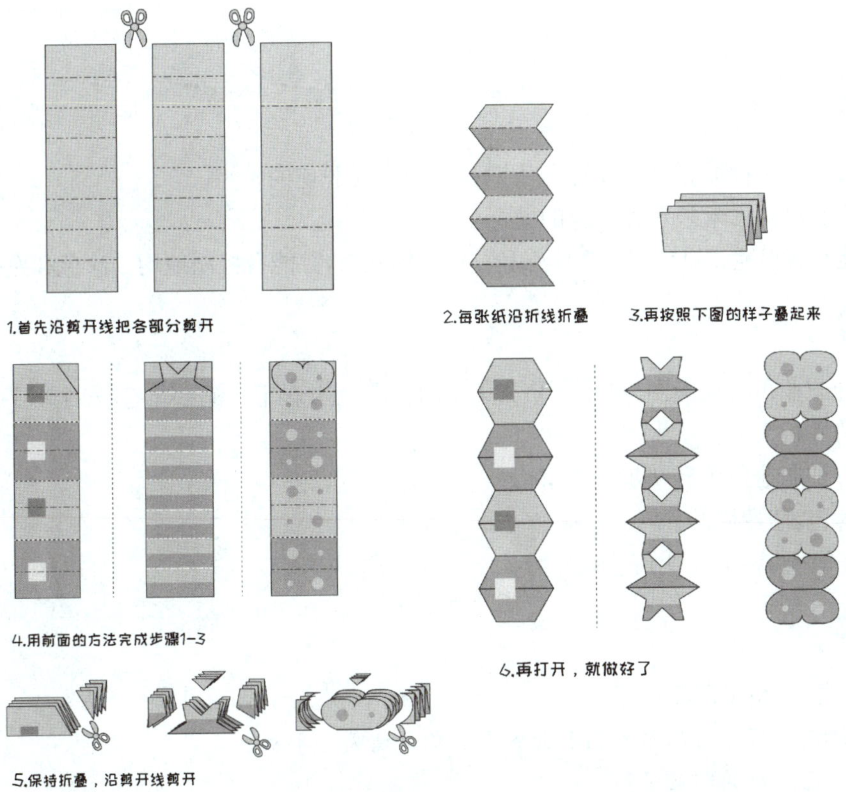
1.首先沿剪开线把各部分剪开
2.每张纸沿折线折叠
3.再按照下图的样子叠起来
4.用前面的方法完成步骤1-3
6.再打开，就做好了
5.保持折叠，沿剪开线剪开

拉花制作步骤

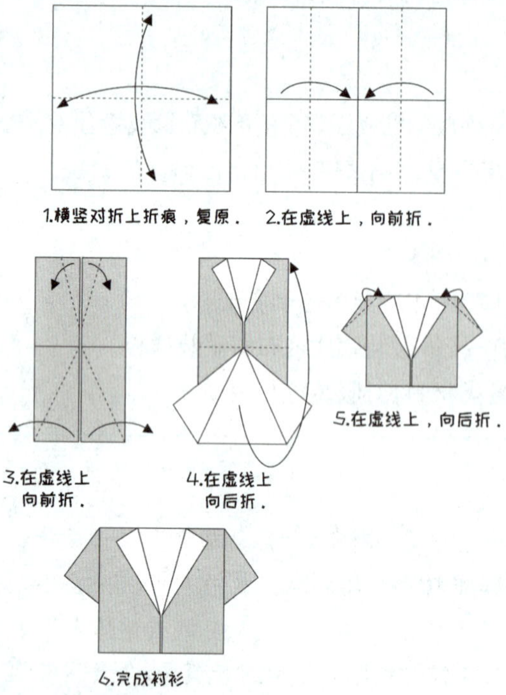
1.横竖对折上折痕，复原.
2.在虚线上，向前折.
3.在虚线上
向前折.
4.在虚线上
向后折.
5.在虚线上，向后折.
6.完成衬衫
衬衫的折叠步骤

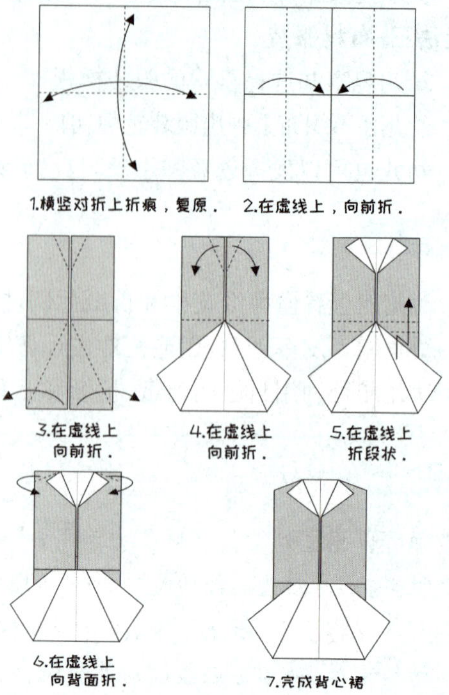
1.横竖对折上折痕，复原.
2.在虚线上，向前折.
3.在虚线上
向前折.
4.在虚线上
向前折.
5.在虚线上
折段状.
6.在虚线上
向背面折.
7.完成背心裙
背心裙折叠步骤

活动39 我要成为……

活动形式：■集体
重点领域：■艺术

活动目标

认知：通过服饰特征、颜色、配饰等认识和表现不同职业的特点。
情感：萌发对自己未来理想职业的憧憬。
能力：能有意识地注意色彩的整体感和与内容的联系，并能有控制地均匀涂色和熟练使用剪刀。

活动准备

打印各种职业角色模板图（见电子资源），白纸，黑色水彩笔，彩色蜡笔，安全剪刀，用于幼儿作品集体展示的底板大纸。

幼儿对各种职业角色有初步的了解。

家园共育包：职业服装。

配套电子资源：各类职业角色模板图。

活动过程

一、提问导入，引发思考

➤ 我们的周围有各种从事不同职业的人。你知道哪些职业？
➤ 你有自己喜欢的职业吗？
➤ 你长大后想从事什么工作？为什么？如果想要从事这个职业，需要哪些本领？

幼儿自由回答。

二、选择职业，进行创作

➤ 从大家的讨论中，我发现，有些小朋友的职业理想是相同的，而有的小朋友的职业理想有点特别。到底我们班小朋友的职业理想是怎么样的呢？我们今天就通过绘画活动来告诉大家。

1. 教师演示，说明要求。

(1) 出示各类职业角色模板图。

➤ 老师这里有很多不同的职业角色模板，他们身上的衣服透露了他们的职业。你能从他们的穿着上看出这是什么职业吗？这些职业角色的服装还缺少了色彩，你可以选择你的理想职业进行涂色。

(2) 出示白纸。

➤ 如果已有的职业角色模板里没有你想成为的理想职业，那么你可以拿一张白纸，先画下这个职业的形象后再进行涂色。

(3) 边操作演示边说明要求。

➤ 颜色选择要符合职业特点(如：消防员的衣服以红色为主，护士服是粉色，等等)。

➤ 均匀涂色，把颜色涂在黑色的线内。

➤ 涂色完成后，写上自己的名字。

➤ 沿着职业形象和自己的名字部分的边缘，将自己的作品剪下来。

2. 幼儿自由创作。

幼儿选择自己最想从事的职业角色模板图，分组进行涂色活动，教师巡回指导。

创作完成后，教师请幼儿将自己的作品贴到提前准备好的底板大纸上。教师鼓励幼儿向同伴介绍自己的作品。

三、分享与总结

➤ 我们现在离成长为大人并从事一个职业还有很长的时间，这些时间就是让我们来学习成长、具备所需要的本领。未来的工程师/消防员/大厨们……(根据幼儿的作品来组织语言)，期待你们梦想成真！

小贴士

- 该活动建议放在主题临近尾声时，这样幼儿已经具备了认识身边的各种社会工作人员、各种职业的经验，就可以自然而然地联想到自己的未来理想职业。
- 在准备无填充色的职业角色模板图时，教师要尽量基于在主题活动开展过程中对幼儿的观察，准备足够多的不同职业角色图。教师要允许和鼓励幼儿表达自己的想法，如果幼儿自己想从事的理想职业是模板图里面没有的也是可以的。活动结束后，教师可将剩余下来的模板图投放到美工区供幼儿操作。

活动40 各种各样的人

活动形式：■区角
活动区角：■角色

关键经验

1. 扮演各种不同的职业角色。

2. 体验各种不同职业的装扮、工作，表现不同职业所对应的行为和语言。

活动材料

各类工作制服、各种帽子、工具包等能引发职业装扮的道具。

幼儿对周围社会工作人员（如医生、警察、快递员、外卖员）有所了解，知道一些常见职业或和生活关联紧密的职业的大致工作职责和内容。

教师提前向幼儿介绍角色区中添加、变换的道具和材料。

游戏玩法

1. 幼儿自由观察和探索装扮道具和材料，和同伴交流讨论这些服饰代表着什么职业，这个职业的主要工作内容是什么以及他们是怎么做的。教师可根据实际情况适时参与，帮助幼儿了解各种职业角色。

2. 幼儿自由选择自己喜欢的角色，并利用服饰道具进行装扮。

3. 幼儿扮演不同角色，自主进行游戏。如医生要负责为病人看病，厨师要负责做饭，外卖员负责送餐，等等。

4. 游戏结束后，幼儿将材料整理归位。

5. 幼儿与同伴分享游戏内容和感受，说一说在游戏中发生了什么事、遇到了什么问题或困难。教师可引导幼儿完整表达游戏经过和游戏情节，并针对遇到的问题或困难向全体幼儿收集解决方案信息、提供支持。

观察要点

- 幼儿是否对职业装扮游戏感兴趣。
- 幼儿能否根据所装扮的职业角色开展相应的活动，表现出与所装扮职业相符合的语言与行为。
- 幼儿之间能否以装扮的角色进行交往，丰富游戏情节，并和其他区角产生互动。

小贴士

教师所提供的装扮道具肯定无法完全覆盖幼儿的经验，因此要鼓励并允许幼儿直接使用其他材料替代或利用材料制作角色扮演所需的道具，比如：把收纳用的篮子挡在脸的前面当作“盾牌”、在建构区用插塑材料做一个消防员的灭火器、在美工区画一个保安的执勤标志等。

主题分享与展示

在“谢谢每一个你”主题活动中，幼儿以实际行动表达对家人的爱与感恩，体验不同的职业角色……这些有爱的精彩瞬间，都值得与幼儿的照料者、养育者一同分享。因此，本月的主题月结家长展示中，我们给老师提供如下建议：

“感恩小君子”活动

教师整理展示幼儿的“感恩计划”和美工作品等，同时教师和家长配合提供幼儿在感恩活动中的照片，如拥抱家人、组织家庭周末活动、街头采访劳动者等。教师则丰富幼儿在幼儿园、班级的一些过程记录，如采访幼儿园里的早到大王、和同伴之间有爱的互动等。在月末活动结束的时候，做“感恩小君子”的奖励。

好性格成长记录

家长提供幼儿在家中帮忙做家务、孝敬长辈、为妈妈送上母亲花等场景照片，也可以提供幼儿与家长一同到超市采购、外出采访劳动者、与不同行业的劳动者交流沟通等的照片，教师与平时园内记录结合，汇总成幼儿的好性格成长记录。

月结分享会

教师向家长通过照片、视频、PPT 等形式，展示这个主题中幼儿获得的相关经验，分享平时在集体教学、区角活动、户外活动、生活活动等活动中记录的过程性照片和描述，如幼儿用肢体动作表演《孔子采灵芝》的故事片段、专注地参与刺绣活动、职业角色扮演、设计建筑图纸、完成等分操作任务等，帮助家长了解幼儿在本主题中的收获，并能够配合教师，在家中继续巩固和扩展这些经验。

我和爸爸妈妈懂感恩

教师收集并展示幼儿在主题活动中的折纸萱草、刺绣手帕、感恩计划表、感恩行为照片等资料，同时教师可在墙面展示不同职业的图片；幼儿带领家长参观，大胆表达对家人和不同劳动者的感恩之情，同时幼儿可结合职业图片说一说自己最喜欢什么职业，以后想要从事什么职业等。

主题活动五：再见，幼儿园

主题介绍

毕业，是幼儿生命中第一个学习阶段的结束，离开或许是“瞬间的”和带着“淡淡伤感的”，但它更应该被视为一个珍贵的过程，是美好的，充满仪式感的。教师需要帮助幼儿勇敢而感恩地面对和相处了三年的好朋友们的分别，引导他们适应小学这个崭新的人生阶段。

在主题“再见，幼儿园”的活动中，幼儿能够通过与小学相关的各个活动认识小学环境、了解小学生活以及做好成为小学生的心理和习惯方面的准备。另外，我们希望幼儿能够通过一系列毕业典礼的活动、与同伴沟通合作，共同完成挑战，将彼此的友谊继续升华，并且在这个过程中对自己的能力、自己的同伴有一个新的认识。在这个过程中，幼儿通过与教师、同伴、甚至是家人的互动，和待了三年的幼儿园一草一木、一人一物，做一个郑重而美好的告别，了解到一个阶段的结束，是另一种新生活的开始。

这个主题旨在让幼儿顺利完成幼小衔接，建立良好的自我认知、积极自我评价以及经历一个有意义的告别月。

本月教育重点

1. 了解小学生活，对小学生活有好奇和向往，能较快融入新的环境或适应新的规则。
2. 在阅读图书和生活情境中对文字符号感兴趣，知道文字表示一定的意义，会正确地写自己的名字。
3. 活动时能与同伴分工合作，遇到困难能一起克服。
4. 能主动发起活动或在活动中出主意、想办法。
5. 能主动承担任务，并认真负责地完成自己所接受的任务。

本月常规活动重点

1. 经常保持愉快的情绪，知道引起自己某种消极情绪的原因，并努力化解。
2. 能按类别整理好自己的物品。
3. 在集体中能注意听老师或其他人讲话，听不懂或有疑问时能主动提问。

给家长的一封信

亲爱的家长：

时光荏苒，您的孩子三年来像花儿一样悄然成长。在毕业进入小学之后面临着需要适应新环境、新规则、新生活的压力。我们设计了“再见，幼儿园”的系列主题活动，帮助孩子顺利地从幼儿园过渡到小学，走向人生新阶段。

本主题包含的子主题：

向往的小学生活、“再见，好朋友”、我毕业了。

在这个主题中，孩子们将：

- 通过参观小学、整理书包和文具活动等了解小学生活。
- 用“任务记录册”记录每日常规任务或特殊任务并完成。
- 通过写、画、说、做、玩等多种途径表达对同伴的不舍，建立深厚友谊。
- 在教师的协助下策划毕业典礼并邀请家长参与。
- 通过体验活动了解小学，产生对小学学习生活的向往和热爱。

家长可以这样做：

- 培养小学生应有的习惯，如：独立整理书包、吃饭、如厕、早睡早起等。
- 用“老师温柔、可以学更多本领”等积极的方式描绘小学。
- 带着孩子一起购买小学生用品，如：书包、文具等。
- 支持幼儿用微信、电话、晚间散步等各种形式与幼儿园同伴联系。
- 务必出席幼儿的毕业典礼，给予积极反馈。

我们相信，这个主题的活动能帮助幼儿为幼小衔接打下坚实的基础。

与您一起和孩子做好幼小衔接的老师

主题环境创设建议

一、创设与准备

1. 教师在这个月的主题墙面和环境材料的准备中，围绕“小学生活”和“毕业”两个要素进行布置。

2. 在班级中的生活区投放小学生常用的各类用品，如小书包、书本、铅笔盒和各种文具，并在墙面张贴附近小学建筑的照片、小学生上课的场景等，帮助幼儿提前熟悉小学生活。这一部分，也可以在幼儿参观完小学，利用幼儿自己拍摄的照片或者绘制的小学生活作品进行布置。

3. 在墙面建立与时间相关的栏目，如“课间 10 分钟”，记录幼儿在 10 分钟里能够做的事，将幼儿的感受体会用录音贴纸记录下来，或者引导幼儿画一画 10 分钟里大家最喜欢做的事。

4. 在角色区中，增加“向往的小学”游戏主题场景，提供小学教室中的桌椅板凳和黑板，供幼儿模仿游戏。

5. 在教室中，创设“我的好朋友”的主题环境，制作“我想对你说”背景板，准备录音贴纸和心形卡纸等，并为主题中幼儿制作的各种朋友相关的作品留出展示空间。

6. 围绕即将毕业的这个线索，教师可以将班级走廊或者较长的空间墙面制作一个足迹墙，将班级幼儿从小班到大班的成长历程，一些大家共同经历的美好时刻，用时间线的方式展示出来。

二、生成与展示

1. 在建构区的墙面上留出空白，展示幼儿“我心目中的小学”建构设计图纸与作品照片。

2. 将幼儿围绕我的好朋友创作的泥塑作品、疯狂好朋友画像、幼儿绘制的对于朋友这个概念的理解和自主设计的名片等,展示在专门的区域。

3. 在教室或活动室中,教师可将幼儿在毕业典礼一系列活动中的作品或将会用到的工具、道具整齐陈列,方便幼儿在排练时拿取,也可以引导幼儿相互分享经验相互促进。

4. 教师在教室的醒目处,或教室外的家园联系栏张贴幼儿制作的"毕业海报",起到宣传作用的同时,给予幼儿即将展开毕业典礼的仪式感与紧迫感。

对于即将毕业的孩子,教师可以创设如毕业典礼一般的"告别"环境,也可以创设如向往的小学一样的"开始"环境。不论是哪种环境,都应鼓励幼儿大胆表达,养成好习惯,勇敢自信地迎接新的学习阶段的到来。

三、区角活动规划

区角活动规划	
阅读区	1. 张秀丽/著,孟铭/绘:《倾斜的鸟窝》,青岛出版社 2. 伯纳德·韦伯/著、绘:《艾拉和朋友说再见》,余治莹/译,北京联合出版有限公司 3. 莳田晋至/作,长谷川知子/绘:《在教室说错了没关系》,吴佳芬/译,青岛出版社 4. 大卫·香农/文、图:《大卫上学去》,余治莹/译,河北教育出版社 5. 劳丽·弗里德曼/文,特丽莎·穆芬/图:《上学第一天》,王林/译,化学工业出版社 6. 活动 27"送给朋友的礼物":投放点读笔、录音贴纸、"我想对你说"背景板、心形卡纸、胶棒等
美工区	1. 活动 13"闪电刮画":活动资源"闪电刮画",闪电照片,双面胶,安全剪刀,油性笔。教师在美工区提前投放和展示闪电照片,供幼儿观察 2. 活动 19"棉线画":投放棉线,卷笔刀,彩色铅笔,水彩笔,剪刀,白纸 3. 活动 25"我的好朋友":投放陶艺泥若干,垫板,泥工刀,小木棍等材料 4. 活动 36"毕业邀请函":投放彩色卡纸,水彩笔、油画棒、蜡笔、勾线笔等各种笔,幼儿喜欢的贴纸若干,剪刀,胶棒,照片(毕业照、集体照)等
角色区	教师为幼儿营造"向往的小学"的场景,投放各种小学相关物品,如:课桌椅、黑板、书包、饭盒、餐垫、课本等
生活区	1. 活动 8"我的小书包":投放书包 2—3 个;一份这一周班级里的活动安排表(模拟小学课表的形式)并过塑;每天活动需要准备的相关用品:文具盒、小绘本、小本子、文件袋、小手帕、纸巾、一份玩具等 2. 活动 9"我的文具盒":投放笔袋或铅笔盒,铅笔、橡皮、直尺、圆珠笔、钢笔、圆规、三角尺等能被放入铅笔盒中的文具若干,便贴纸,玩具小汽车,小玩偶,长尾夹,小本子,纸,卷笔刀,荧光笔,抽杆夹,等等
建构区	活动 1"我心目中的小学":投放各种积木,不同颜色的卡纸若干,剪刀,水彩笔,A4 大小白纸若干
益智区	活动 35"挑战鲁班球":投放鲁班树、彩色鲁班球、原木色鲁班球若干,一分钟沙漏,计时器,彩笔,记录表(教师事先在记录表上贴出全班幼儿的大头照)

主题活动方案

活动 1 我心目中的小学

活动形式：■区角
活动区角：■建构

关键经验

用各种不同形状的积木建构出心目中小学的样子，表达自己对小学各个校舍、房间的认识。

活动材料

各种积木，不同颜色的卡纸若干，剪刀，水彩笔，A4 大小白纸若干。

游戏玩法

1. 幼儿根据自己的经验或想象的场景对“心目中的小学”进行规划，并在纸上用各种符号或图示进行设计和记录。例如，想用什么形状的积木做哪一个部分，大门什么样，教室在哪里，等等。

2. 幼儿根据自己的记录纸，选择相应的积木进行建构。

3. 当“心目中的小学”中某些场景无法用积木建构时，幼儿可以考虑用其他材料进行替代，如：用卡纸和水彩笔绘制教室的窗户、体育馆的门牌等。

4. 幼儿自主设计与搭建好之后，教师安排分享交流环节，鼓励幼儿与同伴分享自己的作品，说说自己心目中的小学有哪些教室、校舍或者各类设施，以及这些经验是从哪里获得的，等等。

观察要点

- 幼儿是否对小学生活、小学校舍以及其中的各个设施有基本的认知经验。
- 幼儿是否能够大胆想象，描绘出常见小学中没有的设施，如：科学实验馆、游泳池、蹦床馆等，并用积木建构的方式将“心目中的小学”建构出来。
- 幼儿能否根据自己绘制的图纸进行建构、比较和修改。
- 幼儿能否在作品完成后讲自己的作品进行介绍和分享。

小贴士

此活动在参观小学前后都可以开展，可以多次进行。如果是在参观小学前，教师的观察重点可以落在幼儿对未知小学生活、校舍的想象与创造上，对幼儿的支持性提问可以是“为什么你觉得小学里有游泳馆?”“小学里有科学实验室的好处是什么?”等。如果是在参观小学后，教师的观察重点则可调整为幼儿已有经验的建构，了解幼儿是否能将看到的画出来，也建构出来，将平面图纸变为立体作品，或将心中的抽象画面进行具象地表达。

活动 2 参观小学

活动形式:■集体
重点领域:■社会

活动目标

认知: 了解小学的教室、校舍与活动室等各个学习环境。
情感: 通过了解小学环境,萌发渴望成为小学生的情感。
能力: 能够初步规划路线,设计进入小学的参观方案。

活动准备

教师提前与幼儿园附近对口小学预约参观时间与开放活动,人手一张小学地图(含"参观小学"活动各开放楼层、教室、活动室、操场等)。

活动过程

一、引发好奇(第一天)

➤ 孩子们,我们明天要去参观小学,你们觉得小学里有什么?
➤ 小学里,有什么活动或者地方是你特别想看见的?
➤ 参观小学的时候,需要遵守哪些规则?
➤ 遇到小学里的"陌生人",你会怎么做?

教师抛出问题,引发幼儿思考与讨论。让幼儿对"参观小学"活动有一个简单的思考与期待,并且根据自己的经验,制定"外出"规则。

小结:小学里有教室、操场、活动室等各个不同的空间,它们有各自不同的作用。例如,教室就是小学生们上课的地方。在参观小学的时候,我们要做文明礼貌的孩子,上课的时候,不打扰小学生哥哥姐姐正常的学习活动,但是在休息时间遇到了老师或者小学生哥哥姐姐,都可以大方、礼貌地和他们打招呼。

二、规划活动(第一天)

教师发放给幼儿人手一张即将参观的小学地图,引导幼儿识别图中的各个地点,并且了解其对应的活动,如:在小学教室里,可以看见小学生上课;在操场上,可以看见小学生的体育课;在操场边的旗杆处,可以看见升旗仪式。另外,教师介绍参观小学活动中的可选项和必选项,引导幼儿根据自己的意愿,规划参观路线。

➤ 小学地图上,有什么?
➤ 在小学教室里,可以看见什么活动?
➤ 在走廊边的厕所里,有什么需要我们探索的吗?
➤ 在老师介绍的活动中,有哪些是一定要选择的?
➤ 有哪些是可选可不选的?
➤ 如果请你规划明天的参观路线,你会怎么走?怎么在地图上表示呢?

小结:明天参观小学的活动,早晨的升旗仪式是一定要看的,所以大家需要在早上8:00的时候在操场上的旗杆边集合。看完升旗仪式以后,我们大家一起去了解小学生的体育课与语文课,看一看他们的学习方式与幼儿园有什么不一样。接着,你们就可以分散活动或者小组活动,根据自己规划的路线进行参观,完成后操场集中。

三、参观小学（第二天上午）

在完成计划的第二天，教师带领幼儿集中参观完升旗仪式、体育课、语文课之后，鼓励幼儿按照自己规划的路线进行参观。

- 孩子们，还记得今天参观小学的活动，要去看什么吗？
- 如果忘了怎么走/参观的内容，可以找谁帮忙？地图都带了吗？
- 今天你准备和谁一起参观小学？

四、感受分享（第二天回到幼儿园后）

结束参观后，教师邀请幼儿与同伴分享自己的参观经历。

- 参观完小学，你有什么感受？
- 你参观了哪些项目？是不是计划的内容都看见了？
- 小学里哪些项目、活动最吸引你？

小结：每个人心中对小学的理解不一样，想看的东西也不一样。有的小朋友特别害怕以后下课来不及去厕所，所以他在规划路线的时候特地寻找了一年级的厕所在哪里；有的小朋友喜欢运动，希望去操场游戏，所以他最想看的地方是操场……（教师可以根据幼儿分享小结）

小贴士

- 本活动需要教师与对口小学提前预约活动，建议小学开放的参观内容应该既包含比较正式的升旗仪式、体育课、语文课等，又包含围棋课、课间运动（走廊）、如厕等相对日常、轻松的环节，让幼儿对小学生活有初步的了解。
- 另，建议小学在提供开放项目时，考虑到幼儿在参观小学活动中较为兴奋，且在陌生环境容易发生安全问题的情况，增派教师或保安在各个路口值守，保证安全。
- 本次活动分两天实施，第一天完成参观小学计划，第二天实施计划。教师可以在发放地图后，提示家长具体的活动内容，提醒幼儿为第二天的活动做好准备，带上地图、穿上合脚的运动鞋等。

活动3 写生小学

活动形式：集体
重点领域：艺术

活动目标

认知： 了解小学的外部环境，知道线描的绘画方法。
情感： 通过描绘小学的环境，萌发向往小学的情感。
能力： 能有目的地安排画面，画面表现一定的具体情节。

活动准备

教师提前与小学预约写生场地。例如，教学楼、花园、操场等，幼儿人手一块写生板，铅画纸，铅笔，勾线笔，折叠小板凳若干。

活动过程

一、选择写生地点和对象

教师带领幼儿带着绘画工具到小学，邀请幼儿选择自己对小学最感兴趣的部分进行写生。另外，教师协助幼儿寻找最佳的写生地点，能够清晰看到写生内容，也不会影响到他人行走。

- 孩子们，第二次进入小学，猜猜我们要干什么？
- 你们今天都带了哪些工具？
- 你会选择小学的什么画下来？为什么？
- 小学校园里，让你最感兴趣的地方是哪里？
- 坐在哪里画，会比较合适？

小结：小学里有非常多值得我们画下来的建筑、花坛和场景。你们可以选择自己最喜欢的场景，把看到的屋顶、花园、房子等都用线条的形式画下来。

二、展开写生

- 你今天想画下来的是小学里的什么？
- 画在铅画纸的哪一部分？
- 旁边空白的地方是什么？
- 小学的教学楼大？还是旁边的花坛大？
- 教学楼是什么形状的？正对着的时候，可以看见侧面吗？
- 花坛是什么形状？花坛里的植物是什么样子？
- 操场上有哪些线条？你知道这些线条都有什么作用吗？

幼儿开始写生，教师巡回指导。根据每个幼儿选择的写生对象不同、画面排版不同，教师适当提出不同的支持性问题。

三、分享与展示

幼儿各自分享自己的作品，邀请同伴欣赏或猜测自己画的是小学的哪个场景。

- 孩子们，谁愿意来介绍自己作品？
- 画的同样都是教学楼，为什么看起来不一样呢？
- 猜一猜，这幅作品画了小学的哪个地方？

教师引导幼儿对相同的写生内容进行比较，了解从不同角度看过去的事物会呈现不同的样子。最后，教师将幼儿的作品整理归类，组合成一个完整"我眼中的小学"小画册。

小结：每个人心目中都有自己最喜欢小学的地方，有的孩子最喜欢教学楼，因为在这里能学到本领；有的孩子最喜欢操场，因为可以跑跑跳跳……同样的地方，在我们写生的画纸上可能呈现不同的样子，在我们的心里也会存在不同的爱它的理由。

小贴士

- 本活动需教师和幼儿园对口小学提前预约。建议教师选定几个相对集中的地点(既可以看见教学楼，又可以看见操场)，便于幼儿对不同建筑、物体的写生，也方便教师的安全维护和巡回指导。
- 活动最后，教师可以将幼儿的作品组合在一面较大的主题墙上，或者集结成册供幼儿翻阅，让幼儿对小学的整体形象有一定的了解，也尝试理解他人眼里的小学，可能和自己看到的不一样。

活动 4 小学与幼儿园不一样

活动形式：■集体
重点领域：■语言

活动目标

认知：初步了解小学和幼儿园的异同之处。
情感：通过对陌生事物的了解、比较和交流，熟悉小学。
能力：能够用简明清晰的语言对小学和幼儿园的异同进行描述。

活动准备

大卡纸两张，记号笔，能够反映幼儿园和小学校舍外部、内部的清晰的照片，幼儿园和小学不同活动情况的照片。

幼儿有参观小学的经验。

活动过程

一、校舍不一样

教师引导幼儿用语言表达小学和幼儿园在校舍上存在的不同之处，当幼儿提到幼儿园和小学的校舍时，教师展示相应的照片，帮助幼儿回忆和确认。教师鼓励幼儿将大家提到的所有小学和幼儿园不一样的地方，分别用符号记录在两张大卡纸上（教师协助）。

➤ 什么是校舍？小学的校舍和幼儿园的校舍从外面看，有什么不一样？
➤ 校舍里面是否一样呢？
➤ 教室/厕所/走廊/台阶有没有不一样的地方？
➤ 小学的课桌椅是怎样排列的？

小结：校舍就是学校的房子，小学的房子楼层高、教室多，需要容纳1—6年级许多小学生；幼儿园的房子矮，教室少，因为只有小中大三个年级，并且年纪小的孩子不适合爬太高的楼梯；小学的厕所、阅览室、休息室都不在教室里，教室主要是用来学习的，而幼儿园的教室里会有厕所、午睡房、角色游戏区等，大多数活动都在教室里完成……（根据幼儿的回答小结）

二、活动不一样

教师引导幼儿用语言表达小学和幼儿园在活动上存在的不同之处，当幼儿提到幼儿园和小学的活动时，教师展示相对应的照片，帮助幼儿回忆和确认。

➤ 小学的活动和幼儿园的活动，有不一样的地方吗？哪里不一样？
➤ 活动内容/时长/老师/地点，一样吗？

教师鼓励幼儿将所有小学和幼儿园不一样的地方，分别记录在两张大卡纸上（教师协助）。

小结：小学的活动丰富多彩，和幼儿园一样。但是，小学的活动更多是学习相关的，大多是老师安排的内容，幼儿园的活动有一部分是可以小朋友自己选择的；小学生坐着听课的时间长一些，幼儿园坐着的活动时间短一些；小学的活动有规定的地点、指定的老师，不同课程可能会有不同的任课老师，而幼儿园的活动有时也会换地方，但是老师大多都是自己班级的老师来组织等（根据幼儿回答小结）。

三、还有什么不一样

➤ 除了活动和校舍，小学和幼儿园还有什么不一样的地方？
➤ 在小学里，小朋友的座位在哪里？会变化吗？

➤ 什么是作业？什么时候做作业？

教师引导幼儿除了说出小学和幼儿园不一样的地方，还可以表达对这些“不一样”的疑惑，说说为什么幼儿园和小学会产生这样的差异。

小结：小学是小朋友完成学习任务的地方，有许多和幼儿园不同的地方。但是，无论是在小学还是在幼儿园，有什么问题都可以去找老师帮忙。

小贴士

- 本活动建议在参观小学活动之后进行，教师可以在参观小学时拍摄小学校舍与活动情况的照片，作为本次活动的展示素材。照片内容建议包含：正在上课的教室、走廊尽头的厕所、整齐排放的座椅、教师办公室的位置、教学楼的全貌、操场的全貌等。
- 在活动中，教师建议作为鼓励者、引导者，从各个方面告知幼儿小学和幼儿园的不同是有原因的，进入小学后会有一个过渡期，老师会逐步帮助他们顺利过渡到小学生活，要有信心。
- 教师可以将幼儿的发现与问题汇总成一面“小学问题墙”，或以思维导图方式进行记录。

活动 5 一分钟有多长

活动形式：■集体
重点领域：■科学

活动目标

认知：感知、体验一分钟有多长。

情感：初步学会抓紧时间做事情，不浪费时间。

能力：学会使用统计表，记录一分钟内完成任务的数量。

活动准备

调查表（调查内容：早晨起床穿衣服、洗漱、吃早餐、来幼儿园的时长），展示板，时钟，沙漏，手机计时器，统计表，笔，辅助游戏材料：绳子、木珠、丝带、筷子、钢珠、乒乓球、碗、画笔、纸若干。

家园共育包：1 分钟跳绳。

活动过程

一、交流调查表：相同的事情每人用的时间

➤ 这几天，大家调查了早上做四件事情需要多少时间？

➤ 四件事情你花了几分钟？

➤ 哪件事用了最多的时间？为什么？

➤ 早晨起床穿衣服/洗漱/吃早餐/来幼儿园，谁的用时最多？谁的用时最少？

教师邀请幼儿分享自己的调查表，并将调查表整齐排列，呈现在展示板上，通过比较的方法找到完成同一件事情/四件事用时最多和最少的幼儿。

小结：同样做四件事情，用时最多的人要用××分钟，用时最少的人只用了××分钟。有人用时多，有人用时少，做相同的事情每人花去的时间不同。

二、感知时间:一分钟

➤ 小朋友起床穿衣服,用了五分钟,有几个一分钟呢?

根据上一环节,选一名幼儿举例。

➤ 一分钟有多长?

➤ 钟面上有几根针?分别叫什么?

➤ 哪根针走一圈代表一分钟?

➤ 你觉得一分钟是长还是短?

➤ 除了时钟以外,还有什么工具能告诉我们时间?告诉我们一分钟有多长?

出示时钟,教师邀请幼儿探索发现一分钟的秘密,并尝试寻找教室中可以用来计时的工具。再体验一分钟时间,即秒针走一圈的时间,教师可以和幼儿一起轻声数。

小结:钟面上有三根针,分别是时针、分针和秒针。秒针走一圈,分针走一格,表示一分钟过去了。一分钟,一共有六十秒。时钟、沙漏、手机里的计时器,都能够帮我们计算时间,告诉我们一分钟有多长。

三、一分钟游戏

➤ 你们觉得,一分钟可做什么?

➤ 桌子上有哪些游戏可以尝试?规则是什么?

➤ 完成游戏后,要在统计表上记录什么?

教师组织幼儿轮流参与"一分钟"游戏,有:穿珠子、打蝴蝶结、夹钢珠、夹乒乓球、画笑脸(五个游戏均为平行游戏,参与人数4—8人不等,根据班级人数决定)。教师负责计时,幼儿自主选择游戏项目参与,在一分钟之内完成。每完成一个游戏,幼儿在自己的记录纸上进行结果记录与汇总。

四、分享统计表:相同时间内每人完成任务的数量不同

➤ 今天你一共完成了几个游戏?

➤ 结果怎么样?

➤ 谁画得笑脸最多?有几个?

➤ 为什么他夹起的乒乓球最多?

➤ 大家都花了一分钟,怎么结果不一样?这是什么原因呢?

教师邀请幼儿分享自己的游戏结果,相互比较数量的多少,并记录所有游戏一分钟之内完成的最多数量。

小结:刚才我们对大家的完成情况进行了统计,一分钟最多穿了N粒珠子,夹了N个铁珠,打了N个蝴蝶结,夹了N个乒乓球,画N个笑脸。同样用了一分钟,做不同的事情,结果有可能不一样;同样用了一分钟,做同样的事情,因为每个人的熟练程度不一样、心情不一样,结果也有可能不一样。(N为幼儿实际完成的数量)

➤ 时间是很宝贵的,过去了就不会再回来。我们要抓紧时间,用最短的时间把事情做得又快又好。

小贴士

- 活动前建议教师布置"早晨四件事"的调查任务,请家长协助幼儿完成调查工作。活动后,可以再次布置相同的任务,请幼儿回家完成,比较活动前后幼儿是否有珍惜时间、抓紧完成任务的意识。
- 对于小学生来说,技能的培养是需要练习的,但是我们希望教师在活动中,更多强调任务意识与时间意识,帮助即将成为小学生的幼儿体验时间的宝贵,懂得自己也能够尝试"控制"时间,成为自己的主人。

活动 6 下课十分钟

活动形式：■集体
重点领域：■科学

活动目标

认知： 知道小学生活有下课十分钟的环节，并了解需要做的准备。
情感： 熟悉小学生活各个环节，萌发能够胜任小学生任务的自信。
能力： 能够在下课十分钟内完成下节课的准备。

活动准备

上/下课铃声，白板和马克笔，小书包，书籍，玩具，棋类，时钟。

活动过程

一、交流讨论

- 小学生怎么知道什么时候上课？什么时候下课？

教师播放上下课铃声，引起幼儿对下课十分钟的兴趣。

- 课与课之间可以休息几分钟？
- 在下课的十分钟里可以做哪些事？
- 哪些事可做可不做？哪些事必须做好？

在讨论中，教师激发幼儿表达自己的想法，归纳整理出下课必须做的事情，如：喝水、上厕所、准备下一节课的课本等，与下课可以选择做的事情，如：看书、聊天、趴在桌上休息一会儿等，并在白板上记录下来。

小结：小学生上课比较辛苦，需要集中注意力比较长的时间，所以课与课之间有下课十分钟的休息时间。在下课十分钟内，一定要做好下一节课的准备工作，不影响下节课上课，去一趟洗手间和让自己放松一下。

二、模拟：下课十分钟

- 除了听铃声，小学生们还有什么办法知道上课时间？
- 分针走过几格是十分钟？
- 下一节课，假设我们要上“语文课”，请每一名幼儿到阅读角拿一本绘本故事，放在自己的小凳子上，做好准备。

教师与幼儿共同模仿下课十分钟的情境，请幼儿听到下课铃声后，按照自己的想法安排活动。上课铃声响起时，准时回到座位。另外，教师可以引导看得懂时钟的幼儿关注时钟，在下课铃打响时引导幼儿关注分针的走向以及十分钟后会到达钟面的哪个位置。

三、分享与交流

教师请幼儿介绍自己在课间十分钟所做的事情，观察是否每名幼儿都做好了“语文课”的准备，并引导幼儿谈谈感受。

- 刚才下课十分钟的时间，你做了什么事情？
- 我来看看是不是每个人都为“下一节课”做好了准备。
- 在下课十分钟里，为什么要去厕所呢？为什么要整理你的小书包？为什么去喝水？为什么你选择和朋友一起去操场？说说你的理由。

➤ 哪些事情适合在下课十分钟做？哪些不合适？

小结：下课十分钟是很有限的，小学生们必须先做好下节课的准备工作和必要的休息，但是不太适合做需要很长时间的活动。

小贴士

本活动中的模拟环节可在日常环节的过渡中反复进行，将小学“下节课”的学习内容，调整为幼儿园下个环节将进行的内容，如：下一环节是户外运动，则要求幼儿完成喝水、如厕等生理上的准备，以及检查运动鞋、需要携带的运动器具等。由此，除了帮助幼儿适应小学生活，也发挥其主动性，鼓励幼儿对自己“要做的事情”进行思考和判断。

活动7 我不担心了

活动形式：■集体
重点领域：■社会 ■健康

活动目标

认知：了解小学生活与环境，知道一切担心都有解决的方法。
情感：能够积极大胆表述自己的担心，并愿意认真倾听。
能力：能与同伴交流有关入小学的担心，并共同寻找解决的方法。

活动准备

参观小学时拍摄的照片，手工纸若干，水彩笔若干。

活动过程

一、分享照片，引发话题

➤ 前几天，我们去了小学参观，发现小学与幼儿园有许多不一样的地方。

➤ 小学给你的感觉是怎样的？

➤ 小学里，给你留下了哪些印象深刻的事？

教师一边播放照片，请幼儿欣赏回忆，一边引导幼儿大胆表达自己对小学与小学生活的感受。

小结：我们每个人都要成为一名自豪的小学生，说明我们都长大了，小学确实是一个令人向往的地方。

二、记录“担心”

➤ 老师知道虽然大家对进入小学充满期待，但同时还是会有一些担心。

➤ 你觉得入小学最担心的事情是什么？

➤ 每个人的担心一样吗？

➤ 我的担心是：你们进入小学后把老师忘记了，我会伤心……你们会和我有一样的担心吗？

➤ 你有和他一样的担心吗？

教师与幼儿分享自己的担心，并邀请幼儿将手工纸沿对边对折，在左半边用符号或者画画记录下自己的担心。

- 这张手工纸记录了怎样的担心？
- 有什么办法可以解决吗？
- 面对这么多的担心，哪个问题可以让我们自己想想办法？
- 对于“遗忘”，你有什么好办法？

教师将所有幼儿的“担心”收集起来，随机抽取手工纸，集体辨认“担心”的内容并一起想办法解决。

小结：面对担心，我们大家一块儿商量讨论，总能找出解决的办法。比如：有的小朋友害怕上学忘记带课本，那么就需要从现在开始养成好习惯，提前一天晚上将物品都整理进小书包，根据老师提出的第二天活动的要求来做准备等。例如，明天我们要做……（可用幼儿的回答小结）

三、解决“担心”

- 你抽到了怎样的“担心”？
- 可以怎么解决这个“担心”呢？

教师邀请每个幼儿抽取一张“担心”，找到原主人了解情况，随后想办法解决问题，并记录在手工纸的右半边。

小结：原来面对进入小学，大家都会有各自不同的担心，这是很正常的事情。但是，你要知道这些担心、焦虑和不安都有被化解的方法，就像今天我们可以把自己的担心大胆说出来，向我们的同伴求助，一起解决。在小学里，当你遇到困难时可以主动求助老师和同学，他们也会像幼儿园老师和同伴们一样关心你、帮助你的。

小贴士

每个幼儿担心的内容都不一样，所以在解决问题的时候，方法也各不相同。建议教师在前期准备时，可以尝试了解部分幼儿的想法，更有针对性地帮助他们化解担心。如：有的幼儿会害怕小学老师很凶，教师可以提前邀请小学老师录一段音频或是视频，用温柔的语言和生动的形象化解幼儿的担心和紧张。教师要通过不同方式、更深入地了解幼儿，帮助幼儿建立面对小学生活的自信。

活动8 我的小书包

活动形式：■区角
活动区角：■生活

关键经验

知道小学生上课，书包里需要装什么，以及如何准备。

活动材料

书包2—3个，一份这一周班级里的活动安排表（模拟小学课表的形式）并过塑，每天活动需要准备的相关用品：文具盒、小绘本、小本子、文件袋、小手帕、纸巾、一份玩具等。

游戏玩法

1. 幼儿观察熟悉活动安排表，了解明天我们分别有哪些事情需要做。

2. 幼儿根据第二天的日期(如星期三)，按照安排表上显示的内容准备书包中“上学”需要带的物品，如绘本、文具与日常用品。

3. 幼儿背上自己准备好的小书包模拟上学的情境(教师可以配合幼儿，根据课表对书包中的物品进行抽查)。

4. 幼儿与同伴分享自己准备书包中物品的体验与感受。

观察要点

- 幼儿是否对小学生活、小学课堂需要准备的内容有基本的认知经验。
- 幼儿是否能够按照安排表提示的内容，正确准备第二天活动所需的绘本或文具。
- 幼儿能否根据自己的经验，对小学生活中需要携带的日常用品有所判断，并有自我服务的意识。
- 幼儿是否向往小学生活，对小学相关的物品进行多次、反复的翻看与摆弄。

小贴士

- 在前期经验准备中，建议教师在日常活动、区角活动中增加如何阅读有横纵坐标轴的表格相关经验，为幼儿认识课程表以及理解每日上下午课程作铺垫。
- 活动安排表，即模拟小学的课程表，上面提供的一周活动安排，教师可以结合班级最近的实际情况列出，这样区角投放的材料与幼儿实际需要准备的物品能够更加贴合，这也能够锻炼幼儿自己根据既定日子的活动需要准备物品的能力。

活动 9 我的文具盒

活动形式：■区角
活动区角：■生活

关键经验

知道小学生的铅笔盒里有哪些文具，以及它们的作用。

游戏材料

笔袋或铅笔盒，铅笔、橡皮、直尺、圆珠笔、钢笔、圆规、三角尺等能被放入铅笔盒中的文具若干，便贴纸，玩具小汽车，小玩偶，长尾夹，小本子，纸，卷笔刀，荧光笔，抽杆夹，等等。

游戏玩法

1. 幼儿观察熟悉各类文具，试着用这些文具在纸上涂涂画画，探索各类文具、工具的使用方法并观察呈现效果。

2. 幼儿根据自己对小学生上课的相关经验，判断哪些文具或工具需要装到笔袋或铅笔盒中带去小学，想一想分别会在什么课上用到。

3. 幼儿尝试对笔袋和铅笔盒的空间进行合理安排，装下自己所需的所有文具和用品。

4. 幼儿与同伴介绍自己准备的笔袋或铅笔盒，并分享自己的体验与感受。

观察要点

- 幼儿是否对小学生笔袋和铅笔盒里的文具有所了解，知道入学准备的规则：文具可以装进铅笔盒，玩具不建议带去上学。
- 幼儿能否整齐有序地对笔袋或铅笔盒里的文具进行安排，合理利用空间。
- 幼儿是否向往小学生活，对小学相关的文具进行多次、反复的翻看与摆弄。

小贴士

- 建议教师在文具准备时注意安全，规避圆规、美工刀等锋利的物品。在准备过程中教师可以邀请幼儿一同参与和收集，将"铅笔盒里有什么"的问题抛给幼儿，让幼儿集思广益后再尝试判断是否合适。
- 此区角建议可以在临近小学生活时多准备几份相同的材料进行投放，支持大多数幼儿积累小学相关的经验。

活动10 我的文具自己买

活动形式：■集体
重点领域：■科学

活动目标

认知：知道上小学需要准备哪些文具。
情感：愿意挑战生活中的问题，并大胆提出自己的想法。
能力：能够通过实物操作理解十以内的加减运算。

活动准备

小学生上课视频，铅笔，铅笔盒，笔袋，橡皮，卷笔刀，直尺，圆珠笔，钢笔，练习本，便贴纸，价格立牌若干（为每一种准备的文具都标好价格）。

活动过程

一、播放视频，引发话题

➢ 马上你们就要上小学了，你们觉得需要为小学做什么准备呢？

➢ 视频里的小学生是怎么上课的？

➢ 小学生到学校，需要准备哪些文具？

教师播放视频，分享小学生上课时的状态，与幼儿共同讨论小学生上课时需要做的准备，如物质准备、习惯准备、精神准备等。

小结：当我们成为一名小学生，不仅要带好每天上课用的必需品，如：书包、课本、文具等，还要有小学生的精神，上课专注听讲，积极开动脑筋。

二、小学生的准备

教师展示桌面上的文具，邀请幼儿进行辨认分享。

- 桌上有许多文具，你们都认识吗？它们分别是什么？
- 这些文具，是小学生上课的必需品吗？它们的用途是什么？
- 如果你是小学生，你会选择哪些文具带去上课？
- 你选择了几件文具？分别是什么？
- 说说你选择这五个的理由？
- 为什么你会选择相同的文具(2 支铅笔、3 块橡皮)去上学？

当大家都对文具的名称、作用达成共识后，幼儿每人选择 5 个文具(可以是相同种类，也可以是不同种类)，并说说自己的理由。在幼儿表达时，教师协助支持其用科学的数学语言进行表达，如：我选了 5 种文具，分别是 1 支铅笔、1 块橡皮、1 本本子、1 个卷笔刀和 1 把直尺；我选了 5 种文具，其中有 2 支铅笔和 3 块橡皮。

小结：每一件文具都有自己的作用，每个人选择的时候也都会有自己的理由。小朋友可以根据自己的理由进行选择，准备自己上学的用品。

三、文具购买计划

- 在生活中，我们应该去哪里购买文具？什么是购买？
- 每种文具的价格分别是多少？
- 如果你只有 10 元钱，可以购买哪些文具？

教师出示各个文具的标价，并布置任务：请每名幼儿尝试用十块钱买文具。在不超过 10 元钱的情况下，教师建议幼儿将自己想购买的文具和将会花去的钱，用各种符号尝试记录下来，并与同伴分享。

小结：10 元钱可以买 1 支单价为 5 元的钢笔和 5 支单价为 1 元的铅笔，10 元钱也可以买 4 支单价为 1 元的铅笔和 2 块单价为 3 元的橡皮……(根据幼儿计划小结)不论我们买了哪些文具，都要仔细计算不超出 10 元，还要选择我们最需要的物品。

小贴士

- 此活动建议在集体活动“参观小学”后进行，活动准备中材料“小学生上课视频”可以在参观小学时拍摄，内容包含：小学生上课实录、小学生桌面书本与文具等。
- 此活动的延伸活动可建议家长带着幼儿一起去文具店，尝试用 10 元钱购买文具，了解幼儿的计划是否科学、可行，以及能否涵盖所有必需的文具用品。

活动 11 购买文具

活动形式：■亲子
重点领域：■科学

关键经验

在成人的协助下完成小学生文具的准备，并通过购物的方式了解十以内的加减运算。

活动准备

10 元钱。

活动过程

1. 幼儿回顾自己在活动10中自己的文具购买计划，与父母一起带着10元钱前往文具店购买文具。

2. 每买一个文具后，幼儿观察比较手里的10元钱还剩多少，并进行记录。

3. 花完10元钱后，幼儿查看自己的购买计划是否完成，与父母一起分析计划完成/未完成的原因，以及下次是否要再一次购买。

小贴士

- 教师可根据自己所在城市的物价不同，在发布任务时，对“10元钱”的限额做出上下浮动的调整，避免出现幼儿用10元钱仅仅买到一到两件文具，无法满足实际需求的情况。
- 在购买文具时，建议家长只做协助工作，提示幼儿关注物品的价格标签和记账，不干涉幼儿购买文具的种类、花纹和喜好等。

活动12 我的任务记录册

活动形式：■日常
重点领域：■健康 ■社会

关键经验

以各种形式记录幼儿园布置的任务，并知道承担了任务就一定要完成。

活动准备

水彩笔；幼儿人手一份A5大小的硬皮小本子（内页为普通条纹格或空白纸均可）；幼儿大头照1张。

活动过程

1. 幼儿将自己的头像照片贴在小本子的封面并签上自己的姓名，同时可以使用水彩笔美化封面，制作一本有自己风格的“任务记录册”。

2. 教师每天布置一个小任务请幼儿回家完成。幼儿将小任务记录在“任务记录册”上，并用看得懂的符号标注日期、天气以及记录任务的主要内容。

3. 幼儿回家完成任务，并在“任务记录册”上进行结果记录。

4. 第二天来园幼儿分享自己完成任务的情况。

小贴士

- 幼儿在进入小学前，除了物质、环境上要适应改变，在习惯上也需要有一定的调整。幼儿园阶段是以游戏为主的，但是一旦进入小学，幼儿将面临的一个大问题就是“作业”。此活动建议教师每日开展，帮助幼儿建立一定的任务意识，即如同小学生的作业记录一样，帮助幼儿养成每天回家看“任务记录册”并完成任务的习惯，避免拖拉与延迟。

活动13 闪电刮画

活动形式:■区角
活动区角:■美工

关键经验

1. 了解刮画这一独特的作画方式,喜欢进行创意创作。
2. 尝试用刮画的形式表达自己关于雷公电母故事的理解。

活动材料

闪电照片,双面胶,安全剪刀,油性笔。

教师在美工区提前投放和展示闪电照片,供幼儿观察。

活动资源:闪电刮画。

游戏玩法

1. 教师结合夏季的天气特征,提前为幼儿讲解雷公电母的神话故事。
2. 教师投放“闪电刮画”活动资源,幼儿取出材料,观察和探索刮画的绘制方法。
3. 幼儿和同伴讨论:雷公电母是什么样子的?穿着什么样的衣服?他们会居住在哪里?他们变出的雷和闪电,会是什么样?
4. 幼儿根据自己的想象,参考区角中的闪电素材,用刮画笔在云朵造型刮画纸和闪电造型的刮画纸上大胆创作。刮画出自己心中的雷公和电母,包括云朵上的花纹、图案并设计闪电。
5. 绘画完成后,幼儿可将云朵、闪电造型的刮画剪下并粘贴在底板上;幼儿可根据自己的想法自行添画,如添画雨点、落叶等。
6. 幼儿向同伴展示和介绍作品,说一说自己画了什么内容,同伴间比较一下各自画的雷公电母有什么不同。

观察要点

- 幼儿是否对雷公电母的神话故事感兴趣。
- 幼儿能否较完整地表现想象中雷公电母的形象,大胆创作。
- 幼儿是否细致、耐心地完成刮画创作。

小贴士

- 教师可以结合当地地域特色,选择和利用当地关于“雷电”的神话传说、儿歌、童谣、俗语等资源,鼓励幼儿在其基础上进行大胆创作。
- 除了雷公电母的故事外,教师还可以鼓励家长和幼儿共同收集关于风、雨、雪等的中国神话故事;同时幼儿可以通过绘画的方式对故事进行再创作,教师可将相关作品集合成册,作为班级自制的“我笔下的中国神话故事”绘本。

附 故事

雷公电母

雷公和电母是神话传说中掌管雷和电的一对天神。

传说雷公长得很强壮，背上有两个翅膀，脸像红色的猴脸，足像鹰爪，左手拿着楔子，右手拿着大木槌，身体旁边挂着许多鼓。雷公敲鼓时，就会有轰隆隆的雷声。电母长得端庄漂亮，双手拿着镜子。

传说雷公的视力不好，分不清好坏善恶，所以电母寸步不离，捧着镜子，先行探照，明辨是非善恶后，雷公才会行雷。他们在看到恶人时会作法，天上就会乌云密布，狂风大作，飞沙走石，电母的镜子会射出耀眼的电光，雷公会敲击槌楔、敲打鼓面，发出轰轰雷声，击杀或驱赶恶人。

因此，所有的恶人都会很害怕雷公和电母；但是对于善良的好人，雷公和电母却是守护善良和正义的天神，受到人们的崇拜。

活动14 射礼

活动形式：■日常
重点领域：■社会 ■健康

关键经验

1. 体验传统礼仪——射礼[1]。
2. 在射箭活动中能与同伴相互礼让、彬彬有礼。

活动准备

中华智慧感统区角玩教具之射箭玩具，骰子，计分表，笔，小手鼓或者鼓点节奏明显的音乐。

教师提前将箭矢摆放在射箭处，将弓箭悬挂在墙壁上；如果条件允许，教师可为幼儿准备射箭古装，增强仪式感。

活动过程

1. 教师扮演司射（古代负责射仪礼节的官员），为幼儿示范射礼：整理衣服，站直，抬头挺胸走至幼儿前方，和幼儿互行拱手礼（见示意图）；取弓，走到射箭处注视箭靶的靶心，然后俯身察看双脚，调整步武，最后开弓射箭，直至将四支箭全部射完。然后把箭取回，返回原位。

拱手礼示意图

2. 教师事先将幼儿分为3人一组，1人报靶，剩下2人为射手。教师发布指令“行礼”，并引导射手面对面站立，互相行抱拳礼。

3. 教师发布指令“投骰”，幼儿即通过投骰子的方式，决定射箭的顺序。点数大的幼儿优先选择自己先

[1] 射礼是中华礼仪文化的重要形式之一，讲究谦和、礼让、庄重，提倡“发而不中、反求诸己”。根据场景的不同，射礼有多重讲究。在此仅让幼儿体验其核心“射”的部分。

射或者后射。先射的幼儿为上射,后射的幼儿为下射。

4. 教师发布指令:"一番射,无射获,无猎获! 第一轮射箭为练习,不计成绩,小射手们不能射伤或惊吓报靶者。"上射(先射的幼儿)向司射行揖礼后,射出一箭,然后由下射(后射的幼儿)射,轮流进行,直到各自的四支箭射完。

5. 教师发布指令:"二番射! 第二轮射箭游戏为正式比赛,会由报靶者协助统计成绩。"幼儿互行抱拳礼后,下射(上一轮后射的幼儿)先射一箭,然后由上射(上一轮先射的幼儿)射,轮流进行,直到各自的四支箭射完。报靶者统计得分,射中靶即可得一分。

6. 如果幼儿能力较强,教师可增加三番射的游戏环节——踏乐而射。即教师播放音乐,让幼儿随着乐器/音乐的节奏进行射箭,例如:打鼓,听到鼓点则可以将箭射出,反之射中则不计算在分数内。

小贴士

- 该游戏是根据古代射礼简化而来,教师也可以参考古代射礼,结合当地的地方文化特色进行适当的调整。而且该活动可持续开展 1—2 周时间,帮助幼儿更好地感受和体验射礼。
- 教师可将射礼作为毕业典礼时的表演,并邀请家长参加射礼,如幼儿与家长相互行揖礼(幼儿对家长行天揖礼,家长可以还土揖礼),并由幼儿指引家长入场就座。
- 教师注意引导幼儿按照标准完成拱手礼和抱拳礼:(1)拱手礼:展臂扶手,至胸前合拢手立掌。男左手在前,女右手在前。弯曲上身(30、45 度不等)。手立掌平胸外推,同时弯腰,头身一体不动,起身后垂手而立。(2)抱拳礼:双腿站直,上身直立或微俯,男士右手握拳,左手掌心靠在右拳上,女士则相反。

活动15 象形文字的故事

活动形式:■集体
重点领域:■艺术 ■语言

活动目标

认知: 知道象形文字是中国最初的文字,并了解象形文字的由来。
情感: 感受中国文化的博大精深,从而萌发归属感与自信心。
能力: 尝试利用自己熟悉的文字展开想象,自编情境内容。

活动准备

黑色油画棒,黄色卡纸,其他浅色彩色铅笔,一些简单的象形文字图卡和东巴文图卡与图卡相对应的汉字卡片。

家园共育包:象形文字大揭秘。

配套电子资源:象形文字、东巴文图片。

活动过程

一、看图猜文字

教师依次出示简单的象形文字图片,请幼儿大胆猜测它代表的含义,教师可以根据幼儿的猜测，出示对应的汉字请幼儿比较一下两者在形象上的异同，并请幼儿大胆表达自己对象形文字的理解与认识。

➤ 你们觉得这些符号代表了什么？

➤ 怎么帮这些古代的符号/字找到现在的朋友？

➤ 它俩有相似的地方吗？

➤ 它叫什么名字？为什么叫“象形文字”？

小结：古代的字和物体的形状很像，象形文字是由图画文字演化而来的，用来表达一定含义的文字。比如，这个圆圆的“日”就和天上的太阳很像。在古代，每个村子用的字都不同，有的是用这样的“日”，有的是用那样的“日”，为了让人们写起来更方便，最后变成了现在的“日”。这些像画出来的形状一样的文字，我们就叫它象形文字。

二、欣赏东巴文

➤ 今天老师带来了中国云南丽江的象形文字图画。

➤ 猜猜这是什么字？表达什么含义/讲了一个什么故事？

教师从单字开始，由简至难展示东巴文图片，邀请幼儿辨认文字并猜测文字符号的含义，以及背后蕴藏的故事。

小结：中国的象形文字是华夏民族智慧的结晶，是对中国先民们的原始的描摹事物的记录方式的一种传承。东巴象形文字是丽江地区纳西族的文字，东巴文表达含义的方法主要是用一个字或几个字代表一句话。

三、象形文字画

1. 教师引导幼儿分享自己知道的象形文字，并记录下来。

➤ 你还知道哪些象形文字？

2. 教师请幼儿从活动展示的象形文字中选择自己喜爱的，大胆联想添画，进行创编故事及场景。绘画过程中，建议幼儿用黑色油画棒描绘故事主题，再用彩铅进行填色丰富画面，能够让画面更加有古老的效果。

➤ 用象形文字画故事其实很简单，一个“人”字，就可以变出不同的故事。你觉得古代的人，会做哪些事情呢？

➤ 还有哪些象形文字可以用来编故事？

四、分享作品

➤ 这幅作品讲了一个什么故事？

➤ 作品中使用了哪个/哪些象形文字？

五、活动延伸

教师请幼儿使用家园共育包:《象形文字的故事》，请幼儿玩一玩在竹简上贴象形文字的游戏，发挥想象，大胆猜测。

小结：在尚未发明汉字的古代，人们想传递信息、记录生活、表达感想时候会用各种各样的文字或符号进行记录，象形文字就是其中的一种。东巴文被誉为是如今世界上唯一保留完整的“活着的象形文字”，它是世界上最古老的象形文字之一，也是我们中国人的骄傲。

小贴士

大班幼儿的思维虽然逐步从具体形象思维发展至抽象逻辑思维，但是对于文字的经验在没有成人指导教授时还较为零散。所以建议教师在此活动之前，引导幼儿对生活中的文字符号进行收集和了解，尝试引发幼儿对文字的学习兴趣并积累一定的经验基础。

附图

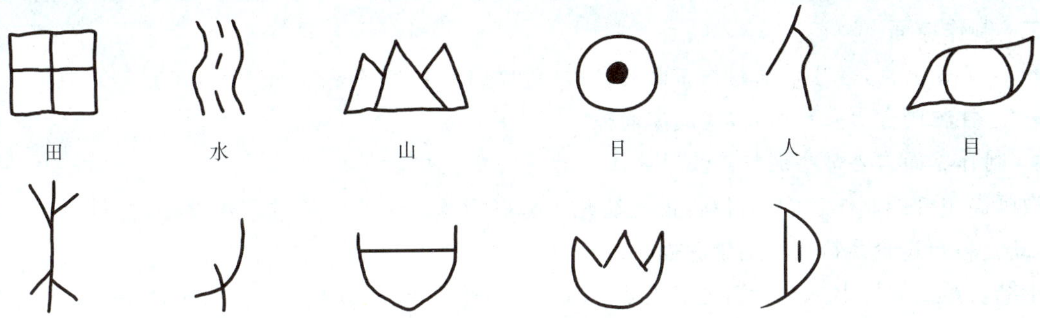

田　水　山　日　人　目

木　力　口　火　月

象形文字

走　舞蹈　商量　惊　婚礼　爱

东巴文字

活动16　夏至流水拌凉面

活动形式：■集体
重点领域：■社会　■健康

活动目标

认知：知道夏至是中国二十四节气之一，了解夏至的习俗。
情感：愿意自己的事情自己做，并能和大家一起分享自制的美食。
能力：能够利用多种食材制作一碗拌凉面。

活动准备

煮好的面条，凉白开，酱油、醋、花生酱、葱花等调料，各种凉面浇头，干净的餐具，等等。

活动过程

一、夏至的含义

教师与幼儿共同分享自己对中国二十四节气之一“夏至”的认识与了解，在轻松愉快的谈话氛围中了解夏至的含义、由来、习俗等。

- 今天是几月几号？什么日子？
- 什么是夏至？什么是二十四节气？
- 你们知道夏至有什么习俗吗？

小结：夏至，古时又称“夏节”“夏至节”，一般在公历6月21日或22日。夏至这天，处于北半球的我国各地白天时间达到全年最长。

➤ 夏至是二十四节气之一，在夏至人们会有为消夏避伏相互赠送折扇以及吃凉面的习俗。

二、制作凉面

➤ 今天是夏至，老师带来制作凉面的食材，请你们看看有哪些？

➤ 怎样把刚煮出来的面条，变成凉面呢？

➤ 制作凉面需要哪些调料？放了酱油以后还需要放盐吗？

教师简单介绍制作凉面的材料，带领幼儿一起将刚煮出来的面条过凉水冷却，并且分至各个小碗中，幼儿各自选择酱料与浇头拌凉面。

小结：夏至面也叫"入伏面"，过了夏至气温会逐渐升高，吃凉面某种意义上也宣告了夏天的开始。在制作凉面的时候，最重要的步骤就是把热面条过冷水，让它们迅速降温，面条也更加劲道顺滑。

三、品尝与分享

➤ 你的凉面加了哪些调料？

➤ 制作好的凉面，你想自己吃还是分享给别人？如果分享，你想给谁吃？

➤ 怎样才能卫生地将食物分享给别人呢？是否可以用同一个小碗、同一双筷子？

幼儿完成凉面制作后，可以选择自己品尝也可以选择分给同伴、老师。在分享给他人的时候，老师需要提醒幼儿使用一副全新的碗筷，建议不要合用，保证卫生。

小贴士

- 建议此活动在6月21或22日夏至当天进行，或提前一天。除了为幼儿制造节日气氛和仪式感以外，也可以鼓励幼儿在做好眼睛保护的情况下，观察正午太阳的高度，通过连续记录的方式体验夏至是白天最长的一天。
- 在食物制作与分享的过程中，教师需要提前引导幼儿清洗双手，或戴上食品专用一次性手套。另外，分享过程中，教师可以鼓励幼儿走出教室，将自己制作的凉面分享给其他班级的好朋友与老师。

活动17 有趣的笔先生

活动形式：■集体
重点领域：■艺术

活动目标

认知： 知道各种绘画材料的名称、特点与使用方法。
情感： 能够大胆想象创造，表达自己的想法。
能力： 尝试运用夸张的手法改变笔的外形特点，借形想象。

活动准备

长方形白纸若干，彩色铅笔，水性笔，勾线笔，水彩笔，油画棒，毛笔，等等。

活动过程

一、各种各样的笔

➤ 今天老师请来了几位朋友，看看它们是谁？

- 它们是可爱的笔先生，笔可以为我们做哪些事情呢？
- 能不能用一句话来说一说？
- 这支笔和其他的笔有什么不一样？
- 除了用来写写画画，笔还能做其他的事情吗？

教师展示各种各样的笔（铅笔、水性笔、勾线笔、水彩笔、油画棒、毛笔），引出主题，与幼儿一起了解各种绘画、书写材料。在认识各种可爱的笔的同时，教师鼓励幼儿大胆表现自己对笔的认识、了解与想象。

小结：笔先生能帮助我们写字画画，是我们的好朋友。除了可以用来书写，笔有时候还可以用作其他的工具。例如，铅笔可以代替小木棍作为建构区的材料；毛笔可以变成小刷子，帮忙清理角落的灰尘……

二、展开想象：铅笔与长颈鹿

- 笔先生自己能够画许多漂亮的图画，心里原本挺高兴，可是有一天，笔先生说："我画的画都很漂亮，可是我长得又细又长，普普通通，如果有一天我能像我画的画一样漂亮，那该多好啊！"
- 你觉得，笔先生可以变成什么呢？
- 笔先生长什么样？有什么特点？和什么东西/动物/植物很像？和长颈鹿的哪一部分很像？
- 谁愿意来帮忙，把笔先生变成长颈鹿？
- 长颈鹿的脖子是什么样子？铅笔先生呢？需要添画些什么？

教师在长方形白画纸上画下一支铅笔的形象，邀请幼儿观察铅笔的形象，并尝试进行添画。

小结：原来铅笔先生的身体和长颈鹿的脖子一样都是细细长长的，非常相似，只要添画几笔，就能让铅笔先生变成可爱的长颈鹿。

三、借形想象，创意表现

- 铅笔先生可以变成可爱的长颈鹿，那水彩笔、勾线笔、小毛笔一样也可以变吗？它们能够变成什么呢？
- 什么东西也和笔先生一样细细长长的呢？
- 站着变还是躺着变？
- 谁来介绍一下自己的笔先生，变成了什么有趣的东西？

幼儿每人选择一种笔，尝试根据它的外部特征、用途或是使用方法（毛笔需要沾水可变拖把等），将其画在纸上，进行创意改编。

小结：笔先生原来是一种非常有用的绘画、书写的工具，今天小朋友们给它增加了一种特点，让它变得更加有趣。相信你们不仅会喜欢有用的笔先生，也会更喜欢有趣的笔先生。

小贴士

教师在收集本次活动材料各种各样的笔时，可以考虑选择幼儿生活中常见的笔，如：铅笔、蜡笔等，也可以选择幼儿不常见、不常使用的笔，如：毛笔、钢笔等。这样，除了帮助幼儿在入小学前能认识更多的书写工具，还能够帮助幼儿建立对这些学习工具的兴趣，更加期待小学的生活。

活动18 芒种安苗

活动形式：■亲子
重点领域：■社会 ■健康

关键经验

了解芒种的由来与习俗，尝试制作面塑果蔬进行祈福。

活动准备

面粉，水，食用色素，玻璃器皿，为面点塑型的模具。

活动过程

1. 教师布置小任务“芒种安苗”[1]，请幼儿回家和爸爸妈妈一起完成。任务内容包括：

（1）调查二十四节气中芒种的由来与习俗。

（2）幼儿和父母一起将面粉、食用色素和水按照一定比例混合，揉成面团后，尝试制作各类果蔬形象的面塑（在制作面团时，建议家长协助发酵醒面，且在制作过程中可以在面团中适当放一些调味料，如：蜂蜜、盐、炼乳等）。

（3）将面塑果蔬蒸熟后，幼儿和父母一起品尝，并分享给其他家人，可以一起许下夏天美好的愿望。

2. 完成任务后，鼓励幼儿用绘画、视频、录音、实物作品等各种形式，与同伴分享自己完成任务的情况以及感受，分享与芒种相关的经验。

小贴士

芒种是我国传统的二十四节气之一，是“有芒之谷类作物可种”的意思，在农耕上有着相当重要的意义。在安苗活动中，建议幼儿与家长共同制作果蔬形象，家长可以提供一些调味料，让成品更加好吃，也可以将食用色素替换为：紫甘蓝汁、芹菜汁、南瓜泥等，让活动变得更加有趣。

活动19 棉线画

活动形式：■区角
活动区角：■美工

关键经验

尝试用笔尖追踪棉线的轨迹，完成运笔练习。

---

[1] “芒种安苗”的习俗在明朝初期就有。在芒种时，人们种完水稻后会用新麦面做成瓜果蔬菜、五谷六畜的造型，然后蒸熟，用蔬菜汁染色，祈求五谷丰登、顺遂平安。

活动材料

棉线，卷笔刀，彩色铅笔，水彩笔，剪刀，白纸。

游戏玩法

1. 幼儿根据自己画纸的大小，剪下画纸长度四倍左右长的棉线。

2. 幼儿将剪下的棉线松松地团起，抛洒在画纸上。

3. 幼儿选择自己喜爱颜色的水彩笔沿着棉线的轨迹进行勾勒，直到所有的线条都被画完（有能力的幼儿建议一笔画完）。

4. 幼儿将棉线拿走，在画纸上用彩铅进行填色。（如果棉线轨迹较为松散，或没有铺满整张画纸，可以再抛一次棉线再填色）

5. 在填色过程中，幼儿选择自己喜欢颜色的彩铅，用完了尝试自己使用卷笔刀削笔。

观察要点

- 幼儿能否跟着棉线进行运笔练习，在不转动纸张的情况下，通过手腕的转动、手指的控制沿着棉线进行描绘。
- 幼儿握笔和涂色的姿势是否正确。
- 当铅笔用完时，幼儿是否会自己使用卷笔刀。

小贴士

- 活动中线的长短、材质都没有硬性的要求。棉线、细绳等都可以用作此活动的材料。线条的长度可以根据画纸提供的大小进行剪裁。如果幼儿第一次剪裁太短，教师可以建议幼儿再剪一段，将短线打结连成长线。
- 幼儿完成作品可能需要较长的时间，教师可以准备一个“待完成”的作品存放区，鼓励幼儿连续完成自己的任务，获得自信心和成就感。

活动20 我的名片

活动形式：■集体
重点领域：■艺术

活动目标

认知： 知道名片由哪些部分组成，它的作用是什么。
情感： 愿意大胆想象，创作表达自己想法的名片。
能力： 尝试用简单、清晰的图像符号来表达自己的想法，会书写自己的名字。

活动准备

各种风格的名片，彩色长方形卡纸，水彩笔，等等。

活动过程

一、各种各样的名片

教师向幼儿展示各种各样的名片，引出主题，与幼儿一起了解各种名片上包含的内容，以及它们的作用与风格。

- 这是什么？在哪里见到过？
- 名片上有什么？看了名片，你可以从名片上知道些什么？
- 这张是谁的名片？它的主人是从事什么工作的？
- 名片有什么作用？

小结：名片真好，可以认识新朋友，知道朋友的名字、电话、地址，与朋友保持联系。其实生活中的名片还有很多用处：可以向别人推荐自己、介绍自己的产品……非常方便。

二、制作名片

教师通过提问，帮助幼儿了解名片上应该包含的各种内容，为制作名片做准备。

- 你准备为自己设计一张怎样的名片？
- 名片上要画些什么？名字写在哪里？
- 名片上的各种数字表示什么？
- 名片上需要添加花纹和图案吗？

在幼儿绘制自己的名片时，教师引导幼儿使用简单的图形和符号写清楚，让别人能看懂。

小结：一张介绍自己的名片上需要有自己的姓名、家里的电话号码、手机号码、门牌号码、生日等重要信息。名片可以设计得很简单，也可以很丰富。名片可以用图案、花边等进行装饰，也可以什么都不画。名片的风格可以根据自己的想法来决定。

三、交流与分享

分享幼儿各自完成的名片，通过对名片中各种元素的挖掘进一步了解自己的同伴。

- 这是谁的名片？
- 你认为这张名片是男生的？还是女生的？为什么？
- 谁愿意来介绍一下自己的名片？
- 你会把自己的名片给谁？和谁交换？

小结：名片作为联系用的工具，不仅可以告诉对方自己的基本信息、联系方式，别人还能通过名片上的各个小元素来了解你。小朋友们马上要毕业了，也可以制作一些自己的名片，留给好朋友方便以后联系。

小贴士

- 在本次活动前，可以邀请幼儿参与到名片收集的过程中。让幼儿询问身边的大人是否拥有名片以及能否给自己一张。这不仅是为了活动做准备，还能够加强幼儿的交流沟通能力，让即将成为小学生的幼儿能够有目的地完成任务，表达自己的想法与需求。
- 在活动中，如果有剩余的时间，可以建议幼儿多绘制一些自己的名片，赠送给自己的老师和同学，发挥名片的实际作用。

活动21 不同的告别

活动形式：■集体
重点领域：■健康

活动目标

认知：知道告别有许多不同的形式。
情感：尝试用不同方法寄托与表达不舍的情感。
能力：尝试通过各种方法纾解自己的情绪。

活动准备

制作告别贺卡的纸，各种彩笔，相机，等等。

活动过程

一、什么是告别

教师与幼儿一起讨论进入小学前的告别，通过简单的交流与分享了解什么是告别以及告别的意义。

- 孩子们，马上就要进入小学了，你觉得会发生什么变化？
- 我们要和哪些人、哪些东西说再见？
- 什么是告别？为什么要和朋友告别？
- 和朋友告别心情怎么样？

小结：告别，指离别、分开，和人和事物说再见。通常来说，与自己喜欢的人或是事物分开告别的时候，人们的心里都会有一些难受和不舍。但是有时候，告别也等于一个新的开始，和旧的事情说再见。

二、不同的告别

- 如果明天就要进入小学，你会想要和谁、和什么告别？
- 怎样告别呢？
- 告别的时候可以做些什么？
- 和人告别时，你会做什么？
- 和幼儿园的事物告别时，你会怎么做？

教师启发幼儿各种告别的对象与形式，在实际生活中邀请幼儿设计不同的告别方法，并在条件许可的情况下尝试执行。

小结：告别的方式有很多种，和人告别时，可以对他说一声谢谢、给她一个拥抱或者留下一张感谢的贺卡；和事物告别时，可以再玩一次喜欢的玩具、给幼儿园拍一张照或者给滑滑梯画一幅美丽的写生画……（根据幼儿回答小结）

三、说说感受

- 你刚刚做了/收到了怎样的告别？
- 完成后心情怎么样？
- 你还想和谁/什么告别？
- 告别结束后，准备好开始小学生活了吗？

幼儿完成自己的“告别”后分享自己使用的方法与感受，也可以请“被告别”的幼儿来谈谈自己的感想。

小结：有人说，告别是对朋友的尊重；有人说，告别是为了让自己心安；还有人说，告别是为了开启一段更好的旅程……今天的告别不是我们以后永远见不到了，而是为幼儿园这个阶段画下一个句号，更好地去迎接小学生活，说不定还有一部分小朋友会在小学继续做同学呢。

小贴士

- “告别”在很多人眼里，是伤心、失落、舍不得的代名词，但是在幼儿园阶段，我们并不希望教师将自己的感受或常规的体验强加给幼儿，而是希望教师引导幼儿在自己的“告别”实践过程中去体会这是一种怎样的情感。
- 在活动中，或许有幼儿会哭泣，或许有幼儿是带着对小学的向往和欣喜，作为有涵养幼儿性格意识的教师，需要教会幼儿的是如何妥善处理自己的情绪，在感受中尝试接纳，而不是压抑或忽略，仁爱之心需要先从爱自己、尊重自己的感受开始。

活动22 好朋友不再见

活动形式：■亲子
重点领域：■社会 ■健康

关键经验

尝试合作策划活动，并按照计划完成。

活动准备

任务记录册；笔。
家园共育包：“好朋友，出游吧”“出游拍拍拍”。

活动过程

1. 教师布置小任务“好朋友不再见”，邀请两名幼儿共同完成。任务内容包括：
（1）邀请好朋友，两人一组完成任务。
（2）制定周末共同出游计划，包括：时间、地点、对象、物品准备等。
（3）利用家园共育包“好朋友，出游吧”这一页，将计划内容分别记录在两名幼儿的相应页面上，回家后也征求爸爸妈妈的意见，看看是否可行。
（4）父母可以根据幼儿的计划，从安全、可操作性等角度给出建议，请幼儿做出调整。
2. 制订好计划之后，与父母一起实行计划，两家人周末共同出游。

小贴士

- 建议此活动在一周的前半周实行，如果幼儿双方计划中包含的因素有变化，例如，家长时间安排不过来，可以在当周进行及时调整与修改。此活动建议在一周内完成，不延期为两周，以保证幼儿兴趣与积极性。
- 当班级有幼儿没有找到合作伙伴或好朋友时，可以多人组队出游，避免走失。这个活动能够告诉幼儿，即使毕业后离开幼儿园，和自己的好朋友也可以周末相见不分离。

活动23 什么是朋友

活动形式：■集体
重点领域：■语言 ■艺术

活动目标

认知：深入思考朋友的含义，知道每个人的理解会有不同。
情感：愿意通过形象的文字，表达自己对朋友的感受。
能力：尝试创编散文诗，用美好的语言表达对朋友的理解。

活动准备

浅色手工纸，勾线笔，录音笔。
家园共育包：疯狂好朋友画像。

活动过程

一、什么是朋友

教师与幼儿围绕"朋友"展开话题讨论，邀请幼儿畅所欲言。在表述"什么是朋友"的话题时，可以用简单的一句话描述，或是可以用一个曾经发生过的故事来表达。

- 小朋友们，你们觉得什么是朋友？
- 谁是你的朋友？你为什么这样认为？
- 大家对朋友的理解一样吗？你认同她说的吗？
- 我们的朋友都是小孩子吗？

小结：朋友，就是感情很好，相处起来很舒适的人，可以是一个人或者几个人。有的小朋友因为在同一个幼儿园同一个班级里，常常在一起玩就变成了朋友；有的小朋友因为有共同的爱好，变成了朋友；还有的小朋友因为和大人有共同的话题，所以和成人也成为了朋友……（可以用幼儿语言小结）

二、疯狂好朋友画像

教师引导幼儿先闭上眼睛思考"朋友是什么""为什么我们成了好朋友"等一系列问题，在头脑中简单画像，随后教师给每个幼儿分发不限张数的浅色手工纸，引导幼儿用简单的符号和图画表达出来。

- 现在请小朋友闭上眼睛，想一想你有多少好朋友？他们都是谁？你们因为什么变成了好朋友？
- 刚刚听了那么多，想了那么多。现在，你觉得什么是朋友？
- 朋友是什么？能不能用一张图、一幅画画下来？

三、散文诗"朋友是什么"

- 你的画表达了什么？
- 朋友是什么？请你试试看用一句话讲出来？
- 用"朋友是……"作为开头，应该怎么说？
- 谁愿意试一试，把手里所有的画，都用"朋友是……"开头来和大家介绍。

教师邀请幼儿用一句话来分享自己的画作，表达自己对朋友的理解。当幼儿能够用较为精炼短小的语言进行描述时，增加难度用"朋友是……"作为开头，尝试创编散文诗。

小结：今天，我们每个小朋友都是情感丰富的诗人，创作了《朋友是什么》的散文诗。有人说：朋友是玩伴，总是给我带来欢乐；朋友是亲人，有好吃的总会想着分我一半；朋友是笑声，和她在一起

我们常常哈哈大笑；朋友是温暖，冬天的时候我们手拉手一起回家……（可用幼儿的话小结）

四、延伸活动：疯狂好朋友画像

教师请幼儿利用家园共育包中的“疯狂好朋友画像”，说说自己的好朋友有哪些特长，然后将不同特点的好朋友，画在活动册页面上。

小贴士

- 大班幼儿的语言表达能力在入小学前飞速发展，能够使用简单的形容词，将句子变得更加美丽和完整，也能够使用常用的关联词，说清楚事件的原委。教师应鼓励幼儿在清晰表达自己想法的同时，尝试精简语句，不仅为小学学习做准备，同时留给散文诗更大的想象空间。
- 在这个活动中，幼儿通过创编诗歌，感受到文字的美丽，但更重要的是让即将分离的幼儿能够深入思考什么是友谊，感受到以后即使大家不在一起，也能够记住朋友的优点。

活动24 送别

活动形式：■集体
重点领域：■艺术

活动目标

认知：欣赏并了解《送别》歌曲中歌词的含义。

情感：愿意用歌唱的形式表达自己对朋友的依依不舍之情。

能力：尝试在歌声中融入情感，了解齐唱、独唱、轮唱的演唱形式。

活动准备

教师通过网络检索歌曲《送别》，《送别》纯音乐（建议教师用钢琴弹奏），大白纸，记号笔。

活动过程

一、感受歌曲

教师播放2—3遍歌曲，与幼儿共同欣赏音乐。在欣赏过程中，教师引导幼儿第一遍先听纯音乐感受旋律，第二遍则可以听带歌词的版本，解析歌词，理解《送别》歌曲中表达的情感。

➤ 小朋友们，听完这段音乐你有什么感受？

➤ 小朋友们，听完这首歌曲你有什么感受？

➤ 歌词里说了什么？你觉得这是一个怎样的故事？

➤ “长亭外，古道边，芳草碧连天”是指什么？（古老的一条道路边，满地的青草向天边不断延伸，伫立着一座孤独的亭子）

➤ “晚风拂柳笛声残，夕阳山外山”是指什么？（晚风轻轻吹过柳梢，笛声断断续续，夕阳在山外山之处）

➤ “天之涯，海之角，知交半零落”是指什么？（在遥远偏僻的天涯海角，朋友大多漂泊各地）

➤ “一瓢浊酒尽余欢，今宵别梦寒”是指什么？（饮下一瓢浊酒消耗掉剩余的欢乐，这样今晚就能暂时告别梦中的寒冷和孤寂了）

小结：这首歌曲的名字叫《送别》，歌词是一位叫李叔同的先生在日本留学的时候创作的。主要表达的是他在遥远的国外，非常思念家乡、想念同伴的情感。

二、学唱歌曲

教师引导幼儿用图画的方式记忆歌词，将四句歌词简单记录下来。记忆歌词后请幼儿跟着音乐齐唱1—2遍，邀请能够独立歌唱的幼儿进行独唱并给予鼓励。最后尝试，分四个小组按照歌词尝试轮唱。

- 小朋友们有什么好办法记住歌词？
- 第一句“长亭外，古道边，芳草碧连天”怎么表示？
- 接下来的几句怎么画？
- 大家一起唱歌的方式，叫作什么？
- 一个人唱歌的方式，叫作什么？
- 轮流唱歌的方式，叫作什么？

小结：演唱一首歌曲有多种方法。大家一起唱叫作“齐唱”，一个人唱叫作“独唱”，而大家轮流唱叫作“轮唱”。

三、情感与歌声

- 你们觉得这首歌表达什么样的感情？
- 唱这首歌的时候，音量/速度/情感是不是需要调整呢？

教师引导幼儿体会歌词和旋律中的情感，并对自己唱歌的方式作出调整，再次演唱。

小结：《送别》是一首表达自己思念家乡、思念友人的歌曲。有的时候我们可以用歌声表达自己的情感，也能够通过歌声来告诉朋友们我们的依依不舍之情。

小贴士

《送别》这首歌分为两段，如果幼儿对歌词的理解与记忆能力较强，教师可以继续播放乐曲，请幼儿了解第二段的歌词，并结合到演唱中去。如果幼儿能力不足以在一个集体活动中完成两段歌词的记忆和演唱，那么可以在延伸活动、过渡环节中进行歌曲的播放，请幼儿完整欣赏歌曲。

附 歌曲

送别

影片《城南旧事》插曲

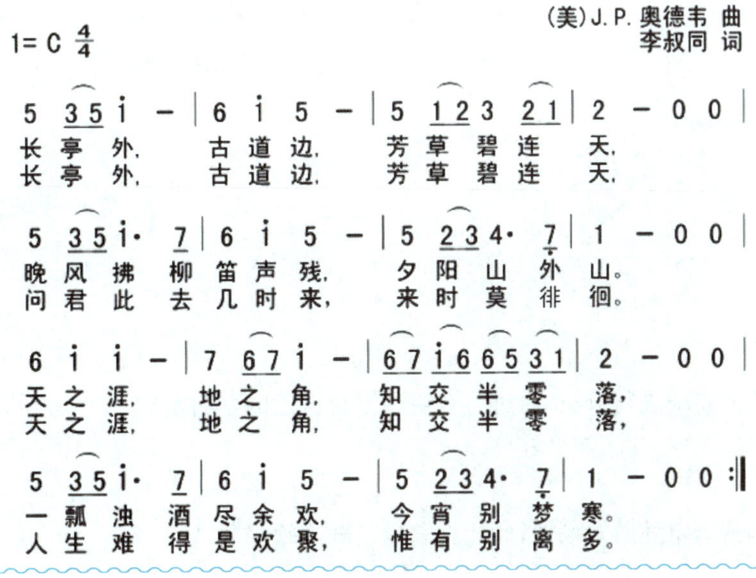

活动25 我的好朋友

活动形式：■区角
活动区角：■美工

关键经验

通过捏、揉、刻等方式，完成泥工创作，做出好朋友的泥塑。

活动材料

陶艺泥若干，垫板，泥工刀，小木棍等材料。

游戏玩法

1. 教师提前布置区角环境，在幼儿可见的桌面、墙面上贴有班级各个幼儿的照片，可以是大头照，也可以是生活照，建议照片以人物为主体。
2. 幼儿选择自己的好朋友，按照朋友的形象进行人偶制作，用各种泥工工具刻画细节。
3. 当幼儿完成制作时，可以请同伴猜一猜我的好朋友是谁，并大方分享介绍自己的好朋友，以及他的外形、特征、爱好等。
4. 当所有幼儿都创作了自己的作品后，可以将作品集中展示，办一个“我的好朋友”陶泥艺术展。

观察要点

- 幼儿是否能抓住好朋友的外形特征、动作特点等。
- 幼儿是否能够用捏、揉、刻、画等方式对陶艺泥进行加工制作，完成“好朋友”的细节特征制作。

小贴士

- 在活动中，教师提前引导幼儿观察自己的好朋友并描述好朋友的特征，如：我的好朋友是××，她有两条马尾辫，喜欢穿粉红色的衣服和裙子……为创作积累灵感。
- 如果幼儿园有条件，可以在本活动中增加专门的陶艺中温颜料，供幼儿为好朋友的泥塑上色后，并烧制出来。

活动26 大风吹

活动形式：■日常
重点领域：■健康 ■科学

关键经验

按照事物不同特征进行分类，通过游戏更加了解自己的好朋友。

活动准备

宽敞的室内或者室外游戏场地，幼儿穿着运动鞋或软底鞋。

活动过程

1. 教师引导幼儿熟悉游戏儿歌《大风吹》：大风吹、大风吹，吹什么人？吹××人。

2. 集体商量游戏指定动作，如：单腿站立、下蹲抱头、原地小跑等。

3. 全班幼儿手拉手围圈，选出一名幼儿站在圈的中间。围圈幼儿问：大风吹、大风吹，吹什么人？例如，中间幼儿回答：吹扎小辫的人。则围圈幼儿中，扎小辫的幼儿完成指定动作，如单腿站立。

4. 站在中间的幼儿进行检查，是否所有符合口令指定范围内的幼儿已完成了指定动作。（完成则表示鼓励，未完成则提示幼儿完成）

5. 中间幼儿可任选一名完成指定动作的幼儿接替他的位置，继续游戏。

小贴士

- 此活动是一个简单的分类运动游戏，如果同一维度的分类对本班幼儿过于简单，教师可以建议幼儿提升难度，进行二维分类，如：扎小辫穿红裙子的幼儿。
- 针对游戏的趣味性，教师可以请幼儿提前商量各种“有趣”的指定动作，如：学小猪；“更累”的指定动作，如：高抬腿20下；“奇怪”的指定动作：抬起左手和右脚等，让游戏更加好玩。

活动27 送给朋友的礼物

活动形式：■区角
活动区角：■语言

关键经验

通过语言表达情感，用录音的形式给家长、老师、同伴送一句感恩与祝福。

活动材料

点读笔，录音贴纸，“我想对你说”背景板，心形卡纸若干，胶棒。

游戏玩法

1. 教师提前布置区角环境，制作“我想对你说”背景板。

2. 幼儿使用点读笔在录音贴纸上录一段祝福或感恩的话送给班级里自己的好朋友，用“某某某，我想对你说……”这样的句式开头，需要包括好朋友的名字。

3. 录完之后先将录音贴纸贴在心形卡纸上，简单地画上自己的朋友，并贴在“我想对你说”背景板上。

4. 幼儿可以邀请录音里提到的对象来背景板这里听一听自己准备的录音，也可以请好朋友到背景板处猜一猜，哪一个小爱心是送给他/她的。

5. 幼儿也可以为自己喜爱的老师录制自己想说的话。

观察要点

- 幼儿是否会正确使用点读笔和录音贴纸。

- 幼儿心中是否有想要感谢的一个或几个人，并且能够用流畅的语言大胆进行表达。

小贴士

懂得感恩并学会表达心里的情感，是幼儿性格养成过程中很重要的内容，建议此活动中教师的引导重点不是在使用点读笔、语言表述上，而是鼓励幼儿大胆表达自己心中的感谢与爱。

活动28 小队游戏

活动形式：■日常
重点领域：■健康 ■科学

关键经验

能够在游戏中反应灵敏地完成10以内的数的组合。

活动准备

幼儿穿着运动鞋或软底鞋；宽敞开阔的游戏场地。

活动过程

1. 幼儿熟悉游戏儿歌《分小队》：小队小队分小队，小队小队几个人？小队成员猜一猜，小队队长来宣布！一个小队×个人！

2. 全班幼儿分散站立，选出一个“小队队长”，其他均为“小队成员”。

3. 游戏开始，小队成员集体念儿歌，问：小队小队分小队，小队小队几个人？小队成员猜一猜，小队队长来宣布！小队长回答：一个小队×个人！例如，一个小队5个人。

4. 所有幼儿听到数字后，立即按此人数组合抱团组队，如果反应不够迅速，数不清楚人头，则无法成功组队。各队都抱团后，“小队队长”来检查清点每队人数，对于没有组队成功的小队，可以增加一些趣味性的“小惩罚”，比如取消一轮游戏机会，或者慢跑1圈等。

5. 如此重复游戏。“小队队长”可以根据班级幼儿的人数落单情况，轮流来担任。

小贴士

- 此运动游戏建议教师完全放手，请幼儿自主游戏，包括游戏前商量谁做队长，游戏后讨论反思小队人数等。这样不仅提前帮助幼儿了解了小学中的小队生活，还能够让幼儿自行决定游戏规则，调整小队人数数量，培养幼儿合作意识和独立性。
- 在数量上，建议小队队长宣布的小队人数在10以内。但是如果幼儿使用了较大的数量，教师也无需阻止，而是在小队组成后引导幼儿进行人数的点数，感受每个小队人数越多，小队数量越少，游戏越难进行。

活动29 爸爸妈妈的同学在哪里

活动形式：■日常
重点领域：■社会

关键经验

尝试对一件事、一个人进行深入调查，感受父母一代人曾经的同学情谊。

活动准备

调查表幼儿人手一份。
配套电子资源：调查表。

活动过程

1. 教师布置任务，请幼儿向父母调查爸爸妈妈的同学。

2. 师生共同熟悉调查表，了解调查任务中有哪些信息收集是必须完成的，哪些是幼儿自己想要了解的。

3. 教师或者父母协助幼儿将自己想要调查的内容，填入调查表最后一列左侧格子。

4. 幼儿回家后和爸爸妈妈商定好调查对象（父母的一位同学），并进行调查：这位同学叫什么？现在在哪里？是否保持联系等。如果没有联系，可以采访爸爸妈妈；如果这位同学和爸爸妈妈还有联系，也可以请这位老同学到家里来小聚。

小贴士

- 此活动可以作为幼儿入小学前的任务准备，除了每天完成的小任务以外，教师可以将这个活动作为周末的特殊任务。较长时间段完成的任务，需要幼儿有更强的坚持性与任务意识，教师除了鼓励幼儿在自己的“任务记录册”上记录回顾，还可以提醒家长，请成人协助督促，帮助幼儿建立良好的习惯。
- 在关于爸爸妈妈的同学的调查内容上，建议教师根据本班幼儿情况适当调整，鼓励能力强的幼儿根据自己的想法去进行调查。

附 表格

爸爸/妈妈的同学调查表

姓名	性别	爸爸/妈妈的同学	照片
最喜欢和爸爸/妈妈一起做的事情			
和爸爸/妈妈最近一次见面的时间、地点和事件			
和爸爸/妈妈保持联系的方法			
我想调查的事情			

活动30 典礼与晚会

活动形式：■日常
重点领域：■社会 ■艺术

关键经验

了解一般的典礼或晚会的相关流程、人们的角色、表演和工作内容。

活动准备

园所过去的毕业典礼或者教师通过网络收集的颁奖典礼、春晚等相关视频，大白纸和马克笔。

活动过程

1. 教师在日常生活中的过渡环节、自由活动环节等播放园所过去的毕业典礼或者颁奖典礼、春节晚会等视频片段，与幼儿共同观看。

2. 教师布置“调查小任务”，邀请幼儿回家调查各种典礼和晚会的基本情况。

3. 在欣赏与调查各种典礼和晚会后，幼儿自主分享：

(1) 什么是晚会？什么是典礼？

(2) 参加各种晚会和典礼通常会有多少人，除了观众，还有哪些重要的人员(幕后台前的工作者)？

(3) 一般常见的节目类型有哪些(歌曲表演、舞蹈、相声、小品等)？

(4) ……(幼儿自己生成的问题)

4. 教师帮助幼儿梳理这些问题，并记录在大张白纸上。教师可以将记录纸展示在班级墙面的特定区域，随着幼儿对毕业典礼筹备的经验增加，可以不断丰富记录。

小贴士

- 此活动作为毕业典礼的前期调查准备活动，可以给予幼儿一定的自由和自主权利，除了欣赏教师准备的资料以外，还可以请父母在家寻找幼儿感兴趣的视频资料来欣赏和调查。教师除了建议幼儿对基本概念要有所了解以外，其余分享问题可以以幼儿生成问题为主。
- 此活动重点旨在让幼儿真正理解举行毕业典礼活动的意义，且能根据调查结果有自己的判断和理解，便于后期毕业典礼活动的开展，而不是盲目跟从排演要求而已。

活动31 毕业典礼1（策划环节）

活动形式：■集体
重点领域：■艺术

活动目标

认知： 知道毕业典礼包含的基本环节，有开场、节目表演、证书领取、感谢帮助我们的大人等。

情感：体验为自己策划一次难忘、动人的毕业典礼的成就感。

能力：能够合理安排各个环节、各个节目参与的人数和时长。

活动准备

幼儿在活动前简单了解过各类典礼与晚会的形式与内容，大的白卡纸、水彩笔或马克笔，幼儿大头照若干(每人至少三张，背后黏有蓝丁胶)。

活动过程

一、分享与讨论

教师与幼儿共同分享讨论毕业典礼相关话题，梳理前期经验，达成统一。

- 毕业典礼是什么？什么时候举行？(毕业典礼是一种正式的仪式，表示小朋友们完成了在幼儿园三年所有的学习任务。在小朋友们离开幼儿园进入小学之前举行)
- 一般都有哪些人来参加毕业典礼？(一般参加毕业典礼的有小朋友、老师、园长还有家长和亲人们)
- 谁来准备/谁来策划毕业典礼？(在幼儿园的毕业典礼，是由老师和小朋友一起策划的)
- 你心目中的毕业典礼是什么样的？
- 毕业典礼中有哪些必要环节吗？(毕业典礼中有开场、节目表演、领取证书、感谢老师和其他帮助过我们的大人这几个必要的环节)

小结：毕业典礼是学校的一种仪式。通常，是学校里的一届学生完成学业之后，将要离开学校时，学校为他们举行的一种正式的仪式。幼儿园的小朋友快毕业了，马上要离开幼儿园，也需要举办一个毕业典礼。

二、环节策划

- 今天我们一起来策划自己的毕业典礼，你们有什么大胆的想法都可以说出来。
- 在毕业典礼的准备过程中你有什么建议？
- 有哪些环节，我们今年的毕业典礼一定要有？
- 为什么开场一定要有？××节目一定要有吗？

教师与幼儿共同决定毕业典礼应有的环节、创意的环节，并在较大的白卡纸上进行符号记录。如：开场环节(打击乐演奏＋主持人报幕)、节目表演1(儿歌)、节目表演2(舞蹈)、证书颁发等。

小结：开场、感谢老师、感谢家长、闭幕，这些环节是毕业典礼一定要有的，可以告诉大家这是毕业典礼的开始与结束。另外，领取证书、表演节目也是一定要有的，表示小朋友们长大了，学会许多本领，可以去做小学生了，这也是毕业典礼的意义。

三、环节分工

- 你想参与毕业典礼的哪个环节、哪个节目？
- 各个环节和节目，除了表演的人，还需要其他工作人员吗？
- 如果有许多小朋友都想表演一个节目，怎么办？

当环节内容确认后，教师与幼儿进行分工，确认各环节顺序、参与人员、参与数量等，并将负责各个节目或者环节的幼儿大头照贴在卡纸相应的位置。如，节目表演3(古诗朗诵)，幼儿：A、B、C。

小结：今天我们大致决定了毕业典礼中主要的环节与负责的小朋友，接下来就要展开各自的联系与准备了。

四、延伸环节

每个环节、节目的负责人和参与的幼儿，在教师的支持下自行安排合适的时间进行排练。

- 什么时候可以排练节目？

➤ 如何准备节目？
➤ 除了表演的排练，道具是不是也要准备？

小贴士

- 在活动策划过程中，教师除了确保毕业典礼中的主要环节，还可以听取幼儿的意见，选择合适的内容采纳，允许幼儿用自己天马行空的创意装点自己的毕业典礼（节目内容建议包含《子路染布》和《孔子采灵芝》两出戏剧表演）。
- 在策划过程中，卡纸上的记录建议大多数都由能力强的幼儿与教师完成，因为本次活动的目的不在于符号的记录与表述，而是有内容的记录和参照，提供给幼儿选择。
- 延伸环节中的节目排练，教师尽量鼓励有责任、有能力的幼儿带头组织，自行完成，教师起到辅助作用。如某个小组，或某个节目进度落后，教师可以适当提醒支持。

活动32 毕业典礼2（排练节目）

活动形式：■集体
重点领域：■艺术

活动目标

认知：了解节目排练的主要方式，以及齐奏、独奏、轮奏等各种演奏形式。
情感：喜欢随乐演奏，积极参与展示自己设计的演奏方案的活动。
能力：初步学习设计演奏方案，追求音色、音量的表现力。

活动准备

准备用作毕业典礼开场音乐的一段节奏较为明快的音乐，乐器若干：串铃、响板、双响筒、木鱼、三角铁等。

活动过程

一、介绍开场歌曲

➤ 你们觉得毕业典礼的开场音乐应该是什么风格的？为什么？
➤ 听一听，这首曲子表达了什么样的场景？什么情感？

教师播放毕业典礼开场曲，邀请幼儿共同欣赏、表达感受，并大胆联想其与毕业典礼的关系。（开场曲的选择可以是幼儿园的园歌、与毕业相关的较为欢快的歌曲或与夏天相关的轻松明快的乐曲等）

小结：毕业典礼是一件开心的事情，也是一个令小朋友们自豪的仪式。较为欢快的曲子，能够体现夏天的热情和大家聚在一起的喜悦。

二、选择演奏乐器

➤ 听了这首开场曲，你们觉得可以配合哪些咱们熟悉的乐器来演奏？
➤ 串铃、响板、双响筒、木鱼、三角铁，这些乐器的音色/音调怎么样？哪些适合演奏我们的开场曲？有不合适的吗，为什么？
➤ 使用串铃/响板/双响筒/三角铁演奏的时候，应该使用怎样的力度？怎样的节奏？谁愿意来试一试？

➤ 我们根据乐器来分组，谁愿意来参与串铃/响板/双响筒/三角铁组？

教师与幼儿共同欣赏各个乐器的音色、音调，并尝试演奏。在了解各种乐器的基础上，教师引导幼儿进行分组，准备演奏。

小结：不同的乐器有不同的音色和音调，例如串铃声音清脆，但是发声的时间较长；双响筒声音清脆、结实，敲击的部位不同，音调也不同……

三、设计演奏方案

➤ 还记得我们之前唱歌学习了齐唱、独唱和轮唱吗？谁来说说分别是什么含义？

➤ 猜一猜，齐奏、独奏、轮奏是什么意思？

➤ 请你们为开场曲设计演奏方案，怎么演奏和分工好呢？

➤ 第一段，由哪个乐器小组来演奏？接下来呢？

➤ 是不是可以两个乐器小组一起演奏呢？

幼儿分组结束后，教师引导、支持幼儿进行乐曲的分段演奏，如有需要可以用符号的形式记录，帮助幼儿记忆，如：第一段三角铁组、第二段响板和双响筒组、第三段所有小组一起演奏等。

小结：独奏通常是指是一件乐器单独演奏；齐奏是指多件同一种乐器一齐演奏；轮奏是指不同乐器轮流演奏。我们这里以小组为单位进行演奏。

四、尝试按照方案进行演奏

教师再次播放音乐，并作为指挥，邀请幼儿按照上一环节设计的方案进行演奏练习。

小贴士

- 活动乐器的选择，应该尽量选择幼儿之前使用过、较为熟悉，且彼此音色具有反差的，如：三角铁发出金属声，双响筒是木质声；三角铁发出短促声，串铃发出连续声。提供给幼儿对比，引导幼儿发现不同。
- 在毕业典礼的开场乐曲演奏节目尽量建议所有幼儿共同参加，让每个幼儿都能体验到参与感和成就感，因此演奏内容不宜选择过难，而是要让每个幼儿都有自己展示的机会。

活动33 毕业留影

活动形式：■日常

重点领域：■社会 ■艺术

关键经验

与自己依依不舍的朋友、老师、弟弟妹妹甚至是幼儿园的各处景观道别，完成毕业留影。

活动准备

照相机、手机或者平板电脑（有拍照功能即可）。

活动过程

1. 幼儿熟悉照相机等电子产品的拍照功能，了解拍照、对焦、变焦等主要按键。
2. 幼儿邀请自己的好朋友、教师或弟弟妹妹到幼儿园各处，选择自己喜欢的场景留下合照（可以是邀请他人帮忙合照、给好朋友拍独照或几人自拍）。

3. 幼儿为幼儿园中自己喜爱的设施、场景和景观留影（滑滑梯、独木桥、自然角、石榴树等）。

4. 幼儿与同伴分享自己拍摄的照片，并说说留影的原因。教师在活动后协助打印照片，在照片背后贴上幼儿对照片进行讲述的原话等，方便幼儿带回家或者放入幼儿的成长档案作为珍贵留念。

小贴士

- 每个人心中对美的理解不一样，每个幼儿都有自己的好朋友和自己喜欢的幼儿园的一角。摄影就是一种便捷易操作的保留回忆、表达不舍的方式。幼儿对幼儿园的眷恋，可能并不只集中在人上，还有对物、对环境的不舍，此活动也提供了一个爱的输出与表达的机会。

活动34 毕业典礼3（排练队形）

活动形式：■集体
重点领域：■艺术

活动目标

认知：了解队列中的横队、纵队等其他基本队形。
情感：愿意挑战有一定难度的任务，并努力完成。
能力：能够结合以往韵律操的经验进行节目队列的设计。

活动准备

幼儿头像照（至少每人3张，背后贴有蓝丁胶），幼儿熟悉的韵律操或早操音乐，大卡纸若干，手工纸若干，记号笔。

活动过程

一、简单纵队

教师播放幼儿日常韵律操音乐，请幼儿排成最简单的三列纵队完成韵律操。结束后，请一名幼儿在大卡纸上画下队形，并邀请其他幼儿将自己的头像贴在大卡纸上。

➤ 刚才我们做韵律操的时候，是怎样排队的？为什么要排队？

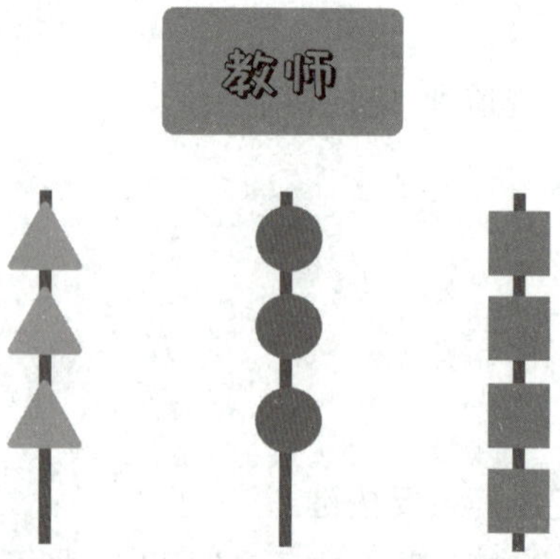

三列纵队

➤ 谁愿意在卡纸上画出队形？

➤ 这三条线，表示什么？老师站在哪里？

➤ 你站在哪里？你在谁的后面/前面？

小结：队形就是一队人排队的方式，通常在做操、表演或者拍照的时候，需要排一个特殊的队形，既整齐又好看。

二、不同的队形

幼儿分享自己知道的队形，并尝试在大卡纸上记录。每当一个队形得到大多数幼儿的欣赏和认同时，教师邀请幼儿在大卡纸上贴上自己的头像照片并尝试排列。

- 我们毕业典礼也需要排队形，除了刚才的三列纵队（竖着的队伍），你还知道哪些队形吗？
- 如果画在卡纸上，可以如何表示？
- 这个队形好看吗？排成这样有什么好处？
- 排这个队形，小朋友要分几组？每组几个人？
- 第一排几个人？第二排呢？谁愿意来试一试？

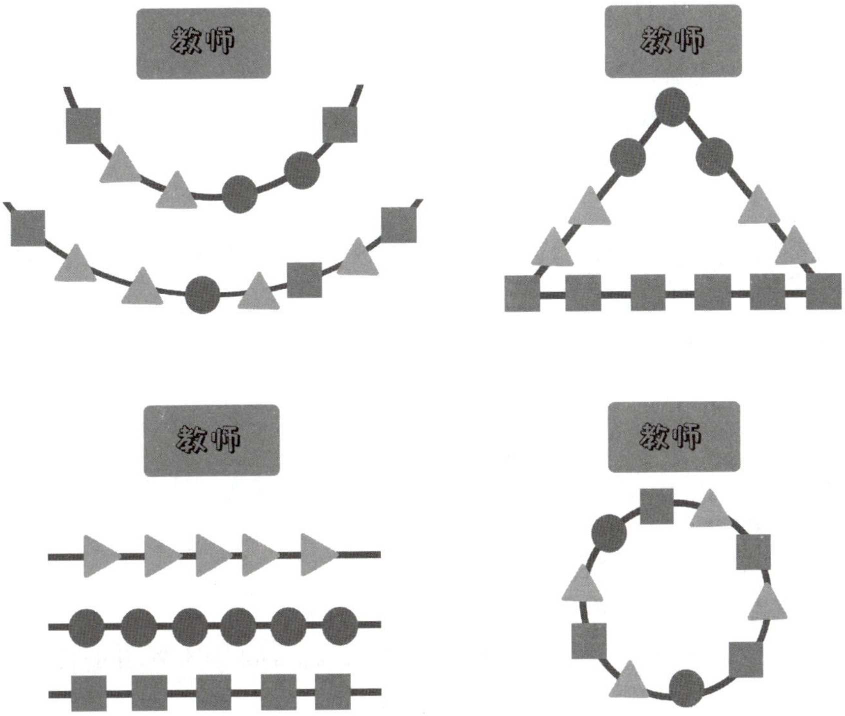

不同的队形

小结：不同的队形，有不同的效果，也可以容纳不同的人数。如果毕业典礼中一个节目需要全班一起来表演，那么要选择能够站下很多人的队形；如果一个节目只需要几个小朋友，那么可以选择人数较少的队形。

三、各小组排练队形

- 还记得毕业典礼有哪些节目吗？你们的节目需要排列队形吗？
- 各个节目小组成员们，你们的节目适合什么队形呢？

幼儿按照节目组别进行队形排练，教师提供卡纸、幼儿头像照片、记号笔等支持，帮助幼儿进行记忆和队形设计。

小贴士

- 本次活动建议队形排列由易到难，先从空间方位较容易理解的横队和纵队展开，或用幼儿生活中常用的队形作为基础。当幼儿画出非常难排的队形时，教师不宜直接否定，而应该请幼儿先尝试，成功则采纳，不成功则调整修改。
- 在毕业典礼前夕，幼儿的节目排练和队形站位需要较大的空间，建议教师可以提供大活动室、操场等合适的环境，支持幼儿进行排练。

活动35 挑战鲁班球

活动形式：■区角
活动区角：■益智

关键经验

1. 专心地投入操作和游戏，在遇到困难时不轻易放弃。
2. 能够在规定时间内挑战鲁班树和鲁班球的拼装游戏。

活动材料

鲁班树、彩色鲁班球、原木色鲁班球若干，一分钟沙漏，计时器，彩笔，记录表（教师事先在记录表上贴出全班幼儿的大头照）。

幼儿已经基本掌握鲁班树和鲁班球的玩法。

游戏玩法

玩法一：计时赛

1. 幼儿两人一组，可由一人参赛，另一人负责计时。
2. 两人协商、确定好比赛的内容，如拼装鲁班树或鲁班球。
3. 参赛者先将鲁班树/鲁班球拆开，做好准备。
4. 计时者将沙漏翻转，倒计时一分钟开始后，参赛者立即开始将拆开的鲁班树/鲁班球拼装起来。
5. 两人轮流参与计时赛，比一比谁能在一分钟内成功拼装鲁班树/鲁班球，用时最短者获胜。

玩法二：挑战赛

1. 4名幼儿进区，幼儿协商选出一名裁判，其余3名作为选手。
2. 比赛规则：3名选手按照顺序，先后完成桌面鲁班树、彩色鲁班球、原木色鲁班球的拼装。
3. 裁判用计时器计时，并记录他们正确地、完整地完成拼装的先后顺序，填入记录表中。
4. 用时最短者获胜，可与同伴分享自己的获胜秘诀。

观察要点

- 幼儿能否专注地参与到鲁班树/鲁班球的拼装游戏中。
- 幼儿能否熟练掌握鲁班树/鲁班球的拼装方法。
- 幼儿在遇到困难时能否反复尝试，不轻易放弃。

小贴士

教师要结合班上幼儿实际的经验水平来适当调整该活动的难度或形式，避免出现因活动难度太大，幼儿不愿意参与游戏的情况。而且教师可以鼓励幼儿大胆讨论，自主设计比赛规则，激发幼儿的参与积极性。

活动36 毕业邀请函

活动形式:■区角
活动区角:■美工

关键经验

结合自己对毕业典礼的了解,设计一张毕业典礼邀请函。

活动材料

彩色卡纸,水彩笔、油画棒、蜡笔、勾线笔等,幼儿喜欢的贴纸若干,剪刀,胶棒,照片(毕业照、集体照)等。

游戏玩法

1. 在确定本班毕业典礼时间、地点后,幼儿根据这些信息设计毕业典礼邀请函。

2. 幼儿选择自己喜欢的、合适的材料与工具,制作毕业典礼邀请函。邀请函的内容建议包括封面(上面写上"毕业典礼邀请函")、时间、地点、邀请对象、回执、主要节目等。

3. 幼儿制作完邀请函后,将其发出。可以邀请自己的爸爸妈妈或祖辈参加毕业典礼,如有回执部分需回收交到教师处。

观察要点

- 幼儿是否清晰了解本班/本年级的毕业典礼主要信息,并尝试用生活中常见的、大家看得懂的文字符号进行表达。
- 幼儿是否了解"邀请函"的真正作用与意义,能够将其送出并邀请亲属参加自己的毕业典礼。
- 幼儿能否选择合适的材料与工具,独立完成邀请函的制作。

小贴士

- 教师鼓励每名幼儿都创作自己的毕业邀请函,并亲自送到家长手中,增加毕业典礼的仪式感。如果同一名幼儿希望邀请多名家长或亲人,在条件允许的情况下,可以多制作几张邀请函。
- 在幼儿有"回执"经验的基础上,教师可以建议幼儿在邀请函上添加"回执"部分,方便确认参加人数。

活动37 绘本阅读:《倾斜的鸟窝》

活动形式:■区角
活动区角:■语言

关键经验

能够根据画面中提供的线索,明白"大树倾倒"的前因后果,并尝试讲述故事中小伙伴们"救小鸟"的过程。

活动材料

巧手鲁班系列儿童绘本《倾斜的鸟窝》或故事 Flash；录音设备或手写记录材料，如：手机、纸和笔。

配套电子资源：故事 Flash。

活动提示

一、阅读前

教师提出“有意义的事情”这一概念，帮助幼儿理解“意义”的含义，同时引导幼儿回忆和小伙伴们在幼儿园的时光，尝试讲述一起做过的有意义的事情。讲述完毕，教师引出巧手鲁班和香香在乐学乐园做的一件有意义的事，制造悬念，激发幼儿的阅读兴趣。

- 你们知道“有意义的事情”是什么意思吗？
- 说一说你做过的有意义的事情。

小结：原来，有意义的事情可以是让人开心的事、帮助别人的事，也可以是自己喜欢做的事。最近乐学乐园的小伙伴们也做了一件有意义的事，鸟妈妈还给他们送来了感谢的礼物。我们一起去区角里看一看绘本《倾斜的鸟窝》吧！

二、区角中的阅读

1. 幼儿进入区角自主阅读，完整阅读之后，教师通过提问帮助幼儿进一步了解事情发生的前因后果，并尝试用“因为……所以……”的句式进行表达。

- 鸟妈妈为什么哭着来乐学乐园？发生了什么事？
- 大树为什么会倒呢？想一想因为什么？

2. 幼儿以联想的方式，联系生活经验，想象在生活中很多大树消失了的话，会发生什么事，教师可以用录音或者手写的方式将幼儿的想法记录下来。

- 你在生活中有没有看见过倒下的大树？
- 世界上很多大树都消失的话，会发生什么事呢？
- 小鸟会没有家，夏天失去了乘凉的地方，没有那么多绿色了。

3. 幼儿翻阅完绘本，基本了解故事情节之后，可以邀请同伴一起进入区角，尝试讲述故事中主要角色“救小鸟”的过程。

- 大树马上就要倒了，巧手鲁班和香香想了一些什么办法救小鸟？
- 还有一些什么办法可以救小鸟？

三、阅读后

1. 提醒幼儿在幼儿园的最后一个月，可以去做一些“有意义的事”，并将过程记录下来，可以邀请教师帮忙拍照或录制视频，也可以自己拿画笔画下来，为幼儿园的时光留下一段美好的回忆。

2. 教师用录音设备记录下幼儿的想法，可以剪辑成一段音频投放入语言区，邀请大家来听一听。也可以根据幼儿的想法，创编成一首小诗。

3. 动物和植物都是人类的好朋友，家长和教师可以从绘本出发，引导幼儿接触一些关于环保的知识，如：树的作用、水土流失、动物保护等。

观察要点

- 幼儿是否主动参与讨论。
- 幼儿能否说出故事发生的前因后果。
- 幼儿能否找准画面线索，描述出故事角色“救小鸟”的过程。

小贴士

- **自信**

5岁是幼儿的自我评价、自我情绪体验和控制快速发展的阶段，依托绘本，结合本月“再见，幼儿园”的主题活动，我们鼓励幼儿进一步认识自己，了解自己喜欢的事物，勇敢地做出自己的选择，从而将这些“有意义的事情”记录下来，也为将来步入小学将要独立面对很多事情做进一步的准备。

- **保护环境**

自然与人类生活有着不可分割的密切关系，幼儿成长的过程也是逐渐社会化的过程，在步入小学之前，教师和家长可以引导幼儿初步了解人们生活与自然环境的密切关系，知道珍惜、爱护动植物，保护环境。

活动38 毕业典礼4（毕业海报）

活动形式：■集体
重点领域：■艺术

活动目标

认知： 知道活动海报中需要呈现的主要元素。例如，活动时间、地点、活动内容等。

情感： 愿意投入到毕业海报的设计活动中，表达自己邀请观众的心意。

能力： 能够运用各种美工绘画技能，合理安排布局，凸显海报主题。

活动准备

幼儿班级集体照（毕业照），马克笔，各色手工纸，剪刀，各种彩笔，白色大卡纸，录音贴纸（可搭配点读笔），颜料，点读笔，胶棒，贴纸。

教师可提前收集各类海报，贴放在美工区供幼儿欣赏、参考。

活动过程

一、海报欣赏

教师出示各种海报提供幼儿欣赏，邀请幼儿分享自己对“海报”的认识与理解，大胆表达自己对海报上文字、符号或图片的猜测。

- 这是什么？什么是海报？你在哪里看到过海报？
- 海报上有哪些元素？你看得懂吗？试着猜一猜？
- 这个符号/文字/图片表示什么？
- 为什么要张贴海报呢？

小结：海报是一张大大的广告，是一种宣传载体。我们看到的海报常用于电影、戏剧或者其他活动的宣传，希望更多人能够看到这个作品。海报中通常包括活动的内容、主办单位（谁举办的活动）、时间、地点等内容，常常利用图片、文字、色彩这些元素来把信息告诉大家。

二、毕业海报设计

- 我们的毕业典礼，也需要宣传。你们觉得，毕业海报上，应该有哪些信息呢？
- 毕业典礼的主要信息，可以画在海报的哪个部分？使用怎样的颜色？是画大一点还是画小一点？为什么？
- 如果小朋友不会写字，怎么办？可以用什么样的符号来代替？
- 除了这些主要信息，还能在海报上放些什么内容呢？

幼儿分享对自己班级毕业海报的设计思路，并且在教师支持下做到较为清晰地表达与科学地排版布局。

小结：毕业海报中，需要包含毕业典礼的内容、时间、地点、参与人员。在设计毕业海报的时候，要把最主要的信息用最大的字号、最显眼的颜色，放在合适的位置，让看到海报的人不仅了解我们的活动，也拥有被邀请的感觉。

三、毕业海报制作

- 一张巨大的海报，一个人肯定没办法完成，你们希望怎么做？
- 可以怎样分组？哪个小组负责绘画？哪个小组负责装饰的部分？

在按照海报内容进行分组后，幼儿开始毕业海报制作。教师提供各种美工材料请幼儿任选任用，完成海报制作。在制作过程中，教师巡回指导支持，保证幼儿在使用材料时的安全性，同时提醒幼儿没用完的物品要物还原样、物归原处，并将垃圾清理干净。

小贴士

- 本次活动的纸张提供建议按照幼儿人数以及希望张贴海报的位置地点来决定。活动中提供的材料可以是源于幼儿生活的内容，不仅可以是日常美工制作时会用到的工具材料，也可以是生活中常见的物品，如：彩色的纸巾、蛋糕盒子的包装丝带、幼儿在日常活动“毕业留影”中拍摄的照片。
- 当集体进行一个较为大型的美工创作活动时，教师除了提醒幼儿用完的物品物还原样、物归原处以外，还需要提供适当数量和规模的垃圾桶等，帮助幼儿及时做好垃圾的收集和清理，增强环保意识。

活动39 毕业典礼5（毕业礼赞）

活动形式：■集体
重点领域：■社会 ■艺术

活动目标

认知：知道感恩有多种表达形式，毕业典礼是其中的一种。
情感：通过参与毕业典礼，体会到做一件事从过程参与到结果的呈现的成就感。
能力：能在毕业典礼中自信地表演和参与，并对身边的人表达感谢。

活动准备

毕业海报，气球等装饰，毕业典礼邀请函，与毕业典礼各个节目相匹配的舞台、人员及道具准备。

教师与幼儿提前邀请家长到园参与。

活动过程

一、布置毕业典礼环境

教师带领幼儿一起装饰、布置毕业典礼的外部环境，包括将之前绘制的毕业典礼海报贴在合适的地方、装饰节目表演的舞台、摆放观众座位等。

- 我们马上就要举办毕业典礼了，你们觉得教室/大厅/幼儿园环境需要布置一下吗？怎么布置？
- 哪些材料可以用来装饰？
- 除了美美的装饰，还要为毕业典礼做什么准备吗？

小结：毕业典礼的准备，除了前期我们排练的节目，还要完成毕业典礼当天的舞台装饰、座位安排等，保证来参加毕业典礼的嘉宾们都感受到我们满满的诚意。

二、毕业典礼

- 今天我们大×班的小朋友们就要毕业啦！我们特别荣幸邀请到各位家长和长辈来参加我们自己设计、创编、排练的毕业典礼，希望向大家展示小朋友们最好的一面，向大家证明我们有能力做一个合格的小学生！

教师主持毕业典礼的开场仪式，欢迎各位家长与长辈的到来。随后作为支持者，将主导权交还给幼儿，协助幼儿举行一场幼儿自己设计、创编、表演的毕业典礼，鼓励幼儿展示自己的风采，表达自己的感谢。

毕业典礼的主要环节包括：

(1) 集体表演开场乐曲

(2) 各小组表演节目

(3) 全班幼儿参与的戏剧表演剧目(见《论语》戏剧活动部分)

(4) 园长/教师为幼儿颁发毕业证书

(5) 幼儿发表感谢致辞

三、分享与交流

- 毕业典礼到此结束！小朋友们，还有什么话想对自己的爸爸妈妈/爷爷奶奶/外公外婆说的吗？
- 各位家长们，看完了这台毕业典礼，你们有什么想对小朋友说的吗？在整场毕业典礼中，最打动你的是什么？

毕业典礼结束后，教师邀请幼儿与家长分别发表自己的感受与祝福。

小结：三年来，小朋友们在幼儿园中学到了许多本领，今天也展示给了所有家长、朋友。我们在有爱的环境下养成了有爱、专注的性格，自信、勇敢、懂得照顾自己和他人，并学会了感恩。今天就用这一台毕业典礼，表达对自己的认可，也表达对大家的感谢！

小贴士

- 这一活动可根据教师所在幼儿园、班级的情况进行针对性调整。例如，第一环节布置环境，如果场地较大或需要耗费较多的时间，则建议提前1—2天完成。
- 为了让毕业典礼顺利进行，建议一名教师作为台上主持人或控场，支持幼儿的节目顺利衔接和表演，另一名教师和保育员一起作为后台的协助者，帮助幼儿准备节目、穿脱表演服装、整理道具等。

活动40 毕业照

活动形式：■集体
重点领域：■艺术

活动目标

认知：知道毕业照的人物排列存在前后遮挡关系。
情感：用作品表达毕业时各自对友人依依不舍的情感。
能力：尝试以合作绘画的形式完成“毕业照”，有初步的合作能力。

活动准备

班级毕业照，黑色记号笔，白色大卡纸，水彩笔或者油画棒等涂色工具。

活动过程

一、回忆拍毕业照的情景

教师出示毕业照，与幼儿共同欣赏与讨论拍摄毕业照的方法与意义，并引导幼儿发现毕业照中的幼儿前后有遮挡关系。

- 这是什么？
- 为什么要拍毕业照？
- 小朋友们是怎样拍摄毕业照的？大家前后站立的时候，站法有什么讲究吗？

小结：毕业的时候，大家都会拍毕业照作为留念。拍毕业照要安排好各人员的位置，让所有的小朋友的脸都要出现在照片里。虽然前后排会有遮挡，但是在上下前后布局合理的情况下，所有的人都能有一部分被看见。

二、合作绘画毕业照

幼儿讨论如何合作绘画毕业照。分小组后，幼儿确认谁画毕业照中的第一排，谁画第二排，且画后面几排的幼儿需要明确重合遮挡部分的呈现方式。

- 今天我们要合作绘画毕业照。
- 怎么合作画毕业照呢？
- 画几排，先画第几排再画第几排？
- 谁画在什么地方？

教师给每个小组发放一张大卡纸、黑色记号笔若干和涂色工具，并巡回指导。

小结：合作，就是大家一起来完成。今天的任务，就是同组人员既要有分工，又要有合作，共同完成一幅毕业照的绘制，作品里面包含所有班级里的小朋友。

三、分享与交流

幼儿分享各自小组绘制的毕业照，教师引导幼儿自评或互评，说说各自优秀的地方与需要改进的地方。

- 说一说，这张毕业照好在哪里？
- 说一说，这张毕业照需要改进什么？
- 毕业照中的这个小朋友是谁？你们猜得出吗？

小结:拍一张毕业照,能让大家留作纪念;画一张毕业照,能在心里表达自己对朋友的情感。无论用什么形式,人员布局都要合理,表现出人物的特点。

小贴士

- 此活动建议在毕业照拍摄后进行。当幼儿对毕业照的站位、拍摄过程有了一定的了解后,在绘制的过程中更加容易通过实际经验理解人物的前后遮挡关系。
- 在此活动中,由于有了中班的基础,遮挡关系的体现对幼儿已经不是最大的挑战,合理安排布局和对同伴的形象特征进行表达,才是对幼儿绘画的进一步要求。对此,教师的支持策略可以是请幼儿提前了解各类毕业照的布局、观察同伴的特征,或在幼儿绘画过程中利用 PPT 滚动播放相关照片来给与支持。

主题分享与展示

“再见,幼儿园”这个主题,是幼儿在园生活三年里的最后一个主题。幼儿从参观小学校园,再到了解幼儿园与小学的差异,学习自主记录小任务,自主准备学习用品等,为接下来的小学生活做好了充分的准备;同时,这也是道别的一个月、展示收获的一个月。幼儿会从毕业典礼的策划与准备中感受自己的成长,与同伴合作,让友情延续。在这个承前启后的夏天,我们在本月的主题月结家长展示中,给老师提供如下建议:

“好朋友不再见”作品展

这个月里,幼儿通过制作名片,为彼此录制音频祝福、为好友捏泥塑等各种方式,梳理了自己与好朋友们之间的友谊。建议教师在这个月的总结或者毕业典礼中,提前在走廊或者幼儿园大厅等公共区域,布置“好朋友不再见”作品展,将幼儿对朋友真诚稚嫩的祝福和各具特色的作品呈现出来。

毕业典礼

与以往的主题不同,这个主题的月结活动教师很有可能会将它和毕业典礼一起开展,除了毕业典礼本身的流程和准备,教师还可以将幼儿在毕业典礼之前参与筹备典礼、准备道具、努力练习节目的照片、视频和自己设计的“毕业典礼邀请函”投放到家长通往毕业典礼会场的路上,或者作为毕业典礼的开场暖场视频播放。相信这个过程,会让家长看到幼儿的成长和变化。

我向往的小学

除了向家长展示幼儿的小学写生作品、幼儿对于小学生活的担心以外,教师在“我向往的小学”主题墙上,可以融入幼儿操作摆弄小学相关物品、写生场景或者幼儿自己整理书包的照片等,展示幼儿已经初步具备了“成为小学生”的能力。

好性格成长记录

这一个月里,幼儿围绕着小学生活和毕业告别做了很多的准备,回顾和整理了自己和朋友之间的情谊,同时也在不断地创作和表达。教师可以将上述展示活动中的素材:幼儿的写生、泥塑作品、幼儿的名片、幼儿为毕业典礼设计的邀请函和在活动过程中拍摄记录幼儿合作、分享、有他人意识的照片等都保存下来,与配套的《家园共育包》中大班下学期的主题评价表和部分有作品记录的活动页,一起放入幼儿的成长档案中。

时光荏苒,三年很快就过去了。但相信一路走来,感受到爱的滋养的幼儿,一定能够让好性格、好习惯助益自己的一生。

特色活动

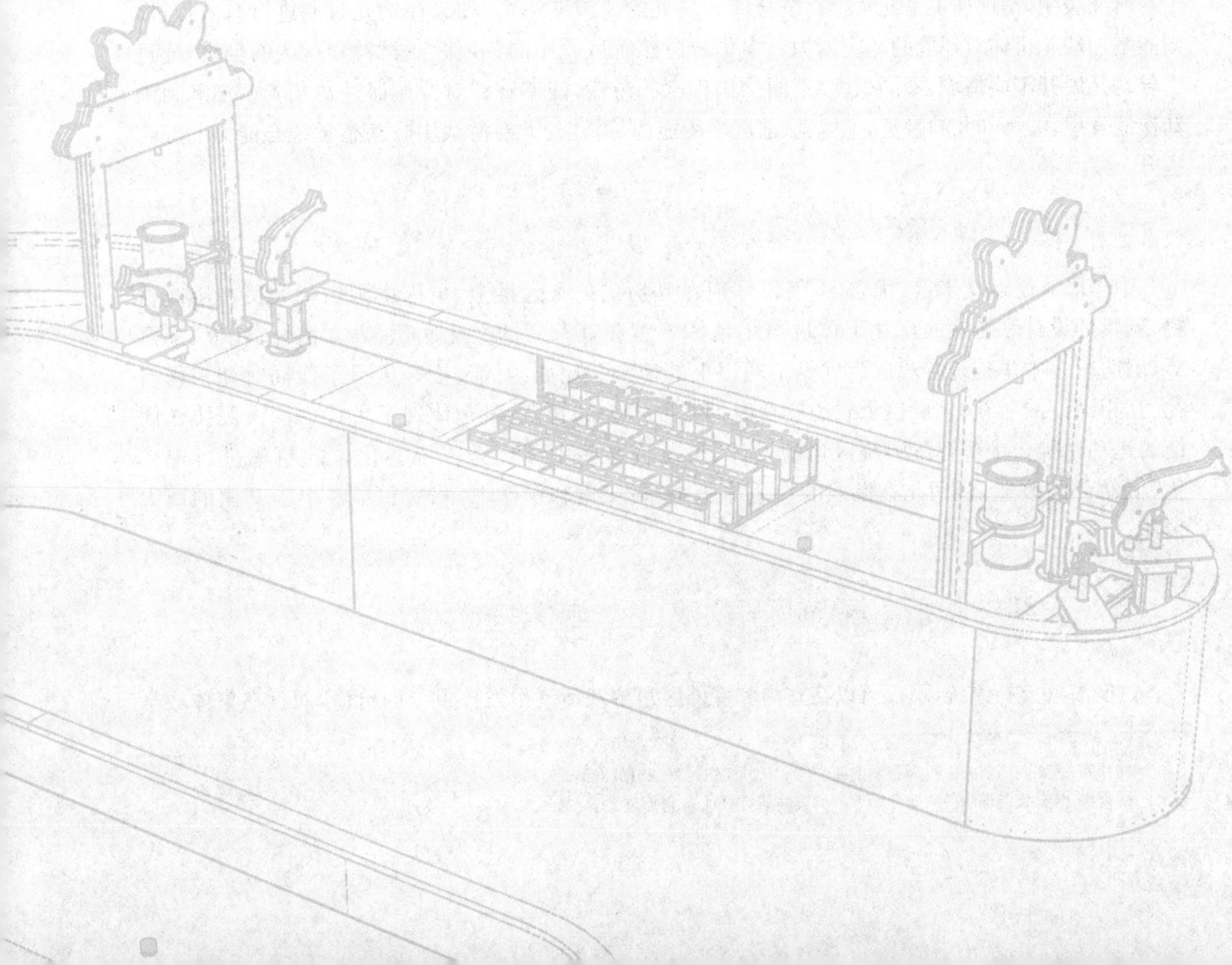

中华智慧感统区角游戏

一、中华智慧感统区角创设说明

（一）什么是中华智慧感统区角

视频：“中华智慧感统体验区”

中华智慧感统区角，又称“中华智慧感统体验区”，是以中国优秀传统文化为基础，综合了古建筑智慧如“塔”、木艺智慧如“榫卯结构”，古代“六艺”如“射”“蹴鞠”，和以宥器、都江堰、三峡工程为延展的水利智慧等研发的一套让幼儿在游戏中了解、感受、内化中国文化，发展感觉统合能力的综合性区角游戏系列。

（二）中华智慧感统区角的感统发展的价值

感觉统合是脑神经系统将不同的感觉信息进行整理及组织，使我们能认识四周环境及自身的需要，继而有效地引发切合环境需要的适应性反应。[1] 感觉统合能力失调，会对幼儿造成不同的影响。例如，本体觉失调的幼儿，往往表现为方向感差、容易迷路、无法控制力量、不善于玩积木、组装东西、害怕旋转、容易摔倒等；前庭平衡觉失调的孩子往往表现为协调能力不好、语言发展迟缓、阅读有障碍、好动等。

研究表明，学前期正是儿童感觉统合能力发展的关键期[2]。如果在幼儿时期进行有效促进，则能增加幼儿机体对环境的适应能力。中华智慧感统区角中的各项游戏材料和玩法的创设，通过引导幼儿展开不同情境、不同难度、不同结构程度的游戏，能够有针对性地促进幼儿各精细和粗大动作的发展，锻炼幼儿的触觉、本体觉、前庭平衡能力等，让幼儿在游戏中收获感觉统合能力的综合提升。

（三）中华智慧区角的文化传递价值

中华民族游戏史丰富、优秀，不仅仅体现在其历史的久远性上，更因中国历代人民在游戏材料、玩具的设计和游戏的玩法上体现出了精妙智慧和其背后的文化底蕴、人文情怀、礼仪、寓意等，因此很多中华传统游戏成为世界游戏史上的瑰宝。比如：射箭、投壶传承了西周时期彬彬有礼、互相谦让的射礼；鲁班锁承载了春秋时期工匠木艺的智慧；蹴鞠体现了古代中国人民协作团结的运动精神。中华智慧感统区角的设计，正是将这些中国优秀传统文化中的精华进行现代化、低幼化的改造，让幼儿在游戏的快乐体验中、在探索和操作中，感受和了解中华文化的博大精深。

二、开展中华智慧感统区角游戏活动的基本原则

这套游戏支持系统，不仅可以在室内和室外区角游戏活动中发挥重要的价值，而且在集体教学

[1] 林伟明.感统训练对儿童行为影响的研究[J].中国校外教育，2019(33)：28-30.
[2] 胡秀杰.感觉统合训练融入幼儿园课程的策略研究[D].东北师范大学，2006.

活动、亲子活动、日常活动中也能够很好地融合，同时还可以用于打造园所的特色功能室。教师可以根据自身园所的实际情况及班级幼儿的发展水平灵活利用。整个游戏系统重视幼儿感觉统合、科学、艺术、工程等能力的发展，也重视幼儿好奇、探究、合作、创意、专注坚持、问题解决等素养的发展。这套游戏活动的设计原则有如下 4 点：

(一) 遵循年龄特点，由易到难

不同的年龄阶段，幼儿的发展水平和所处的发展阶段也不相同。在实际的活动开展过程中，教师可通过提供进阶式的玩教具，创设具有层次性的任务与场景，设置不同难度的游戏规则等方式来调整游戏的难度，不断地为幼儿提供游戏支持。

(二) 重视不同结构程度游戏的不同价值

中华智慧感统区角中的每一款玩教具都有多元的玩法，玩具和玩具之间也可以进行组合，创造出不同的玩法，无论是有规则的高结构游戏，还是低结构相对自由的游戏，都具有在促进儿童发展、传递文化信息等方面的不同价值意义，两者不可盲目偏废其一。因此，我们为中华智慧感统区角材料设置了不同结构化程度的玩法，满足幼儿的不同需求。我们也鼓励教师结合地域文化特点、幼儿园课程特色等，用玩教具创设出适合本土、适合本园、适合本班的适宜性玩法。在游戏中以幼儿为中心，观察幼儿的自主玩法，无形中提高不同结构、程度游戏的价值。

(三) 运用不同的组织形式，灵活设置

在幼儿园中，组织幼儿开展活动的形式可以被分为个体活动、小组活动、集体活动这三种形式。区角活动多运用个体和小组的形式开展，同时教师也需要注意随着幼儿年龄的增长，逐步增加小组活动，在活动中体现更多的合作、协同、分工。此外，中华智慧感统区角中的玩教具及相关游戏活动也可以被灵活地运用于各领域活动(健康、艺术、科学、语言、社会等)和各类活动(教学活动、区角活动、亲子活动、日常活动等)。

(四) 注重游戏过程中对幼儿的性格涵养

每一款玩教具都具有独特的教育意义，教师在利用不同的玩教具进行教学时，需要结合玩教具本身的特点，有意识地引导幼儿良好行为习惯的形成，从而涵养良好性格。譬如：在投壶、射箭等游戏中，教师需要引导幼儿有序排队，在轮到自己时，专注于游戏中，在没有轮到的时候，能够耐心排队等待；在大型彩虹塔、鲁班树拼装游戏中，引导幼儿以小组为单位，互相帮助，共同完成任务；在小型桌面彩虹塔、鲁班树、鲁班球拼装游戏中，引导幼儿静心探索，在遇到困难时，不放弃，多多尝试。通过针对性的指导，从规则意识、同伴交往能力、专注坚毅的品质、问题解决能力等方面来涵养幼儿的良好性格，同时鼓励幼儿的创造性发挥。

三、中华智慧感统区角中游戏材料的具体玩法说明[1]

(一) 彩虹塔

塔，是一种极具东方特色的传统建筑，在中华文化中，有着庇佑平安之意。融入了七种美好颜色的彩虹塔，是幼儿熟悉的中国动画片《巧手鲁班》里充满快乐记忆的场景。幼儿需要通过完

[1] 中华智慧感统区角游戏的玩法是多样、百变的，从自由游戏到规则游戏都可以实现，我们在此仅提供部分经典玩法，更多的游戏可以由教师和幼儿共同来探索和尝试创设。

彩虹塔

成任务来解锁彩虹塔，从而登顶。在完成任务的过程中，他们将慢慢收获专注、仁爱等品质。这些品质会伴随幼儿一生，构筑成守护他们自己的“吉祥塔”。

中华智慧感统区角中的彩虹塔，被称为“中国式魔方”，无论是供幼儿开展低结构的自由游戏，还是规则的高结构游戏，都能让幼儿爱不释手，在游戏中促进手眼协调、空间建构、颜色配对、问题解决和团队协作等能力的提升。

彩虹塔的设计满足了不同年龄段幼儿的游戏需求，能变幻出各种玩法。

- 搭建彩虹塔

小班活动：自由建塔（见图“自由建塔”）

对于小班幼儿，教师可以鼓励幼儿自由建塔，对颜色和顺序不做要求。

(a)　(b)　(c)

自由建塔

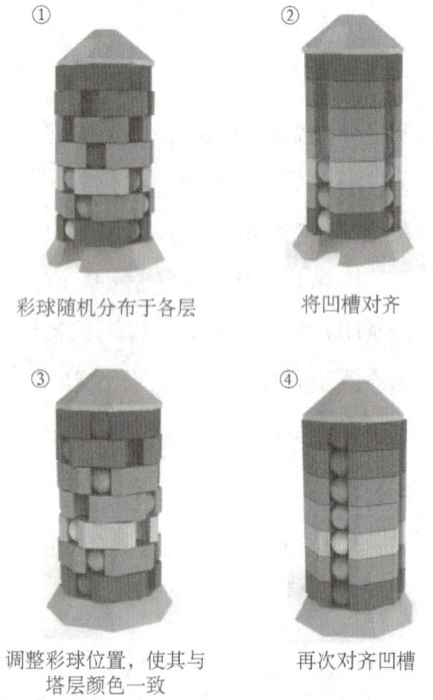

①
彩球随机分布于各层
②
将凹槽对齐
③
调整彩球位置，使其与塔层颜色一致
④
再次对齐凹槽

定色建塔

中班活动：定色建塔（见图“定色建塔”）

对于中班幼儿，教师可以指定彩虹塔每一层颜色排列的顺序，并要求每一层的彩球一定要和塔层颜色匹配，在塔建过程中考验幼儿的颜色识别和排序能力等。

大班活动：取件建塔（见图“取件建塔”）

对于大班幼儿，建塔的游戏就可以更加富有挑战性了，分组配合，取件建塔，试试哪一组能赢得比赛呢？

取件建塔

- 彩虹小路

走平衡，是幼儿室内外都能开展的游戏，将彩虹塔的塔层每个间隔一定的距离铺成小路，让幼

彩虹小路

儿在上面走一走。

- 百变彩虹塔

中班活动：平面建构（见图“平面建构”）

鼓励中班幼儿一起合作利用彩虹塔进行平面建构，自由拼搭不同的图形。

(a)

(b)

平面建构

大班活动：立体建构（见图“立体建构”）

大班幼儿可以挑战更高难度的立体合作建构，为自己造一个沙发或者有趣的机器人吧！

(a)

(b)

立体建构

（二）鲁班树和鲁班球

从《巧手鲁班》动画片中走出来的鲁班树深得孩子的喜爱。它是根据中国传统益智玩具——鲁班锁的榫卯结构原理研发而来。通过巧妙的设计，将原本的球形改造成树的造型，降低了拼插难度。这样，从大鲁班树到小鲁班树，从彩色鲁班球再到原木色鲁班球的解锁和拼装，由易到难，逐级递进，更符合幼儿的认知和能力发展特点。幼儿在自发的操作中，满足了快乐的需求，获得了感统能力的提升。

大鲁班树

● 大鲁班树

小班活动：对对碰

幼儿找到形状相同的鲁班树插件，完成一一对应和归类。

中班、大班活动：合作拼插鲁班树

幼儿通过合作、协商、分工，拆分、拼装大鲁班树。在幼儿能熟练地拆拼大鲁班树后，可进行分组赛，比一比谁能快速拆分并拼装大鲁班树。（见图“大鲁班树”）

● 小鲁班树、鲁班球系列

难度系数一：小鲁班树。（见图“小鲁班树”）幼儿通过观察，发现关键部件的操作技巧，掌握鲁班树的解锁和拼装技能。在幼儿能熟练地拼装小鲁班树后，可进行计时赛，比一比谁能快速拼装出小鲁班树。

视频：“拼装小鲁班树方法”

（a）　　（b）

小鲁班树

难度系数二：三色鲁班球。（见图“三色鲁班球”）相较于小鲁班树，三色鲁班球没有了鲁班树不同零部件形状的提示，幼儿需要依靠颜色的不同和插口的细微区别，不断尝试，发现解密技巧，在反复操作中提高熟练度和速度。

视频：“三色鲁班球拼装方法”

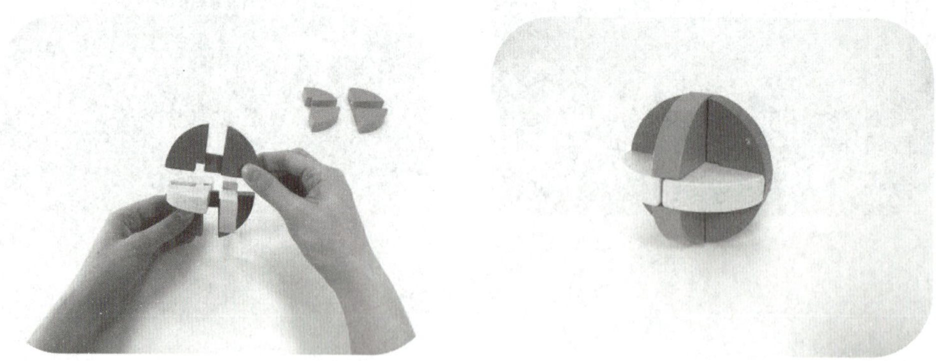

（a）　　（b）

三色鲁班球

难度系数三：木色鲁班球（见图“木色鲁班球”）。木色鲁班球，则完全没有了鲁班树的颜色和形状的提示，要求幼儿仅依靠对不同插件的观察和区分，结合已有的大小鲁班树、三色鲁班球的操作经验，就能独立完成操作，真正掌握鲁班球的“机关”和精妙所在。

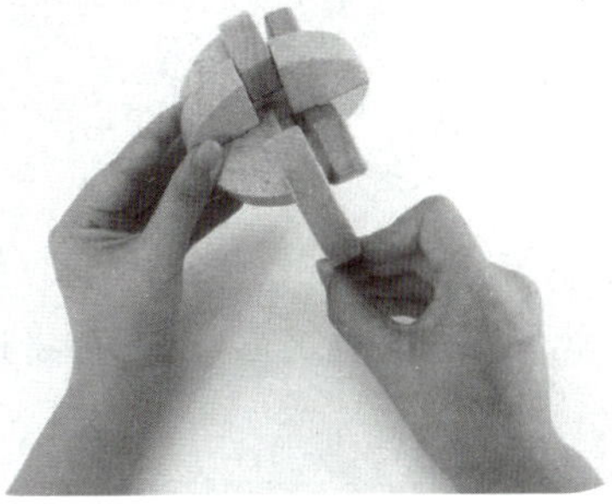
(a)

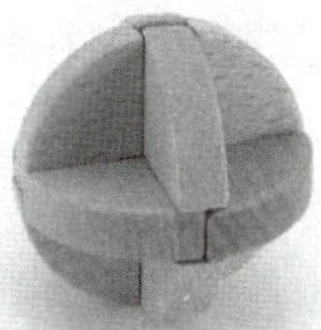
(b)

木色鲁班球

（三）蹴鞠

蹴鞠

"蹴鞠"是指古人以脚蹴、蹋、踢皮球的活动，起源于春秋战国时期的齐国故都临淄，唐宋时期最为繁荣。我们将这项流传久远、影响力较强的体育活动，进行了现代化、幼儿化的改造，将球制成了古代蹴鞠样式，球门采用榫卯结构，既体现传统工艺，又便于园所随拆随装、随时移动。

- 蹴鞠热身操

通过哨子、音乐、儿歌等引导幼儿有节奏地抬脚。

小班：双手叉腰原地站立，两条腿单腿跳跃，并交叉抬起。

中班、大班：幼儿两两一组，面对面叉腰站立并保持适当的距离，两条腿单腿跳跃，使抬起的左脚脚尖能碰到同伴的右脚脚尖，并交错进行。

儿歌（原创）蹴鞠

一二，一二一，小小球儿转呀转，
一二，一二一，合心协力来传送，
一二，一二一，细心观察射门准。

- 蹴鞠小能手

蹴鞠作为一种球类运动，其玩法多样，教师可以利用这一材料，开展各类球类活动。以下是根据不同年龄的发展水平提供的一些玩法参考。

小班活动：自由踢球、定点射门。

中班活动：不同距离定点射门、跑动射门。

大班活动：直线运球、带球过障碍物、两人传球、定点射门、团队合作小组对抗踢球、足球进隧道。

（四）射箭

中国古代"六艺"之一的射，提倡"发而不中、反求诸己"。射箭运动有助于手眼协调性、大小肌肉力量与控制的发展。我们将弓和箭进行了适合幼儿活动的优化。在射箭运动的基础上，强调射礼，引导幼儿听音乐、辩信号，体会彬彬有礼的射礼氛围，学会相互谦让。

- 射礼小君子

活动一：我会抱拳礼

教师引导幼儿感受射箭活动时的仪式感、礼节，并学习行抱拳礼。

活动二：听音识信号

射礼中强调耳听音乐、随音乐信号射箭。在“射礼小君子”活动中，教师在示范射箭活动时要提醒幼儿注意听音乐，观察老师在什么音乐信号下拉弓射箭。多次游戏之后，幼儿会将这个规则进行内化，自然地随着音乐进行律动和拉弓射箭。

（五）投壶

投壶来源于射礼。古时当客人不会射箭，或是庭院不够宽敞、弓不足时，便用投壶替代。这种谦和、礼让的体育精神值得传承给幼儿。古代投壶是要将箭投入很小的壶内，但这并不适合幼儿进行游戏。中华智慧感统区角中的投壶，扩大了壶口，在投掷材料上提供了沙包、壶球、壶矢的不同选择，由易到难、挑战升级，并将投壶器皿卡通化，将传统的投壶改良为适合幼儿开展活动的材料。在幼儿园的实际操作中，条件有限的园所可以采用水桶、花钵等物品代替专用投壶。

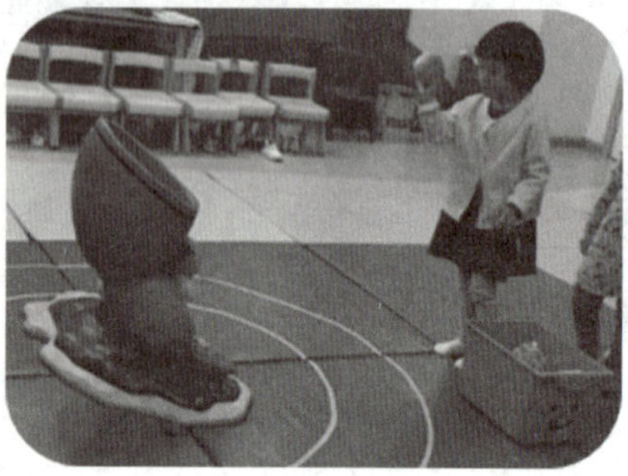

投沙包

- 投壶小君子

难度系数一：投沙包

沙包有一定重量，沙包内所装的豆子、米类或沙子，也能给幼儿带来触感上的体验，沙包形状随幼儿手形变化，适合初试投壶游戏时的幼儿和托小班幼儿。

难度系数二：投壶球

当幼儿使用沙包进行投壶活动已经没有挑战时，可以用壶球来代替沙包提高难度。中班幼儿可以直接使用壶球进行投壶活动。

投壶球

投壶矢

难度系数三：投壶矢

当幼儿使用壶球进行投壶活动已经没有挑战时，可以用壶矢来代替壶球提高难度，感受更接近传统的投壶活动。大班幼儿可以直接使用壶矢进行投壶活动。

（六）皮休魔笛和皮休巴士

皮休魔笛，源自动画片《巧手鲁班》，在动画片中，它有非常神奇的作用，巧手鲁班可以吹响魔笛发出各种动物的声音，从而召唤相应的动物，在动画片中蕴含着“德不孤必有邻”的寓意。

在中华智慧区角感统游戏中，皮休魔笛与皮休巴士和公仔是一套组合式魔术玩具，把魔笛系在皮休巴士的尾巴上或皮休公仔的衣扣上，如果不借助皮休巴士尾巴的长度或公仔衣扣的长度，是没办法解开的。其中蕴含了巧用外力、取他人之长补己之短的智慧，游戏过程中还强化了幼儿对空间方位的认知，同时锻炼了专注力。

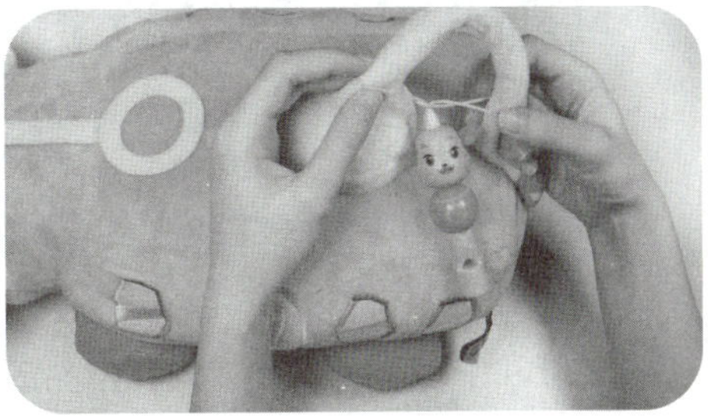

皮休巴士与魔笛

视频：“系/解魔笛方法”

（七）曲水行舟

曲水行舟真实还原了都江堰水利治沙分流和世纪工程“三峡大坝”的原理模型，让幼儿近距离观察和体验古人与今人在水利设施上的伟大创举，感受中华文化的智慧。水道中更是设置了中国传统的“宥器”，水倒满，容器便会翻转，其中蕴含了“虚则欹、中则正、满则覆”的谦逊之道。幼儿还可以在教师的引导下，进行和水相关的科学探索活动，让幼儿充分感受玩水的乐趣，了解水的特性和相关的工程原理。

视频：“曲水行舟”

- 宥器游戏

幼儿可以往空的宥器里加水，多次尝试、验证，根据自己的观察找到宥器的倾斜、中正和倾覆时与水量的关系。

宥器游戏 1：倾斜

宥器游戏 2：宥器中正

宥器游戏 3：宥器倾覆

- 行进的小船

幼儿通过不同的玩法让折纸小船在水道中行进起来。比如，用嘴吹气，可以锻炼幼儿的肺活

行进的小船 1：吹小船

行进的小船 2：拨水小船

量。用手拨水，需要根据小船的行进状态调整自己的拨水力度、拨水方向，还要注意不把水泼到纸船上，斗志、斗勇、斗巧劲儿。

四、大班开展中华智慧感统区角游戏活动的注意事项

大班和中班、小班的中华智慧感统区角游戏活动设计，在价值取向、设计思路等方面是保持一致的。但由于大班幼儿年龄特点的不同和游戏活动内容多少的不一，我们建议大班教师在使用中华智慧感统区角设计、开展活动时，能体现大班的特质。具体体现在：

第一，提升任务难度及要求。经过小班、中班的中华智慧感统区角活动，大班幼儿的感觉统合能力、粗大动作和精细动作发展等都有了长足的进步，同时随着认知水平的自然成熟，他们可以接受更大难度的任务及要求，以及更复杂的玩法与规则。比如仅凭借接插口的细微差别来区分零部件并成功拼搭木色鲁班球，射箭、投壶的距离要求、高度要求、稳定度要求、准确率要求更高。

第二，给予幼儿更大的自主空间。大班幼儿对外部世界的探索范围更广也更深，他们会有很多自己的想法，他们也更善于利用各种材料、工具来完成自己想做的事。因此，在安全前提下，我们应该允许并鼓励大班幼儿创造出自己的玩法，也可以支持他们不断完善自己“发明”出的玩法。比如曲水行舟的不同装置模块，以及水的场景，会引发幼儿结合各种材料生成更多的玩法。

第三，引入适度的竞赛机制。一定的竞赛机制和紧张感，可以激发大班幼儿参加活动的兴趣和热情，也可以让他们更专注于活动。同时，大班幼儿的社会性发展水平也决定了他们能够较好地处理协作与竞争的关系。但要注意的是，在进行竞赛比拼时，尽可能减少幼儿的等待时间，我们可以通过增加活动材料、合理安排小组人数等方式来达成。

第四，关注幼小衔接需要具备的能力与素质。大班第二学期的后半学期，是大班幼儿从幼儿园到小学的重要过渡阶段。中华智慧感统游戏区角的活动，也要配合幼儿园的幼小衔接来进行，特别要关注幼儿的学习品质、能力素质、礼仪习惯等，在游戏活动中巩固相关的良好习惯和礼仪文化。

《论语》戏剧活动

戏剧活动是儿童教育活动中一种综合的、具有独特魅力的活动形式，兼具了故事性、社会性和艺术性，能够很好地吻合儿童爱听故事、喜欢模仿和假装、乐于游戏和表现的天性。儿童性格涵养教学法根据学前儿童的身心发展特点，立足于中华优秀传统文化，从《论语》中精选了易于幼儿理解又富含人生智慧的经典名句，并将其改编成适合儿童表演的故事剧本，让幼儿在潜移默化中通过体会角色面临的问题、角色的情感、模仿故事中角色的行为来了解《论语》中人物的为人处世智慧，以达到内化于心、养正性格的目的。

而且《论语》戏剧活动将五大领域的内容有机地融合、统整在一起，让幼儿在了解故事、熟悉场景与元素、语言与情绪的练习、道具的创意制作、肢体与律动的表达、多次排演等充满探索性和体验性的游戏活动中，发展共情、沟通与表达、同伴合作、想象力和问题解决等能力，最终形成仁爱且专注的良好性格。

一、大班开展《论语》戏剧活动的指导要点

大班幼儿思维积极活跃，主动性强，已经具有较好的能力水平，因此他们在参与戏剧活动时已经可以尝试参与到导演、策划、剧务、打板等工作中。而且大班幼儿喜欢与人交往，社会交往能力和合作能力大大提高；同时动作更显灵活、协调和平衡，能够参与更复杂的体育运动、律动舞蹈或精细动作活动中。

基于此，儿童性格涵养教学法建议教师在开展和指导大班《论语》戏剧活动时应注意以下几个方面：

1. 在了解故事方面，大班幼儿已经具备较强的语言理解能力，因此教师在利用 flash 动画向幼儿讲述故事时，可以多给予幼儿自由表达和交流的机会，鼓励幼儿大胆说出自己的想法或是根据故事线索展开猜想。同时教师选定某一故事情节，鼓励幼儿展开故事改编、续编或创编等活动，或是引导幼儿独立复述、与同伴分段复述故事等。

2. 在熟悉场景和元素方面，大班幼儿具有强烈的好奇心，会通过自己的探索去找寻问题的答案，因此教师应为幼儿的自主观察和探究创造良好的条件。教师可以为幼儿提供故事相关元素的实物材料，如不同材质的布料、植物染料等，让幼儿可以动手操作，或是鼓励幼儿与家长通过绘本、网络、音视频等媒介了解古代染布工艺、泰山等与故事背景相关的知识。

3. 在语言和情绪的练习上，大班幼儿的口头语言表达越来越连贯、清楚和丰富，教师可以采取多种戏剧游戏策略如“大小声”“回声谷”“复读机”等，帮助幼儿更熟练地掌握台词。而且大班幼儿对情绪的理解能力逐渐提升，教师可以引导幼儿对故事角色的情绪变化进行讨论和分析，理解其情绪变化的原因，还可以开展“表情传递”“情绪哑剧”“天使与魔鬼”等戏剧游戏。

4. 在道具的创意制作上，大班幼儿已经能逐渐掌握绘画、剪纸、折纸、泥工等美工技能，因此教师提供多种美工材料和工具，鼓励幼儿参与到较复杂的表演头饰或服装设计、道具制作、背景板绘制等活动中。

5. 在动作的练习和体验方面，由于大班幼儿的动作发展已经相对完善，而且合作意识日渐增强，教师可以将剧中角色的动作融入到复杂的合作性或竞赛性的肢体动作游戏、体育运动、舞蹈律动等活动中，如“拾柴比赛”“无实物表演”等。

二、《子路染布》戏剧活动设计及剧本

（一）戏剧《子路染布》系列活动设计说明

《子路染布》的主旨是“知之为知之”，此语出自《论语 · 为政》——子曰：“由，诲女知之乎！知之为知之，不知为不知，是知也。”意思是：知道就是知道，不知道就是不知道，不要不懂装懂，指做学问要诚实，脚踏实地。

心理学证明，说谎是幼儿成长过程中的正常现象，但这却困扰着很多教师和家长。教育学家施鲁克教授说：“孩子第一次有意义的说假话是他成长过程的一个重大进步，孩子说谎标志着他有了想象力、开创性的行为，并开始与周围环境打交道。”那么如何引导幼儿区分现实和想象，并在他们幼小的心灵间种下诚实的种子呢？儿童性格涵养教学法通过对《子路染布》这一故事戏剧脚本的创作以及与之相匹配的系列活动设计，引导幼儿成为一个诚实、脚踏实地、主动求知的人。

儿童性格涵养教学法中的戏剧活动，是贯穿在幼儿的角色游戏、课堂戏剧表演和最终的舞台戏剧表演活动这三种不同形式，不同结构程度的戏剧活动之中的。每一幕戏剧，都从幼儿熟悉和理解故事开始，到深入了解故事中的场景和元素、感受故事中人物角色的情绪，尝试练习人物的语言表达等，再到制作道具，直至最后的舞台呈现，是一个完整的、循序渐进的过程，也是一个覆盖了五大领域发展的过程。

因此，在《子路染布》这个戏剧活动开展的过程中，教师可以浏览《子路染布》系列活动导图，了解完整的戏剧表演的呈现，同时也可以和自己的日常教学相结合。我们为大家列出了这出剧目相关的系列主题活动，教师可以按图查找。

针对大班幼儿表现能力和口头表达能力都较强、能够主动学习和探索、善于与他人合作的特点，我们以“不同的布”为切入点，带领幼儿开展一系列需要动手操作的活动，帮助他们认识布，参与到染布的过程，收获科学、社会、艺术方面的多种体验。同时，为了帮助大班幼儿与角色共情，我们还通过各种有趣的戏剧游戏帮助幼儿开展针对性的练习，如回音谷、绕口令、良心巷等。作为大班教师，可以将戏剧表演的台前和幕后全部交给幼儿，给幼儿绝对的自主权，为幼儿创造多方位发展的空间，今天的幼儿可能不仅仅能够成为一名小小表演家，他们还可能是导演、道具师、编剧……

（二）《子路染布》戏剧剧本

配套电子资源：戏剧相关素材。

人物：孔子、子路、小青鸟商羊、皮休、兰花老师、小猪。

（备注：教师可根据实际情况对配角、动物角色进行增减。）

第一幕

【场景】孔子家（或者无背景，和森林的景区分开）

【人物】孔子、子路

【道具】一块白布（白布可分成两半：一半纯白；一半白、绿相间。根据剧情需要，选择其中一面朝向观众，另一面对折后藏在里面）

旁白：孔子的学生非常多，既有尊师重道的子贡，也有道德高尚的颜回。孔子还有一名正直勇猛、直率可爱的学生，他的名字叫子路。今天故事的主角就是子路。

（伴随旁白，孔子从舞台左台口上，站在舞台中心右侧）

孔子：子路，子路！

子路从舞台左台口跑上场，站在孔子面前。子路鞠躬作揖。

子路：老师！

孔子老师拿出白色的布料（白面朝上，白绿面折叠后藏在里面）。

孔子：子路，这里有块布料，你去给它染上颜色吧！

子路接过布料。

子路：是，老师！

孔子：子路，你知道怎样给这块布料染上颜色吗？

子路拍着胸脯：知道，知道，我知道！

孔子从左台口下。

子路拿布做思索状，从舞台右台口下。

第二幕

【场景】森林

【人物】子路、小青鸟商羊、皮休、兰花老师、小猪

【道具】一块白布（白布可分成两半：一半纯白；一半白、绿相间。根据剧情需要，选择其中一面朝向观众，另一面对折后藏在里面）、背篓、兰草、碗、木棍

室外：推背景板上。有幕布的舞台，使用幕布的开合换景。

（音乐《小猪胖嘟嘟》响起）

小猪双手叉腰，双脚打开，弯曲，做笨重状，从舞台左台口上，站在舞台中心。

小猪边唱边舞蹈。（舞蹈编排参考《子路染布》戏剧范本视频）

子路拿布从左台口上，边思考边走，走到小猪旁边。

小猪（挥手打招呼）：子路，你好！

子路：小猪，你好！

小猪：你在做什么？

子路：我在想怎么染布呢！

小猪：哦，那你想好了记得告诉我。我现在要回家吃饭了，再见。

子路（挥手告别）：再见。

小猪从舞台右台口下。

子路留在舞台前偏左侧的位置，做思考状。

小青鸟商羊挥动双臂模拟翅膀，从舞台右台口上。

（音乐《神奇的小青鸟》响起）

小青鸟商羊边唱边舞蹈。（舞蹈编排参考《子路染布》戏剧范本视频）

小青鸟商羊：子路，你好！

子路：小青鸟商羊，你好！

小青鸟商羊：子路，听说你要染布啦，你知道要把布料染成什么吗？

子路拍胸脯：我知道！我要把布料染成天空的颜色（手指天空）——蓝色。

小青鸟商羊：哇，我最喜欢蓝色（双手交叉合并放胸前），你要加油哦！我要去前面看一看，再见！

子路：再见。

小青鸟商羊从舞台右台口下。

子路走到舞台前偏右侧的位置，做思考状。皮休从舞台左台口上。

（音乐《皮休之歌》响起）

皮休边跳边舞蹈。（舞蹈编排参考《子路染布》戏剧范本视频）

皮休：子路，你好！
子路：皮休，你好！
皮休：子路，子路，染料是什么东西做的，你知道吗？
子路拍胸脯：知道，知道，我知道。染料是用绿色的小草做的。
兰花老师从舞台左台口走到舞台中央。
（音乐《兰花之歌》响起）
皮休和子路（拍手开心地）：哇，兰花老师来了！
兰花老师边唱边舞蹈。（舞蹈编排参考《子路染布》戏剧范本视频）皮休和子路坐在旁边做欣赏状。
兰花老师舞毕，子路走向前。
子路：兰花老师跳的舞蹈真好看！
兰花：谢谢子路！子路，绿色的小草长在哪里，你知道吗？
子路拍着胸脯：这个我也知道，绿色的小草长在森林里呀！
所有演员上场，站成倒U形。
所有演员竖起拇指：子路什么都知道，真棒！
子路送拇指给自己：我什么都知道，真棒！
其他演员下场，子路留在舞台上。子路背起准备好的背篓道具。
旁白：子路背起背篓准备去采小草啦。
（音乐《背起背篓采小草》响起）
子路边唱边舞蹈。（舞蹈编排参考《子路染布》戏剧范本视频）
子路（双手打开指向地面的兰草）：哇，这里有好多兰草呀！
子路放下背篓，蹲下采兰草。将兰草装进背篓里后，子路擦汗休息。
旁白：森林里确实有许多绿色的小草，子路采了很多很多，但他不知道该如何把它们制作成染料。
子路（指兰草）：小草采来了。（挠头）怎么染呢？
子路（指舞台左上方）：去问问皮休吧。不行，不行，皮休一定会笑话我的！
皮休从左台口上，皮休站在舞台左后方做嘲笑子路状（捂着肚子大笑）。
皮休下。
子路：去问问小青鸟商羊吧。不行，不行，小青鸟商羊一定会瞧不起我的！
小青鸟商羊从右台口上，小青鸟商羊站在舞台右方做嘲笑子路状（双手捂着嘴笑）。
小青鸟商羊下。
子路：去问问兰花老师吧。不行，不行，兰花老师就会发现我什么都不懂的秘密！
子路拿出捣草的碗，把兰草放进碗里。
子路：唉，那就这样吧！
（“咚咚咚”音效响起）
子路拿起木棍捣碗里的兰草。
子路：嘿哟——嘿哟——
子路拿出布料，用木棍在布料上涂抹。
子路：小草捣碎了，可我该怎么染呢？干脆就这样吧！
子路把捣出来的草汁直接抹到布料上。子路拿起染的布料一看。
（演员在拿布料的过程中，将布料折叠面反过来，白、绿相间一面朝向观众，纯白一面折叠藏起来）
子路：哎呀，哎呀！布料成了绿一块、白一块的花布了。这可怎么办呢？
孔子从左台口出场。
子路手握布，将其藏在身后，低头站立。

孔子：子路，你的布染好了吗？

子路做扭捏躲躲藏藏状。

孔子：给我看看吧。

子路慢慢地将布拿出来，双手手心向上捧着布，低头鞠躬递布。

子路把花布呈给老师看，低头小声，做不好意思状。

子路：老师，其实，其实我不会染布。

孔子检查布料。

孔子：子路啊，知道就是知道，不知道就是不知道，不知道要诚实地说出来，这才是真正的智慧啊！

子路垂下头：嗯，老师，我知道了。

孔子：那你跟着我一起去学习如何染布吧。

旁白：于是，孔子带着子路去染布工厂学习如何染布。子路虚心学习了好长一段时间，终于知道如何染布了。

伴随旁白，孔子带着子路在舞台上走一圈。孔子做向上指示动作，子路点头。一圈后，回到舞台中心位置。

（音乐《子路染布》响起，全体演员上场，呈倒U形站立）

所有演员边唱边舞蹈。（舞蹈编排参考《子路染布》戏剧范本视频）

表演结束，所有演员：知之为知之，不知为不知，是知也！

子路向前一步：知道就是知道，不知道就是不知道。

子路说完，后退一步，归队。

大家一起鞠躬：表演结束，谢谢大家！

（鞠躬，排队，下台）

（三）戏剧《子路染布》系列活动导图

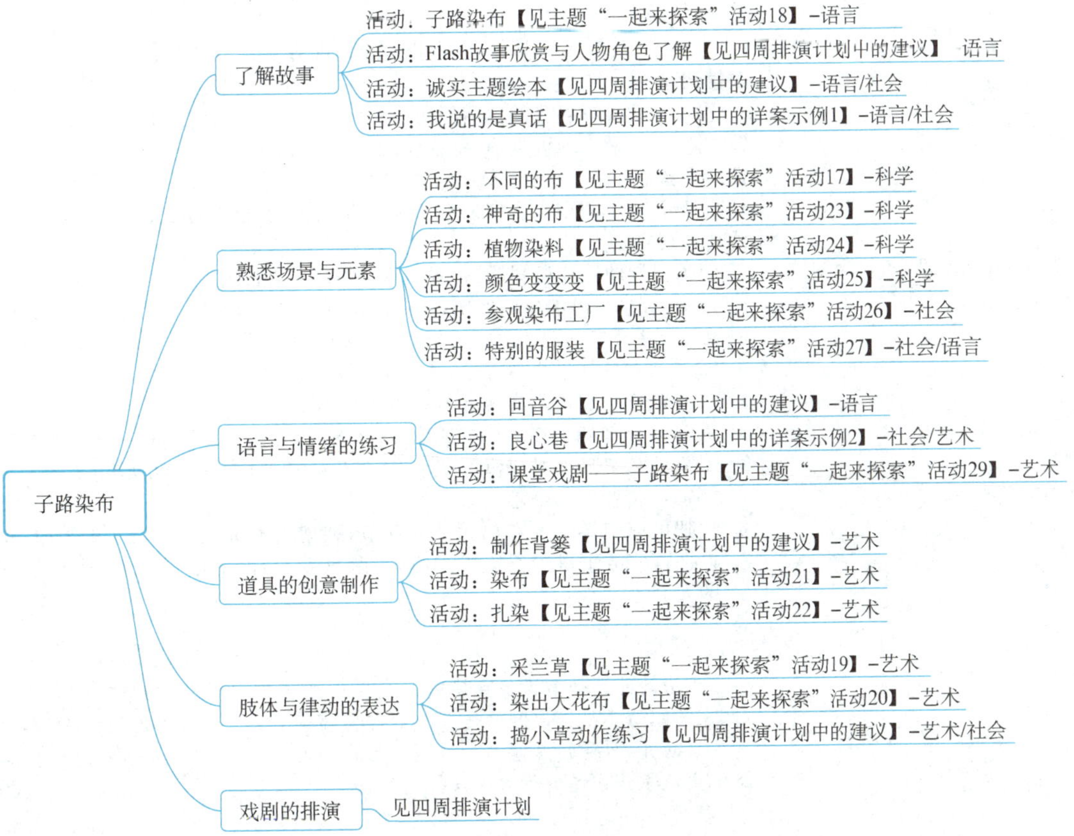

四、戏剧《子路染布》四周排演计划

（一）第一周课程规划

活动目的	活动内容
了解故事情节，认识主要人物：子路、孔子、小青鸟商羊、兰花老师、皮休	1. 通过绘本或Flash形式向幼儿讲述主题故事《子路染布》，鼓励幼儿运用完整的语句表达自己对故事的看法 2. 通过展示角色图片、幼儿分段复述、配音游戏（关闭Flash动画的声音，但是保留画面，请幼儿配音）等形式引导幼儿进一步熟悉故事
了解染布的基本步骤，分享自己的生活经验	教师带领幼儿认识不同的布，如果有条件，最好能够到工厂参观和亲自动手体验染布的过程。加深幼儿对故事的兴趣和理解，让幼儿在讨论故事时言之有物
了解故事中的道具	1. 教师可以引导幼儿通过比较和实验探究不同的布的物理特性，例如：不同的布纹理一样吗？摸一摸，手感相同吗？花纹有什么特点呢？ 2. 教师可以和幼儿用染色实验的方式探索生活中的植物染料，例如用茜草和红花提取出红色染料；用槐花和姜黄可以提取出黄色染料；用紫甘蓝可以提取出紫色染料等 3. 教师发动家长资源，提供一些故事中的道具，如：木棍、背篓等，供幼儿了解
了解故事主题，即“知之为知之，不知为不知，是知也”	1. 教师可以搭配《子路染布》的故事，在语言区投放关于诚实、不说谎话的绘本，在幼儿阅读完绘本之后通过日常谈话，与幼儿讨论“什么是谎话”“说谎好不好”等。引导幼儿在现实生活中做到实事求是、不撒谎 2. 大班幼儿很多时候不懂装懂是因为盲目跟风，如：跟着大家一起举手回答问题，站起来又不知道该说什么。所以在一日生活的各个环节，教师要尊重、鼓励幼儿的不同选择，引导幼儿明白和别人不一样也很好 **详案示例** **我说的是真话** **关键经验** 1. 愿意主动分享自己的生活经历； 2. 明白在生活中要说真话，不说谎话。 **活动准备** 幼儿已经在语言区阅读了故事《子路染布》及关于诚实的绘本。 **活动过程** 1. 教师引导幼儿在晨间谈话、餐前活动等环节，围绕关于诚实的系列绘本展开讨论，分享自己的生活经历，明白诚实的含义。 ➤ 在《子路染布》的故事中，一开始子路知道怎么染布吗？ ➤ 但是他却装作很懂的样子，这是不诚实的表现。 ➤ 在生活中小朋友们有没有不诚实、说过谎话？ ➤ 是因为什么呢？可以说一说你当时的心情吗？ ➤ 如果你的好朋友对你撒了谎，弄坏了你的玩具，却撒谎说没有，你会是什么样的心情？你又会怎么做呢？ 2. 教师可以引导幼儿在离园活动环节，利用绘本讲述关于诚实的故事，也可以把这些故事讲给爸爸妈妈听，提醒家长也和幼儿一样做一个诚实守信的人。 ☞ 小贴士 大班幼儿选择撒谎很重要的一个原因是害怕父母和教师的责骂，所以教师、家长在幼儿犯错误时的处理方式非常重要，当平时幼儿出现错误时，需要先安慰幼儿，再弄清楚事情的原因之后再和幼儿一起面对和寻找解决办法，对幼儿主动承认错误的行为应当肯定和鼓励。

（续表）

活动目的	活动内容
道具制作	1. 制作小草：将长条状的绿色卡纸的一半拧成细棍状，另一半剪成小草的形状。然后将若干条拧好的绿色“小草”塞进直径为 3—4 cm 的大吸管中，最后将吸管插入舞台上的沙地中（沙地可以用塑料泡沫代替） 2. 制作花布料：将蓝色或绿色的颜料随意地涂在白布中线的一侧（另一侧仍保持白布原样） 3. 制作蘑菇、花朵、大树：用彩纸、彩笔等材料画出、制作出蘑菇、花朵和大树，将制作完成的蘑菇、花朵、大树粘贴在一面大的 KT 板或硬纸板上，作为舞台布景之一，如果有条件，幼儿能力也比较好的园所和班级，可以制作立体的蘑菇、花朵等

（二）第二周课程规划

活动目的	活动内容
歌舞练习	音乐律动：《神奇的小青鸟》《皮休之歌》《兰花之歌》《背起背篓采小草》《子路染布》 教师还可以根据幼儿想加入的动物角色，增加相应的律动，如：加入小猪角色，同时增加《小猪胖嘟嘟》的律动 1. 教师在晨间活动、户外活动等一日生活的各个环节，引导幼儿跟随音乐进行人物角色的律动。具体动作可参考配套电子资源中的视频，教师也可以与幼儿共同创编部分动作，如，学小猪走路挺肚子、重重地踏步；小青鸟商羊飞起来的时候可以踮起脚；兰花长在路边可以蹲下，再从下往上慢慢扭动着站起来 2. 教师还可以引导幼儿进行《子路染布》的歌曲学唱，通过歌词念白的方式加强对歌曲节奏的掌握，加深对歌词的理解和记忆。通过图片展示与分析，再次串联故事情节，进一步熟悉故事
台词练习	1. 熟悉台词：通过游戏“回音谷”来练习故事主要角色的关键台词，如“子路说：知道，知道，我知道”以及句式“你知道×××吗?”。在进行游戏“回音谷”时，教师作为声音的原始发起者，幼儿复述教师的台词，制造回音。若多名幼儿同时参与制造回音，则可以遵循回音渐弱的自然现象，幼儿一个接一个地复述教师的台词，但是后面复述的幼儿声音也越来越小 2. 语气练习：通过游戏“大小声”来引导幼儿尝试控制自己的音量，从而练习用不同的语气来表达台词。教师可以准备大喇叭和小喇叭图片，根据人物角色情绪的变换，出示不同的图片，引导幼儿用不同的声音来讲述台词 3. 语速练习：通过游戏“复读机”来引导幼儿控制语速，讲述台词的时候不拖沓。幼儿扮演复读机，跟随教师的指令：“我按下……键”来念同一段台词。例如，快进、慢速键来变化语速，当教师按下暂停键时，幼儿要停止讲述 4. 口齿练习：大班幼儿容易混淆一些读音相近的字词。如，花和瓜、杰杰和姐姐、小鸡和小溪。教师可以根据本班幼儿的实际情况，挑选适合的绕口令，引导幼儿练习，纠正发音
道具制作	1. 制作背篓：将家里用的食用油桶剪开使其变成一个上方开口的圆柱形物体，用布料、海绵纸等对开口处进行包边处理，在油桶的侧面缝（或粘贴）两条肩带，最后在油桶上涂颜料、贴图案进行装饰 2. 浸染法染布：准备扎染染料和白色棉布，在盆中放入兑水稀释后的染料，将白布直接投入盆中，全部浸泡于染料之中，一段时间后拿出进行冲洗，观察染色均匀程度，若染色不均匀，则进行二次补色

（三）第三周课程规划

活动目的	活动内容
动作练习	采小草动作：教师可以引导幼儿来到户外草地，利用道具背篓做以下动作：背上背篓、发现小草、拔小草、擦汗、将小草放入背篓。教师可以把相关道具投放入户外的大型表演区（如在草地旁的门廊下放一排背篓，在背篓上搭一条汗巾），幼儿在自由活动时间便可以自行利用道具进行表演游戏“采小草”，顺便还可以帮助幼儿园将杂草清理干净哦！ 幼儿在进行了一段时间的动作练习之后，教师可以引导幼儿进行“无实物表演”，并请其他人猜一猜表演者在做什么
	捣小草的动作：教师可以挑选适当的音乐，为幼儿准备捣药罐、长木棍，跟随音乐做放入小草、研磨、用力捣的动作

（续表）

活动目的	活动内容
	教师还可以将上述道具及小型擂钵或者舂桶、榨汁机等投放入生活区，引导幼儿感受时代变迁下工艺的变化
动作练习	子路着急时的动作：在戏剧表演过程中子路不知道怎么制作染料时的着急状态需要幼儿用动作表现出来，因此教师可以在晨间谈话或是离园活动时，引导幼儿讲述生活中一次糟糕的经历，如：不小心打碎了妈妈心爱的化妆品瓶子，内心慌张、着急、不知所措的感觉。回忆当时的动作表现，并重现当时的动作
	动作细节的刻画：教师可以通过“慢动作”的游戏来帮助幼儿刻画动作细节。例如，当幼儿做抬头挺胸拍胸脯的动作时，让幼儿尽量放慢动作变化的速度，每一步动作做到位，同时感受身体各个部位的细微变化（头会因为骄傲而高高扬起，嘴角可以带笑，手拍一拍挺起的胸脯时甚至可以得意地晃动一下脑袋）
	子路想去问别人又怕问别人的“矛盾”情绪：可以引导幼儿接触新的表演形式——哑剧，教师念旁白，幼儿不发出声音，通过呈现人物角色脑海中的场景来表现人物角色的内心想法，人物角色脑海中的场景可以有多位表演者，表演者只通过肢体动作进行表演 教师还可以在表演区投放不同的嗅觉瓶、不同口味的糖果、能引起人不同情绪的图片，幼儿可以两两组队，进入表演区，一名幼儿去闻、尝和看，通过“哑剧”的形式将自己的真实感受表现出来，另一名幼儿来猜，他到底看到了什么？尝到了什么？或闻到了什么？
	眼神的练习：眼睛是心灵的窗户，也是五官中最能自然流露情感的一个器官。幼儿常常因无法完全进入角色而在舞台上有眼神空洞、神情呆滞、东张西望的表现，因此，教师可以在大班引导幼儿进行眼神练习 眼神练习的方法如下：幼儿在教师发出某一信号之后，定点（原地不动）与周围的伙伴用眼神接触打招呼；幼儿在听到不同的声响时眼睛盯向相应的地方，来提升舞台反应能力；坐下来一起谈论：生活中怎样的眼神会给你温暖亲切的感觉？那什么样的眼神会给你凶狠的感觉呢？骄傲的人的眼神是什么样的？不好意思的时候眼睛又会想盯着哪里呢？
	见到孔子老师时“不好意思”的情绪：教师可以引导幼儿进行表演游戏“良心巷”，幼儿根据自己对故事的理解，选择不同的立场并说明理由。由不同立场的多名幼儿站成两列形成一个“巷子”，故事主角在经过“巷子”时听“巷子”里的人说出自己的立场和理由，最终在“巷子”尽头做出自己的选择，并说明理由
情绪表现	不同层次的情绪：教师随机说出一个情绪，如“开心”，幼儿通过表情和动作来表达情绪，如微笑、开心、捧腹大笑、手舞足蹈等，形成不同的表现层次
	详案示例 **良心巷** **活动目标** 认知：理解生活中会有让人为难的情况出现。 情感：体验两难的情绪。 能力：能够换位思考，在面对有冲突的选项中做出适当的选择。 **活动准备** 3张“不应该问”手卡、3张“应该问”手卡、《子路染布》Flash。 **活动过程** 一、活动导入 教师引导幼儿讨论生活中碰到的难做选择的情景。 ➤ 小朋友们有没有很难做决定的时候呢？ ➤ 比如说放假的时候你会选择和爸爸妈妈在家休息还是一起出去玩呢？为什么？ ➤ 睡觉时间到了，可你还不困，你会选择再玩一会儿还是上床睡觉呢？ 小结：所以我们在生活中都会有很难做选择的时候，即使很难，我们也还是会做出选择。 二、游戏“良心巷” 1. 如果我是你。 教师播放《子路染布》Flash动画故事，引导幼儿回顾子路在故事中面临的两难的场景。 ➤ 子路开始的时候知道怎样染布吗？ ➤ 他在遇到小青鸟商羊、皮休、兰花老师、小猪的时候问他们如何染布了吗？

（续表）

活动目的	活动内容
情绪表现	➤ 如果你是子路，你觉得有什么样的原因让你没有向其他人求助呢？ ➤ 你们觉得子路这样做对吗？ ➤ 那现在我们每个人都是小子路，我们来轮流说一下当我们遇到这种情况时，我们是会选择问如何染布还是不问？ 教师引导幼儿一起分析子路在遇到小青鸟商羊、皮休、兰花老师、小猪时内心的活动，并且让幼儿在问和不问之中做出选择，并说出理由。 如果幼儿在阐述理由的时候有困难，教师可以给出示范，比如选择问的理由：如果因为不知道怎么染布，把布染坏了会浪费。选择不问的理由：不想让朋友们知道我不会染布，他们会嘲笑我。 2.“良心巷”。 ➤ 我想邀请 3 个觉得应该问和 3 个觉得不应该问的小朋友上来，其他的小朋友扮演小子路，从 6 个小朋友中间走过去，在走的过程中拿着牌子的小朋友要在小子路走过的时候说出自己的立场和理由。 在幼儿都做出立场选择后，教师分别从两边邀请 3 名幼儿，手上拿着跟自己立场相对应的“不应该问”和“应该问”的牌子分开面对面站成两排，中间留出足够一个幼儿行走通过的空间，形成一个“良心巷”。 教师在扮演子路的幼儿走过良心巷后询问“子路”的选择，并给出原因和通过“良心巷”时的感受。 ➤ ××（扮演子路的幼儿名字）走过这里后你会向其他小朋友问染布的方法吗？为什么呢？ ➤ 你走的时候听到“应该问”和“不应该问”的小朋友说的话，你有没有想要改变你的答案呢？ 三、分享与总结 ➤ 通过这个游戏大家有没有明白为什么子路在明明自己不知道怎么染布的情况下也没有向身边的朋友求助呢？生活中我们也总是会遇到一些让自己为难的事情，但是我们要向子路学习，在意识到自己的错误之后，勇敢地承认和弥补自己的错误。 ☞ 小贴士 ● 在扮演子路的幼儿走过“良心巷”后，教师不用在意他给出的答案是应该问还是不应该问，而是去引导幼儿去感受那种为难的感觉。 ● 在幼儿能够感受、理解两难的处境后可以跟幼儿一起讨论如何用肢体动作的表情把这种情绪表现出来，为舞台剧做练习。
手工	不同的服装：教师引导幼儿欣赏特定场景下的服装，感受不同风格服装的美，这些服装来源于幼儿的生活，又和幼儿日常的穿着不太一样。欣赏完服装之后，教师可以建议家长在家与幼儿一同利用纱巾、家里的废旧布料一起自己动手制作剧中场景里的特殊服装。思考一下：剧中的子路有什么特点，他的衣服应该是什么样？孔子老师呢？（制作的结果并不重要，而在于幼儿是否能够开动脑筋，动手操作）
	扎染 T 恤：准备白布、颜料、吸管、颜料盘、橡皮筋等材料，也可以直接购买扎染材料包，用家里废弃的白 T 恤来感受一下扎染工艺。怎么扎才能有不同的花纹？可不可以一次性染出不同的颜色呢？家长或教师引导幼儿按照扎染的操作步骤进行即可

（四）第四周课程规划

活动目的	活动内容
角色分配	1. 幼儿可以根据对故事的了解自由选择喜欢的角色，若一个角色被多名幼儿选择，则可以让幼儿自由协商，或是举行一场表演竞赛，让其他幼儿投票，看谁更适合这个角色 2. 对于部分没有角色意向的幼儿，教师可以通过日常观察给其相应的角色建议或者鼓励其负责道具、场务或者扮演一棵大树、一阵清风等 3. 幼儿还可遵循故事线索，为戏剧增加一些动物角色，自己创编台词和戏份
一彩	将戏剧中的律动穿插进故事，幼儿串联故事情节完整进行表演，同时了解不同的情境下人物在舞台上的站位，以及每个人物的出场先后顺序 （重点在于能够不用教师提醒，串联故事情节进行表演，不会造成表演的脱节）
二彩	不带服装彩排，幼儿熟悉台词、动作和表情，能够做到不忘词，动作自然，人物在不同情绪下会表现出不同的表情 （重点在于从单人的剧本到舞台上人物角色之间的互动，熟练台词和动作，幼儿在完成自己表演部分的同时，能够关注到他人）

（续表）

活动目的	活动内容
三彩	不带服装彩排，教师帮助幼儿精抠台词、动作和表情，使幼儿的表演更自然且更贴近现实 （重点在于帮助幼儿整合台词、动作和表情，并使其在舞台上得到较好的表现）
四彩	带服装完整彩排，教师只在幼儿表演脱节、忘词或是有其他重大错误时提醒，且全程利用手机等摄像设配录制视频 与此同时，幼儿商议并分配表演过程中的场务工作，安排好负责候场、道具摆放的人员等 （重点在于引导幼儿合作分配戏剧表演中的其他工作，每名幼儿熟悉自己的工作任务）
五彩	幼儿观看完自己的彩排视频之后，讨论交流戏剧表演过程中出现的问题，并针对已有问题进行针对性练习。练习过后，幼儿带服装再次进行完整彩排，此次彩排也包含所有场务工作和表演工作 表演完毕之后，教师引导幼儿模拟出现特殊情况时的应对方式，并为幼儿加油打气 （重点在于纾解幼儿上台前的紧张情绪，教师重点观察四彩中出现的问题有没有得到解决）

三、《孔子采灵芝》戏剧活动设计说明及剧本

（一）戏剧《孔子采灵芝》系列活动设计说明

《孔子采灵芝》的主旨是“百善孝为先”，指的是孝顺在各种美德中应是占据首位的。孝，即关爱父母长辈、尊老敬老，是中华民族传统美德的基本元素，同时孝也是儒家文化的核心之一。

从幼儿时期开始重视孝文化的培养，可以帮助幼儿养成关心父母、尊敬长辈的良好行为习惯，有利于促进其自我意识、人际交往能力、独立性等多方面能力的发展，从而涵养幼儿的“仁爱”之心。大班幼儿对情绪情感的理解能力逐步提升，同时他们的自理能力、动手能力也明显提高，他们能够借助语言、动作或实际行动更好地表达对父母长辈的爱与感恩。

在《孔子采灵芝》的系列戏剧活动中，幼儿能够在故事欣赏、角色扮演、戏剧游戏等活动中感受到小孔子与母亲之间浓浓的爱，并由此萌发对父母、长辈的关心与感恩之情。另外，故事中商贩售卖灵芝、小孔子与皮休上泰山找灵芝等情节生动有趣，能够很好地引起幼儿的模仿和表演兴趣。教师可以结合大班幼儿的年龄特点，开展购物模拟、攀登体育游戏、“登泰山，找灵芝”戏剧游戏、采摘蔬果生活体验等多项活动，让幼儿可以进一步掌握角色动作的特点，充分发挥自主性和创造性。

（二）《孔子采灵芝》戏剧剧本

配套电子资源：戏剧相关素材。

人物：孔子、孔子妈妈、商贩、皮休。

（备注：教师可根据实际情况对配角等角色进行增减。）

第一幕

【场景】孔子家

【人物】小孔子、孔子妈妈

【道具】药碗、条案

旁白：孔子小的时候和妈妈相依为命，他们生活在一起，每天都很开心。

室外：推背景板上。有幕布的舞台，使用幕布的开合换景。

（音乐《妈妈宝贝》响起，孔子演员从左边上场，妈妈演员从右边上场）

孔子及孔子妈妈边唱边跳。

歌曲播放完第一段结束。孔子和孔子妈妈从舞台右台口下。

（播放背景轻音乐）

室内：推背景板上。有幕布的舞台，使用幕布的开合换景。

孔子妈妈坐在舞台右侧的位置。

小孔子端药碗，从舞台左台口上场。

旁白：孔子的妈妈生病了，而且病得很重，孔子不知道该怎么办才好。

孔子妈妈无精打采地坐在条案后，以手支头，不停地咳嗽。

孔子双手端药给妈妈。

孔子：妈妈，您该喝药了。

孔子妈妈：谢谢你，儿子。

孔子妈妈接过药碗，做喝药的动作。孔子妈妈喝完药以后，继续咳嗽。孔子焦虑地双手绞扭在一起，走向舞台中间。

孔子（独白）：妈妈生病了，我该怎么办呢？

第二幕

【场景】集市

【人物】小孔子、商贩

【道具】灵芝、垫布、斗

室外：推背景板上。有幕布的舞台，使用幕布的开合换景。

商贩提着用布包着的灵芝，从舞台右台口上场，在舞台偏右的位置站好。

（随着商贩上台的动作，《卖灵芝》的音乐起）

商贩把手中的布包放在地上，打开两层布包，拿出一支灵芝。

商贩手拿灵芝，边唱《卖灵芝》边跳舞（舞蹈编排参考《孔子采灵芝》戏剧范本视频）。

商贩：卖灵芝，卖灵芝啦！千年灵芝，包治百病。

孔子从舞台左台口上场。

旁白：没有钱请郎中治病，小孔子很伤心，他来到了集市上。

商贩：卖灵芝啦，卖灵芝啦！千年灵芝，包治百病。

孔子：灵芝真的可以包治百病吗？

商贩：当然。

孔子：那能不能卖给我呀？我妈妈生病了。

商贩：你真是个孝顺的孩子，五斗米卖给你吧。

孔子：啊，五斗米？五斗米是多少啊？

商贩指着旁边的斗。

商贩：喏，那就是一斗。

小孔子跳到商贩旁边盛米的一个空斗里，斗沿及腰。

孔子：一斗就要这么多呀？可我没有那么多米呀！

孔子爬出斗。

商贩：这是从泰山采来的灵芝，没有五斗米我不能卖啊！

孔子：那可怎么办呢？

孔子低头思考一下，突然向上抬头看泰山。孔子右手食指向上指。

孔子：有了，我可以去泰山采灵芝啊！我要请皮休帮助我。

孔子从舞台左台口下场。商贩从舞台右边下场。（无幕）

第三幕

【场景】孔子家

【人物】小孔子、皮休

【道具】鞠

室内：推背景板上。有幕布的舞台，使用幕布的开合换景。

皮休正在舞台中央偏右一点的位置，一个人在玩蹴鞠。

皮休小声地说：孔丘去哪里了？怎么还不回来？好无聊呀，都没有人陪我玩了。

孔子从左台口上场。

孔子：皮休，我回来啦！

皮休跳起来，迎接孔子。

皮休：孔丘，你回来了！

孔子：皮休，我有事情要请你帮忙。

皮休（抱着鞠）：我十分乐意。

孔子抬起手肩，指着高高的泰山的方向。

孔子：皮休，我要去泰山采灵芝帮妈妈治病。

皮休：泰山那么高，那么危险，不过我可以帮助你。

孔子：那太好了，谢谢你。

皮休：我皮休神力无边，助人为乐。

孔子和皮休一起从右台口下。

第四幕

【场景】泰山

【人物】孔子、皮休

【道具】背篓、锄头、感统器材制作的泰山、青色长布、皮休车卡板画的皮休车、河流（由 4 名幼儿演出）、灵芝、山崖上的树枝、绳子

室外：推背景板上。有幕布的舞台，使用幕布的开合换景。

孔子和皮休从左台口上场。

旁白：第二天，孔子和皮休出发去泰山了！

（《上泰山》音乐响起）

孔子和皮休边唱边跳。（舞蹈编排参考《孔子采灵芝》戏剧范本视频）

4 名幼儿分别在舞台两侧抖动青色长布，扮演河流。

皮休手握卡板画的皮休车，载着小孔子从左到右，从右到左。

孔子：终于到泰山了！好累啊！皮休，辛苦你了。

皮休：没关系，再坚持一下，我们很快就可以找到的。

（《找灵芝》音乐响起）

孔子和皮休边唱边跳（舞蹈编排参考《孔子采灵芝》戏剧范本视频），来到半山处（两块写字板中间）。

皮休（擦汗喘气）：孔丘，我们明天再上山吧，你看天都快黑了！

孔子：还是找找吧，皮休。

孔子做左右看山崖动作，皮休在孔子右前方。

旁白：于是，孔子和皮休开始寻找灵芝，突然……

室外：推背景板上。有幕布的舞台，使用幕布的开合换景。

皮休做滚下斜坡的动作。

皮休：啊！（惊险音效）

孔子：皮休，小心啊！

孔子右手抓住一棵树（图），做出伸手想拉皮休的动作，皮休卡在下面的一棵树上。

皮休（大喘气）：哎呀，差一点儿就掉下去了，吓死我了。

孔子（着急地）：皮休，你别慌，我去找个大人帮助我们。

皮休（抬头）：你丢个绳子给我就行。

孔子将绳子的一端绑在一棵树上，将绳子的另一端扔下。皮休抬头接过绳子。

皮休突然大呼：灵芝，灵芝！我找到灵芝了！（惊喜音效）

孔子：真的吗？那你先别动，我下来采。

孔子滑下斜坡，踮脚采下灵芝。

第五幕

【场景】回家路上

【人物】小孔子、皮休

【道具】灵芝

孔子和皮休从左台口一起上，孔子手中拿着灵芝。

孔子：太好了，我们终于采到了灵芝，多谢皮休帮助。

皮休（憨憨地）：是我找到的，是我万能的皮休找到的！

孔子（微笑）：当然，你是勇敢的皮休。

（音乐《孔子采灵芝》响起）

所有演员上场，边跟唱边舞蹈。（舞蹈编排参考《孔子采灵芝》戏剧范本视频）

表演结束，所有演员：积善有余庆，百善孝为先。

大家一起鞠躬：表演结束，谢谢大家！

（鞠躬，排队，下台）

（三）戏剧《孔子采灵芝》系列活动导图

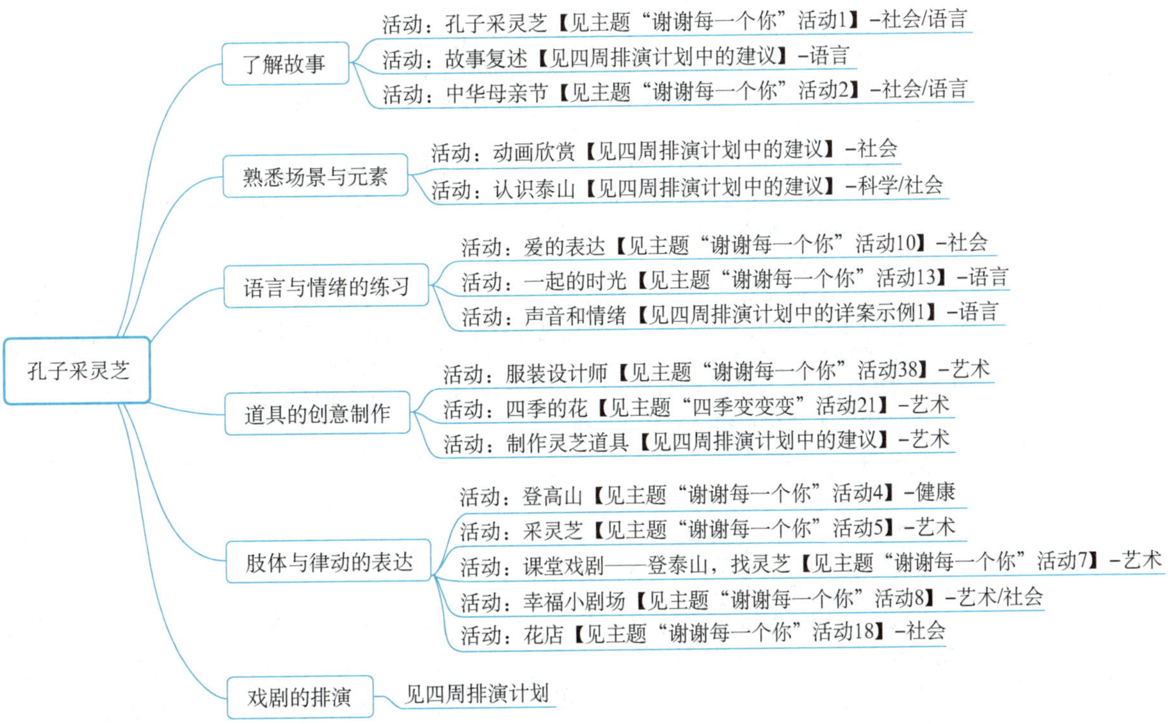

四、戏剧《孔子采灵芝》四周排演计划

（一）第一周课程规划

活动目的	活动内容
了解故事情节，认识主要人物：孔子、孔子妈妈、商贩、皮休	1. 通过 Flash 形式向幼儿讲述主题故事《孔子采灵芝》；教师还可以在一日生活各环节中播放 Flash，帮助幼儿熟悉故事内容 2. 引导幼儿通过分段复述、合作讲故事、故事图片排序等形式进一步熟悉故事
了解故事发生的背景及环境	1. 通过观看动画片《孔子》中小孔子与母亲生活的相关片段（如《灵芝》），引导幼儿认识故事背景 2. 借助图片、音视频资料等引导幼儿认识泰山，也可以邀请去过泰山旅游的幼儿分享自己的经历和感受
了解故事中的道具	1. 通过展示图片、仿真道具或实物，引导幼儿认识灵芝、米斗、锄头等 2. 也可以将米斗、锄头、小背篓等道具投放在表演区中，鼓励幼儿探索其使用方法，利用道具自由表演
了解故事主旨“百善孝为先”	1. 引导幼儿围绕主题故事展开讨论，如说一说自己听完故事后的感受、以“假如我是小孔子”展开故事改编或续编、分享自己与家人之间的有爱故事等 2. 在一日生活各环节中，引导幼儿欣赏有关“孝”“亲情”或“母爱”的儿歌音乐、绘本故事、民间故事、传统诗词等
道具制作	制作花草道具：利用纸杯、纸盒、塑料瓶、纸巾筒等环保材料大胆创作各式各样的花草道具，并将其运用到表演中。如： 1. 纸杯花朵：将纸杯杯壁剪成花瓣形状（以杯底为花蕊），在纸杯上涂刷颜色，再粘贴气球杆作为花茎，制作成纸杯花朵 2. 草丛：将纸盒涂刷成绿色，再将绿色彩纸剪成小草状，将其粘贴在纸盒上，制作成一簇簇的草丛

（二）第二周课程规划

活动目的	活动内容
学习剧中的歌曲和舞蹈律动《卖灵芝》《上泰山》《找灵芝》《孔子采灵芝》等	1. 教师播放原创儿歌，结合歌词内容图片，引导幼儿学唱儿歌；待幼儿熟悉儿歌旋律和歌词后，可鼓励幼儿尝试用不同的合作表演形式进行唱歌 2. 教师引导幼儿讨论，如：卖灵芝的动作是什么样的？怎样叫卖才能更好地吸引客人？小孔子和皮休在找灵芝时是什么样的心情，可以用什么动作来表演？ 讨论过程中，教师可鼓励幼儿尝试用创造性的动作近大胆表现歌词内容 3. 教师播放儿歌，示范舞蹈动作，引导幼儿学跳 4. 教师可在一日生活各环节中播放该剧目涉及的歌曲，帮助幼儿熟悉旋律和歌词
熟悉台词，进行语气练习，增强口齿清晰度	1. Flash 配音：教师静音播放故事 Flash 动画，幼儿扮演不同的角色进行配音游戏 2. 声音和情绪：教师准备不同的表情图片，引导幼儿通过调节声音的大小和语气、语调、语速来体现特定的情绪 3. 猜猜我是谁：教师先引导幼儿讨论每个故事角色的不同说话特点；教师提前选定一句台词如“妈妈生病了，我该怎么办呢”，幼儿随机抽取角色卡片，并模仿该角色说台词，其余幼儿可猜一猜其扮演的是什么角色 4. 绕口令比赛：在一日生活各环节中，教师引导幼儿练习稍具难度的绕口令，并可举行绕口令比赛，比一比谁能说得又清楚又流利 **详案示例** **声音和情绪** **活动目标** 认知：理解声音和情绪之间的关系。 情感：体会声音变化带来的不同情绪表现并尝试进行表达。 能力：能够通过调节声音的大小和语气、语调、语速来体现特定的情绪。 **活动准备** 不同情绪的图片：开心、生气、难过、着急；《孔子采灵芝》故事 Flash。

（续表）

活动目的	活动内容
熟悉台词，进行语气练习，增强口齿清晰度	**活动过程** 一、活动导入 教师引导幼儿讨论身边的人们说话时，声音表达和情绪的变化之间是否有联系？ ➤ 小朋友们，你们的妈妈在生气的时候和在开心的时候对你们说话，声音有没有区别呢？ ➤ 你可以通过只听声音来判断妈妈是生气还是高兴吗？为什么？ 小结：原来大家都注意到了，当妈妈心情变化的时候，对我们说话的声音也会发生变化。不同的声音能够表现不同的情绪（可结合幼儿的回答小结）。 二、游戏“声音情绪” 1. 听听我的声音。 ➤ 老师现在用不同的声音说一句话，你们来猜一猜我想表达的是什么情绪好吗？要仔细听哦。 ➤ （用开心的声音）今天的天气真好呀！我们出去玩吧！ ➤ （用着急的声音）快点快点，乌云来了，快要下雨啦！ ➤ （用生气的声音）哼！让你快点你不快点，淋到雨了吧。 ➤ （用难过的声音）哎，只能下次出去玩了。 教师引导幼儿一起分析不同情绪中声音的特点，可参考如下： ➤ 开心的时候声音是不是会比较大？语音语气是向上扬的对不对？ ➤ 着急的时候声音是不是也很大？语速会比较快，最后一个音还会拖长，生怕对方没有听到。 ➤ 生气的时候声音是不是和着急的时候有点像，但是他的语音语调是向下的，还会有像“哼！”这样比较重的语气词出现。 ➤ 难过时候的声音语速就没有那么快了，声音也会变小一些，有的时候是不是还会伴随着叹气声和哭声？ 在幼儿熟悉声音和情绪的关系后，教师可引导幼儿尝试学着老师的样子，复述上面的这些句子，体会如何综合运用不同的音量、语气和语调表达情绪，教师可以多准备一些带有典型情绪特征的句子供幼儿练习，句子长度适中。 2. 猜猜我的情绪。 ➤ 接下来，我们要尝试另外一个跟声音和情绪有关的游戏。大家看，老师手里面有开心、着急、生气、难过4张不同情绪的图片（将4张图片展示给幼儿看）。 ➤ 我会邀请一个小朋友来我这抽一张情绪卡片，用故事里面卖灵芝的商贩的台词“卖灵芝啦，卖灵芝啦，千年灵芝，包治百病！”来将他抽到的情绪表现出来，其他小朋友来猜，如果猜对了我们就给他掌声鼓励。 教师邀请一名幼儿上前抽卡片并进行表演，其他幼儿猜测他表现出的情绪。 如果猜对的幼儿是多数，老师请大家说一说：为什么你觉得他表达的是这种情绪呢？ 如果猜错的幼儿是多数，老师请大家分析一下：怎么才可以让声音更好地表现这种情绪呢？你觉得可以怎么表现？ 教师在游戏过程中应逐渐减少引导，鼓励幼儿自主表演和自主判断。 三、运用与表现 1. 教师播放《孔子采灵芝》故事Flash，带领幼儿回顾《孔子采灵芝》故事的大致情节，重点体会孔子从妈妈生病到在集市上看见商贩卖灵芝，到发现自己买不起灵芝，再到决定找皮休帮忙自己上山采灵芝和最终经历了一系列困难采到灵芝这一过程中的情绪变化。之后引导幼儿讨论孔子在这个过程中，说话声音的可能变化。 ➤ 你们觉得孔子的心情经历了怎样的变化呢？ ➤ 孔子说话的语气有哪些变化？ 2. 教师再次播放Flash，在涉及孔子说话的地方做停留，请幼儿体会孔子声音的变化，并通过静音的方式重点挑选几句孔子的话请幼儿试着用孔子当时的情绪进行表达和练习。 四、分享与总结 ➤ 在玩游戏时，我们除了可以用声音来表达情绪之外，是不是还可以配合一些语气词和动作呢？这样子变化的声音会让我们的故事更加生动有趣呀！ ☞ 小贴士 ● 在“听听我的声音”环节中，教师做示范的时候可以夸张一些，帮助幼儿通过声音区分不同的情绪。 ● 整个活动的环节设计是逐步递进的，教师可以根据自己班级幼儿的能力水平，在活动实施过程中，对活动环节的时间分布进行调节，如果班级幼儿能力弱一些，则将第一和第二环节作为活动重点；如果班级幼儿能力较强，则将重点放在第三环节即可。

（续表）

活动目的	活动内容
角色道具制作	教师与幼儿共同讨论剧中每个角色的标志性配饰或道具，并鼓励幼儿分组合作创作，如： 1. 服装设计：教师可先提供图片，引导幼儿欣赏古代服饰；幼儿分组讨论剧中角色孔子妈妈、小孔子、商贩等的特点及服饰风格，并为故事角色绘制和设计不同的服饰，可侧重于颜色搭配、花纹装饰等 2. 制作灵芝道具：幼儿分组讨论可以利用什么材料来制作灵芝道具，并合作完成道具制作，并将其用于表演中。如用轻黏土揉捏出灵芝造型或是利用硬卡纸绘画出灵芝形状等

（三）第三周课程规划

活动目的	活动内容
动作练习和体验	1. 商贩售卖灵芝、小孔子与商贩交流的动作：教师先引导幼儿回忆自己到集市购物的场景，说一说售货员是如何售卖物品的、购物流程是什么样的等；之后教师可采用“情境体验”的策略，将教室布置成集市，引导幼儿分组扮演不同的商贩和顾客，体验买卖过程 2. 跨越河流、翻越高山的动作：教师利用跨栏、木梯、轮胎、攀爬架等器械道具布置出“河流”和“高山”的游戏场地，引导幼儿以助跑跨跳的方式跨越障碍物、用手脚并用的方式协调地攀爬等 3. 找灵芝动作：教师提前将灵芝道具藏在活动场地中的各角落，幼儿分组寻找灵芝；游戏结束，引导幼儿说一说寻找过程中和找到灵芝后的心情变化 4. 采灵芝动作：教师可在一日生活各环节中引导幼儿到园内的植物区中采摘蔬果，感受“采”的动作；教师也可以根据园所实际情况，以亲子活动或社会实践活动的形式，引导幼儿到田间或农园中体验“采”的乐趣 5. 皮休摔倒的动作：教师借助斜坡软垫道具，引导幼儿感受滑落、摔跤或翻滚的动作；之后教师可用“无实物表演”的策略，引导幼儿用肢体动作大胆表演皮休摔跤的动作 6. 河流动作：幼儿分组合作，通过抖动蓝色长布模仿河流；教师可随机发布指令如“风平浪静”“河水急流”“狂风暴雨下的河流”等，引导幼儿根据指令变换手中动作的速度和力度；教师也可以通过播放不同节奏特点的音乐来引导幼儿进行游戏
情绪的体验和表现	1. 体会孔子妈妈“生病”时的情绪状态：教师可借助绘本、图片、动画视频，或是引导幼儿回忆自己生病时的记忆，说一说生病后会有什么感受、说话的声音和平时有什么不同等；引导幼儿尝试用声音、表情和动作模仿生病的“孔子妈妈” 2. 体会小孔子“伤心”的情绪：教师可以在阅读区中投放有关“伤心”情绪的绘本，鼓励幼儿自主阅读；教师也可以在一日生活各环节中引导幼儿分享：什么事情会让你感到伤心？你在伤心时会做什么样的表情或动作？ 3. 体会小孔子和皮休采到灵芝后的“欣喜”情绪：教师可借助不同风格的民族音乐（如葫芦丝和二胡、笛子和钹等），引导幼儿安静欣赏，感受不同乐曲所带来的情绪变化；随后，教师可为幼儿提供不同的打击乐器，引导幼儿选择合适的乐器，尝试通过分组演奏表达出“欣喜”情绪，如选用发声清脆响亮的乐器，或是演奏轻快的节奏 4. 会说话的眼睛：教师准备不同情绪的卡片，幼儿用丝巾遮住口鼻，抽取卡片并尝试用眼神表达该情绪，其余幼儿进行猜测
形体练习，增强舞台表现力	通过不同的形体游戏，激发幼儿的表演欲望，增强幼儿的肢体协调性和舞台表现力。例如： 1. 音乐雕塑：教师播放音乐，幼儿跟随音乐自由律动跳舞，当音乐停止时，幼儿需要“定格”自己的动作并保持身体不晃动；后续教师可提高游戏难度，如当音乐停止时，教师可随机喊出一个剧中角色或道具的名字，幼儿需要立刻做出相应的动作 2. 我是小木偶：教师可先展示小木偶玩具，引导幼儿了解木偶的特点；教师扮演木偶主人，幼儿扮演小木偶，引导幼儿根据指令做动作

（四）第四周课程规划

项目	活动内容
角色分配	1. 剧中角色分配：幼儿可通过抓阄、猜拳、票选等方式选择角色，同时教师可通过观察、推荐、讨论等方式实现角色的最佳分配 2. 教师可根据实际情况适当增加配角人数或是新增静物角色，尽量让全班幼儿都能参与到戏剧表演活动中，例如扮演集市上的商贩、前往泰山途中的花草树木等 3. 如果幼儿不愿参与角色演出，教师也可以邀请幼儿参与到幕后工作中，如担任导演、打板、剧务等
一彩	教师以旁白形式讲述故事，当故事讲述到有角色和动作的部分时，扮演相应角色的幼儿就要上台参与表演，尝试完整地表演角色台词、表情和动作；教师可重点对演员的出场顺序、站位、姿势体态等加以指导
二彩	不带服装彩排，教师引导幼儿尝试独立完成表演过程，如有需要教师可做必要的提醒 教师重点观察和指导幼儿的口语表达流利度、肢体动作协调性等，并根据需要以游戏的形式引导幼儿进一步练习
三彩	带服装彩排，幼儿基本独立地完成表演 教师可重点观察和指导幼儿的细节表现，如歌舞表演时的表情、对话时的眼神等
四彩	1. 带服装、道具、灯光等进行完整彩排，教师鼓励幼儿独立完成，并录制彩排过程 2. 彩排结束，幼儿观看彩排视频，并进行自我评价和相互评价，说一说自己和同伴哪一方面表现得好，哪一方面还需要继续努力等 3. 教师根据幼儿的反馈，引导幼儿有针对性地展开加强练习
五彩	1. 完整配套服装、道具、灯光、背景、音乐等，将五彩作为正式演出看待，可邀请小中班的弟弟妹妹前来观看；结束后，请小观众为演员送上祝福和鼓励 2. 教师可在一日生活各环节中与幼儿共同讨论，说一说表演时可能出现的特殊情况以及应对方式 注意：实际彩排的次数和每次彩排的具体安排，都可以根据幼儿的实际表现来调节。

附录："仁爱""专注"分解示意图

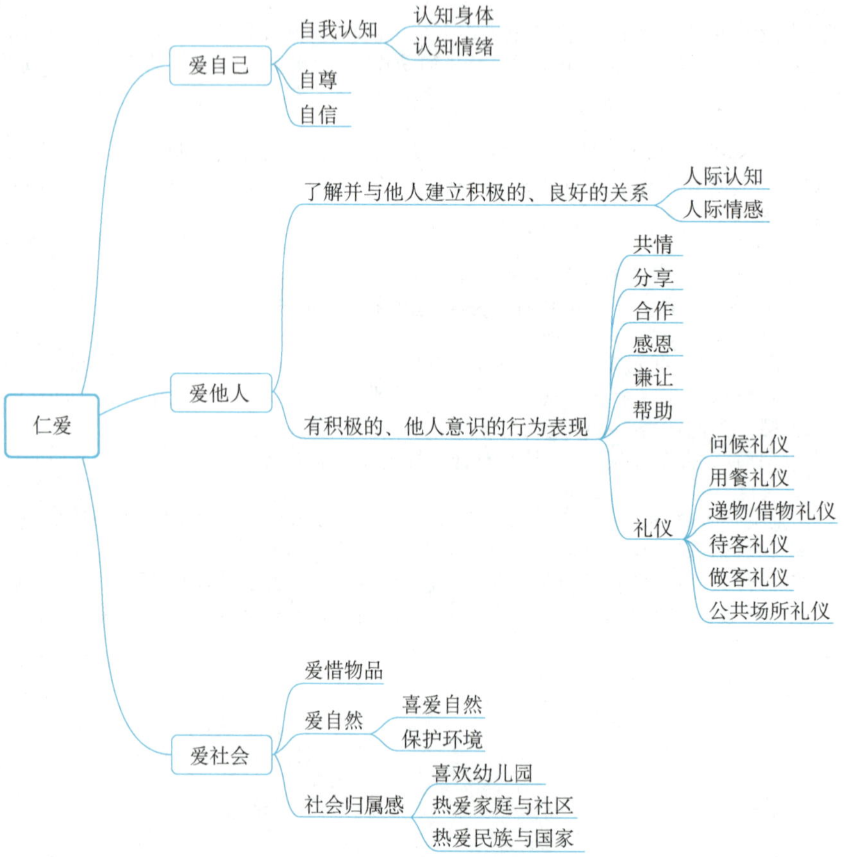
仁爱
爱自己
自我认知
认知身体
认知情绪
自尊
自信
爱他人
了解并与他人建立积极的、良好的关系
人际认知
人际情感
有积极的、他人意识的行为表现
共情
分享
合作
感恩
谦让
帮助
礼仪
问候礼仪
用餐礼仪
递物/借物礼仪
待客礼仪
做客礼仪
公共场所礼仪
爱社会
爱惜物品
爱自然
喜爱自然
保护环境
社会归属感
喜欢幼儿园
热爱家庭与社区
热爱民族与国家

▲"仁爱"分解示意图

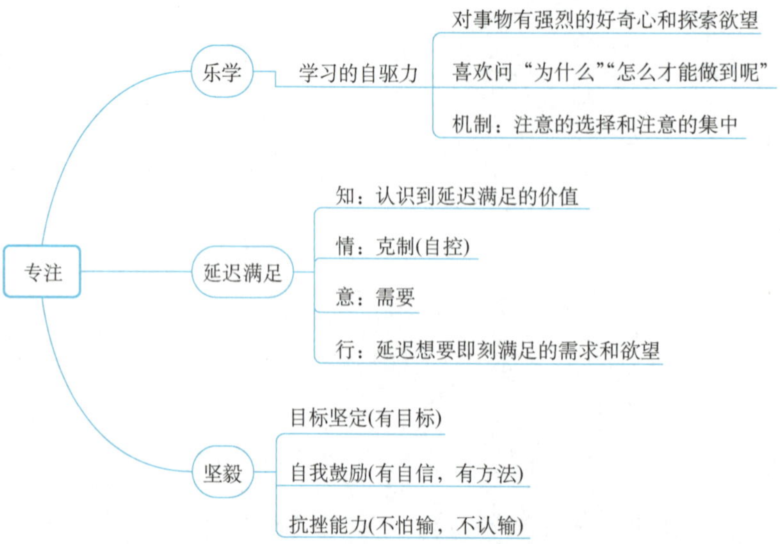
专注
乐学
学习的自驱力
对事物有强烈的好奇心和探索欲望
喜欢问"为什么""怎么才能做到呢"
机制：注意的选择和注意的集中
延迟满足
知：认识到延迟满足的价值
情：克制(自控)
意：需要
行：延迟想要即刻满足的需求和欲望
坚毅
目标坚定(有目标)
自我鼓励(有自信，有方法)
抗挫能力(不怕输，不认输)

▲"专注"分解示意图

图书在版编目(CIP)数据

儿童性格涵养教学法.幼儿园大班.教师教案.下/深圳市乐学乐园儿童性格养正研究中心编.
—上海：复旦大学出版社，2021.1
ISBN 978-7-309-15344-6

Ⅰ.①儿… Ⅱ.①深… Ⅲ.①学前教育-教学法 Ⅳ.①G612

中国版本图书馆 CIP 数据核字(2020)第 186218 号

儿童性格涵养教学法.幼儿园大班.教师教案(下)
深圳市乐学乐园儿童性格养正研究中心 编
责任编辑/谢少卿

复旦大学出版社有限公司出版发行
上海市国权路 579 号 邮编：200433
网址：fupnet@fudanpress.com http://www.fudanpress.com
门市零售：86-21-65102580 团体订购：86-21-65104505
外埠邮购：86-21-65642846 出版部电话：86-21-65642845
上海丽佳制版印刷有限公司

开本 890×1240 1/16 印张 21 字数 593 千
2021 年 1 月第 1 版第 1 次印刷

ISBN 978-7-309-15344-6/G·2164
定价：108.00 元